KB033281

영상과 아카이빙 그리고 새로운 역사쓰기

초판 1쇄 발행 2015년 8월 31일

엮은이 ㅣ 허 은
펴낸이 ㅣ 윤관백
펴낸곳 ㅣ 도서출판 선인

등록 ㅣ 제5−77호(1998.11.4)
주소 ㅣ 서울시 마포구 마포대로 4다길 4 곳마루 B/D 1층
전화 ㅣ 02)718−6252 / 6257   팩스 ㅣ 02)718−6253
E-mail ㅣ sunin72@chol.com
Homepage ㅣ www.suninbook.com

정가 28,000원
ISBN 978-89-5933-914-3 93900

· 잘못된 책은 바꿔 드립니다.

이 저서는 2011년 정부(교육과학기술부)의 재원으로 한국학중앙연구원의
지원을 받아 수행된 연구임(AKS-2011-EAB-3101)

영상과 아카이빙 그리고 새로운 역사쓰기

허은 편

도서출판 선인

책을 내면서

20세기 역사를 특징짓는 주요한 사실 중 하나로 영상매체가 정보전달의 주된 수단으로 자리 잡았다는 사실을 빼놓을 수 없다. 사진에서부터 영화, 텔레비전 등이 없는 20세기의 삶은 상상할 수 없다. 20세기 제국질서와 식민지 지배, 그리고 20세기 후반 냉전시대 민족국가의 족출, 체제경쟁과 동아시아 열전은 매체와 발전과 함께 대중의 일상생활과 의식 깊숙이 영향을 끼쳐왔다. 또한 영상은 시공간의 간극과 거리를 뛰어넘어 과거와는 전혀 다른 세계관을 만들어 갔다. 나사 우주선의 달 착륙이나 베트남전쟁에 참여한 파월장병의 모습을 담은 보도영상을 극장판 보도뉴스나 TV뉴스를 통해 접하며 한국인은 과거 식민지 조선인의 그것과는 완전히 다른 세계관을 지니게 되었다. 사실 전달 측면에서 영상매체의 대중적 영향력은 문자의 영향력을 일찍 압도했고, 통신기술의 발달로 의사소통에서도 주도적인 위치를 점하고 있음은 주지의 사실이다.

한편, 매체의 효과를 누구보다 잘 알고 있었던 제국질서의 패권국가와 국민국가의 통치자들은 대중을 신민 또는 국민으로 만드는 선전수단으로 영상매체를 활용했다. 선전영화나 뉴스영화는 두말할 것도 없고 학생 및 성인을 대상으로 한 교육영화도 제국주의 국가나 냉전시대 진영 헤게모니 국가가 전개하는 통치이념과 근대화를 정당화하고 수용하도록 만드는 데 일조했다. 제국주의, 식민주의, 민족주의, 탈식민주의, 국가주의와 냉전 반공이데올로기가 어떻게 우리의 의식과 태도에 영향을 미치며 규율하고 심지어 확고한 신념으로서 자리 잡게 되었는가를 이해하기 위해서는 방대하게 제작된 영상매체를 탐색하지 않을 수 없다. 그러나 살아있는 영상을 이해하는 데는, 많은 연구자들이 지적한 바와 같이, 감독, 촬영자의 개입 그리고 기술의 발달까지 복합적으로 고려되어야 한다. 그리고 주 제작자였던 제국과 국민국가의 의도와 다른 맥락에서, 심지어 균열을 내는 영상들이 만들어져 왔다는 사실도 간과되어서는 안 된다.

영상매체에 담긴 자료의 사료적 가치에 대해서는 더 이상 부언이 필요하지 않다. 한국역사학이 당면한 주요 과제 중 하나는 다양한 분과학문들과 결합하여 영상을 역사연구의 영역으로 끌어들이는 것이다. 이는 단지 현세대가 영상매체에 친숙하고 영상이 소통의 주요수단으로 자리 잡고 있기 때문만은 아니다. 무엇보다 과거를 현재에 전달하는 방대한 자료를 방치하여 훼손, 소멸되는 것을 막는 일, 그리고 이 자료들이 사실의 새로운 해석이 아닌 왜곡의 수단으로 활용되는 것을 막는 일은 역사학이 맡아야 할 주된 임무이기 때문이다. 그러나 국내 일부 선진적인 역사학자들이 영상역사에 대한 관심을 일찍부터 촉구하여 왔음에도, 영상자료를 사료로 활용 가능하도록 만드는 작업이 전제되지 못해 큰 힘을 받지 못했던 것이 사실이다. 해외 주요 대학에서 20세기 세계사와 자국사 정리의 일환으로 영상아카이브를 축적하고, 또한 국내외에서 한국근현대사 관련 영상을 다룬 주요 연구들이 제출되고 있는 지금, 그 어느 때보다 역사와 영상의 학문적 결합과 진전을 이룰 새로운 발판의 마련이 절실해 보인다.

이 책은 이상의 고민을 토대로 2014년 7월 고려대학교 한국사연구소 역사영상융합연구팀이 주관했던 국제학술회의 〈영상과 아카이빙 그리고 새로운 역사쓰기〉의 결과물이다. 역사와 영상 융합의 진전을 모색하는 이 책은 크게 '영사자료의 수집과 활용'을 중점적으로 다룬 글들과 '영상자료를 통한 역사 해석'에 역점을 둔 글들로 구성되어 있다. 역사학을 중심으로 다큐멘터리, 영화사 등 다양한 전공자들이 필자로 참여하였고, 또한 연구대상을 한국에 국한하지 않고 대만, 중국, 일본 등 동아시아 지역까지 포괄하여 영상과 역사의 결합을 다각도로 시도하고자 했다.

1부에서는 한국현대사 전공자, 프랑스 영화학자, 그리고 다큐멘터리 전공 불문학자가 각기 다른 위치와 관점에서 영상아카이브의 현황과 사료적 중요성 그리고 과제들을 검토하고 있다. 먼저 허은은 3년간 고려대학교 역사영상융합연구팀이 진행한 연구를 기반으로 국내외 한국근현대사와 관련된 영상자료의 현황을 정리하고, 역사학자가 결합한 영상자료 아카이빙의 특성과 필요성을 강조한다. 더불어 이 글은 영상자료가 '제국-국민국가'의 서사의 너머에 있는 '공중들의 역사'를 쓰기 위한 자료로 유용하게 활용될 수 있음을 보여준다.

쥬시 피자노는 프랑스에서 문서아카이브의 헤게모니 속에서 이루어진 영상자료 아카이브의 진전을 거시적으로 살핀다. 피자노는 1960·70년대 프랑스 역사학자들이 '비판적 거리' 두기와 '맥락화'라는 개념에 기초하여 영화학을 역사학으로 끌어들이고, 영화를 대항분석을 위한 사료로 활용하였음을 보여준다. 그러나 일찍이 역사학에서 영상 활용이 모색된, 더구나 아날학파가 발흥한 프랑스임에도 불구하고 여전히 영상을 사료로 활용하는 데 소극적 태도가 강하다는 점을 지적하면서, 피자노는 영상자료의 보존과 사료적 가치부여에 대한 학자들의 관심과 지속적인 노력이 필요한 것은 영상아카이빙이 선진적으로 이루어진 국가라도 예외가 아님을 새삼 환기시켜 주고 있다.

다큐멘터리 전공자 박희태의 글은 거리두기, 맥락화 등을 중시하는 역사학자들과는 다른 각도에서 영상자료의 활용이 범할 수 있는 실수나 위험성을 상세히 짚어주고 있다. 박희태는 제작기술과 제작자의 의도에 따라 영상이 전혀 다른 사실을 담을 수 있다는 점, 따라서 촬영감독, 카메라의 종류, 촬영방식과 맥락에 대한 이해가 없는 상태에서 영상자료를 분석하는 것은 오독의 위험성이 적지 않음을 지적한다.

2부는 제국지배와 식민지의 관계 속에서 영상의 역할을 살펴보는 글들로 구성되었다. 미사와 마미에는 대만이 반식민지 중국 및 식민지 조선과 달리 '민족자본'에 의한 영화제작이 부진한 요인들을 검토하며 일본영화가 '현지 토착화'를 통해 대중의 민족주의적 감정을 표출하는 수단으로 활용되는 상황을 보여준다. 미사와 마미에는 같은 맥락에서 종전 이후 대만에서 일본영화가 유행하는 현상을 단순히 '친일'로 규정하는 것은 대만 고유의 '아래로부터의 탈식민지화'를 이해하지 못하는, '탈-제국화'되지 못한 '식민주의적 시각'일 뿐이라고 날카롭게 지적하고 있다.

김려실은 '문화영화'의 개념을 일본제국주의의 식민지배의 맥락 속에서 밝힌다. 김려실에 따르면 '문화영화'는 만주사변 이후 영화통제 과정에서 법석으로 공식화되었고, 중일전쟁 이후 국가의 의도에 따라 범주가 넓어진 만능개념이 되어 '국민영화'로 호명되었다. 일본처럼 영화산업이 발달하지 못했던 식민지 조선과 만주국에서는 총독부와 국책회사가 문화영화를 직접 제작하였기에 문화영화는 국책영화와 동일시될 수밖에 없었다. 1941년 총독부령에 의해 '문화영화' 용어는 마침내 '국민정신의 함양'을 도모하는 영화로서 법적으로 명문화되었다. 김려실은 총독부가 제작한 문화영화의 성격을 검토하며 문화영화가 식민지 조선인의 전쟁동원을 위한 선전영화로서 뿐만이 아니라 조선통치의 특수성과 성과를 제국 전역에 알리는 수단으로 활용했음을 보여준다.

오세미는 고종의 장례와 관련된 다양한 사진 이미지를 활용하여 사진 이미지가 어떻게 역사적 사건과 역사 개념을 만들어 가는지 흥미롭게 탐색한다. 의궤, 신문사진, 사진앨범 등의 이미지의 배열과 구성 그리고 카메라의 위치를 검토하면서 리얼리티는 구성되는 것이며, 서사성은 개입을 통해 획득되는 것임을 보여주고 있다. 이 글은 일제가 저항의 계기가 아니라 권력을 재확인 시키는 계기로 만들기 위해 고종의 장례를 허용했고, 이를 위해 이미지의 정치를 적극적으로 활용하여 또 다른 서사를 만들어 갔음을 보여준다.

3부는 영상을 통해 냉전시대 동아시아 역사를 재고찰하는 글들로 구성했다. 동아시아의 냉전시대는 식민지배의 문제와 공산·자유 체제 대결의 문제가 중첩되며 열전과 냉전으로 점철되었었다. 그 어느 지역보다도 양 진영 간의 체제경쟁이 치열하게 전개되었던 곳이 바로 동아시아 지역이었다고 할 수 있을 것이다. 쑨커지·서단은 중국에서 제작된 한반도 관련 다큐멘터리를 개관한다. 일제식민지 시기부터 현재까지 민족해방운동과 전쟁 그리고 전후 북한의 재건 상황을 담은 영상들이 다양한 영상제작소들에 의해 촬영되었는데, 이에 대한 면밀한 조사가 당면 과제임을 상기시켜주고 있다. 또한 이 글은 한반도에서 전개된 3년간의 전쟁에 대한 인식의 변화에 따라 전쟁을 다룬 다큐멘터리의 내용도 변화되어왔음을 보여준다.

츠치야 유카는 미공보원이 전 세계에서 상영한 원자력의 평화적 이용과 관련한 영화를 분석하여 냉전시대 영화가 미국의 헤게모니 구축수단으로서 활용되는 방식을 상세히 보여준다. 츠치야 유카는 지역과 개별 국가에 대한 미국의 정치적 이해에 따라 영화의 상영여부에 차이가 있었으며, 동일한 영화가 새롭게 편집되어 지역에 따라 전혀 다른 내용을 전달하는 영화로 상영되었음을 확인시켜 준다. 이 글은 주한 미공보원을 포함한 각국의 미공보원이 배포한 영화를 비판적으로 이해하고자 할 때 중요한 참고자료가 될 것이다.

박선영은 1960년대 후반 국립영화제작소와 국군영화제작소에서 대량 제작되었던 베트남전쟁 관련 영화를 분석한다. 국립영화제작소와 국군영화제작소가 뉴스영화를 제작하기 위해 촬영한 베트남전쟁 영상은 다시 다량의 문화영화 제작을 위해 소비되었다. 그러나 박선영은 냉전적 사고의 주입을 위한 영상 소비시스템을 구축한 선전기관에서 제작한 영화라 하더라도 영화제작 주체의 관점에 따라 냉전적 사고에 균열을 낳는 영화로 뒤바뀔 수 있었음을 보여주고 있다. '베트남 전쟁'의 역사화를 위해서는 '베트남 전쟁' 인식을 구성한 영화에 대한 비판적 성찰, 즉 '영화적 직면'이 매우 중요한 부분임을 박선영은 날카롭게 지적해 주고 있다.

마지막 4부는 분단과 지체된 '전후'에 대해 살펴보는 글로 구성했다. 주지하다시피 1945년 해방은 곧 분단과 겹쳐졌고, 그 결과 식민지 조선인들에게 해방은 제2차 세계대전 또는 아시아태평양전쟁의 '종전'으로 이어지지 못하였으며 '전후'는 지금까지 지체되고 있다. 양정심과 정지혜는 영상자료를 통해 '해방'과 '전후'의 의미를 탐색한다. 양정심은 이른바 '해방공간'에서 제작된 영상물을 개관하며, 영사자료를 활용한 역사쓰기의 가능성을 탐색했다. 양정심은 미군정이 촬영한 영상자료가 생생한 장면을 제공하여 기존의 역사이해를 보완해 주는 한편, 미군정의 의도와 무관하게 담긴 영상을 통해 저항의 역사를 읽어낼 수 있음을 보여주고 있다.

정지혜는 '전후' 일본 텔레비전 다큐멘터리에서 '한국인 BC급 전범'이 어떻게 표상되어왔는가를 치밀하게 검토하고 있다. 침략전쟁에 대한 철저한 반성과 식민주의 해체를 이루지 않은 '신생일본'의 민족사에서 이들은 망각의 대상이 되었다. 피해자의 입장에서 일본인 전범을 다루는 다큐멘터리에서 한국인 전범이 다루어질 여지는 없었고, 한국인 전범을 친일파, 매국노로 여긴 한국에서 또한 '전쟁 희생자'로서 이들이 겪었던 역사를 주목하지 않았다. 정지혜는 민족사를 만들어가는 엘리트 집단들에 의한 서발턴 표상이 서발턴의 침묵을 강요했다는 점과 텔레비전 아카이브가 전쟁, 식민지배 과정에서 타자화된 존재들의 표상을 파악하기 위한 매우 중요한 자료임을 환기시켜 주고 있다.

이 책이 나오기까지 많은 분들의 도움을 받았다. 지난 2011년부터 2014년까지 역사영상융합팀을 운영하는 데 실질적 지원을 해 주신 한국학중앙연구원, 그리고 수집과 연구에 다방면의 협조를 아끼지 않은 한국영상자료원에 이 자리를 빌어 감사의 말씀을 전한다. 바쁜 와중에도 학술대회 발표를 맡아 주셨던 쥬시 피자노, 요시미 순야, 미사와 마미에, 김려실, 쑨커지, 츠치야 유카, 오세미, 양정심, 정지혜 여러 선생님들께 다시 한 번 감사를 드리지 않을 수 없다. 토론을 맡아주신 강명구, 마동훈, 김기덕, 조준형, 이준식, 한정선, 왕차오광, 남상욱, 이하나, 양인실 선생님 그리고 사회를 맡아주신 박희태, 헨리 임, 임종명, 정병욱 선생님들께도 감사드린다. 1950년대 공보처에 입사하여 국립영화제작소 초대 소장을 역임하셨던 이성철 선생님과의 좌담은 발표만큼이나 흥미로운 시간이었다. 수집 영상 소개와 좌담을 준비하느라 장숙경, 박선영 연구교수와 공영민 연구원께서 고생하셨다. 기획과 섭외 과정에서 프로젝트 공동원연구원인 최덕수, 강명구, 김려실 선생님 그리고 동료교수 리앤 유 선생님의 도움이 컸다.

학술대회 진행과 책 발간에 박선영 선생님이 가장 큰 수고를 해 주셨다. 진심으로 감사드린다. 박사과정생 금보운이 실무를 맡아 번거로운 일들을 잘 처리해 주었다. 향후 다양한 분과학문 독자들의 관심과 질책은 역사와 영상의 융합을 본격적으로 고민하고 방안을 탐색하는 필자들이 방향타를 잡는 데 큰 도움이 될 것이다.

필자들을 대표하여
허은 씀

목 차

기록영상물의 공공재화와 영상역사 쓰기의 새로운 모색*

: '제국-국민국가' 서사의 너머 보기와 '공중(公衆)의 역사' 쓰기

허 은

1. 들어가며 : 한국사학계의 영상연구 지체와 원인

역사학, 특히 한국사학 내에서 영상자료 아카이브의 중요성과 이에 대한
본격적인 연구가 시급하게 필요하다는 점이 제기된 지 벌써 10여 년이 넘
었다.[1] 그럼에도 불구하고 한국사학 분야에서 영상연구 현황은 여타 분과
학문에서 활발하게 연구를 진전시켜온 상황과 비교할 때[2] 미미한 정도에

---

* 이 글은 2014년 『역사비평』 109호에 실린 「기록영상물의 공공재화와 영상역사 쓰
기」를 수정·보완한 글이다.

1) 한국사학 전공자로서 이를 본격적으로 제기한 연구자는 김기덕이다(김기덕 외
지음, 『우리 인문학과 영상』, 푸른역사, 2002, 161~163쪽; 「전통 역사학의 응용적
측면의 새로운 흐름과 과제」, 『역사와 현실』 58, 2005; 「영상역사학 : 역사학의 확
장과 책무」, 『역사학보』 200, 2008). 이에 대한 지적은 한국사학계에서만 제기되
지 않았다. 같은 시기 박성미와 같은 영상감독도 사료적 가치가 높은 영상자료의
지속적인 생산과 보존을 위해서 역사학자들이 아카이브 구축에 적극적으로 결합
할 필요가 있음을 지적했다(박성미, 「기록 보존소로서의 영상실록 아카이브」, 『역
사민속학』 14, 2002).

2) 최근 일제 식민 통치성, 제국질서의 재편과 연속성, 냉전시대 주체형성 등의 주
제를 영상을 활용해 분석한 주요 연구 성과들이 국내외에서 제출되었다. 김려실,
『투사하는 제국, 투영하는 식민지』, 삼인, 2006 ; T. Fujitani, *Race for Empire*,
University of California Press, 2011 ; 테드 휴즈, 『냉전시대 한국의 문화와 영화』,

그치고 있다고 해도 과언이 아니다.[3)

　이는 여러 요인이 맞물리며 빚어낸 결과이다. 최근까지 한국에서 영상자료의 수집과 정리는 영상자료 전체를 대상으로 삼아 진행되지 못하고,[4) 주로 '극영화' 수집에 치중되어 진행되었다. '픽션'을 연구 소재로 삼기 꺼려하는 역사학자들에게 이는 영상자료를 검토해야 할 부담을 덜 수 있는 좋은 구실이 되었을 것이다. 하지만 한국현대사의 주요 사건이나 개인 활동이 담겨있는 '기록영화'[5) 자료들이 제대로 조명 받지 못하고 최근까지 체계적으로 수집, 정리조차 되지 않았다는 비판이 제기될 때 역사학자들은 더 이상 변명할 여지가 없다.[6)

나병철 옮김, 소명출판사, 2013 ; 김한상, 「불균질한 스크린들, 경합하는 정체성, 1945-1972」, 서울대 박사학위 논문, 2013 등.
3) 영상자료를 활용하여 주요한 연구 성과를 제출하고 있는 한국사 전공자들은 손에 꼽을 정도이다. 이러한 현실에서 이하나의 연구는 영상자료를 역사연구의 주 대상으로 끌어 올렸다는 점에서 연구사적 의의가 크다. 이하나,『국가와 영화』, 혜안, 2013.
4) 영상자료의 범위는 논자나 맥락에 따라 다를 수 있다(영상자료의 범주와 유형화에 대해서는 박성미, 앞의 글, 22~25쪽 참조). 넓게 보자면 영상 생산과 관련된 모든 자료(문헌, 구술 등)가 영상자료에 포함될 수 있다. 또한 영상만으로 한정하더라도 영상자료는 크게 사진과 같은 정지영상과 영화와 같은 동영상으로 구분할 수 있다. 기록영상물을 한정해서 다루는 이 글에서는 편의상 '영상자료'를 '동영상 자료'와 동의어로 사용한다.
5) 여기서는 잠정적으로 '기록영화'를 '극영화' 또는 '오락영화'와 대비되는 개념으로 사용한다. 이 연구에서는 '기록영화'를 "국가와 사회의 제 문제를 주목하고 이와 관련된 사실을 비영리적 목적에서 다룬 모든 영상"을 지칭하는 용어로 사용한다. 더불어 이 글에서 기록영화에 초점을 맞춘 이유는 사료로서 기록영상물의 수집과 DB구축 그리고 활용의 필요성을 역사학 내에서 환기시킬 필요가 있기 때문이다. 따라서 이 글은 극영화를 제외하고 기록영화만이 역사자료나 역사연구의 대상이 될 수 있다는 입장과는 무관하다.
6) 그간 한국근현대사 관련 기록영상물의 수집이 진전이 없었던 것은 아니다. 한림대학교 아시아문화연구소에서 진행해온 미육군통신대 제작 '6·25전쟁' 관련 이미지 및 영상자료 수집을 사례로 들 수 있다. 아시아문화연구소 소장 영상자료의 세부 내역에 대해서는 다음 연구를 참조. 노성호, 「A.S.C 영상자료를 통한 한국전쟁 연구의 새로운 가능성 -아시아문화연구소 소장 A.S.C 영상자료의 가치와 내용 검토-」,『한국사학사학보』27, 2013.

한국사 연구자들이 기록영화와 같은 영상자료에 관심을 기울이지 않는 까닭은 방대한 문헌사료를 다루어야 하는 현실에서 찾을 수도 있을 것이다. 그러나 무관심의 주된 원인은 자료의 많고 적음에 있기보다 영상자료를 주목하고 이를 통해 무엇을 읽고 새롭게 쓸 수 있는가를 한국사 연구자들이 진지하게 모색해 오지 않았기 때문이다. 특히 새로운 민중사 쓰기를 시도하는 연구자들이 이념형적 주체상의 설정을 비판하며 그 실체에 다가가기 위해 사료의 범위를 적극적으로 확장해 왔다는 사실을 감안하면,7) 영상자료와 영상연구에 대한 무관심은 의외라 할 수 있다. 생동하는 영상자료는 과거에서 현재로 다양한 의미를 송신하는 이들을 대면하며 그들의 정서를 느끼고 읽을 수 있는 매우 중요한 자료이기 때문이다.

한국사학에서 영상연구를 진전시키기 위해서는 문헌사료에 기반한 역사연구를 보완하거나 그 외연을 확장하는 차원에서 영상자료를 접근하는 태도에서 벗어나야 한다. 이러한 접근 태도는 역사학이 영상자료를 주목해야할 필요성을 편협하게 이해하도록 만들 가능성이 크다. 역사학에서 영상연구를 수행할 때에는 '공중들(Publics)의 역사' 복원과 서술이라는 역사학의 주요한 학문적, 실천적 과제와 영상연구가 맞물려 있다는 점을 염두에 둘 필요가 있다. 그 이유로 크게 세 가지를 들 수 있다.

첫째, 영상연구는 역사학의 주요 주제인 근대 주체로서 공중들의 형성을 규명하기 위한 주요한 작업이다. 대중매체를 매개로 자각하고 행동하는 '정치적 주체'를 '공중'이라 규정한다면 이들의 형성과 지향에 큰 영향을 미쳐

---

7) 대표적인 사례로 개인 구술이나 일기와 같은 '에고 도큐먼트(Ego-document)'의 발굴을 통한 미시적 역사분석의 시도를 들 수 있다. 구술과 관련한 대표적인 연구 성과로 20세기 민중생활사연구단 편이 발간한 『한국민중구술열전』 시리즈를 들 수 있으며, 이외에도 개인 연구자 및 공동연구를 통해 주목할 만한 구술연구들이 축적되었다. 최근까지 진행된 구술사 연구 현황과 의의에 대해서는 다음 글을 참조. 허영란, 「한국 구술사의 현황과 대안적 역사쓰기」, 『역사비평』 102, 2013). '에고 도큐먼트(Ego-document)' 발굴을 통한 연구 성과는 다음 책을 참조. 정병욱·이타카키 류타 편, 『일기를 통해 본 전통과 근대, 식민지와 국가』, 소명출판, 2013.

온 대중매체에 대한 이해는 중요하다고 볼 수 있다. 영화와 극장은 공중의
형성에 상당한 역할을 한 대중매체 중에 하나였다.[8] 둘째, 영상연구는 정
서의 전달과 공유를 통해 정체성이 형성되는 과정, 즉 테사 모리스-스즈키
교수의 표현을 빌리자면 '동일화로서의 역사' 영역을 파악하는 작업이다.[9]
특히 영상자료를 문헌을 통해 의사를 제대로 표현할 수 없었던 존재들의
생활과 정서를 접할 수 있는 자료로서 주목할 필요가 있다.[10] 셋째, 영상연
구는 '공중들의 역사' 서술이 갖는 의미를 확장하는 작업이다. 영상매체가
새롭게 등장하는 공중들의 주요한 기록수단으로 활용되는 현실에서 역사
학자들은 '공중들의 역사' 서술이 전문 역사학자가 과거 공중들에 대한 연
구를 통해 역사를 쓰는 것뿐만 아니라, '공중에 의한 역사쓰기'도 의미한다
는 점을 주목할 필요가 있다.[11] 즉, 영상연구는 공중에 의한 영상역사 쓰기
와 결합 방식 그리고 공중들이 생산한 자료의 관리와 활용방안을 적극적으

---

8) Francis Cody, "Publics and Politics", *The Annual Review of Anthropology*, 2011,
   pp.46~47. 이 글에서는 '公衆'을 잠정적으로 다음과 같은 의미들을 지닌 용어로서
   사용하고자 한다. 첫째, 매스 미디어에 속박된 존재로서 '대중'(Mass)이 아닌 대
   중매체를 매개로 공동체 의식을 자각하고 정치적 활동을 전개하는 주체이다. 둘
   째, 식민지배체제나 냉전분단체제의 유지를 목적으로 하는 제국이나 국가에 의
   해 속박된 존재가 아닌 자율적인 주체이다. 셋째, 단일한 정체성의 형성을 위해
   다양성이 배제된 존재가 아닌 넓게는 국민국가의 경계를 횡단하는 사안과 좁게
   는 지역의 다양한 공동체적 이해에 기반하여 새로운 공공성들을 만들어가는 주
   체이다(이상과 같은 잠정적인 개념규정은 다음과 같은 연구들에서 전개된 공론
   장, 새로운 주체상 등에 관한 논의를 참조하여 구성한 것이다. 안토니오 네그
   리 · 마이클 하트,『제국』, 이학사, 2001 ; 강상중 · 요시미 순야,『세계화의 원근법
   -새로운 공공공간을 찾아서』, 임성모 · 김경원 옮김, 이산, 2004).
9) 영상매체가 과거의 정서를 전달하고 이해하기 위한 주요한 수단이라는 점에 대
   해서는 테사 모리스-스즈키,『우리안의 과거』, 김경원 옮김, 휴머니스트, 2006,
   39~46쪽 참조.
10) 피터 버크,『이미지의 문화사』, 박광식 옮김, 심산, 2009, 305~306쪽.
11) 전문역사학자가 '역사쓰기의 주체'로서 공중을 주목하고, 양자의 결합을 통한 역
   사쓰기의 새로운 방법 모색은 이미 시도 되고 있다. 공주지역에서 전개된 '이야
   기 가게' 프로젝트를 예로 들 수 있다. 세부 내용에 대해서는 다음 글을 참조. 지
   수걸,「구술사 하기'와 지역문화운동」,『역사연구』19, 2010.

로 모색하고 역사서술의 의미를 확장해 가는 과정이라 할 수 있다.

이 글의 목적은 크게 두 가지이다. 첫째, 한국사학 분야에서 영상연구가 활발하게 이루어지기 위해서는 영상자료의 공공재화가 필요하다는 인식을 공유하는 데 있다. 영상자료의 '공공재화'란 단순히 영상자료의 수집만을 의미하지 않는다. 영상자료를 소수가 독점 또는 왜곡하지 않도록 최대한 공적(公的) 자료로 전환하며 다양한 관련 분과학문 연구자들이 결합하여 영상에 담긴 정보를 풍부히 해석하고 그 활용도를 높이는 것을 의미한다.

둘째, 영상역사의 방법론을 모색하는 차원에서 기록영상들을 활용하여 '제국-국민국가 서사' 외부/너머의 역사를 드러낼 수 있는 가능성을 제시해 보는데 있다. 지금까지 제작된 기록영화의 상당 부분은 '근대 제국' 아니면 '국민국가'가 제작한 선전적·계몽적 성격의 영상들이었다. 이러한 점 때문에 영상자료의 사료적 가치를 경시하는 연구자들이 있다. 그러나 주지하다시피 역사가가 자료를 비판적·분석적 관점에서 보지 않는다면 종류와 제작 주체와 상관없이 어느 자료든 침묵할 뿐이다. 연구자가 비판적인 관점과 분석틀을 확립한다면 영상자료는 오히려 그 어느 자료보다 20세기 한반도에서 전개된 지배체제, 즉 식민지배체제와 냉전분단체제를 잘 보여주는 사료이자, 이 속에서 주인공이 되지 못한 존재들이나 억압적인 체제를 극복하려 한 이들이 남긴 과거를 새롭게 확인하고 이해할 수 있는 중요한 사료로 활용될 수 있다.

2. 영상자료의 아카이빙 : 사유화 지양과 공공재의 축적

1) 해외소재 영상자료의 현황과 수집[12]

한국근현대사는 일제 식민지배, 미소분할점령과 '6·25전쟁', 베트남전쟁 개입과 고도경제성장 등을 겪으며 격동적으로 전개되었고, 이 과정에 개입한 수많은 외국인들이 역사적 사건의 현장과 한국인들의 삶을 영상으로 담았다.[13] 이렇게 해외에 산재한 영상자료들의 현황을 파악하고 체계적으로 수집하기 위해서는 관련 기관들의 유기적인 협조가 필요하다. 연구기관, 수집보존 기관, 학술연구 지원기관의 유기적인 결합이 있어야 많은 비용과 전문성이 요구되는 영상자료의 수집을 본격적으로 시도할 수 있기 때문이다.

우선 수집대상은 영상자료 중에서 해외에 소재하며 필름의 열화(劣化)로 사료적 가치를 상실할 가능성이 높은 자료들과 공공재로 구축할 경우 연구와 교육 측면 모두에서 활용도가 높은 자료들이다. 1950·60년대 주한미공보원(USIS-Korea)이 제작한 〈리버티뉴스(Liberty News)〉를 대표적인 사례로 들 수 있다. 최근까지 리버티뉴스는 '미국 국립문서 기록관리청'(이하 미국 NARA)에서 2/3 정도가 복사용 필름 없이 원본 필름만 보존되어, 체계적인

---

12) 이 소절에서 해외 자료 현황과 관련된 부분은 '고려대 한국사 연구소 영사영상융합연구팀'의 연구원들이 작성한 보고서들을 참조했다. 보고서들을 참조한 서술에 대해서는 별도의 주를 생략했다.
13) 이 글에서는 1945년 이후 북한에서 생산된 영상자료는 논외로 한다. '북한지역'을 다룬 영상까지 포괄하면 조사지역과 수집 영상물 분량은 크게 늘어날 것이다. 러시아와 중국은 말할 것도 없고 북한과 교류가 있었던 동구권 국가들까지 조사 대상이 되기 때문이다. 미국이 '6·25전쟁' 와중에 노획한 북한관련 기록영상물들은 미국 메릴랜드 주 NARA에 있는 노획문서 자료군(RG242 National Archives Collection of Foreign Seized)에 포함되어 있다.

입수가 시급히 요청되는 자료였다.[14] 또한 이 자료는 '공공재(public domain)'
로 분류되어 수집이후에도 활용에 제약이 거의 없기 때문에 연구 및 교육
활용도가 높다. 일찍이 〈리버티뉴스〉의 가치를 주목한 방송사들이 일부를
복사해 오기도 했으나, 프로그램 제작을 위한 일회적 관심 또는 영리적 목
적을 위해 수집하여 연구와 교육을 위한 영상아카이브 구축으로 진전시키
지 못했다.[15] 모두 알다시피 영상자료의 수집목적은 되도록 많은 자료를
누구나 활용 가능한 공공재로 만드는 데 있다. 그러할 때 다양한 관심의 촉
발과 새로운 역사해석이 가능해지고, 이것이 다시 새로운 자료의 발굴로
이어지는 선순환적인 과정이 전개될 수 있을 것이다.

한국관련 영상자료는 생산 주체별로 보면 크게 국외와 국내 자료로 나눌
수 있고, 국외는 다시 미국, 일본, 유럽지역으로 나눌 수 있다. 또한 제작
주체에 따라 민간제작 영상물과 정부제작 영상물로 나누어 볼 수 있다. 미
국정부가 제작한 한국관련 영상자료는 민간부처가 제작한 영상물과 미군
과 같은 군사관련 부처에서 생산한 영상물로 크게 구분할 수 있다. 민간부
처가 생산한 한국관련 영상물의 대부분은 주한미공보원(USIS-Korea)의 활동
자료가 포함된 미 해외공보처(USIA)의 자료군(RG306)에 속해 있다.[16] 미국

---

14) 〈리버티뉴스〉의 사료적 가치와 보존의 필요성을 환기시킨 이는 현대사 전공자가
아닌 KBS 전쟁다큐를 제작 감독을 맡았던 강대영 PD이다(『한겨레』, 1990년 6월
2일). '고려대 한국사연구소 영사영상융합연구팀'은 2014년 11월까지 미국NARA
소장된 〈리버티뉴스〉를 고화질의 디지털 영상으로 전환하여 수집을 마쳤다. DB
정리 이후 온라인 제공이 이루어질 예정이다.

15) 일례로 한 방송사에서는 〈리버티뉴스〉를 서비스하고 있는데, 이 자료는 누락된
분량이 적지 않고 임의적으로 구분되어 충분한 해제가 제공되지 않는 채 서비스
되고 있다는 점에서 공공재로 보기에는 한계를 지니고 있다.

16) 이외에도 Records of the Department of Veterans Affairs(RG15), Records of the Office
of the Secretary of Agriculture(RG16), General Records of the Department of the
Treasury(RG56), Records of the United States Secret Service(RG87), Records of the
Office of War Information(RG208) 등에도 극히 적은 분량이지만 한국 관련 영상들
이 포함되어 있다. 미국NARA 민간분야와 군사관련 분야 문서군(Records Group)
에 소장된 영상자료의 현황 파악에는 다음 책을 참조. Phillip W. Stewart, *America's*

의 육군·해군·공군이 생산한 한국관련 자료는 주로 '6·25전쟁'과 관련된 자료이다.[17] 이외에도 미국NARA는 민간에서 기증한 영상자료 콜렉션들을 대거 보유하고 있는데, '유엔콜렉션'(United Nations Collection)과 미국의 주요 뉴스릴 제작회사들이 제작한 콜렉션 등에서 한국현대사와 관련된 영상들을 확인할 수 있다.[18]

미국에서 상업 뉴스릴 제작은 제2차 세계대전시기 군의 통제를 받는 군대 및 민간 촬영기사들에 의한 전투영상의 대량 제작과 1950년대부터 텔레비전의 영향력 확대 등으로 크게 위축되어 갔다.[19] 여하튼 1960년대 후반

Film Vault : A Reference Guide to the Motion Pictures Held by the U.S. National Archives, Pms Press, 2009. 주한미공보원(USIS-Korea)이 제작하여 RG306에 분류되어있는 영상자료들의 현황과 해제는 다음 책을 참조. 김한상, 『해외 사료총서 27: 미국NARA 소장 주한 미국공보원 영상자료 해제』, 국사편찬위원회, 2013.

17) 미 육군의 군사/비군사 활동, 수용소 운영 등과 관련된 필름은 Records of the Office of the Chief Signal Officer(RG111)으로 분류되어 있으며, 미 공군의 작전활동과 관련된 필름은 Records of U.S. Air Force Commands, Activities, and Organizations (RG342), 미 해군과 관련된 필름은 General Records of the Department of the Navy (RG428), RG330(Records of the Office of the Secretary of Defense)에 포함되어 있다. 이외에도 RG107(Records of the Office of the Secretary of War), Records of the Marine Corps(RG127), Records of the Office of the Judge Advocate General Army (RG153) 등에 미군정 시기, 전쟁 그리고 1960년에 제작된 영상들이 소량 포함되어 있다. 미 육군의 활동을 담은 RG111에는 군사관련 영상 이외에도 군정기와 전후 정치 및 사회상을 엿볼 수 있는 흥미로운 영상자료들이 포함되어 있다. 미군은 3년간 군정 통치를 담당했고, 전후에는 주한미군이 대민활동을 폭넓게 전개했기 때문이다.

18) 미국NARA에 기증된 자료들은 원래 1993년 이전까지는 National Archives Gift Collection(RG200)으로 분류되었다가 1993년 이후 미국NARA의 RG 분류체계가 개편되면서 The Donated Material Group(DMG)으로 재배치되었다(Phillip W. Stewart, *ibid*, p.161). 하지만 일부 자료는 미국NARA의 온라인 데이터 검색에서 더 이상 사용하지 않는 RG200에 포함된 것으로 표기되기도 한다. '유엔콜렉션'에 포함된 영상자료는 '6·25전쟁' 개전부터 종전 기간까지의 영상자료이다.

19) Raymond Fielding, *The American Newsreel*, McFarland & Company, 2006, pp.183~184. 미국NARA가 소장한 상업뉴스릴 자료는 '파라마운트 픽쳐 콜렉션'(Paramount pictures, Inc, Collection), '폭스 무비톤 뉴스 콜렉션'(Fox Movietone News Collection), '유니버설 픽쳐 콜렉션'(MCA/Universal Pictures Collection) 등이다.

까지 제작된 미국 상업 뉴스릴들에는 세계 각 지역의 사건을 담은 영상들
과 전쟁기획 보도 그리고 전후 한국사회상을 담은 영상들이 적지 않다. 미
국NARA이외에 미국대학 영상아카이브나 도서관에도[20] 주한미공보원이나
운크라(UNKRA)에 소속되어 영화제작을 주도한 미국인들이 귀국 후 기증한
귀중한 영상자료들이 소장되어 있다.[21]

　일본은 미국과 달리 국립아카이브('일본 국립현대미술관 필름센터'/NFC)
의 영상자료 목록화가 늦어 지금까지 공개된 한국관련 영상자료 이외에 미
공개 영상자료가 얼마나 있는지 파악하기가 쉽지 않다. 주요 방송사가 소
장한 한국관련 영상자료도 어느 정도인지 파악하기 어렵다. 지속적인 조사
가 요청되는 부분이다. 개인이 수집한 영상(고베영화자료관(神戸映画資料
館)·플래닛영화자료관(プラネットおおさか) 등에 소장된 야스이 요시오
(安井 喜雄) 콜렉션, 신기수 감독 콜렉션), 대학기관 소장자료(大阪藝術大學
玩具映画プロジェクト), 각 지역의 영상아카이브 소장 자료(히로시마시 영상
문화라이브러리 등) 그리고 사설 영화제작사가 보유한 자료(Visual Foklore)
등에서도 한국관련 영상을 찾을 수 있다.[22] 이외에도 일본 상업 영화사들
이 제작한 마이니치뉴스(毎日ニュース), 아사히뉴스(朝日ニュース), 니혼뉴

---

20) UCLA Film & TV Archive, U.C Berkely Pacific Film Archive, Harvard Film Archive, Harvard Yenching Library, Columbia University East Asian Library, University of Southern California, Washington State University Libraries 등을 들 수 있다.
21) 국제연합 한국재건단(UNKRA)에 소속되어 8년간 한국에서 다큐멘터리 영화제작을 했던 테드 코넌트(Theodore Richards Conant)의 콜렉션, 1961~65년까지 주한미공보원 영화과장을 역임했던 험프리 렌지(Humphrey W. Leynse)의 콜렉션 등이 대표적인 사례이다. 테드 코넌트는 자신이 소장한 영상물을 콜럼비아대학 동아시아 도서관에 기증했고, 험프리 렌지가 소장했던 자료는 워싱턴 주립대 도서관에 소장되어 있다. 한국영상자료원은 미국대학 내 영상자료들을 확인하고 주요 자료들을 입수하여 제공하고 있다. 이에 대해서는 다음 글을 참조. 최소원, 「2011년 발굴전' 경과보고」, 『냉전시대 한국의 문화영화 : 테드 코넌트 콜렉션, 험프리 렌지 콜렉션을 중심으로』, 한국영상자료원, 2011.
22) 도쿄에 있는 '재일한인역사자료관'은 원본은 아니지만 재일한인 및 한일관계를 살펴볼 수 있는 다양한 사진이미지와 영상자료를 다량 수집해 놓고 있다.

스(日本ニュース), 니치에이뉴스(日映ニュース) 등과 같은 뉴스릴에서 한국과 관련된 영상들을 확인할 수 있다. 이들 뉴스릴에 담긴 한국관련 영상은 주로 '6·25전쟁'과 전후 1950년대에 치중되어 있다. 한편 남한 만이 아닌 남북한의 분단시대를 조망하고자 할 때 중국에서 제작한 기록영상물도 향후 체계적으로 조사되어야 한다. 중국의 '6·25전쟁' 참여와 전후 북한 재건을 지원한 '중국 인민지원군'의 영상을 체계적으로 발굴하여 북한이 제작한 영상물과 비교하면 전쟁과 전후 북한의 변화를 다각도로 조명해 나갈 수 있을 것이다.[23]

유럽지역 특히 영국, 프랑스, 독일 등에서도 한국 관련 영상들이 다수 확인된다. 영국, 프랑스가 모두 '6·25전쟁' 참전국이었기 때문에 공립 아카이브 및 영리 아카이브에 적지 않은 '6·25전쟁' 관련 영상이 소장되어 있다. 영국의 British Film Institute(BFI), Imperial War Museum(IWM), 프랑스의 Institut National de l' Audiovisuel(INA), '프랑스 국방부 산하 영상제작부대'(ECPAD) 등에서 한국관련 영상을 찾아볼 수 있다. 거의 대부분이 영국군 및 프랑스군 참전을 다룬 영상들이고, 일부 전후 한국사회의 재건을 담은 영상이 있다.[24] British Pathé나 Gaumont-Pathé와 같은 영리 기관에도 한국

---

23) 중국의 기록영화는 1953년 설립된 '중앙뉴스 기록영화 제작소'와 1952년 설립된 중화인민해방군 '팔일(81) 영화제작소'에서 제작되었다. '중앙뉴스 기록영화 제작소'에는 1950년대 촬영된 한반도 관련 기록영상물이 28편, 1960년대 촬영된 영상 8편, 70년대 촬영된 영상 16편이 확인된다. 50년대 제작영상은 참전과 재건지원 상황을 다룬 영상물이 주를 이루고, 60, 70년대는 중국과 북한 지도층의 상호방문을 기록한 영상물이 대부분이다. 70년대에 들어가면 문화적 교류를 보여주는 영상물도 제작되었다. 팔일(81) 영화제작소에서 지금까지 확인되는 영상물은 1953년 및 54년에 제작된 4편 정도이다. 현지조사원에 따르면 이 기관의 소장 자료에 대한 접근이 쉽지 않아 추가 자료조사가 필요하다.
24) 매우 드물지만 일제 강점기 영상이 발견되기도 한다. 1977년 독일 성 베네딕트 오틸리엔(Ottilien) 수도원에서 발견되어 한국에서도 널리 알려진 〈고요한 아침의 나라(Im Land der Morgenstille)〉가 대표적인 예이다. 이외에도 1920년대 프랑스 공군장교가 동아시아 지역을 방문하던 와중에 조선에 들러 일부지역(경성, 해주)을 촬영한 영상이 ECPAD에서 한 편 확인되었다.

관련 영상을 소장하고 있다. 이들 영상 대부분은 전쟁관련이며 디지털로 전환되어 있어 온라인으로 목록과 내용 확인이 가능하다. 다만 영리기관에서 제공하는 영상들은 여타 뉴스릴에서 중복사용 되었을 가능성이 높고 활용에 대한 규제가 커서 공공재로서 활용도는 낮다. 영국이나 프랑스보다 적은 건수이지만 독일의 연방아카이브, 주립아카이브, 방송사 등에서도 1950, 60년대 한국관련 영상들을 찾을 수 있다. 아울러 독일에서 과거 동독이 입수한 북한관련 영상이 상당수 있다. 냉전분단시대 연구를 위해 체계적인 조사가 요청되는 부분이다.

기록영상은 주제별로 구분하면 크게 '보도영화'(newsreel)와 '문화영화'(cultural film)로 나눌 수 있다. 한국정부가 제작한 대표적인 보도영화는 주지하다시피 〈대한뉴스〉이다. 이와 함께 한국의 국방부가 군인을 대상으로 제작한 '국방뉴스'도 군 관련 정보뿐만 아니라 정치 및 대민관련 정보를 담고 있기에 주목할 필요가 있다. 여기에 주한미공보원이 제작한 보도영화들이 있다. 주한미공보원과 같은 미정부기관이 장기간 동안 뉴스릴을 직접 제작하고 한국정부가 제작한 뉴스릴을 압도하며 해당지역 대중에게 배포한 사례는 20세기 냉전사에서도 주목되는 사례일 것이다.[25] 주한미공보원은 개전 이후 '한국의 소식'을 담고 있는 〈세계뉴스(News of The World)〉를 배포했고, 1952년부터 1967년까지 〈리버티뉴스〉를 제작하여 매주 배포했다. 〈리버티뉴스〉 제작인 중단된 이후 1967년부터 1972년까지 〈스크린리포트(Screen Report)〉가 부정기적으로 제작, 배포되었다. 이외에도 특정주제에 관한 기획보도적 성격이 강한 〈영화통신〉, 〈한국영화잡지(Korea Screen Megazine)〉 등이 제작 배포되었다.[26]

---

25) 1959년 한국의 언론은 〈리버티뉴스〉가 'VOA'와 함께 對共文化思想戰에서도 커다란 구실을 담당한다고 소개했다("탄생 열한돌 맞는 리비틔 늬우스", 『동아일보』 1959년 8월 16일). 냉전시대 각국에 배치된 미공보원 지부 중에서 뉴스영화를 직접 제작하는 곳은 몇 곳에 불과했다("뉴스영화 제구실해야 할 단계", 『동아일보』 1960년 5월 25일).

전후 한국에서 '문화영화'는 교육적, 문화적 계몽(또는 선전)을 목적으로
제작된 영상물들을 총칭하는 용어였다.[27] 영상자료의 진실/허구 논쟁을 떠
나서 문화영화는 국가의 통치방식, 대중의 생활세계 그리고 의식형성을 파
악하고자 할 때 반드시 검토해야 하는 자료이다. 문화영화는 주로 한국정
부의 산하기관인 국립영화제작소와 주한미공보원 리버티 프로덕션에서 주
로 문화영화가 제작되었다.

2) 역사자료의 구축으로서 아카이빙

특정 시대의 사건이나 일상생활 영역을 보여주는 영상자료라 하더라도
역사자료로서 활용하기 위해서는 마르크 페로(Marc Ferro)가 지적했듯이 수
집된 이미지가 연출되거나 의도적으로 변형된 것인지 그 여부를 검토해야
하며, 자료의 기원을 찾아 제작날짜를 확인하고 영상 속의 인물과 장소들
을 확인하는 고증 비판을 수행해야 한다. 더불어 영상물 제작을 둘러싼 역
사적, 사회적 맥락을 파악하는 작업으로서 '분석적 비판'이 필요하다.[28] 물
론 이러한 작업을 역사학자만이 할 수 있는 것은 아니다. 하지만 경험적으

---

26) 이러한 보도영화들은 주로 주한미공보원이 직접 제작한 영상물이었고, 일부는
미해외공보처(USIA)로부터 제공받기도 했다. 주한미공보원 영화목록집에 소개된
영상정보를 보면, '영화통신'은 1951부터 이승만 정부 기간에 제작되었던 것으로
판단되며(서울 미국공보원, 『미국공보원 영화목록』, 1958, 37~38쪽), '한국영화잡
지'(Film Magazine)는 1960년부터 1965년경까지 28호 정도가 제작되었던 것으로
추측된다(USIS Korea, *USIS FILM CATALOG*, 1967, pp.17~20).

27) 시기나 논자에 따라서 문화영화 개념 규정에 차이가 있지만 다음과 같은 점이 문
화영화를 규정하는 가장 핵심적인 내용으로 판단된다. 첫째, 흥행을 목적으로 제
작된 상업영화가 아니며, 둘째, 국가나 공공기관이 공공의 목적이나 특정한 효과
를 의도하며 제작되었다는 점이다. 주한미공보원이 제작한 문화영화의 경우도
전후 재건과 부흥, 생활문화, 제도 등을 소개하는 다큐멘터리 영화나, 극적인 요
소를 가미한 계몽·선전적 성격의 세미다큐멘터리 성격의 영화들로 구성되었다
(『동아일보』, 1959년, 8월 16일).

28) 마르크 페로, 『역사와 영화』, 주경철 옮김, 까치, 1999, 105~111쪽.

로 볼 때, 역사학자와 여타 분과학문의 전공자들은 자료 수집과 분석에서
일정한 차이를 보인다. 역사학자가 영상자료의 수집과 해제에 결합했을 때
할 수 있는 긍정적인 기여는 아마도 다음의 두 부분에서 찾을 수 있을 것이
다.

첫째, 수집 및 분석대상으로서 영상자료의 외연을 넓히는 데 기여할 수
있다. 마틴 잭슨(Martin A. Jackson)이 언급한 바와 같이 역사연구자들은 미
학적·예술적 완성도를 보여주는 완성본 영상물만큼이나 편집과정에서 버
려진 단편영상이나 상영되지 않은 영상물에도 중요한 가치를 부여한다.[29]
한국근현대사 영상자료 중에서는 〈대한뉴스KC〉를 예로 들 수 있다. 〈대한
뉴스KC〉('keeping cut'의 약자)는 대한뉴스 제작과정에서 편집되거나, 상영
되지 않은 영상들 중에서 보존할 필요성이 있다고 보여진 영상들을 모아놓
은 것이다. 〈대한뉴스KC〉로 분류된 영상자료는 대부분 음성정보가 없어 활
용에 제약이 있지만 〈대한뉴스〉와 교차 비교를 통해 심화된 영상정보를 분
석할 수 있다는 점에서 충분히 주목할 가치가 있다. 이 영상자료는 온라인
을 통해 쉽게 확인 가능함에도 불구하고 지금까지 연구자의 조명을 충분히
받지 못했다. 아마도 이는 자료의 제약이라는 측면이 크게 작용했겠지만,
지금까지 미디어의 효과나 영화 서사에 더 관심이 있는 전공자들에 의해
대한뉴스가 다루어졌다는 점도 무시할 수 없다.[30] 타 분과학문과 달리 역
사학자들은 〈대한뉴스KC〉처럼 편집되거나 상영되지 않은 영상들이 있다면
자료적 가치를 낮춰 보지 않고 오히려 새로운 역사를 추적할 수 있는 '흔적'

29) Martin A. Jackson, "Film As a Source Material : Some Preliminary Notes Toward a
    Methodology", *Journal of Interdisciplinary History Ⅳ: Ⅰ*, 1973, p.78.
30) '대한뉴스'에 대한 연구는 언론학과 영화학 전공자들에 의해서 이루어졌다(허은
    광, 「대한뉴스의 인천기록에 대한 비판적 고찰」, 『인천학 연구』 8, 2008; 박성희,
    「프로파간다 문법」, 『한국언론학보』 53-1, 2009; 김동만, 「대한뉴스의 제주기록에
    대한 고찰」, 『탐라문화』 37, 2010; 변재란, 「대한뉴스, 문화영화, 근대적 기획으로
    서의 '가족계획'」, 『영화연구』 52, 2012 등).

이나 '실마리'로서 주목할 가능성이 크기 때문이다.

둘째, 역사학자들은 영상의 진실성과 함께 영상자료를 역사적 맥락에서 파악하는데 기여할 수 있다. 현재까지 보존된 기록영화는 대부분 냉전시대 체제승리를 위해 선전과 공보를 치열하게 벌였던 때에 제작되었다. 때문에 영상자료의 오독을 피하기 위해서는 제작의도와 제작과정 그리고 대중의 반응 및 기대효과 등에 관한 정확한 정보를 얻고 시대적 배경을 충분히 고려하며 분석할 필요가 있다. 일례로 미 국무부가 1954년경에 제작한 것으로 추측되는 기록영화 〈Korea Story〉를 들 수 있다. 미 국무부는 1945년부터 1953년까지 한국문제를 다룬 이 영화가 제작의도에 부합하는 효과를 발휘하는지 여부에 대하여 영상물 배포 전에 치밀하게 사전평가하고 이와 관련된 보고서를 작성했다.[31] 이와 같이 제작 및 배포 의도를 알 수 있는 문헌자료는 영상자료를 보는 관점과 분석수준에 큰 영향을 미친다. 영상관련 문헌사료의 발굴과 역사적 이해의 제공은 한국사학이 다른 분과학문보다 강점을 발휘하며 영상분석에 기여할 수 있는 부분이다.

영상자료를 학술적, 교육적 측면에서 용이하게 활용할 수 있는 공공재로 만들기 위해서는 학제 간 공동연구를 통해 영상자료에 대한 정보를 정리하는 작업을 진행해야 한다. 미디어 또는 영화 분야 전공자와 역사학 전공자의 공동연구는 한국근현대사에 관한 풍부한 영상정보 데이터를 체계적으로 구축하고 효과적으로 활용하는 결과를 기대할 수 있다. 카탈로깅은 영상물의 물리적 상태와 내용의 가장 기본적인 정보를 수록하는 1차 카탈로

---

31) 〈Korea Story〉는 1954년 미군이 제작한 것으로 판단되는 20분 분량의 기록영화이다. 1954년 '미국무부 국제공보처'(U.S. International Information Administration, Department of State)는 전문가에 의뢰하여 이 영화에 대한 평가서를 작성했다. 평가 내용은 미국에 거주하는 10개국의 외국인들에게 영화를 관람하게 하고, 이들의 반응을 통해 기록영화의 제작의도가 제대로 관철되었는가를 조사하는 것이었다('The Korea Story', Pre-releasee Film Evaluation No.10, 18 June 1954, RG306, Office of Research Special Report, Container #7).

깅, 영상물 전체 내용의 요약, 개별 장면들의 설명 및 묘사, 주요 키워드들을 추출하는 2차 카탈로깅, 그리고 영상물의 제작배경 및 의도, 제작주체의 성격, 영상물 제작 당시의 상황, 장면과 편집 배치의 의미, 등장인물이나 사건들에 대한 상세 정보를 담은 3차 카탈로깅으로 구분할 수 있다. 특히 3차 카탈로깅을 제대로 수행하기 위해서는 역사학과 영상관련 분과학문들이 학제 간 협력에 적극적으로 결합할 필요가 있다.

이러한 작업을 거쳐 '빅 데이터'로 구축된 영상자료 DB는 개별 영상자료만으로 시도할 수 없는 연구를 시도할 수 있게 해 준다. 일차적으로 영상자료 DB는 인물, 지역, 사건에 관련된 현장의 영상에 담긴 새롭고도 풍부한 또는 간과했던 정보를 보다 쉽게 검색하는데 큰 도움을 준다. 하지만 영상자료 DB를 주목하는 더 중요한 이유는 제국 질서의 재편, 국가의 통치성 및 정체성 그리고 주체의 형성과 의식을 '통시적'으로 추적할 수 있는 가능성을 열어주기 때문이다. 예를 들면 다음 〈표 1〉에서처럼 영상자료 DB 검색을 활용해 '국민'이란 핵심어의 등장빈도가 시기별로 변화하는 양상을 확인할 수 있다. 이는 다음과 같은 지점들을 고찰할 수 있음을 의미한다. 〈리버티뉴스〉와 〈대한뉴스〉에서 국민의 빈도수는 시기별로 어떻게 차이를 보이며 각자는 어느 시점에서는 변화를 보이는가(제국과 국민국가의 통치성의 차이), 특정시점에 국민의 빈도수는 왜 차이를 보이는가, 가령, 1960년부터 1964년까지 '국민'과 관련된 영상물은 왜 급격히 제작되었는가(국가/국민의 정체성의 형성), 국민을 다룬 각 영상 속에서 국민의 배치는 시기별로 어떻게 변화하는가, 구체적으로 말하면 공간의 재현과 주체들의 공간적 배치는 어떻게 변화하는가(주체의 의미 변화), 끝으로 영상 속에서 시기별로 어느 주체가 국민의 대표자로 등장하고 누락, 배제되는가 등이 그것이다.

〈표 1〉 뉴스영화 속 '국민' 키워드의 연도별 분포

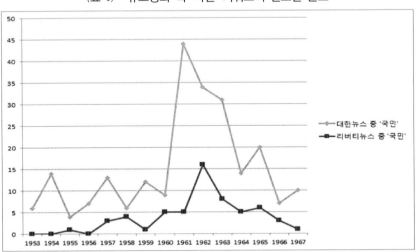

특정 대상을 다룬 영상들을 통시적으로 고찰하는 목적은 사회적 실체와 재현의 관계를 규명하고 이 속에서 다양한 인식의 편차와 균열을 드러내는 데 있지 않다. 이를 위해서는 동일 시점에 제작된 영상들의 고고학적 접근이나 교차 비교하는 방식이 더 유용할 것이다. 통시적 접근이 필요한 까닭은 특정 대상의 이미지들이 시간에 따라 변화되는 양상을 분석하여 개인이나 집단들이 사회를 바라보는 정형적 관점과 그것이 변화되는 방식을 파악할 수 있기 때문이다.[32]

---

[32] 피터 버크는 이미지 고찰이 필요한 이유로 사회를 바라보는 정형화된 방법과 그 변화를 증언하고 있다는 점을 들었다. 더불어 그는 하나의 이미지보다 일련의 이미지가 제시하는 증언이 훨씬 신뢰하다고 보았다(피터 버크, 앞의 책, 303쪽, 309~310쪽).

3. 영상자료의 독해 : '제국-국민국가'의 서사와 그 너머의 역사 보기

역사자료로서 수집된 기록영화들은 대부분 한국정부나 주한미공보원에 의해 직접 제작되었기 때문에 제국이나 국가가 전개한 정체성의 정치를 규명할 수 있는 주된 자료이다.[33] 그러나 이러한 자료의 특성이 영상자료를 통해서 통치이념만을 볼 수 있다거나 역사를 새롭게 볼 가능성을 크게 제약한다는 것을 의미하지는 않는다. 오히려 기록영상물을 통해 '제국-국민국가'의 정형화된 서사를 해체하는 아래로부터의 역사를 파악할 수 있다. 영상자료는 편집과정에 따라 분류하면 크게 '편집되어 상영된 영상', '미편집된 영상' 그리고 '폐기된 영상'들로 구분할 수 있다. 이들 자료를 교차 비교하고 전체적 맥락 속에서 파악함으로써 제국-국민국가의 서사를 비판하고 그 너머의 역사까지 볼 수 있는 가능성을 찾을 수 있다.

먼저 편집을 마치고 상영된 기록영상물을 통해 역사적 고찰을 할 수 있는 지점들을 살펴보자. 1950~60년대 한국정부와 주한미공보원이 제작한 기록영화들은 냉전시대 세계질서를 주도한 헤게모니 국가와 국민국가의 관계, 자유진영의 시민과 분단국가 국민의 정체성 구축방식 등을 파악하는 데 매우 유용한 자료이다. 양국 정부가 생산한 뉴스릴이나 문화영화들은 새로운 질서를 구축하기 위한 정체성의 정치, 재현의 정치가 전개되는 장이었기 때문이다.[34]

---

33) 국민국가의 서사를 탐구한 대표적인 연구 성과로서 이하나, 앞의 책; 염찬희, 「1960년대 한국영화와 '근대적 국민' 형성과정 ─발전과 반공 논리의 접합 양상─」『영화연구』 33, 2007; 김한상, 『조국근대화를 유람하기』, 한국영상자료원, 2007 등.
제국의 질서 구축을 검토하고 있는 연구 성과들은 김려실, 앞의 책; 허은, 「냉전시대 미국의 민족국가 형성 개입과 헤게모니 구축의 최전선: 주한미공보원 영화」, 『한국사연구』 155, 2011 등.
34) 냉전시대 미국이 주한미공보원 기록영화를 활용해 이미지를 구축하는 방식에 대해서는 다음 연구를 참조. 차재영·염찬희, 「1950년대 주한 미공보원의 기록영화 미국의 이미지 구축」, 『한국언론학보』 56-1, 2012.

1950년대 미국정부는 한국정부가 자유진영과 반공의 최전선으로서 역할을 수행할 수 있도록 영상제작 지원을 아끼지 않았다.[35] 하지만 양국 정부는 상호 협조를 하면서도 한국사회에 대한 헤게모니 구축을 놓고 경합하는 관계였다. 뉴스릴은 양국 정부가 헤게모니 구축을 위해 활용한 대표적인 대중매체였다.

미공보원 지역연구센터가 1967년에 작성한 보고서에 따르면, 1960년대 후반 한국인들이 뉴스를 얻는 주요 원천은 라디오와 신문이었지 뉴스영화는 아니었다. 하지만 미공보원 담당자들은 '반복적인 노출'을 통해서 개인의 의견과 태도에 영향을 미칠 수 있는 수단이라는 점에서 〈리버티뉴스〉를 중시했다.[36] 주한미공보원이 1960년대 후반까지 〈리버티뉴스〉를 제작한 이유도 여기에 있다고 할 수 있다. 따라서 주한미공보원 및 미국정부의 공보선전 담당자들은 〈리버티뉴스〉의 구성을 〈대한뉴스〉와 달리하며 한국인들에게 다른 정체성을 불어넣고자 했다.[37]

이처럼 양국 정부가 제작한 기록영화들은 초점이 달랐지만, 크게 묶어보면 한국인들에게 미국주도 세계질서에 통합된 대한민국의 일원으로서 정체성을 부여하기 위해 제작되었다고 볼 수 있다. 따라서 '제국-국민국가'의 서사를 위해 편집된 기록영화나 뉴스릴에 등장하는 대중은 미국주도 세

---

35) 1959년 1월 한국정부는 미국 국제협조처(ICA)와 운크라(UNKRA)의 지원으로 당시 언론의 표현을 빌리자면 "동양에서도 가장 훌륭한 시설을 갖춘" 공보실 영화제작소를 신축할 수 있었다(『경향신문』, 1959년 1월 18일).

36) Regional Research Center USIS Manila, 1967.3.7., LIBERTY NEWS: AUDIENCE CHARACTERISTICS AND REACTIONS, p.6, RG306 East Asia, 1964-73, Box8.

37) 〈리버티뉴스〉의 영향력을 검토한 보고서에 따르면 두 뉴스릴의 선호층도 달랐다. 대도시 거주자, 고등 교육을 받은 이들, 30세 이하 청년과 학생들이 〈리버티뉴스〉를 선호했다. 〈리버티뉴스〉를 선호한 이들은 〈리버티뉴스〉가 외국뉴스를 소개하고 다양한 내용구성을 하고 있다는 점을 좋게 보았다. 반면 〈대한뉴스〉는 노동자들과 소도시에 거주하는 초등교육 학력자들이 가장 선호했다. 〈대한뉴스〉를 선호한 이들은 경제발전과 국내소식을 잘 전달하고 있다는 점을 중시했다(Regional Research Center USIS Manila, 1967.3.7., LIBERTY NEWS: AUDIENCE CHARACTERISTICS AND REACTIONS, p.10).

계질서에 통합된 국민국가의 서사를 구성하기 위해 동원된 대중(Mass), 또는 발터 벤야민(Walter Benjamin)의 표현을 빌리면 파시즘의 지배전략에 의해 대량 복제된 대중과도 같다고 할 수 있다.[38] 그러나 제국 또는 국민국가 서사를 완성하기 위해서는 제국과 국민국가의 담론을 전형적으로 재현하는 주체들의 모습을 등장시키는 것만으로 충분하지 않다. 생명을 관리하는 주체로서 제국과 국가의 모습 그리고 의무를 준수하는 이상적인 국민상을 주지시키기 위해서는 동시에 저항적이거나 일탈적인 존재들의 모습을 보여주어야 한다. 비록 그 빈도수는 낮은 편이지만 전쟁고아, 나환자, 부랑아, 도시빈민 등과 같이 보호나 통제를 받지 못하면, 사회 질서에 균열을 일으킬 수 있는 존재들로 규정된 이들이 뉴스영화에 등장하는 이유도 여기에 있을 것이다.

두 번째로 '미편집 영상'들을 살펴보자. 영상의 편집과정은 산포된 의미의 전유, 은폐, 억압의 과정과 유사하다. 그리고 이 과정에 대한 추적은 '제국-국민국가'의 서사를 극복하고 그 너머의 역사를 볼 수 있도록 한다. 두아라(P. Duara)가 날카롭게 지적한 것처럼 국민국가라는 범주의 외부에 존재하는 역사는 흔적에 의해 전달되는 '산포된 의미들'(dispersed meanings)이 전유, 은폐, 억압되는 갈등적 과정에서 엿볼 수 있다.[39] 따라서 동일한 사건을 다룬 다양한 영상들의 비교나 편집과정의 검토를 통해서 과거로부터 발신되는 다양한 의미와 '제국-국민국가' 서사에 저항하거나 균열을 일으키는 역사를 발견할 가능성이 있다.

4월혁명 시기를 다룬 두 영상물 〈Korea in Review 15: Students Demonstrations Restore Korean Democracy〉과 〈April Students Revolt 2〉[40]의 내용을 비교해

---

38) 발터 벤야민, 『기술복제시대의 예술작품 · 사진의 작은 역사 외 : 벤야민 선집 2』, 최성만 옮김, 2007, 93쪽.

39) Prasenjit Duara, *Rescuing History for the Nation*, the University Chicago Press, 1995, p.73.

40) 이 두 영상물은 한국영상자료원이 미국 워싱턴 주립대학교로부터 입수한 '험프리 렌지(Humphrey W. Leynse) 콜렉션'에 포함되어 있다.

보자. 〈Korea in Review 15: Students Demonstrations Restore Korean Democracy〉 (이하 〈Korea in Review 15〉)는 편집이 완료된 기록영화로 허정 과도정부기 까지 다룬 것으로 보아 1960년 후반에 제작된 것으로 추측된다. 반면 〈April Students Revolt 2〉는 미편집 1차 영상물로 3·15선거와 1차 마산항쟁 직후 의 마산 시민의 모습을 담고 있다.

〈Korea in Review 15〉는 'Students Demonstrations Restore Korean Democracy' 라는 제목에서 알 수 있듯이 한국사회가 '민주주의'를 회복했음을 보여주기 위해 만들어진 보도영화였다. 그래서인지 이 영화의 전반부는 대중의 격렬 한 시위와 충돌로, 후반부는 이승만의 퇴진 이후 사회질서 회복과 대의민주 주의 제도의 복구를 보여주는 영상들로 채워졌다. 그런데 이러한 대조적인 영상구성은 시청자로 하여금 대중의 직접적인 정치참여를 무질서 및 혼란 과 연계하여 사고하도록 만들고 민주주의 회복을 내의민주주의의 회복, 정 확히 말하면 사회질서의 회복과 동일시하도록 유도한다.

이러한 대조적인 영상 구성은 우연일까. 이는 우연이라기보다 제국과 국 민국가의 통치를 근저에서 뒤흔드는 이들을 다시 질서와 권력에 순응하는 존재로 재배치하기 위한 의도가 반영된 결과로 보는 것이 타당하다. 이승 만이 하야한 직후 시점인 1960년 4월 28일 개최된 미국 국가안보회의(NSC) 에서 미대통령을 포함한 미국정부의 최고위 정책결정자들은 한국의 시위 군중이 정책결정에 직접 영향을 미치는 상황에 대해 크게 우려했다. 이들 은 한국의 시위 군중을 변심하기 쉬운 '폭도'(mobs)로 간주했다.[41] 한편, 주 한미공보원도 〈리버티뉴스〉를 포함한 다양한 대중매체를 활용하여 이승만 정권의 붕괴직후 '정상상태'로 돌아가려는 학생들의 모습을 집중적으로 부 각하고, '격변'(upheaval)을 일으킨 상황이 빨리 정리되어 '책임지는 민주적 절차'(responsible democratic processes)가 강화되어야 한다는 의사를 강하게

---

41) Editorial Note(1960.4.28.), FRUS, 1958-1960, Vol. XⅧ, p.651.

표명했다.[42] 이처럼 당시 미국 정부가 '책임지는 민주주의'로 강조한 대의
민주제 회복은 4월혁명에 참가한 이들을 폭도로 간주하며 이들을 정치영역
에서 배제하는 것과 동전의 양면을 이루었다.

　주한미공보원이 1961년 초 장면정권시기에 제작한 〈The Ideal Citizen〉란
문화영화는 민주주의에 대한 이해의 제한과 이에 부합하는 주체상의 제시
라는 의도를 더욱 분명히 보여준다. 주한미공보원이 영화를 제작한 목적은
대의민주주의가 가장 이상적인 정치형태이며, 개인들은 각자의 사회적 직
분에 최선을 다하고 국가에 충성할 때 국가의 구성원으로서 인정받을 수
있다는 점을 각인시키는 데 있었다. 〈The Ideal Citizen〉의 다음 두 장면은
국가 앞에서 '책임지는 민주주의'를 실천할 때 실체가 없는 그림자와 같은
이들이 대한민국의 국민이 될 수 있다는 점을 상징적으로 강조하고 있다
(그림 1, 2, 3, 4 참조).

〈그림 1〉　　　　　　　　　〈그림 2〉

42) from USIS SEOUL to USIA Washington, Subject: Country Assessment Report, 1961.
　　1.30, p.5, RG306, Office of Research, Foreign Service Despatches Asia, 1954-65,
　　Boxes 2(국사편찬위원회 전자사료관 소장 자료).

〈그림 3〉   〈그림 4〉

　같은 4월혁명 시기의 영상물이지만 〈April Students Revolt 2〉는 앞의 〈Korea in Review 15〉, 〈The Ideal Citizen〉과 전혀 다른 주체상을 보여준다. 〈April Students Revolt 2〉란 제목은 임의적으로 붙어진 것으로 실제는 편집이 되지 않은 무성(無聲)의 1차 영상이다. 〈April Students Revolt 2〉에는 〈Korea in Review 15〉와 달리 격렬한 시위장면이 전혀 없다. 하지만 〈Korea in Review 15〉보다도 오히려 투표에 참여하는 마산시민의 감정(동요와 반감), 경찰의 총격으로 자식을 잃은 어머니의 격한 분노와 슬픔 등과 같은 감정적 측면을 더 잘 전달해 준다. 〈April Students Revolt 2〉이 과거 정서를 잘 전달하는 이유는 이 기록영상 촬영자가 군중보다는 개인(들)의 모습을 더 많이 조명했고, 영상물이 제국과 국가의 서사를 위해 최종 편집되지 않았기 때문이다.[43] '제국-국민국가'의 서사에 통합되지 않은 주체들의 감정을 읽을 수 있는 사료라 하겠다.

　앞의 4월혁명과 관련된 영상물들이 미국정부(제국)에 의한 서사 구축과 그 서사의 밖과 너머를 살펴볼 수 있는 가능성을 열어주고 있다면, 이하

---

43) 〈Korea in Review 15〉는 영상제작의 의도가 대한민국의 질서회복을 알리는데 있어서인지 격렬한 시위 장면을 상당 분량 포함하고 있다. 그럼에도 불구하고 시위에 참여한 군중 속에 개인들의 모습이 크게 조명되거나 그들의 감정을 읽을 수 있는 장면들은 거의 찾아볼 수 없다.

1964년과 1965년 한일협정 체결 및 비준 반대시위와 관련한 두 영상자료는 한국정부(국민국가)에 의한 서사 구축 시도와 그 서사 밖과 너머의 역사를 엿볼 수 있게 해준다.

한일협정 체결 반대시위가 전국적으로 전개되자 박정희 정부는 대학생들의 반대시위를 '난동(亂動)'으로 규정하는 선전영화·뉴스영화를 제작 배포했다.[44] 이 중에서도 1965년에 5월경에 전국의 영화관에서 상영된 〈누구를 위한 난동인가〉라는 제목의 기록영화[45]는 분단국가로서 대한민국이 국민국가 서사를 구성하는 방식을 전형적으로 보여준다. 시위를 난동으로 규정하기 위해 선전영화는 폭력적인 행위들만 보여주는 장면들로 채워졌으며, 난동데모는 북의 남침위협 증대라는 국가안보의 위기 증대와 국제적 고립을 초래할 뿐이라는 인식을 주지시키는 데 초점을 맞추었다.[46] 영화의 마지막 장면에 나온 '국민은 사회적 안정을 갈망하고 있다'라는 문구에서 알 수 있듯이, 박정희 정부도 미국과 마찬가지로 '안정'을 추구하고 준수할 때 '국민'이 됨을 주지시키기 위해 노력을 기울였다(그림 5, 6 참조).

---

44) 1964년 중반 경에 〈난동데모〉라는 기록영화가 제작 배포되었고, 1965년 4월 21일 제작된 대한뉴스 제516호는 〈난동데모〉란 특집으로 구성되었다.

45) 이 선전영화는 6분 34초의 단편영화로 'e-영상역사관'(http://film.ktv.go.kr)에서 제공되고 있다.

46) 당시 야당인 민정당의 대변인은 이 선전영화에 대해 "정부의 매국적 한일흥정과 학생살인, 민가 방화 등의 죄과를 은폐하고 오히려 이를 애국적 학생과 국민에게 뒤집어씌울 뿐만 아니라 공산간첩과 연결시키려는 낡은 수법의 정치적 살인극"이라고 강도 높게 비판하며 상영을 즉각 중지할 것을 요구했다(『경향신문』 1965년 5월 1일).

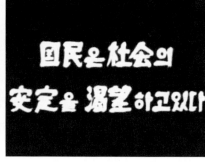

〈그림 5〉   〈그림 6〉

　이러한 선전영화와 대비되는 영상물이 〈South Korean University Students Demonstrate〉라는 제목의 영상물이다. 이 기록영화는 1964년 6·3항쟁시기 학생들의 시위 양상을 촬영한 것인데,[47] 제목이 없고 내레이션도 상황 묘사에 그치는 것으로 보아 '제국-국민국가'의 서사를 위해 최종 편집되지 않은 영상이라 할 수 있다. 그래서인지 이 영상물은 〈누구를 위한 난동인가〉와 달리 질서정연하게 비폭력(무저항)을 강조하고 대화를 통해 의사를 전달하려는 대학생들의 모습을 담고 있다(그림 7, 8 참조).

　또한 중·고등학생과 시민들과 함께 시위를 벌이는 대학생들의 모습도 확인할 수 있다. 이 영상물은 대학생들은 일반인과 분리되어 난동을 벌이는 존재가 아니라 다양한 시위 참여자들과 함께하는 존재임을 확인시켜 준다. 즉, '난동데모'와 관련된 영상과 달리 자발적으로 시위에 참여하는 공중들의 모습을 분명하게 확인할 수 있다. 또한 이들의 정치적 주장을 확인할 수 있다는 점도 '난동데모'를 알리기 위한 선전영화들과 다르다. 영상 속에서 '민생고 끝이 없다. 부정부패 규탄한다', '박정희 물러가라', '타도하자 망

---

47) 이 영상물에는 제작주체가 제시되지 않아 이를 분명히 확정하기 어렵다. 미국 중앙정보부 자료군(Records of the Central Intelligence Agency, RG263)에 포함되어 있어 주한미공보원이나 미정보원이 촬영한 영상물일 가능성이 높지만, 한국정부가 제작한 영상물을 입수하여 편집한 것일 가능성도 배제할 수 없다.

〈그림 7〉

〈그림 8〉

〈그림 9〉

〈그림 10〉

국재벌', '自由위한 학생궐기 赤色이라 中傷말라' 등의 주장들이 선명하게
확인된다(그림 9, 10 참조).

끝으로 편집과정에서 '폐기된 필름'을 짚고 넘어가자. 역사가들에게 편집
후 폐기된 영상자료는 예기치 않게 새로운 역사이해의 단서를 찾을 수 있
는 창고와도 같다. 폐기된 필름은 지속적으로 상영된 뉴스릴처럼 장기간의
역사적 변화를 보여주거나 거대 서사를 뒤집는 서사의 구성을 시도할 여지
를 제공하지는 않는다. 그러나 이념 또는 거대 서사로 쉽게 수렴되지 않는
개인이나 집단의 모습을 접할 가능성이 있음을 놓쳐서는 안 된다. 이와 관

련하여 〈Moments of Truth〉라는 제목이 달린 4분 30여초 분량의 영상물이 주목된다. 편집과정에서 폐기되거나 사용하지 않은 영상들의 모음집이라 할 수 있는 이 자료는 DDT살포 세례를 받고 있는 할머니와 어린아이의 모습, 수재피해로 비탄에 잠긴 부부의 모습, 치료를 받는 나환자들의 모습, 그리고 시점이 분명하지 않으나 4월혁명 시기 한 여성에게 집단 폭력을 가하는 대중의 모습 등으로 맥락 없이 채워져 있다(그림 11, 12 참조).

〈그림 11〉   〈그림 12〉

전혀 다른 맥락에서 대중의 다양한 모습을 촬영한 영상들의 모음이기에 완결적인 '제국-국민국가' 서사의 전달과는 거리가 멀다. 그렇다고 같은 영상에 담겨진 이들은 민족해방과 계급해방의 주체로서 동질적 집합체인 '민중'을 상정하는 민중주의적 서사에 쉽게 포획되지도 않는다. '제국-국민국가'의 서사는 말할 것도 없고, 민중을 해방의 주체이자 정의로운 존재로서 선험적으로 전제하는 서사에 있어서도 이들은 불편한 존재들이다. 역사학이 식민지, 분단 그리고 연이은 전쟁(동원) 속에서 이들이 겪었던 생존위기, 분노, 욕망 그리고 추구했던 정의와 가치를 이해하고 역사화하지 못하면 이들은 앞으로도 계속해서 불편함을 느끼는 시선들에 의해 삭제되어 파편화된 영상 속에 남겨져 있을 것이다.

4. 나가며 : 공중들의 영상역사 쓰기와 역사학자의 역할

　마르크 페로가 지적했듯이 역사가의 첫 번째 임무는 국가 아카이브를 뒤지는 데 있지 않고 사회에서 발언권을 가지지 못한 이들의 목소리를 담는 아카이브의 설립에 기여하는 데 있다. 그는 사회로부터 증언을 거부당한 이들의 소리를 담는 아카이브를 만들기 위해서는 먼저 정부, 정당 등의 기관들이 사회의 의식을 온전히 대변한다는 '사회적 신비화'를 해체해야 한다고 강조했다.[48] 그의 지적은 다양한 사회 주체들을 위한 영상 아카이브들의 설립을 위해서 역사학자가 수행해야 할 역할이 크다는 점을 환기시켜준다.

　더불어 역사학자는 공중들의 기록 수단으로서 영상매체의 영향력이 급증하고 있다는 사실을 주목해야 한다. 디지털 미디어의 발전은 디지털 자료가 지니는 수용성, 접근성, 쌍방향성 등의 특성으로 인해 영상을 활용한 역사쓰기의 가능성을 크게 확대시키고 있다.[49] 역사학자들은 영상자료의 DB구축과 함께 다양한 주체들이 영상을 이용하여 기록을 남기는 것에 어떻게 결합할 것인가를 본격적으로 고민해야 하는 이중의 과제에 직면해 있다고 하겠다.

---

48) 마르크 페로, 앞의 책, 68쪽. '사회적 신비화'를 해체해야 한다는 페로의 문제의식은 말소된 주체들의 흔적을 찾기 위해 기존의 지적 경계를 뛰어넘고자 하는 서발턴 연구자들의 문제의식과 맞닿아 있다. 이들은 서발턴의 소리를 담기 위해서는 서발턴의 공간으로 접근을 차단하는 지적 재생산 구조와 사회적 관계를 주목해야 한다고 강조한다. 팽치아, 「생명권력과 새로운 구제 재생산 노동분업」, 로절린드 C. 모리스 엮음, 『서발턴은 말할 수 있는가?』, 태혜숙 옮김, 그린비, 2013, 303쪽.
49) Daniel J. Cohen & Roy Rosenzweig, *Digital History - A Guide to Gathering, Preserving and Presenting the Past on the Web*, University of Pennsylvania Press, 2006, pp.4~5. 물론 인위적 조작이 쉬운 디지털 영상자료는 문헌자료만큼이나 세심한 사료 비판이 더 많이 요구되고 있다. 디지털 미디어가 열어놓은 영상역사쓰기의 긍정적 측면을 최대한 확장하고 부정적 요소들을 대중이 걸러낼 수 있도록 지원하는 것은 역사학자들이 당면한 주요 과제 중의 하나이다.

이를 위해 역사학자들은 크게 두 가지 차원에서 노력을 기울일 필요가 있다고 본다. 첫째, 개개인이 영상아카이브 구축에 참여하는 것이 그들을 위한 '공공재'를 구축하는 과정이라는 인식을 사회적으로 공유하는데 노력을 기울여야 한다. 사회의 다양한 구성원들이 영상매체를 포함한 여러 매체로 기록을 남기고 공유한다는 일은 그들을 위한 새로운 공공성을 마련하고 민주주의를 수립하기 위한 기반을 구축하는 출발점이다. 여러 연구자들이 지적했다시피 '기억'의 임무가 관공서의 역할로 간주되거나 유물보존의 차원으로 제한되어 고려될 때 과거를 보존하기 위한 '정치적 공동체'의 필요성은 약화되는 결과를 낳을 가능성이 크다. 국가 기관들의 임무는 지배 엘리트의 이념을 보존하는 데 치우칠 여지가 매우 크기 때문이다.[50]

둘째, 전문 역사학자들은 DB로 구축된 영상자료의 효과적인 활용 방안을 모색하고 이를 통해 다양한 공중들에게 역사쓰기 방식을 제시할 필요가 있다. 또한 이들이 각자의 영상자료를 이용하여 개인사, 가족사 또는 생활공동체의 역사를 남기는 데 관심을 갖고 지원해야 한다.[51] 이는 역사학자의 활동이나 취업을 위한 영역 확대를 의미하지 않는다. 그보다는 인간으로서 공유해야할 가치를 역사학자와 다양한 공중들이 같이 탐구하다는 의

---

50) Ekaterina Haskins, "Between Archive and Participation : Public Memory in a Digital Age", *Rhetoric Society Quarterly*, 37-4, 2007, p.402. '대한민국역사박물관' 건립과정이 단적으로 보여 주듯이 한국사회는 국가에 의한 기억의 독점과 왜곡이 그 어느 나라보다 극단적으로 나타나는 곳이다. 이에 대한 비판은 다음 글을 참조. 이동기 · 홍석률, 「역사박물관 - '국가'만 있고 '역사'는 없는 대한민국역사박물관」, 역사정책 기획단 엮음, 『역사를 바꾸는 역사정책』, 역사비평사, 2013.

51) 대중을 역사서술의 주체로 파악하고 그들의 역사쓰기에 역사학자가 결합하는 방안의 모색과 관련하여, 이러한 시도를 1970년대 중반부터 진전시켜 왔던 미국학계의 성과를 참조할 필요가 있다. 이들도 역사학자와 공중들(Publics)의 결합을 통한 'public history' 쓰기를 역사학자의 영역확장이나 주변이나 일상의 미시사적 접근으로 국한시켜 생각하지 않았다(Hilda Kean & Paul Martin, *The Public History Reader*, Routledge, 2013, pp.xvi~xvii ; 미국학계 내에서 공중들(publics)을 '역사쓰기의 주체'로 인식하는 흐름의 대두에 대해서는 다음 책을 참조. Roy Rosenzweig & David Thelen, *The Presence of the Past*, Columbia University Press, 1998, pp.3~6).

미를 갖는다. 한국사회에서는 대중의 미디어 리터러시(media literacy)와 영상창작 능력의 확대를 위한 노력이 꾸준히 전개되어 왔다. 2천 년대에 들어오면서부터 이미 커뮤니케이션의 권리, 미디어 공공성의 강화를 목적으로 한 미디어운동이 본격화되었고,[52] 각 지역에서는 영상미디어센터의 지원 아래 대중의 영상창작 활동이 다양하게 전개되고 있다.[53] 이처럼 공중들이 영상역사 쓰기를 위한 기반은 상당히 축적되어 있음을 알 수 있다. 현실은 역사학자들에게 낮은 자세로 이들로부터 배우면서 역사쓰기를 새롭게 고민할 것을 요청하고 있다.

---

[52] 밑으로부터 미디어운동을 전개해 온 조직들은 2005년 수평적인 상호연계를 목적으로 '전국 미디어 운동네트워크'를 발족시켰다. '전국 미디어 운동네트워크'에 참여한 조직의 현황은 홈페이지 참여 단체목록 참조(http://www.media-net.kr/about).
[53] 이와 관련한 세부적인 내용에 대해서는 전국미디어센터협의회(http://krmedia.org)와 서울영상미디어센터(http://www.media-center.or.kr) 홈페이지 등을 참조.

참고문헌

강상중·요시미 순야,『세계화의 원근법 – 새로운 공공공간을 찾아서』, 임성모·김경원 옮김, 이산, 2004.

김기덕 외 지음,『우리 인문학과 영상』, 푸른역사, 2002.

김기덕,「영상역사학 : 역사학의 확장과 책무」,『역사학보』200, 2008.

김려실,『투사하는 제국, 투영하는 식민지』, 삼인, 2006.

김한상,『해외 사료총서 27 : 미국NARA 소장 주한 미국공보원 영상자료 해제』, 국사편찬위원회, 2013.

김한상,「불균질한 스크린들, 경합하는 정체성, 1945-1972, 서울대 박사학위 논문, 2013.

노성호,「A.S.C 영상자료를 통한 한국전쟁 연구의 새로운 가능성 -아시아문화연구소 소장 A.S.C 영상자료의 가치와 내용 검토-」,『한국사학사학보』27, 2013.

마르크 페로,『역사와 영화』, 주경철 옮김, 까치, 1999.

박성미,「기록 보존소로서의 영상실록 아카이브」,『역사민속학』14, 2002.

발터 벤야민,『기술복제시대의 예술작품·사진의 작은 역사 외 : 벤야민 선집 2』, 최성만 옮김, 2007.

변재란,「대한뉴스, 문화영화, 근대적 기획으로서의 '가족계획'」,『영화연구』52, 2012.

안토니오 네그리·마이클 하트,『제국』, 윤수종 옮김, 이학사, 2001.

이동기·홍석률,「역사박물관 -'국가'만 있고 '역사'는 없는 대한민국역사박물관」, 역사정책 기획단 엮음,『역사를 바꾸는 역사정책』, 역사비평사, 2013.

정병욱·이타카키 류타 편,『일기를 통해 본 전통과 근대, 식민지와 국가』, 소명출판, 2013.

지수걸,「구술사 하기'와 지역문화운동」,『역사연구』19, 2010.

차재영·염찬희,「1950년대 주한 미공보원의 기록영화 미국의 이미지 구축」,『한국언론학보』56-1, 2012.

테드 휴즈,『냉전시대 한국의 문학과 영화-자유의 경계선』, 나병철 옮김, 소명출판, 2013.

테사 모리스-스즈키(김경원 옮김),『우리안의 과거』, 휴머니스트, 2006.

팽치아,「생명권력과 새로운 구제 재생산 노동분업」, 로절런드 C. 모리스 엮음,『서발턴은 말할 수 있는가?』, 태해숙 옮김, 그린비, 2013.

피터 버크,『이미지의 문화사』, 박광식 옮김, 심산, 2009.

허영란,「한국 구술사의 현황과 대안적 역사쓰기」,『역사비평』102, 2013.

허 은, 「냉전시대 미국의 민족국가 형성 개입과 헤게모니 구축의 최전선 : 주한미공
    보원 영화」, 『한국사연구』 155, 2011.

Daniel J. Cohen & Roy Rosenzweig, *Digital History - A Guide to Gathering, Preserving
    and Presenting the Past on the Web*, University of Pennsylvania Press, 2006.

Ekaterina Haskins, "Between Archive and Participation : Public Memory in a Digital Age",
    Rhetoric Society Quarterly, 37-4, 2007.

Hilda Kean & Paul Martin, *The Public History Reader,* Routledge, 2013.

Martin A. Jackson, "Film As a Source Material: Some Preliminary Notes Toward a
    Methodology", *Journal of Interdisciplinary History IV: I* , 1973.

Phillip W. Stewart, *America's Film Vault : A Reference Guide to the Motion Pictures Held
    by the U.S. National Archives,* Pms Press, 2009.

Prasenjit Duara, *Rescuing History for the Nation,* the University Chicago Press, 1995.

Roy Rosenzweig & David Thelen, *The Presence of the Past,* Columbia University Press,
    1998.

T. Fujitani, *Race for Empire,* University of California Press, 2011.

사료로 인정받기까지 아카이브의 긴 여정

: 프랑스의 경우

쥬시 피자노(Giusy Pisano)

1. 들어가며

> *'이미지-공백'은 '이미지-흔적'인 동시에 '이미지-소멸'이다. 사물이 아닌, 닮음의 조각으로서의 무언가가 남아있다. (…) 이미지에 관한 질문의 핵심은 이처럼 시간이 만들어낸 거대한 혼란, 우리가 겪는 '문화 속에서의 불편함' 속에 놓여있다. 이미지들을 살아남게 한 것을 이미지 안에서 보는 법을 알아야 할 것이다. 순수한 과거(절대적이며 추상적인 것)으로부터 해방된 역사로 하여금 우리가 현재의 시간을 여는 일을 돕게 하기 위해서 말이다.*
>
> *Georges Didi-Huberman, Images malgré tout, Paris, Editions de Minuit, 2003, p.206, 226.*

전통적으로 역사학자들은 문서 아카이브를 사료의 원천으로 사용하고 있다. 시청각 아카이브의 활용은 정당성의 인정이라는 측면에서 오랜 기간 동안 논쟁을 겪어왔다. 이는 시청각 아카이브가 문서 아카이브와 같은 지위를 누리지 못하고 있다는 데에서 기인한다. 1960년대부터 '역사와 영화'라는 새로운 연구분야가 형성되었고, 십여 년 전부터 시청각 아카이브의 활

용이 일종의 유행이라 할 만큼 열광의 대상이 되었음에 불구하고, 논쟁은
현재도 여전히 지속되고 있다.

　실제로 파운드 푸티지(found footage)는 최신의 예술창작 형식 중 하나가
되었으며, 많은 예술가들이 아카이브를 "창작 또는 재창작의 공간"으로 간
주하고 있다.[1] 다른 한편, 영화 작품들에 대한 발생론적 접근의 발전은 '작
품 외적인' 요소들(시나리오의 다른 버전, 글쓰기의 여러 단계들, 평단의 반
응, 포스터, 촬영현장 스틸, 서신 등)에 근거함으로써 시청각 아카이브에 대
한 관심을 더욱 증폭시키게 되었다. 20세기 초의 이론들을 재검토해야 할
필요성 또한 아카이브로의 대규모 회귀 현상과 무관하지 않다. 사회적 네
트워크의 발전으로 인해 아카이브로의 다양한 접근이 용이해짐으로써 역
사학자들의 학술적 활용이라는 틀을 뛰어넘게 되어, 아마추어와 전문가, 학
생과 교수, 창작자와 연구자의 경계들이 허물어지고 있는 현상도 눈에 띈
다. 과거의 이미지나 사운드, 미공개 자료, 오래된 뉴스영화 등에 대한 거의
충동적인 인터넷 검색은 유튜브라는 거대한 데이터베이스에서 성공적으로
실현되곤 한다.

　프랑스에서 아카이브로 향한 관심은 인터넷 사용자들에게서뿐 아니라
대학에서 시청각 아카이브에 관한 과목들이 점점 증가하고 있는 데에서도
두드러진다. 또한, 예술창작 영역, 문화산업 영역, 아카이브의 수집 보존을
위한 정부기관 및 단체의 증가 측면에서도 마찬가지이다. 그럼에도 불구하
고, 시청각 아카이브를 중요한 사료로 간주하는 역사학자들은 얼마 되지
않는 상태인데, 이는 '학술연구' 공동체 구성원의 대부분이 여전히 완강하
게 주저하고 있기 때문이다. 시청각 아카이브의 진전을 왜곡시키는 여러
요인들을 찾을 수 있을 것이다. 본 발표에서는, 다른 유럽 국가들에서도 비

---

1) Livio Belloï, "L'Archive comme espace de re-création. Autour de *Film ist. A girl &
　a gun* de Gustav Deutsch", *L'Archivio/The Archive*, (dir.) Alessandro Bordina, Sonia
　Campanini, Andrea Mariani, Udine, Film Forum, 2012, p.369.

숫하겠지만, 특히 프랑스의 경우에 근거하여 이러한 요인들 중 몇 가지를 살펴보고자 한다.

2. 문서 아카이브의 헤게모니

우리는 20세기 동안 사진 및 영화 이미지와 청각 자료들이 과거를 이해하기 위한 새로운 방식이 되고 사학자들을 위한 아카이브 자료로 이용되어 온 과정에 대해 질문을 제기할 수 있다. 사학자들은 이러한 새로운 사료들이 문서 아카이브만큼 신뢰할 만한 것은 아니라 생각하여 오랜 기간 동안 경계해왔다. 그럼에도 불구하고, 영화, 라디오, 텔레비전은 생생히 포착된 이미지와 사운드라는 점에서 20세기의 여러 공적·사적 사건들에 대해, 다소 주관적이라 할지라도, 보고 들을 만한 하나의 관점을 제공한다는 것은 분명한 사실이다. 시청각 아카이브에 대한 이러한 불신은 아카이브가 지니고 있는 혼종적이라 정의할 만한 지위 자체에서 그 근원을 찾을 수 있다. 이에 대해서는 뒤에서 다시 설명하도록 하겠다. 한편, 문자언어의 독재적 권력에서 기인한 측면도 있으며, 역사 연구 방법론들은 여기에 기반하고 있다. 무엇보다도 바로 이 점이 시청각 아카이브의 정당성 획득을 늦어지게 만든 요인이며, 정부가 영화, 이미지, 음향자료 등을 보존하는 일에 다소 미온적인 태도를 취하게 하는 결과를 가져왔다.

문자언어의 패권은 종종 음성언어 문화를 희생시키며 서양에서 적어도 1970년대까지 지속되었다.[2] 따라서 '고전적' 사료편찬이 지금까지도 주된 원천으로 간주되는 문서 아카이브에 의존해왔던 것이 놀라운 일은 아니다. 문서 아카이브만이 역사학자로 하여금 정부의 기밀들과 정책 및 사회적,

---

2) Jack Goody, *The Power of the Written Tradition,* Washington, London, Smithsonian Institution Press, 2000.

군사적, 경제적, 심지어 문화적 결정들까지 발견하게 해줄 것이다. 프랑스에서 문서 아카이브의 우월적 지위는 국립자료원의 설립과 납본제도에 의해 강화되었다.

1790년 9월 7일 법령과 1794년 6월 25일 법안에 따라 아카이브라는 특수한 행정관리를 탄생시킨 것은 프랑스 대혁명이었다. 새로운 기구들의 자료 보관, 앙시앙 레짐 하에서의 유산 취합, 국가자산으로 귀속된 자료들의 관리 등의 새로운 요구에 부응하기 위함이었다. 국가에 의한 아카이브 중앙 집중화가 가능해졌으며, 국가기밀로 간주되던 과거의 방식과 대비되는 열람기관을 설치하게 되었고, 전국적 아카이브 망이 수립되었다. 1796년 10월 26일 법안은 지역 정보국을 통해 프랑스 각 지방에까지 아카이브 수집을 확장하는 내용을 담고 있다. 1936년에는 국립자료원이 프랑스 자료청(Direction des Archives de France)으로 격상되었다. 이는 앙드레 말로를 장관으로 하는 문화부가 생겨난 1959년부터 문화부 산하 기구들 중 하나로서의 지위를 유지하고 있다. 프랑스 자료원(Archives de France)의 소장자료들 중에서 역사 연구자들은 앙시앙 레짐기의 공적 유산들(국정자문회의, 지방 및 전국 행정관리, 종교기관 및 사적, 시민과 군인 등기부 등의 행정자료)에서부터 1789년 이후부터 현재까지의 공문서들을 발견할 수 있다. 선거법, 검열, 다양한 부처와 관련된 소장자료, 외무관련 문서 및 식민지, 군대 관련 자료들, 법원 및 의회의 행정문서 등이 있다.

납본제도는 1537년 12월 28일 프랑수아 1세의 왕령에 의해 탄생했다. 1810년 출판업자 감시를 위해 의무화하면서 재정비된 이 제도는 1925년 5월 19일 법안에 의해 다시 수정되었는데, 이는 프랑스 영토 내에 배포되는 모든 저서와 잡지 등 문서의 출판업자와 편집자에게 이중납본을 의무화하는 내용을 담고 있다. 납본제도는 수백만 점의 원고 및 출판물 수집을 가져왔고, 지금까지 더없이 귀중한 연구자료들로 이루어진 소장품을 형성토록 했다. 국립자료원과 납본제도의 창설 외에도 도서관, 국립 및 사설 자료센터의 발전이라는 측면 또한 추가해야 할 것이다.

요컨대, '고전적' 아카이브의 역사는 최초의 문자 유산부터 시작해 수 세기에 걸친 수집에 의해 전개되어 왔다. 반면, 시청각 아카이브는 불가피하게도 훨씬 짧은 역사를 가지고 있다.

3. 시청각 자료의 최초 수집품들

시네마테크, 박물관, 전시, 협회, 개인 컬렉션, 자발적 행위들... 이러한 것들이 시청각 자료 수집의 발전과 연관된 것들이다. 정부가 법안과 기구들을 통해 '고전적' 아카이브의 수집을 유리하게 해왔다면, 시청각 자료의 경우 매우 먼 도정을 겪었고 종종 국가 주도의 영역에서 소외되어왔기 때문이다. 이것은 프랑스에만 국한된 문제가 아니다.

사진가 볼레슬라스 마투쉐브스키(Boleslas Matuszewski)는 1898년 3월 25일 영화 박물관 혹은 저장소의 필요성을 제안한 최초의 인물이다.

> 역사적 가치를 지닌 영화적 실험들에게 박물관의 한 섹션, 도서관의 한 서가, 아카이브의 저장고 하나를 할당해주는 것만으로도 충분할 것이다. 공식 저장소는 국립도서관이나 학술원(Institut)에 설치하고, 역사 또는 아카이브를 담당하는 아카데미 중 한 곳이나 베르사이유 박물관의 관리 하에 둘 수 있을 것이다. 파리는 '영화유산 저장소(Dépôt de Cinématographie historique)'를 갖게 될 것이다. 이것은 의미 있는 창설이 될 것이며 유럽의 대도시들에서도 언젠가 뒤따르게 될 것이다.[3]

마투쉐브스키가 상상한 저장소에는 초기의 영화장치들과 세트, 의상,

---

3) Boleslas Matuszewski, *Une nouvelle source de l'Histoire (Création d'un Dépôt de Cinématographie historique)*, Paris, mars 1898, p.10.

영화 작품 제작에 동반되는 문서들 등을 위한 자리가 1898년임에도 아직까지 언급되지 않고 있다는 점을 상기하자. 그는 뉴스릴에 증거 또는 반론의 여지없는 진실성의 지위를 (천진난만하다 할 만큼) 부여하며 그 보존에만 관심을 기울이고 있다. 프랑스에서 1905년부터 1910년까지 영화산업이 놀라울 만한 규모로 성장하는 동안 영화의 '저장소'에 관한 문제가 새롭게 제기되었다. 1909년 에드몽 브누아-레비(Edmond Benoit-Lévy)는 「포노-시네-가제트 *Phono- Ciné-Gazette*」라는 전문지를 통해 '시네마토그라포테크(cinématographothèque)'의 필요성을 주장했다.

> 우리에겐 필름 보관소가 필요하다. (...) 이 시대를 살아가는 사람들의 나태함에 대해 무어라 말할 수 있을 것인가? (...) 그들은 지난 시대의 모든 증거와 증언들을 열정적으로 연구하고 거기서 교훈을 얻으려 한다. 그러나 그들의 존재에 대한 생생한 흔적이 사라져가는 것에 대해서는 걱정하지 않는다. 1890년대부터 만들어진 수많은 영화들은 지금 어떻게 되었는가?[4]

1912년에는 시각자료들의 컬렉션을 구축할 필요성이 더욱 구체적인 형체를 띠게 된다. 인도적 평화주의자였던 알베르 칸(Albert Kahn, 1860-1940)이 '지구의 아카이브' 재단을 설립하여 1931년까지 세계 각지로 파견된 촬영감독과 영화인들이 포착해온 여러 민족과 풍속을 담은 사진 이미지들로 구성된 도감을 만들게 된 것이다. 제1차 세계대전이 발발한 후 군대에서는 내부적 필요에 의해 1915년 '사진 및 영화 부대'(SPCA)를 창설하였고, 이들은 전쟁이 끝난 1919년에 해체될 때까지 활동했다. 제2차 세계대전이 일어난 1939년에는 '종군영화국'(SCA)이 가동되었다. 이는 1969년에 '군 영화 및 사진기관'(ECPA)이 되었으며, 2001년부터는 '국방 홍보 및 시청각 제작기관'

---

4) *Phono-Ciné-Gazette*, n° 103, 15 décembre 1909. *Ciné-Journal*, n° 80, 27 février 1910에 재수록.

(ECPAD)이라는 명칭으로 국방부 산하에 편입되었다. ECPAD는 19세기부터 20세기에 일어난 사건들과 직접적으로 연관된 수천 점의 시청각자료들을 1915년부터 수집하고 있다.

시청각 컬렉션의 기원을 주도한 또 다른 예를 살펴보자. 앙리 랑글루아(Henri Langlois), 조르주 프랑쥐(Georges Franju) 등 열정적 인물들이 1936년에 창립한 시네마테크 프랑세즈(Cinémathèque française)의 역할이 그것이다. 시네마테크는 영화 필름들의 보존, 복원, 상영 및 새로운 세대에게 영화교육을 제공하는 것을 목표로 삼아 설립되었으며, 필름뿐 아니라 카메라, 포스터, 출판물, 의상, 소품들까지 영화와 관계된 모든 것들을 수집하기 시작했다. 현재 이러한 모든 소장품들에 대한 접근은 연구자들에게 개방되어 있으며, 전 세계적으로 가장 중요한 시청각 아카이브의 하나로 꼽히고 있다.

시청각 자료를 위한 정부 차원의 실질적 관심은 납본과 관련한 새로운 법규의 실시에서 드러난다. 납본제도는 1943년에 사진, 녹음물, 영화에까지 확대되었고, 1975년에는 비디오와 멀티미디어 자료, 1992년에는 텔레비전과 라디오, 2006년에는 인터넷까지를 포괄하게 되었다. 시청각 자료의 납본은 INA(Institut national de l'Audiovisuel), BNF(Bibliothèque nationale de France)와 CNC(Centre nationale du cinéma et de l'image animée) 등 세 개의 기관에서 담당한다. 2000년대 초반에는 수백만 점의 시청각 자료의 소장규모에 이르렀으며, 원고와 출판물이 '지배'하고 있는 장소인 국립도서관(BNF)에 보존되고 있다. 시청각 자료의 정당한 지위 획득을 위한 여정에서 매우 중요하다고 생각되는 BNF의 경우만 자세히 살펴보도록 하겠다. 1938년 창설된 국립녹음자료보관소(Phonothèque nationale)은 1977년 BNF로 통합되었고, 이에 따라 도서관 내 14개의 파트(철학, 역사, 원고 등) 중의 하나가 되었으며, 총 4천만 편의 소장목록 중 일부를 이루게 되었다. 이 중 1천4백만 권의 장서는 직접 열람하거나 '갈리카 전자도서관(Bibliothèque électronique Gallica)'

를 통해 온라인으로도 열람할 수 있다. 활자나 사진, 녹음 형태의 디지털화
된 자료 260만 점이 갈리카를 통해 제공된다.

〈표 1〉 납본제도의 연도별 단계

출판물	1537
판화, 도판, 지도	1648
악보	1793
사진, 녹음물	1925
포스터	1941
비디오, 멀티미디어 자료	1975
영화	1943, 1977
멀티미디어, 소프트웨어, 데이터베이스	1992
인터넷	2006

아녜스 칼뤼(Agnès Callu)와 에르베 르무안(Hervé Lemoine)은 시청각 자
료의 비판적 유형론을 중점적으로 다룬 바 있다.[5] 오늘날 역사연구학자가
활용하게 되는 자료의 유형은 다음과 같다.

- 뉴스영화 (주로 CNC, ECPAD, INA, Pathé-Gaumont사에 보존됨)
- 라디오와 텔레비전 뉴스 (INA에 납본되어 보존)
- 라디오와 텔레비전 자료 (INA, 텔레비전 및 라디오 방송국 아카이브)
- 시청각 연구자료
- 과학영화
- 역사 다큐멘터리
- 교육용 다큐멘터리 (BNF)
- 기관의 녹취물 및 영상기록물 (BNF)

5) Agnès Callu, Hervé Lemoine, *Le Patrimoine sonore et audiovisuel français; entre archives et témoignages, guide de recherches en sciences sociales*, Paris, Belin, 2005.

- 아마추어 영화 (개인컬렉션, 지역별 기억 보존 관련 단체들, 몇몇 공적 재단 소장 기증자료들 등에서 찾을 수 있음)
- 예술영화 및 기록물 (CNC 컬렉션과 시네마테크 프랑세즈)
- 기념 또는 추모 목적의 영화 및 기록물
- 법정 공판 관련 영화 및 기록물 (재판 기록에 역사적 가치를 부여한 1985년 법은 이러한 형태의 아카이브 구성을 허용하고 있음)
- 박물관 운영 관련 영화 및 기록물
- 홍보 및 광고 영화 및 정보
- 프로파간다 영화 및 정보와 훈육용 영화 (ECPAD에 소장)
- 투쟁 혹은 정치 영화 (일반적으로 정치조직이나 노조에 속한 아카이브 부서에 보존됨)
- 편집용 러시 (이러한 형태의 자료는 군사작전 지역별로 촬영된 여러 시간 분량의 러시 필름을 보존하고 있는 ECPAD의 소장 컬렉션에 다수 존재)

20세기의 시청각 역사를 담은 믿기 어려울 정도의 풍성한 컬렉션들이 존재하지만, 이러한 자료들이 지닌 혼종적, 이질적 지위(뉴스영화, 다큐멘터리 및 픽션, 러시필름 등)는 매우적은 수의 역사학자들에게만 제한되어 활용되고 있는 상황과 무관하지 않다.

4. 시청각 자료는 어떻게 활용되는가?

우선 제기할 수 있는 첫 번째 질문: 모든 이미지와 녹취는 잠재적으로 사료가 될 수 있는가? 자료들의 지위가 갖는 특성을 고려할 때 대답은 간단치 않다. 예술작품을 위해 쓰이는 재료인 동시에 사고방식과 취향, 욕망의 징후이자 시대정신으로서 하나의 공동체, 단체 혹은 국가의 기억과 상상계를 규정할 수 있는 재료가 된다는 점에서 그러하다. 그것의 지위는 또한 우리가 어떠한 용도로 활용하느냐에 따라서도 달라진다. 예를 들어 '기억으로서의 역사(histoire-mémoire)' 혹은 '미시사(micro-histoire)'(한 가족, 여성, 한 마을 등을 다루는 역사)를 위해서라면 모든 이미지와 모든 소리(사진첩, 홈무비, 녹음된 노래)는 역사를 추적하는 것을 가능케 할 것이며, 따라서 자료의 선별보다는 축적을 염두에 두게 될 것이다. 반면 '일반으로서의 역사(histoire-générale)' 혹은 '거시사(macro-histoire)'를 위해서라면 다양한 형태의 자료들(문서와 뉴스영화, 라디오 담화, 포토 르포르타주 등) 사이의 충돌과 서열화의 원리가 우선시 되며, 이를 통해 어떤 자료들이 다른 것들에 비해 더 중요하게 간주되어야 할 지 결정될 것이다. 우리는 또한 마크 페로(Marc Ferro)가 제시한 대로 '대항 역사(contre-histoire)'에 대해 생각해볼 수 있을 것이다. 이 경우 국가나 체제의 공식 자료들은 노조나 사회조직들 등에 의해 수집된 문서나 시청각 아카이브의 비판적 관점에 비추어 해석될 것이다.

결국 모든 이미지와 소리는 그것이 보존되고 고증되었을 때 사료가 된다고 주장할 수 있을 것이다. "자료에 실질적으로 지위를 부여하는 것은 메타데이터이다."[6] 이는 뤼시앵 페브르(Lucien Febvre)의 다음과 같은 주장과도 상통한다.

역사가 문자로 기록된 자료들로 만들어진다는 것은 의심할 여지가 없다. 문서들이 존재할 때에는 그러하다. 그러나 문서가 전혀 없다 하더라도 역사는 서술될 수 있고, 또 서술되어야만 한다. 꽃 없이도 꿀을 만들어 내기 위해 역사학자가 동원할 수 있는 그 모든 능란함, 즉 단어와 기호들을 통해서 말이다. (...) 요컨대, 인간에 속하는 것으로서, 인간에게

6) Laurent Veray, "Appropriation des images d'archives et exigence historique", *L'Extension des usages de l'archive audiovisuelle*, INA Expert, juin 2014. 인터넷 사이트: www.ina-expert.com/...audiovisuel/e-dossiers-de-l-audiovisuel-l-extension.

달려있으며, 인간을 위해 사용되고, 인간을 표현하고, 현재와 행동과 취향과 인간으로 존재하기 위한 방식들을 드러내는 모든 것들을 활용해야 한다. 역사가로서 우리의 직무를 차지하는 가장 흥미로운 부분이 바로 말하지 못하는 사물들로 하여금 말하게 하고, 그들을 만들어낸 사회와 인간에 대해 그들 스스로 말하지 못하는 것을 이야기하게 하기 위해 지속적인 노력을 쏟는 것 - 그리하여 결국 그들 사이에 연대와 상호부조의 거대한 그물망을 구축하여 문서화된 자료의 부재를 메우게 하는 데에 있지 아니한가?[7]

  뤼시앵 페브르의 논지에서 우리는 시청각 아카이브를 통해 가능한 활용 방식 한 가지를 짚어낼 수 있다. 다른 흔적들의 부재를 타개할 수 있는 사료로서의 활용이 그것이다.[8] 그러나 어떤 종류의 시청각 자료가 문서화된 자료의 부재를 대신할 수 있는가? 역사학자들이 관심을 가질 수 있는 첫 번째 자료들은 물론 '뉴스영화'들이다. 1910~1920년 사이에 영화관에서 상영되었던 뉴스영화는 '다큐멘터리적 이미지'가 되었고, 문서 자료와 비교했을 때 훨씬 강력한 감성적 힘을 지니고 있다는 점에서 차별성을 가진 '아카이브'라 할 수 있다. 이는 "과거에 죽은 것들의 부활"이라는 쥘 미슐레의 야망에 화답하는 특성이기도 하다. 다음으로, ECPAD나 프랑스영화아카이브 (Archives Françaises du film), 시네마테크 프랑세즈, INA, BNF 등에서 찾을 수 있는 모든 다큐멘터리 자료들을 꼽을 수 있다. 극영화가 역사학자들에 의해 사용된 것은 매우 최근의 일인데, 이는 영화에서 픽션과 다큐멘터리라는 두 개의 커다란 영역이 갖는 거리와도 연관이 있다. 다큐멘터리 영역에 위치한 모든 작품들은 실질적으로 역사를 위한 자료를 구성한다고 볼

---

7) Lucien Febvre, *Combats pour l'histoire*, Paris, Armand Colin, "L'ancien et le nouveau", 1992(초판 1953), pp.487~488.

8) 이 주제와 관련된 논문은 다음을 참조. Clément Puget, "17.10.61. Webdocumentaire, archives et événement", in *L'Archive-forme. Création, Mémoire, Histoire*, (dir.) De Giusy Pisano, Paris, L'Harmattan, 2014, pp.251~276.

수 있는 반면, 여타 영화장르들은 역사적 분석에서 논외의 대상으로 간주
되곤 한다. 가장 도전적인 역사학자들만이 극영화의 파란만장한 이야기들
속에서 모험을 감행해왔다. 20세기 대부분의 기간 동안 픽션과 다큐멘터리
사이의 구분은 '뤼미에르=다큐멘터리, 멜리에스=극영화'라는 식의 영화의
탄생 자체에서부터 시작된 오래된 이분법에 기대어 단호히 유지되어왔다.[9]
하지만, 극영화가 다큐멘터리화되는 새로운 미학적 경향들(이탈리아 네오
리얼리즘, 누벨바그, 다이렉트 시네마, 시네마 누오보, 혹은 이창동의 〈밀
양〉이나 유현목의 〈오발탄〉, 박찬욱이나 김기덕의 몇몇 영화들에서 드러나
는 한국 영화감독들의 미학)이나 다큐멘터리의 픽션화를 보여주는 새로운
장르들('다큐픽션'[10] 혹은 '다큐드라마')과 함께 두 영역 간의 경계는 불분명
해지고 있으며, 우리는 필름에 기록된 현실과 다큐작가/시네아스트 사이의
거리라는 것은 순수한 환상에 불과하다는 것을 인정하기에 이르렀다. 이러
한 현실에서 극영화와 다큐멘터리는 양쪽 모두 허구화된 아카이브에 기반
한 것으로서 잠재적으로 사료를 구성한다고 볼 수 있다. 모든 한계를 벗어
나면서 극영화는 역사학자들에게 연구대상이 되었지만, 몇 가지 조건이 있
다. '비판적 거리'를 반드시 유지해야 한다는 것과 모든 종류의 자료를 '맥락
화'해야 한다는 것이다. 시청각 자료를 활용하는 역사학자들에 대한 로랑
베레(Laurent Véray)의 경고가 여기에 있다.[11] "다시 말하지만, 촬영된 이미
지는 현실의 일부만을 제공할 뿐이며, 이것은 구성되고 배치된 것이다. 어

9) Gary Don Rhodes, John Parris Springer, *Docufictions: essays on the intersection of documentary and fictional filmmaking*, Jefferson, N.C., McFarland&Co, 2006.
10) 일례로 이자벨 클라크(Isabelle Clarke)와 다니엘 코스텔(Daniel Costelle)의 〈묵시록: 제2차 세계대전 Apocalypse: la Deuxième Guerre mondiale〉과 〈묵시록 히틀러 Apocalypse Hitler〉는 2009년과 2011년 프랑스 TV채널 France 2에서 방영되어 매우 높은 시청률을 기록했다. 그러나 이 작품들은 또한 역사학자들에 의한 많은 논쟁을 낳았는데, 자료화면을 채색하고 음향을 삽입하는 등 조작을 가했기 때문이었다.
11) Laurent Véray, *Les images d'archives face à l'histoire. De la conservation à la création*, Chasseneuil-du-Poitou/Paris, Éd. scérén, cndp-crdp, coll. Patrimoine, 2011.

떤 관점에서 이것은 표현인 동시에 세계를 카메라에 담고 이해하고 동시대
인을 응시하는 방법에 관한 아카이브인 것이다."[12]

이러한 '비판적 거리'와 '맥락화'라는 두 가지 개념에 기초하여, 프랑스에
서는 조르주 사둘과 같은 영화사학자들이 영화학을 역사연구의 바탕 중 하
나로 자리매김시켰다.[13] 70년대 초에는 마크 페로(Marc Ferro)[14]와 피에르
솔랭(Pierre Sorlin)[15]의 혁신적이고 근본적인 연구들이 이어졌다. 역사학자
인 페로는 사회에 대한 대항-분석을 위한 자료로서 영화 분석을 자신의 연
구에 융화시켰다. 이에 대해 그는 다음과 같이 서술했다.

> 뉴스든 픽션이든, 영화가 제공하는 현실은 지독히도 진실하게 드러난
> 다. 우리는 그 이미지가 권력자들의 주장이나 이론가들의 도식, 반대자
> 들의 분석 등과 반드시 일치하는 것은 아니라는 것을 알고 있다. 그들의
> 담화를 묘사하는 대신에 그 하찮음을 드러내 강조할 수도 있다.(...) 영
> 화는 이처럼 여러 세대에 걸친 국가 원수들이나 학자들이 균형을 잘 맞
> 추며 통제하는 데에 성공해왔던 것들을 해체하는 효과를 지니고 있다.
> 영화는 각각의 기관과 개인이 사회 앞에서 구축했던 가짜 이미지를 파
> 괴한다.[16]

피에르 솔랭의 경우, 영화를 자신의 사회학적, 미학적 고찰 속에 포함시

---

12) Sylvie Lindenperg, "Le singulier destin des images d'archives : contribution pour un débat si besoin une querelle", L'Extension des usages de l'archive audiovisuelle, INA Expert, juin 2014. www.ina-expert.com/...audiovisuel/e-dossiers-de-l-audiovisuel-l-extension.

13) 그는 또한 1962년 출판된 『역사와 그 방법들 L'histoire et ses méthodes』에 실린 세 편의 논문 저자이기도 하다. G. SADOUL, "Moyens récents de diffusion. Témoignages enregistrés: Photographie et cinématographie", pp.771~780; "Cinémathèque et photothèques", pp.1167~1177; "Témoignages photographiques et cinématographiques", pp.1390~1410, L'Histoire et ses méthodes, Encyclopédie de la Pléiade, 1961.

14) M. Ferro, Analyse de film, analyse de sociétés, Hachette, 1976.

15) P. Sorlin, Sociologie du cinéma : ouverture pour l'histoire de demain, Aubier, 1977.

16) Marc Ferro, "Le film, une contre-analyse de la société?", Annales E.S.C., 1973. Cinéma et Histoire, Paris, Gallimard, 1993, p.39에 재수록.

킨다. 이때부터 "역사학자들은 영화를 자신들이 이미 가지고 있는 연구대상의 기다란 리스트에 추가할 것을 고려하게 되었다".17) 이 두 명의 저자는, 미묘한 차이와 방법론적 차별성을 가지고 있음이 분명하지만, 장 피에르 베르탱-마기(Jean-Pierre Bertin-Maghit), 크리스티앙 들라주(Christian Delage), 앙투안 드 벡(Antoine De Baecque), 프랑수아 가르송(François Garçon), 미셸 라니(Michel Lagny), 실비 린드페르그(Sylvie Lindeperg), 마르셀 옴(Marcel Oms), 레미 피통(Remy Pithon), 로랑 베레(Laurent Véray) 등 역사연구 후속세대들에게 중대한 영향을 끼쳤다. 역사, 사회 및 문화가 영화적 이미지와 맺는 관계들은 물론 많은 영화전문가들에 의해 탐구되어왔다. 접근방식은 다양하지만(역사학, 젠더 이론, 시각 이론 등), 모든 연구들이 역사적, 사회적 맥락에 중요성을 부여하고 있으며, 아카이브의 활용에 의존하고 있다. 그럼에도 불구하고, 연구성과와 방법론에 있어 모범적인 사례를 보여주고 있는 실비 린드페르그는 다음과 같이 주장한다.

> 시청각 자료에 대한 고려가 문화사 영역에서 매우 폭넓게 확산되고 있다. 이러한 자료들은 사회, 정치, 정신문화, 동시대 세계의 상징을 다루는 역사연구에 중요한 재료가 된다. 물론 이것은 확인된 사실이지만, 우리 시대의 프랑스인들은 역사 쓰기에서 이미지의 중요성을 인정하는 데에 있어, 그리고 자신들의 연구나 교육에 이미지들을 조화시키는 데에 있어 아직도 커다란 주저함을 갖고 있다.18)

이러한 주저함이 프랑스에서 발견된다는 것은 더욱 놀라운 일이다. 1930년대부터 마크 블로흐(Marc Bloch)를 중심으로 한 아날학파의 이론들을 통해 역사에 대한 새로운 사유가 구체화되었던 나라이기 때문이다. 아날학파

---

17) Pierre Sorlin, François Garçon, "L'historien et les archives filmiques", *Revue d'Histoire Moderne et Contemporaine*, t. XXVIII, avril-juin 1981, p.344.
18) Sylvie Lindeperg, "Le singulier destin des images d'archives …", *op. cit.*

는 미시 역사 및 역사를 움직이게 한 무명의 일반인에 대해 다루지 않고 거대사건들로 구성된 이야기로만 서술되는 역사에 반기를 들었다. '낮은 곳'은 이처럼 새로운 역사가들의 터전 중 하나가 되었으며, 과거에는 무시되었던 (예술적, 고고학적, 경제학적...) 재료들이 역사서술을 위해 활용되기 시작했다. 이들은 인간 과학의 통일성이라는 원리를 지키고자 했으며, 따라서 학문간 융합적 방법론에 기초를 두었다. 실제 경험된 사건들은 문학적 허구와 더 이상 반대되는 것이 아니었고, 역사는 사건들뿐 아니라 재현, 상상, 상징으로 구성되는 것이 되었다. 이야기 속에서 상응하는 지점을 찾는 관점이 중시된다. 즉, 역사적 담론의 제약들을 온전히 지켜내면서도 허구적 스토리의 솟아나는 동력을 배제하지 않는다. 이러한 새로운 방법론의 창발적 영향력은 무엇보다도 소설이나 회화, 이미지들로 하여금 사색적 작용이 이루어지는 공간이 되게 함으로써 역사와 관련을 맺고 과거의 경험 일부에 접근할 수 있는 길을 열게 만드는 능력에서 기인한다. 카를로 긴즈버그 (Carlo Ginzburg)가 말하듯,[19] 역사는 두 개의 기슭 위에 동시에 서있기 때문이다. 하나는 실제의 사건들이고, 다른 하나는 상징적 행위라는 광대한 영역에서 추출된 상상적 효과들이다. 한편, 마크 블로흐 역시 매우 영화적 개념들을 통해 이질적 요소들의 구축에 대해 묘사하며, 그 요소들의 의미가 정지된 이미지처럼 한눈에 포착되는 것이 아니라고 설명한다. 과거의 이미지는 현재와의 변증법적 관계 속에서만 의미를 갖게 된다.

> 그 애매모호한 기원으로 파고드는 것을 가능케 하는 희귀자료들을 해석하기 위해, 정확히 문제제기하기 위해, 거기서 생각의 지점을 얻기 위해, 첫 번째 조건이 충족되어야 한다. 그것은 오늘날의 모습을 관찰하고 분석하는 일이다. 오직 현재의 풍경만이 전체에 대한 조망을 제시해 왔고, 거기서부터 출발해야만 하기 때문이다. 이 이미지를 영원히 정지시

---

19) Carlo Ginzburg, *Mythes, emblèmes, traces ; morphologie et histoire*, Paris, [1986], 1989.

킨 채로, 있는 그대로를 보며, 과거의 모든 단계들을 거슬러 올라가며 만나야 한다는 것을 의미하지 않는다. 여기서 역사학자가 포착하고자 하는 것은 변화이다. 그러나 영화의 경우, 최후의 필름만이 온전히 존재할 수 있을 것이다. 다른 것들의 조각난 흔적들을 복구하기 위해서는 무엇보다도 필름을 촬영된 방향의 반대쪽으로 돌려야만 하는 것이다.[20]

아날학파가 준 '교훈'에도 불구하고, 시청각 자료의 운명은 여전히 '고전적' 아카이브의 파노라마 속에서 기이한 존재로 남아있다. 따라서 소장목록들을 지키고 그 가치부여를 위해 끈질긴 노력을 지속해나가야 할 것이다.

(번역: 여금미)

---

20) Marc Bloch, *Apologie, pour l'histoire ou Métier d'historien* (1944), Paris, Armand Colin, 2004, p.22.

참고문헌

Boleslas Matuszewski, *Une nouvelle source de l'Histoire* (Création d'un Dépôt de Cinématographie historique), Paris, mars 1898.

Carlo Ginzburg, Mythes, *emblèmes, traces ; morphologie et histoire*, Paris, [1986], 1989.

Clément Puget, "17.10.61. Webdocumentaire, archives et événement", in *L'Archive-forme. Création, Mémoire, Histoire*, (dir.) De Giusy Pisano, Paris, L'Harmattan, 2014.

Gary Don Rhodes, John Parris Springer, *Docufictions: essays on the intersection of documentary and fictional filmmaking*, Jefferson, N.C., McFarland&Co, 2006.

G. SADOUL, "Moyens récents de diffusion. Témoignages enregistrés: Photographie et cinématographie", pp.771~780; "Cinémathèque et photothèques", pp.1167~1177; "Témoignages photographiques et cinématographiques", pp.1390~1410, *L'Histoire et ses méthodes*, Encyclopédie de la Pléiade, 1961.

Jack Goody, *The Power of the Written Tradition*, Washington, London, Smithsonian Institution Press, 2000.

Laurent Veray, "Appropriation des images d'archives et exigence historique", L'Extension des usages de l'archive audiovisuelle, INA Expert, juin 2014.
인터넷 사이트: www.ina-expert.com/…audiovisuel/e-dossiers-de-l-audiovisuel-l-extension.

Laurent Véray, *Les images d'archives face à l'histoire. De la conservation à la création*, Chasseneuil-du-Poitou/Paris, Éd. scérén, cndp-crdp, coll. Patrimoine, 2011.

Lucien Febvre, *Combats pour l'histoire*, Paris, Armand Colin, "L'ancien et le nouveau", 1992(초판 1953).

Livio Belloï, "L'Archive comme espace de re-création. Autour de *Film ist. A girl & a gun* de Gustav Deutsch", *L'Archivio/The Archive*, (dir.) Alessandro Bordina, Sonia Campanini, Andrea Mariani, Udine, Film Forum, 2012.

M. Ferro, *Analyse de film, analyse de sociétés*, Hachette, 1976.

Marc Bloch, *Apologie, pour l'histoire ou Métier d'historien* (1944), Paris, Armand Colin, 2004.

Marc Ferro, "Le film, une contre-analyse de la société?", *Annales E.S.C.*, 1973. *Cinéma et Histoire*, Paris, Gallimard, 1993.

Agnès Callu, Hervé Lemoine, *Le Patrimoine sonore et audiovisuel français; entre archives et témoignages, guide de recherches en sciences sociales*, Paris, Belin, 2005.

Phono-Ciné-Gazette, 103, 15 décembre 1909. *Ciné-Journal*, 80, 27 février 1910.

P. Sorlin, *Sociologie du cinéma : ouverture pour l'histoire de demain*, Aubier, 1977.

Pierre Sorlin, "François Garçon, L'historien et les archives filmiques", *Revue d'Histoire Moderne et Contemporaine*, t. XXVIII, avril-juin 1981

Sylvie Lindenperg, "Le singulier destin des images d'archives : contribution pour un débat si besoin une querelle", L'Extension des usages de l'archive audiovisuelle, INA Expert, juin 2014.

www.ina-expert.com/...audiovisuel/e-dossiers-de-l-audiovisuel-l-extension.

영상역사연구의 쟁점들

박 희 태

1. 들어가며

19세기를 지배했던 사실주의의 정점에서, 과학기술에 힘입어 현실을 기록하는 새로운 매체들이 연이어 탄생한다. 19세기 초반에는 사진이, 중반 무렵에는 포노그래프가, 이어서 1895년에는 인류 최초로 움직임을 재현하는 영화가 태어났다. 새로운 매체들은 새로운 방식으로 현실을 기록하고 이후 근현대사 연구에 문헌이 아닌 새로운 소재를 제공하게 된다. 이들 매체는 과거를 현재에 돌이킬 수 있는 사료(史料)인 동시에 현재의 일상을 기록하고 있고 미래의 사료가 될 것이다. 그중 영화는 지시대상과의 거리가 가장 짧은 재현물[1]인 동시에 지속의 개념을 통해 움직임을 재현할 수 있기에 그 탄생 시점부터 역사를 기록하는 중요한 매체가 될 것임이 예견되었다. 이미 1898년 프랑스의 신문 『프티 모니퇴르(*Petit Moniteur*)』는 일상을 촬영한 영화 이미지를 "병에 담겨진 과거의 한 절편"으로 묘사하였고, 세월이 흘러 지나간 시간을 "다시 체험하려면" "좋은 포도주를 소비하는 것처럼" 오랫동안 묵혀 놓기만 하면 된다고 말한 바 있다.[2]

---

1) 영화이미지의 이러한 성격은 사진적 특성에서 비롯된다.

백여 년이 지난 현재, 이 예상은 현실이 되었다. 영상의 선진국인 유럽에
서는 1990년을 기점으로 영상자료를 활용한 근현대사연구 결과물들을 출간
하고 있다. 한국에서도 2000년부터 근현대사연구자들이 영상자료를 사료로
활용해야 한다는 주장이 제기되었고 현재 이러한 방식의 연구 방법에 대한
모색이 활발히 이루어지고 있다.[3]

하지만 『프티 모니퇴르』의 예상이 빗나간 부분도 있다. 당시에 그 기사
를 썼던 기자는 영상이미지가 현실을 있는 그대로 포착해서 보여준다는 믿
음을 갖고 있었을 것이다. 하지만 오늘날에는 영상이미지가 촬영자나 제작
자의 시점을 반영하고 있고, 촬영 시에 맞닥뜨리는 수많은 가능성 중에서
미학적 또는 현실적 조건의 제약에 기인한 선택의 결과물이라는 데 그 누
구도 이의를 제기하지 않는다. 우리가 마주하는 영상이미지가 프레임의 선
택, 대상의 선별과 촬영 각도, 조명 등 기술적이고 미학적인 선택의 결과물
이라는 인식을 갖게 된 것은 영상이미지가 날 것 그대로의 현실을 포착할
수 있다는 신화에서 벗어나게 되었음을 의미한다.

이제 '현상이미지'[4]로 명명되는 사진과 영화를 포함한 영상이미지는 우
리의 일상 깊숙이 자리하고 있다. 뿐만 아니라 탄생 이후 백여 년 간 축적

---

2) 참조. Sylvie Lindeperg, *Le singulier destin des images d'archives : contribution pour
   un débat, si besoin une ≪querelle≫*, in *E-Dossier de l'audiovisuel : L'Extension des
   usages de l'archive audiovisuelle*, http://www.ina-expert.com/e-dossiers-de-l-audiovisuel
   /le-singulier-destin-des-images-d-archives-contribution-pour-un-debat-si-besoin-une-que
   relle.html.
3) 2011년 12월에 한국학중앙연구원의 지원으로 시작된 고려대학교 한국사연구소의
   〈역사영상융합연구〉가 대표적인 경우이다.
4) 사진과 영화이미지를 '현상이미지'라 부르는 것은 '이미지'라는 용어가 의미하는
   바가 광범위하기 때문이다. 텍스트를 읽을 때 머리 속에 떠오르는 '심상'이라 불
   리우는 이미지에서부터 회화나 조형 예술의 재현이미지 등 다양한 형태의 이미
   지들이 존재한다. 사진과 영화의 이미지는 이상의 인식과 그에 따른 재현의 과정
   과는 차별되는 기계적 결과물이다. 따라서 사진과 영화이미지(또는 비디오나 현
   재의 디지털 기기에서 생산할 수 있는 이미지 등)의 기계적 재현방식을 차별하기
   위해 '현상이미지'라 명명한다.

되어 온 이들 이미지는 다양한 사용 가능성에 열려 있다. 대중이 멀지 않는 과거를 체험할 수 있는 수단, 자라나는 세대의 역사교육을 위한 가장 효과적인 교재, 그리고 기존 문헌사 중심의 한계를 넘을 수 있는 보완재로써 역사연구를 위한 사료로 인식되고 있는 것이다. 프랑스의 경우 유럽 전역의 아카이브에서 수집한 영상자료를 바탕으로 양차 세계대전을 재구성한 다큐멘터리 〈세상의 종말(*Apocalypse*)〉5) 시리즈는 근현대사의 문화적 대중화와 상업화라는 측면에서 많은 관심을 불러 일으켰다. 국내에서는 민족문제연구소와 독립영화 진영의 합작인 〈백년전쟁〉(2012)6) 시리즈나 김경만 감독의 〈미국의 바람과 불〉(2012)처럼 최근에 들어 아카이브 영상을 이용해 대항(對抗)역사라는 측면에서 현대사를 재구성하는 다큐멘터리 제작이 본격적으로 시작되고 있다.

이와 같은 경향은 역사연구나 역사 대중화를 위한 아카이브 영상의 사용이 활발해지고 있고, 그와 동시에 근현대사 이해에서 영상기록이 문헌기록과 마찬가지로 중요한 위치를 차지하게 될 것임을 의미한다. 아카이브 영상과 그 활용에 대한 관심이 더없이 높은 지금, 근현대사연구에서 영상기록은 어떤 종류의 사료인지, 또 사료로써 어떤 가치를 가지게 되는지, 그리고 아카이브 영상을 이용한 연구나 역사물 제작에서 주의해야 할 점은 무엇인지 등 영상자료와 역사연구의 쟁점들에 대한 진지한 성찰이 필요한 시점이다. 이 글에서는 부분적이며 제안적인 측면에서 영상역사연구의 근본적인 쟁점이 될 수 있는 몇 가지 사안들을 살펴보고자 한다.

---

5) 현재까지 이 시리즈는 〈세상의 종말: 제2차 세계대전(Apoclaypse: la Seconde Guerre mondiale)〉(2009), 〈세상의 종말: 히틀러(Apoclaypse: Hitler)〉(2011), 〈세상의 종말: 제1차 세계대전(Apoclaypse: la Première Guerre mondiale)〉(2014) 등 세 편이 제작되었다.

6) 〈백년전쟁〉 시리즈는 2011년부터 시작해 2015년 현재 제작 중으로, 본편 4부와 번외 2부, 총 6부작으로 기획되었다. 현재 〈두 얼굴의 이승만〉과 〈프레이저 보고서-누가 한국 경제를 성장시켰는가〉 두 편이 공개되었다.

2. 아카이브의 영상자료는 어떤 사료인가?

영화가 탄생 초기부터 과거를 증언할 수 있는 사료로서 인식된 것은, 현실을 놀랄 만큼 있는 그대로 전사(傳寫)해 스크린에 재현하는 영화 매체의 기술적인 역량에 기인한다. 이러한 신뢰의 배경에는 19세기 이후 서구 사회를 지배했던 과학적 실증주의가 자리하고 있다. 영화는 진보의 증거였고 과학의 결과물로 받아들여졌다. 영화를 이용한 역사 연구의 가능성을 처음으로 제시한 마크 페로(Marc Ferro)도 자신의 저서 『영화와 역사*Cinéma et Histoire*』[7]에서 영화가 "역사의 주체"[8]가 된다는 선언으로 논지를 시작한다. 그는 이에 대한 근거로 영화의 태생이 '과학 발전의 도구'라는 점을 들고 있다. 영화이미지를 비롯한 영상이미지에 현실 증언과 사실의 기록이라는 신뢰를 부여하는 것은 카메라가 인간의 개입 없이 대상을 재현해낸다는 기술적 성격이 중요하게 작용한다. 의식이 개입하지 않는 '기계-눈'인 카메라 렌즈는 중립적이고 객관적으로 현실을 포착할 수 있는 도구로 인식되었다. 따라서 인식이 배제된 재현은 곧 있는 그대로의 현실을 보여줄 수 있다는 신화의 밑바탕이 되었다. 사진이나 영상이미지가 객관적 이미지로 간주되는 이유에 있어, 재현물과 재현대상의 유사성보다는 과학적 실증주의의 결과물로 인식되는 재현 방식이 우선한다. 영상이미지에 대한 신뢰의 근원이 어디 있는지를 설명하고 있는 아래의 인용문은 이미지의 증거능력에 대한 근본적인 배경을 설명하고 있다.

---

7) 마크 페로가 저술한 원본의 제목은 『Cinéma et Histoire(영화와 역사)』이다. 하지만 무슨 이유에서인지 국문 번역본은 『역사와 영화』라는 제목으로 출간되었다. 이에 대한 설명은 역자 후기에서도 찾아볼 수 없다. 다만 한 가지 추정이 가능한 단서는 역자가 역사연구자라는 사실이다. 따라서 '영화와 역사'라는 제목이 독자들에게 '영화의 역사' 정도로 받아들여질 것을 우려해 '역사'라는 단어를 앞에 내세웠다고 짐작할 수 있다. 그럼에도 불구하고 원전(元典)의 제목을 뒤바꿔 놓는 것이 과연 옳은 일인가 생각해 볼 일이다.

8) 마크 페로, 『역사와 영화』, 주경철 옮김, 까치 글방, 1999, 17쪽.

다큐멘터리는 계몽주의의 산물이며 사회 변화와 진보를 향한 욕망에 의해 추동되었다는 것이다. 과학은 종교를 대체했으며 사회에 대해 도표를 만들고, 지도를 그려내고, 궁극적으로는 진실을 밝혀내는 다양한 과학적 방법과 절차를 개발해 냈다. 계몽주의자들은 세계를 모든 인간들의 더 좋은 삶을 위해 변화시킬 것을 목표로 삼았다. 다큐멘터리는 이러한 과학적 열망을 가장 명백하게 실현해 온 논픽션 영역이다. 이 과학적 욕망은 또한 '사실에 대한 근대적 신념'에 의해 강화되었다. 과학은 사실적 정보의 기록에 우선권을 주었다. 그 결과 '사실'에 대한 맹목적 숭배가 생겼다.9)

영화의 탄생 초기부터 인간의 주관적 판단과는 거리가 먼 객관적인 방식의 기록은 곧 진실의 기록과 동등한 것으로 받아들여졌다. 그리고 대중이 "카메라를 현실을 정확히 기록하는 도구로 이해(수용)하게 된 것은 이를 기압계나 온도계 같은 다른 과학적 도구들과 연관을 지으면서"10) "자연세계에 대해 객관적이고 진실한 독해를 가능케 하는"11) 것으로 간주하였기 때문이다.

이후 과학적 실증주의의 표상 역할을 수행하게 되는 다큐멘터리 형식의 영화에 대한 사실과 진실 논란이 발생하게 되는데 이는 과학에 대한 신뢰와 영상이미지가 결코 객관적인 것이 아니라 촬영자의 시점에서 비롯된다는 인식의 대립에서 비롯되었다. 영화는 외부 현실을 있는 그대로 스크린에 재현하기 위해 흑백영화에서 컬러 영화로, 무성영화에서 유성영화로, 그리고 2D 이미지에서 3D 이미지로 끊임없는 기술적 발전을 거듭한다. 이와 더불어 영화이미지를 대하는 관객의 인식도 진보하였다. 스크린에 보이는 이미지가 날 것 그대로 포착된 현실이 아니라 제작자나 제작주체의 시점을

---

9) 제인 로스코 · 크레이그 하이트, 『모크 다큐멘터리—다큐멘터리가 아닌 다큐멘터리』, 맹수진 · 목혜정 옮김, 커뮤니케이션북스, 2010, p.12.
10) 위의 책, p.13.
11) 위의 책, p.13.

반영하고 또 일정한 목적에서 제작되었다는 것을 이해하게 된 것이다.[12]

현재 영상역사연구에서 중점 대상이 되는 뉴스릴의 경우도 시점이 반영된 자료라는 사실에는 이견이 없다. 한국의 대표적인 뉴스릴인 〈대한뉴스〉는 문헌사에 비견되는 보편사적인 성격의 사료로 제작 당시 정부의 시각을 대변하고 있다.[13] 이와 유사하게 〈국방뉴스〉는 군(軍)의 시각을 보여주는 영상이다. 한편 서구의 예를 들면 최초의 뉴스릴인 프랑스의 〈파테-뉴스(Pathé Journal)〉[14]는 사적이며 기업가적인 시각에서 당대의 현실을 촬영한 영상이다. 또 한국의 근현대사를 관통하는 사료로 주목받고 있는 주한미국공보원(USIS-Korea)의 〈리버티뉴스(Liberty News)〉는 해방 이후 한국의 현실을 영상으로 기록하고 있지만 USIS라는 기관의 성격상 미국이라는 국가에 대한 홍보가 곳곳에 드러난다. 이렇듯 뉴스릴은 일정 시점의 사건을 기록·보존하고 있지만 모든 현실을 객관적으로 포착한 것이 아니며 때로는 정부의 시각을, 때로는 관객의 흥미를 유발할 만한 소재를 중심으로 제작된 것이다. 이는 곧 이들 자료를 바탕으로 역사적 사실에 접근할 경우 제작 주체와 제작 의도를 가장 먼저 염두에 두어야 함을 의미한다. 이런 맥락에서 다른 영상자료들과 마찬가지로 뉴스릴 이미지에서 화면의 영상 그 자체가 역사를 증언한다고 볼 수는 없다. 영상자료가 사료가 되기 위해서는 문헌사료와 마찬가지로 몇 가지 전제조건이 필요한 것이다.

---

12) 전문가들에 의한 문제제기는 다큐멘터리 초기부터 시작되었다. 그 예로 로버트 플래허티(Roberty Flaherty)가 제작한 〈북극의 나누크(Nanouk)〉(1922)는 출시 당시부터 제작을 후원한 뉴욕의 모피회사에 대한 간접 광고라는 비난을 받았다.

13) 〈대한뉴스〉의 시각은 제작 초반에는 제작 주체인 주한미국공보원의 영향력이 컸던 탓에 뉴스의 구성이 정부 정책 홍보 위주라기보다는 '보도'라는 측면에 초점이 맞춰져 있었다. 하지만 박정희 정부부터는 정부 정책의 홍보에 집중적으로 초점을 맞추는 방식으로 바뀌게 된다.

14) 파테 형제들이 설립한 영화사 Pathé에서 1909년 세계 최초로 영화뉴스를 제작하였다. 이후 파테-뉴스는 1981년까지 지속되었다.

3. 영상역사연구의 대상은 무엇인가?

영상자료가 사료가 되기 위한 전제조건을 언급하기에 앞서, 먼저 영상역
사연구의 대상에는 어떤 유형들이 있는지 확인해 볼 필요가 있다. 영상이
미지를 바탕으로 하는 자료는 다양한 형태를 가지고 있다. 이들의 변별적
성격에 따른 구분과 연구대상으로 상정하였을 때 전제되어야 사항들을 간
략하게 요약하면 아래의 표와 같다.

〈표 3〉 영상역사 연구대상 구분

구분	성격	연구	예시
뉴스릴	아카이브에 비교적 잘 보관되어 있고 제작 정보나 제작 주체 등 메타데이터가 보다 정확함	- 연대기적 성격의 자료 - 한 호의 길이가 10분 이내가 대부분이고 하나의 에피소드는 1-2분 분량이라 단순히 사건을 전달하는 경향이 있으며 성찰적인 정보는 아님 - 제작주체나 당시 정부의 시각을 반영하고 있어 문헌사와 유사한 기록 - 일정 시기의 정치·사회적인 현상을 보통사 시각에서 접근하기에 적합한 자료 - 개인, 사적 또는 공적기관인 제작자의 시점이 존재하는 기록	〈대한뉴스〉 〈국방뉴스〉 〈리버티뉴스〉 〈스크린리포트〉
편집 다큐멘터리	문헌사를 기반으로 아카이브 영상을 활용하여 제작한 근현대사를 다루는 역사 다큐멘터리	- 사진과 기록 영상이 존재하는 근현대사에 한정되어 있음 - 문헌사를 시각화하여 역사 대중화에 기여하고 있음 - 과거를 생생하게 재현한다는 관점에서 현재의 미디어 환경에 적합 - 제작자의 시각으로 역사를 재단	〈백년전쟁〉 〈미국의 바람과 불〉 〈세상의 종말〉 시리즈
다큐멘터리	- 장르적인 의미에서는 픽션 영화를 제외한 논픽션 영화를 의미 - 영화, 텔레비전, 라디오, 사진 등 다양	- 가깝거나 먼, 현재와 관계있는 과거의 사안을 영상기록을 통해 주장하고 입증하려 함(영상기록은 현재를 중심으로 하나 이 기록이 미래의 사료가 됨) - 텔레비전 방영을 목적으로 하는 다큐멘터리: 주로 방송사에서 기획하기 때	텔레비전 방영: 〈북극의 눈물〉 〈역사 스페셜〉 영화관 상영: 〈액트 오브 킬링〉

	한 매체가 있음 - 픽션과의 경계라는 측면에서 문제제기가 있을 수밖에 없음	문에 시청률이 중요한 요소가 됨. 따라서 선정적이고 시각적 효과를 중요시함. 미디어의 특성상 대중 파급효과가 큼 - 극장상영: 상영시간의 한계가 있기에 주제의 범위가 좁은 경향이 있고 하나의 주제에 집중함 - 미디어 간의 구분은 점점 희미해짐	<프렌치 다이어리> 라디오 방송: <선구자> <칠만 사할린 동포> <백제의 뿌리를 찾아서>
다큐 픽션 또는 픽션 다큐	- 다큐 픽션: 부분적으로 허구를 사용한 다큐멘터리 - 픽션 다큐: 완전히 픽션영화이지만 형식적으로 다큐멘터리와 유사하게 제작된 영화	- 장르적인 부분에서 논란의 여지가 있음 - 픽션영화와 마찬가지로 영상이나 사진 기록이 없는 부분을 재현이미지를 통해 부분적으로 재구성함 - 픽션으로 재구성한 부분의 사실적 엄밀성이 중요함 - 이미지의 사실성으로 인해 왜곡의 소지가 있음	다큐 픽션: <북극의 나누크> <선물가게를 나와야 출구> 픽션 다큐: <로제타> <더 클래스>
푸티지 영상	개인이나 영상 아카이브에 보관되어 있는 편집되지 않은 영상	- 편집되지 않은 영상이기에 다른 영상에 비해 진실성이 높은 사료로 인식됨 - 영상자료에 대한 메타데이터가 정확할 때 사료로 활용될 수 있음 - 메타데이터에 제한 정보가 없는 경우 오용 또는 남용될 위험이 있음	미공개 <대한뉴스> 테드 코넌트 컬렉션 아카이브에 소장 중인 다양한 영상 자료
프로파간다 영화	- 다큐멘터리 형식의 영화도 존재하지만 픽션 형식도 존재함 - 문화영화로 명명된 영화들도 포함 - 문화영화는 흔히 픽션으로 구성되지만 다큐멘터리 형식으로 제작되기도 함	- 제작 주체의 의도가 분명히 드러남 - 제작 주체가 보여주려고 했던 것에서 연구가 출발 - 대항역사 연구의 좋은 자료가 됨	<병정님> <의지의 승리> <유태인 쥐스>
픽션 영화	픽션임에도 불구하고 당대의 거리나 인물 그리고 의복 등 현실기록적인 요소가 있음	- 당대의 시대정신을 확인할 수 있음 - 동시대를 기록하지만 이후 역사의 기록이 됨	<오발탄> <박서방> <오! 수정>
역사물	- 영상이나 사진이 존재하지 않는 역사를 재현 - 근현대사나 이전의 과거사를 재현	- 상상을 통해 역사적 요소를 탐구 - 허구를 통해 진실에 접근하는 역설이 성립됨 - 역사연구의 관점에서는 문헌사에 기반해서 이를 얼마나 시각적으로 정확하게 고증 및 재구성하는지가 관건	<지슬> <그때 그 사람> <명량> <뉘른베르크의 재판>

4. 영상자료의 사료(史料)되기

위의 표에서 확인할 수 있는 것처럼, 다양한 형태와 성격의 영상자료가 존재하기에 모든 영상자료를 동일 선상에서 취급하는 것은 위험한 일이다. 영상자료를 활용한 역사연구의 첫 번째 전제조건은 연구대상이 될 영상의 기본적인 형태와 성격에 대한 분석이라 할 수 있다. 픽션 영화와 다큐멘터리 영화를 완전히 다른 방식으로 접근해야 한다는 사실은 분명하다. 그렇지만 다큐멘터리가 픽션 영화에 비해 보다 진실에 가깝고 보다 실재에 근접한다는 선입견 혹은 고정관념은 해당 영상자료의 분석 결과에 영향을 미칠 수 있다. 예컨대 문헌사를 바탕으로 과거를 엄격하게 고증한 픽션 영화는 주관적 시점의 다큐멘터리보다 더욱 진실에 가까울 수 있다. 마찬가지로 다큐멘터리 영화와 뉴스릴의 경우, 두 영상이 현실의 기록이라는 유사성을 갖기는 하지만 근본적으로 다른 성격의 영상이라는 사실 또한 중요하다. 다큐멘터리는 기본적으로 일정한 제작 기간이 필요하고, 감독의 주관적 시각에 따라 방향성 있는 편집과정을 거치기 때문에 성찰적 성격을 갖는다. 반면 뉴스릴은 일상을 보도하며 즉흥적 성격을 가진 저널리즘적 영상을 기획자의 의도로 편집한 것이다. 그렇기 때문에 성찰이라는 측면에서 뉴스릴은 다큐멘터리와 저널리즘적 영상의 중간에 위치다고 볼 수 있다. 한편 제작자의 시점이 분명한 뉴스릴과 개인 촬영 기록에서 비롯되는 푸티지 영상도 제작 목적이나 시점이 다를 수밖에 없다. 그리고 디지털화로 인해 과거 영상을 쉽게 접할 수 있는 상황에서 뉴스릴을 부분적으로 편집하여 푸티지처럼 사용한다면 그 출처를 알아내기가 쉽지 않을 것이다. 이렇듯 다양한 영상자료들은 보기보다 복잡한 양상을 내포하고 있다. 따라서 영상의 내용을 분석하기에 앞서 해당 영상의 장르적·외형적 특징을 분명하게 파악해야 할 필요가 있는 것이다.

두 번째 전제조건은 영상자료에 대한 문헌사적인 연구의 선행 연구이다. 다시 말해 영상이 제작된 환경에 대한 정보와 더불어 영상에 대한 정보, 즉 영상자료의 메타데이터를 파악해야 한다. 촬영 시점, 장소, 촬영의 기술적인 방식(카메라의 종류, 필름의 형태, 화면의 포맷 등), 가능하다면 촬영 주체 등 촬영의 결과물이 나오기 전의 환경에 대한 기본적인 정보가 필요하다. 마찬가지로 최종 결과물에 대한 메타데이터도 필요하다. 이는 편집이 끝난 영상의 러닝타임, 편집 방식, 음성 유무 등 결과물의 형태적인 데이터를 뜻한다. 이후 촬영의 역사적·사회적 맥락, 개인이건 기관이건 촬영 주체에 대한 정보 등을 파악하게 되면 해당 영상에 대한 보다 심층적인 분석을 위한 준비작업이 완료된다고 할 수 있다.

메타데이터는 비단 영상자료에서만 중요한 것은 아니다. 사진 및 구술 자료를 포함하는 시청각자료는 메타데이터가 분명하게 존재할 때 정확한 역사연구의 대상물이 될 수 있다. 물론 아카이브에서 보관 중인 대부분의 자료들은 여러 단계에 걸쳐 '카탈로깅'[15]화 되어 있다. 하지만 모든 자료의 메타데이터가 완벽하게 카탈로깅되어 있는 것은 아니기 때문에, 오류의 위험은 항상 존재한다.

한국 관련 영상자료의 예를 들어 보자. 영화가 탄생할 무렵 한국은 동북아시아의 전략적 요충지를 차지하려는 구미 열강과 제국주의 일본이 경쟁하는 상황에 처해 있었다. 당시 선진 문물이었던 영화는 제국주의와 함께 유입되었고 이후 근현대 시기의 한국은 촬영 주체가 아니라 촬영 대상이었다. 이런 이유에서 한국의 근현대 시기를 보여주는 영상자료의 많은 부분이 구미(歐美)지역의 아카이브에서 보관 중이고[16] 외국기관에서 한국관련

---

15) 영상자료의 물리적 상태와 내용의 가장 기본적인 정보를 기입하는 것이 1차 카탈로깅, 화면 내용과 내레이션 등 내용에 대해 기록하는 것이 2차 카탈로깅이다. 3차 카탈로깅은 이상의 자료들을 종합해서 영상자료를 역사적, 정치적, 사회적 맥락에서 분석하는 작업이다.

16) 물론 식민지 시기 동안 일본에 의해서 촬영된 자료도 많다. 하지만 정치적으로

자료를 조사하는 과정에서 몇
가지 문제가 발생한다. 우선
국가와 국적(國籍)에 관한 문
제이다. 애국가를 작곡한 것
으로 알려진 안익태는 1942년
만주국 창립 10주년을 기념하
여 당시 일본과 동맹관계에
있던 독일의 베를린 필하모니

〈그림 1〉 지휘자 안익태의 모습

를 지휘하였다(〈그림 1〉 참조). 프랑스 국립시청각연구원(INA, Institut National
Audiovisual)의 아카이브에 보관된 당시 영상에는 안익태가 아니라 '에키타
이 안(Ekitai Ahn)'으로 기록되어 있으며, 영상의 제목도 〈베를린에서 개최된
일본 콘서트(Concert japonais à Berlin)〉이다.[17] 이런 경우 '한국'이나 인물의
한국명을 키워드로 검색할 때 검색결과에서 누락될 수밖에 없다.

　두 번째는 지명에 관한 문제이다. 로마자 표기법이 표준화되기 이전에는
외국인 촬영자들이 한국 각지의 지역명을 주민들의 발음을 근거로 각자의
발음 방식으로 기록하였다. 수십 년이 지난 지금, 알파벳으로 기록된 당시
의 지명을 역으로 다시 환원해내기란 쉬운 일이 아니다. 예를 들어, 1924년
프랑스 공군의 모험가가 한국을 촬영한 〈펠레티에 두아지와 베쟁의 파리-
도쿄 간 놀라운 탐험(Le raid merveilleux Pelletier d'Oisy et Besin "Paris-Tokyo")〉
의 경우 자막에 '대구'를 'Taikyu'로, 황해도 '해주'는 'Haïdjou'로 표기하고 있
다. 이는 지명을 프랑스 발음에 근거하여 표기한 것이기 때문에 프랑스 기

민감한 사안이라 일본에서는 자료의 공개를 극히 꺼리는 경향이 있어 실제로 한
국을 촬영한 영상에 대한 전체적인 목록에 어려움이 있는 실정이다.
17) 같은 영상을 2006년 송병욱이 독일 연방문서보관소에서 발견하여 안익태의 알려
지지 않았던 일제강점기 시대의 역할을 입증하였다. 하지만 이 자료는 저작권 문
제로 단 1회 상영을 전제로 입수되어 이후 공개되지 못하였다. 현재 고려대학교
한국사연구소에서 연구용으로 입수하여 내부적으로 관람이 가능하다.

록을 토대로 원래 지명을 유추하는
것이 쉬운 일은 아니다.

또한 이 영상은 발음 문제만이 아
니라 촬영한 방문지도 잘못 표기하
고 있다. '한국의 해주(Haïdjou en
Corée)'라는 자막 다음에 나오는 건
물은 해주에 위치한 건물이 아니라
경복궁 근정전이다(〈그림 2〉 참조).

〈그림 2〉 1924년의 경복궁

덕수궁으로 궁을 이전한 다음이라 황량한 모습이지만 근정전이라 추정하
기란 어렵지 않다. 또 '대구'라는 자막에 이어 나타나는 작은 장터거리 장면
에는 상인이나 행인 다 같이 변발한 중국인 모습인 점으로 미루어 볼 때 이
거리는 대구가 아니라 중국일 가능성이 높다. 이런 오류는 촬영자가 지역
을 잘못 기록했거나 촬영한 필름들이 뒤섞이면서 발생하였을 것으로 추정
된다.

이상의 문제 외에도 다양한 이유로 인해 아직 발견되지 않은 식민지 시
기에 제작된 영상자료들이 다수 있을 것으로 추정된다. 그렇기 때문에 한
국관련 영상자료를 확인할 경우 일제 식민지기를 겪었던 특수한 환경 및
당시의 촬영자들이 한국을 인식한 방식 등의 변수를 고려할 필요가 있다.
전세계 아카이브 관련자들이 이미 이런 문제를 인식하고 있고, 디지털화
과정에서 기존 정보를 갱신하고 있지만 모든 자료에 적용되기에는 시간이
필요하기 때문이다.

자료의 오류에 관한 또 다른 예로 제2차 세계대전 당시 유태인 학살을
다룬 역사 다큐멘터리의 효시인 〈밤과 안개(Nuit et Brouillard)〉(1956)가 있
다. 이 다큐멘터리는 제2차 세계대전 당시 나치가 자행한 유태인의 대량학
살을 처음으로 고발하는 기념비적인 영화로 평가된다. 이 영화 초반부는 유
럽 각지에서 자행된 유태인 대량 검거 및 강제 수용소 이송 과정을 보여주

고 있다. 감독 알랭 레네(Alain Resnais)는 프랑스에서 있었던 사태[18]를 설명하기 위해 한 장의 사진을 사용한다. 하지만 1983년 역사학자 세르주 클라스펠드(Serge Klarsfeld)는 나치의 만행을 고발하는데 중요한 역할을 했던 이 자료가 1942년의 사진이 아니라 1944년 8월 28일에서 9월 2일까지 동일한 장소에서 제2차 세계대전 당시 나치에 부역했던 여성들을 수감했던 사진이었음을 밝혀낸다.[19] 〈밤과 안개〉를 제작했던 1955년은 홀로코스트가 끝난 지 10년 밖에 지나지 않았던 시점으로 끔찍했던 역사를 기록한 자료의 수집이 원활하지 않았다. 당시 생존자들의 증언을 토대로 한 검증 과정에서 같은 장소에 사람들이 집단적으로 모여 있는 모습이 1942년의 유태인 검거로 보일 수밖에 없었을 것이다.[20]

〈밤과 안개〉에서 이 사진이 차지하는 비중은 불과 4초 정도로 미미하다. 1942년 프랑스 거주 유태인에 대한 대규모 검거와 강제수용소 이송 사실은 문헌에 의해 증명되었고 프랑스 정부도 이를 공식적으로 인정하고 사과한 바 있다. 하지만 역사를 증언하는 다큐멘터리에 있어 이러한 오류는 영화 전체를 부정하는 빌미를 제공할 수 있다. 1970년 후반 로베르 포리송(Robert Faurrison)에 의해 본격적으로 등장하게 되는 부정주의(négationnisme)는 강

---

18) 이 장소는 파리 외곽에 위치하였던 Vélodrome de l'Hiver(겨울의 경륜장)이다. 1942년 7월 16일 프랑스 전역에서 15,000명 이상의 유태인을 검거하고 수용소로 강제 이송한 사건은 당시의 건물명을 이용해 'la Rafle de Vel' d'Hiv(겨울 경륜장의 유태인 대량검거)'라고 부른다.

19) Sylvie Lindeperg, *La voie des images, Quatres histoires de tournage au printemps-été 1944*, Paris, Lagrasse, Verdier, 2012, p.19~20.

20) 그리고 이 사진은 지금도 1942년의 '프랑스 유태인 검거'를 증언하는 자료로 사용되고 있다. 50여 년 동안 당시를 증언하는 각종 자료를 수집하였지만 유독 경륜장에 수용되어 있던 유태인들을 포착한 사진만은 아직 발굴된 것이 없고 단지 경륜장 외곽에 도착하는 수용자들의 사진만 확보된 상태이다. 많은 언론사들은 시각적 자극이 강한 사진을 선호해서인지, 경륜장 밖의 수용자들보다는 내부에 수용된 사진 한 장이 당시의 사건을 보다 밀도 있게 증언한다는 믿음 때문인지, 혹은 역사학자의 주장에 귀를 기울이지 않는 것인지 이처럼 명백한 오류를 수정하지 않고 있다.

제수용소에서의 계획적인 대량학살을 전면적으로 부인하는데 그의 주장을 뒷받침하는 결정적인 요소는 바로 "가스실의 존재를 알리는 공식문서의 부재와 역사서술의 부정확성으로 인한 '공인된 역사'와 '증언' 간의 불일치"였다.[21] 이렇듯 사소한 것으로 치부될 수 있는 오류는 자료 자체를 부정할 뿐만 아니라 역사의 사실을 부인하는 근거로 활용될 위험이 있다.

  영상자료는 이미지의 사실성이 다른 사료들과 구분된다. 픽션영화이건 뉴스릴이건 "영화 이미지가 드러내는 현실은 가공할 정도로 사실"[22]적이다. 하지만 영상자료를 확보하는 일이 쉬운 일도 아니고 또 확보 후 눈 앞에서 확인하더라도 자료 자체가 과거의 사실을 입증하는 사료가 되는 것은 아니다. 이런 맥락에서 마크 페로는 뉴스 영화를 분석하는데 있어 중요한 세 가지 기준점을 제시하는데 그중 가장 우선적인 요소가 바로 "진실성의 기준"[23]이다. 자료에 대한 엄격하고 철저한 검증, 상세한 메타데이터의 수립이 전제될 때에만 비로소 '생생한' 사료로 활용이 가능한 것이다.

5. 영상의 외화면과 역사연구의 모순적 접근

  영상자료를 분석한다는 것은 우선 화면에 재현되는 정보의 분석을 의미한다. 즉 화면에 등장하는 인물, 음성, 대화내용, 배경, 사건의 진행, 그리고 내레이션 등 화면에서 1차적으로 얻을 수 있는 정보를 분석하는 것이다. 여기에 화면을 구성하는 기술적인 요소인 화면 크기(풀쇼트, 클로즈 쇼트 등),

---

21) 신동규, 「프랑스 부정주의의 논리-홀로코스트에 대한 인식과 해석」, 『역사와 문화』 28호, 105쪽.
22) 마크 페로, 『역사와 영화』, 앞의 책, 36쪽.
23) *Ibid.*, p.105. 페로는 뉴스릴의 영상이 연출되었거나 의도적으로 변형된 여부를 확인할 수 있는 다음과 같은 다섯 가지의 기준을 제시하고 있다. 1. 촬영 각도 2. 같은 쇼트에 나오는 여러 이미지들 사이의 거리 3. 이미지의 해상도와 조도 4. 줄거리의 밀도 5. 필름의 입자 크기

쇼트의 길이, 그리고 이 쇼트를 이어붙이는 몽타주 방식 등에 대한 분석을 더해, 자료가 '보여주고 있는' 종합적인 정보를 분석할 수 있게 된다. 영상 이미지의 분석을 통해 기존의 연구결과와는 다르거나 누락되어 있는 정보를 발견한다면 문헌사의 균열지점을 확인할 수 있거나 부족한 부분을 보충할 수도 있다. 영상이미지는 문장의 서술이나 구술로 충분히 전달하기 힘든 시대적 분위기를 충실하게 재현하기에 보다 풍부한 역사적 자료를 제공한다. 이런 점에서 영상자료는 시청각적 정보를 통해 기존 역사연구 결과에 반론을 제기하거나 역사연구에 새로운 가능성을 열어줄 수 있다. 이처럼 화면 정보를 이용한 역사적 분석의 좋은 예는 카메라에 포착된 최초의 암살사건으로 유명한 유고슬라비아의 알렉산다르 1세 암살사건을 촬영한 영상이다.[24)]

〈그림 3〉 알렉산다르 1세(오른쪽)와   〈그림 4〉 예복을 입은 사람들 뒤로
프랑스 외무장관 루이 바르투(왼쪽)   카메라를 들고 이동하는 기자들의 모습

　1934년 10월 9일, 프랑스를 공식 방문한 알렉산다르 1세는 마르세이유 항구에서 프랑스 외무장관 및 중요인사의 극진한 환대를 받고 자동차로 이동하는 중(〈그림 3〉) 불가리아 출신의 블라도 체르노젬스키에 의해 살해당한

---

24) 프랑스 국립시청각연구원 사이트에서 관련 영상과 이에 대한 해설을 들을 수 있다.
　　http://www.ina.fr/video/3964873001.

다. 크로아티아의 우스타치와 마케도니아 내부혁명기구가 연합하여 기획한 이 암살사건은 수많은 카메라가 현장에 있었기에(〈그림 4〉) 생생하게 촬영되었다. 군중들 사이에서 불쑥 튀어나온 암살자는 어떤 제지도 받지 않은 채 알렉산다르 1세를 권총으로 살해하였고 이후 경찰의 보복 사격과 화가 난 군중들에게 끌려 다니다 죽임을 당한다. 영접을 나왔던 외무부장관 루이 바르투(Louis Barthou) 역시 혼란한 상황에서 오발로 인해 사망한다.

이 영상자료는 약 30년 뒤 카메라에 포착되는 미국의 케네디 대통령 암살사건과 유사한 양상을 보인다. 왕(또는 대통령)의 행렬을 쫓던 카메라가 우연히 역사적 현장을 기록하고 이후 암살범은 카메라 앞에서 살해당한다. 살해사건 자체가 극적일 뿐만 아니라 범인이 사라짐으로써 사건의 전모에 대한 의문을 남긴다는 이유로 두 사건은 이후 많은 음모론의 소재가 된다.

이 암살사건은 조사를 거쳐 분리독립주의 그룹들이 행한 테러로 결론이 내려지지만, 화면에 나타나는 정보는 공식역사에 대한 직접적인 문제 제기를 가능케 한다. 영상을 보면 유고슬라비아 왕의 공식방문을 환영하기 위해 수많은 인파가 밀집해 있는 상태이고 경비병력도 배치되어 있었으며 유례없이 많은 카메라가 취재를 하고 있었는데, 왜 프랑스 경찰이나 군은 방문자를 밀착경호하지 않았는가라는 의문이 가장 먼저 생긴다. 그리고 테러용의자를 생포할 수 있었음에도 불구하고 총으로 응사했으며 이후 군중들이 린치를 가할 때도 저지하지 못하였고 수많은 병력들은 현장이 아수라장이 되는 것을 막지 못했다는 점 또한 분명 의문이 들 수밖에 없는 부분이다. 영상에서 비롯되는 이러한 의문점들은 알렉산다르 1세 암살사건이 분리주의자의 단순한 테러행위보다는 제2차 세계대전 직전 발칸반도를 비롯한 유럽의 전체적인 지정학적 역학관계에서 출발해 전향적인 시각으로 당시의 사건을 재조명할 수 있는 계기를 제공한다.

이처럼 화면에 직접 드러나는 정보, 즉 보이는 정보는 영상역사연구에서 아주 중요한 부분이다. 하지만 화면에 '보이는 것' 외에도 메타데이터나 외

화면의 정보 역시 보이는 정보만큼 중요하다. 영상을 분석할 때 메타데이터에 기입되어 있는 촬영의 기술적인 요소들을 간과하기 쉽다. 하지만 수집된 필름이 35mm인지 16mm인지, 흑백 필름인지 컬러 필름인지, 그리고 사운드가 있는지 없는지 등 아주 쉽게 접할 수 있는 자료의 외적 정보는 촬영 환경을 복원할 수 있는 간단하면서도 꽤 중요한 단서가 된다. 아마추어 촬영에 적합한 16mm 필름은 개인용도의 촬영일 확률이 높고, 35mm 필름의 경우 전문가가 촬영하였다는 것을 의미하는 동시에 촬영 환경이 보다 안정적이고 이동에 대한 부담이 적었을 것이며 보다 공적 목적의 촬영이었다는 사실을 짐작할 수 있다. 사적인 촬영과 공적인 촬영은 제작의 출발점이 다르기에 분석의 방향을 결정짓는 중요한 단서가 된다. 한편 녹음기가 소형화되고 카메라와 동기화가 보다 용이해진 것은 1950년대이다. 이 시기 이전에 촬영된 영상이 음향을 포함하고 있다면 음향이 없는 영상에 비해 보다 많은 인원이 촬영에 참여했을 것이고 35mm 필름을 사용한 것과 마찬가지로 개인적인 촬영이 아닐 가능성이 높다고 할 수 있다.

　1950년대 한국전쟁을 기록한 영상은 대부분 흑백필름으로 촬영되었다. 드물게 컬러로 제작된 영상들이 있는데 그중 대표적인 것이 존 포드(John Ford) 감독의 〈이것이 한국이다(This is Korea)〉(1951)라는 다큐멘터리이다. 미 해군의 의뢰로 제작된 이 영화는 50분 분량으로 제작비는 4만 5천 달러에 달한다. 당시에는 컬러필름이 흑백필름에 비해 고가(高價)였기 때문에 유럽에서는 흑백으로 제작하는 극영화들도 많았다. 이런 시기에 할리우드의 거장에게 컬러 촬영을 의뢰했다는 사실은 단순히 전쟁을 기록하는 것을 넘어 자국의 부강한 이미지를 보여주기 위한 아낌없는 지원을 의미한다. 존 포드는 제2차 세계대전 당시에도 18분 분량의 컬러 다큐멘터리 〈미드웨이 전투(Battle of Midway)〉(1942)를 촬영한 바 있다. 두 편의 다큐멘터리는 외형상 컬러로 제작되었다는 공통점을 가지고 있지만 촬영 카메라의 포맷을 대입하면 그 의미가 크게 달라진다. 〈미드웨이 전투〉는 기본적으로

35mm 카메라로 촬영하였지만 유명한 전투 장면은 존 포드 감독이 직접 16mm 카메라를 이용해 핸드헬드 카메라 기법으로 촬영하였다. 반면에 〈이 것이 한국이다〉는 대부분 35mm 카메라로 촬영하였다. 전작에서 핸드헬드 카메라로 촬영하였다는 것은 총 대신 카메라를 들고 전투에 참전하였다는 의미가 강하게 전달된다. 제2차 세계대전 당시 최고 격전지 중 하나였던 미드웨이 섬 전투에서 총 대신 카메라를 들고 전투에 참여해 한쪽 눈을 잃은 존 포드는 이 전쟁을 자유진영과 전체주의 진영의 대결로 파악하였고 전쟁의 숭고한 정신을 기록하기 위해 카메라를 들고 최전방으로 달려간 것이다. 하지만 한국전쟁을 촬영한 〈이것이 한국이다〉는 미 해군의 기대와는 달리 전쟁에 대해 비관적이고 환멸로 가득 찬 어조의 다큐멘터리가 되었다. 1950년 초부터 시작된 매카시즘에 반대하였던 존 포드는 이데올로기로부터 비롯된 한국전쟁에 참전하는 것을 못마땅하게 여겼다. 그렇기 때문에 대부분의 동료들이 조국애로 점철된 영상을 제작할 때 존 포드는 이와 반대된 이미지를 만들었다. 여기서 보여주는 존 포드의 시각은 개인적인 것일까? 많은 영상자료를 통해 알려진 한국전에 관한 미국인의 시각은 수많은 희생을 무릅쓰고 공산진영에 대항하는 자유진영의 용감한 행위였다. 하지만 존 포드가 16mm 카메라가 아니고 35mm 카메라를 사용하여 한국전쟁을 촬영한 방식은 전쟁에 직접적인 참전이 아니라 거리두기를 의미하는 것이고 전쟁의 의미에 대한 성찰이 짙게 묻어나온다. 할리우드 거장의 시각은 당시 한국전쟁에 대한 미국의 공식적인 입장 외에 대중의 시각에 대해 생각해볼 수 있는 여지를 제공한다.

영상자료에는 화면에 보이는 것과 화면 외적인 것 외에도 역사적 사실에 접근할 수 있는 또 다른 정보가 있다. 바로 이미지의 '부재'이다. 영상이 존재하지 않는다는 사실이 역설적으로 역사 연구의 좋은 소재가 될 수 있다. 앞서 '파리의 유태인 대검거' 당시 경륜장에 수용한 유태인을 촬영한 사진자료가 없다는 사실을 언급한 바 있다. 그리고 독일의 패전 후 연합군의 조사에도 불구하고 아우슈비츠나 부켄발트 등 강제수용소의 건설과 운영 등에 관한 그 어떤 기록영상도 발견되지 않았다. 이러한 사실은 전쟁 외에 추진하였던 가장 중요한 정책행위에 대한 이미지의 부재와 괴벨스의 지휘 아래 프로파간다 영상을 통해 능수능란한 이미지 정치를 펼치던 문화정책 간의 괴리를 드러낸다. 이러한 이미지의 부재에서 자신들의 행위에 대해 나치가 가지고 있던 인식의 일면을 읽어낼 수 있는 것이다.

한편 영국의 인도 식민지 정책을 이해하는 데 있어서도 이미지의 부재는 도움이 된다. 마크 페로에 의하면 영국에서 제작한 뉴스릴들은 1940년에서 1944년 사이 영국정부의 인도 정책에 관한 소식은 다루지 않고 있다. 대신 인도의 독립에 우호적이었던 미국의 파라마운트사(社)가 이와 관련한 뉴스릴을 제작하였다.[25] 이러한 이미지의 부재와 존재는 당시 영국 정부의 태도뿐 아니라 아시아에서 영향력을 넓히고 싶어 하던 미국 정부의 의도도 드러낸다.

그렇다면 제국주의 일본이 남긴 기록영상들은 어떻게 이해해야 할까? 중국이나 만주 또는 한국에서 자행한 학살 행위 등에 대한 문서 기록뿐만 아니라 사진과 영상 기록을 남겼던 그들은 자신들의 행위가 정당하다는 확신이 있었던 것일까? 아니면 투철한 역사관에 입각해서 그 어떤 행위라도 기록해야 한다는 의무감에서 기록하였던 것일까? 또는 적대적인 집단이나 피식민 계급에 대해서는 비인간적인 행위를 자행해도 된다는 극도로 결여된 윤리의식의 결과일까? 아니면 무자비한 살상을 기록하고 이를 반대집단에 보여줌으로써 공포심을 조장하고 자신들의 정책에 동조하려는 의도였을까?

뉴스릴을 포함한 영상자료는 영상을 통해 공식적인 역사의 균열지점을

---

25) Marc Ferro, *L'utilisation des images d'archives en Histoire, E-Dossier de l'audiovisuel : L'Extension des usages de l'archive audiovisuelle*, http://www.ina-expert.com/e-dossier-de-l-audiovisuel/e-dossiers-de-l-audiovisuel-l-extension-des-usages-de-l-archive-audiovisuelle.html.

보여주리라는 기대와는 달리 공식적인 역사를 증언하는데 그치는 경우가 많다. 하지만 영상의 존재와 부재라는 거시적인 관점에서 영상자료를 분석하는 방식도 영상의 주체가 보여주고 싶어 했고 강조했던 것은 무엇인지, 보여주고 싶지 않았거나 숨기고 싶었던 것은 무엇인지를 통해 기존 연구에 새로운 시각을 제공할 수 있을 것이다.

이상에서 살펴본 바와 같이 영상자료를 이용한 역사연구는 영화와 시청각 자료에 대한 기술적인 이해를 필요로 한다. 영상의 내용 못지않게 촬영방식과 촬영의 맥락, 화면에서 보이는 것과 보이지 않는 것 사이의 관계들도 고려해야 한다. 영상기록이라는 것은 결코 현실의 한 부분을 우리에게 제공하는 것이 아니며 촬영자의 시각으로 재단된 세계를 프레임 속에 표현한 것이다. 따라서 아카이브에 보관된 영상 자료는 하나의 관점에 대한 표현 방식이자 촬영하는 방식이었으며 세계를 이해하고 동시대를 바라보는 방식이기도 하였다. 그렇기 때문에 궁극적으로 영상역사연구는 마크 페로의 지적처럼 "영화에 대한 역사적 독해 그리고 역사에 대한 영화적 독해"라는 "영화와 역사의 관계에 대해서 질문을 던지는 사람들이 좇아야 할 최종적인 두 개의 축"[26] 사이를 끊임없이 오가는 일이 될 것이다.

6. 영상을 통한 역사접근의 문제들 : 기술적인 문제에서 윤리적인 문제로

영상역사연구의 시작 단계에서 논할 수 있는 쟁점 중 마지막으로 살펴볼 것은 아카이브 영상을 이용한 역사 다큐멘터리 제작이다. 근현대사를 다루는 영화의 제작에 대해 논하는 것은 순수 역사학의 영역과는 거리가 멀어 보이지만 대중의 역사 인식에 직접 관련되어 있다는 점에서 순수한 학문적 접근보다 오히려 더 신중해야 할 필요가 있다. 그리고 아카이브의 사용자

---

26) 마크 페로, 『역사와 영화』, 앞의 책, 25쪽.

는 연구자로 제한되는 것이 아니라 공공의 영역이기에 아카이브 영상자료를 활용한 역사 다큐멘터리를 제작하는 부분에 대한 문제제기가 필요하다.

앞서 언급한 것처럼 현재 아카이브 영상—푸티지 영상이나 뉴스릴 또는 프로파간다 영화 형태로 이미 제작된 다큐멘터리를 포함—을 활용 또는 재활용한 역사 다큐멘터리 제작은 문화적인 측면뿐만 아니라 역사의 대중화라는 측면에서 상당히 주목받고 있다. 시각적인 재현은 대중에게 근현대사에 대한 관심을 유도할 수 있는 방법이기에 주로 교육적 목적으로 제작되어 대중 상영보다는 특정 공간에서 상영되어 왔다. 하지만 최근에는 방송사나 영화사가 아카이브와 협력하여 상업성을 띤 대규모 역사 다큐멘터리를 기획하고 제작하는 추세이다. 이런 형태의 다큐멘터리는 TV의 대형화와 미디어 환경의 변화로 영화와 방송을 망라하는 영상으로 제작되면서 지엽적인 상영이 아니라 영상문화의 주류에 포함되고 있는 실정이다. 또 국가기록원을 비롯해 각 방송사 및 대학들에서 근현대시기 영상자료에 대한 아카이브 구축을 본격적으로 진행하고 있으며, 이를 통해 구축된 아카이브의 콘텐츠는 이미 공공재로 서비스되고[27] 있기에 아카이브 영상을 활용한 편집 다큐멘터리의 제작은 이미 시작단계를 넘어 본격적인 궤도에 오르고 있다고 말할 수 있다. 영상자료를 이용한 편집 다큐멘터리의 경우 현대사를 생생하게 전달한다는 면에서 아주 중요하고 흥미로운 작업이지만 아카이브 영상이라는 새로운 개념의 사료를 활용한다는 점에서 기술적이고 윤리적인 문제를 내포할 수밖에 없다.

그 첫 번째 경우는 상업주의와 결탁한 선정주의(煽情主義)다. 특히 방송사가 기획하는 대규모 역사 다큐멘터리의 경우 시청률과 제작비가 중요한

---

27) 고려대학교 한국사연구소가 구축한 "한국근현대영상아카이브"가 대표적인 사례이다(http://kfilm.khistory.org 참조). 방송사들도 자체적으로 아카이브를 운영하며 대중에 공개하고 있는데 K-TV에서 "e영상역사관"을 통해 가장 먼저 〈대한뉴스〉를 비롯한 뉴스 영화와 문화영화 등을 서비스하고 있다(http://ehistory.korea.kr 참조). 최근 SBS도 자체적으로 입수한 〈리버티뉴스〉를 온라인으로 서비스 중이다.

고려대상이다. 따라서 관객의 감각을 자극하는 선정주의적 접근이 기획의
우선순위가 될 수밖에 없고 또 수익 창출이 역사의식에 우선한다. 프랑스
의 이자벨 클라크(Isabelle Clarke)와 다니엘 코스텔(Daniel Costelle)이 제작
한 〈세상의 종말: 제2차 세계대전〉의 예를 들어보자. 이 다큐멘터리는 52분
분량의 6개 에피소드로 구성[28]되어있다. 이러한 시간적인 구성은 무엇보다
도 자칫 지루할 수 있는 역사물을 관람하는 시청자에 대한 배려에서 비롯
되었을 것이다. 하지만 다른 관점에서 보면 역사의 증언보다 시청자를 우
선적으로 고려한 결과라고 할 수도 있다. 물론 미디어 상업주의 시대에 이
정도의 구성이 큰 문제가 될 것은 없다. 보다 근본적인 문제는 역사적 사실
에 대한 문제제기보다는 스펙터클에 초점이 맞춰져 있다는 사실이다. 다큐
멘터리의 오프닝 시퀀스는 진흙으로 뒤덮인 도로에 누워있는 시체 한 구와
경장갑차가 그 시체의 팔을 밟고 지나가는 다소 충격적인 장면으로 시작된
다. 생생한 영상으로 전쟁의 참혹성을 고발한다는 명분 아래 충격적인 영
상들로 화면을 구성하고 있는 것이다. 최근 들어 방송사나 영화제작자들은
시청자의 '볼' 권리라는 명분으로 그동안 금기시되어왔던 이미지(피해자의
이미지나 사고 현장 등)를 여과없이 노출하고 있다. 이런 현상의 기저에는
이미지의 중독성이 작용하는데 관객은 보다 새롭고 더 강한 이미지를 요구
하기 마련이고 방송(또는 영상) 상업주의는 이에 부응하기 때문이다. 이미
지의 선정주의에 관한 문제제기는 다큐멘터리의 초기부터[29] 있어왔지만
이제 윤리는 시청률 앞에 설 자리가 없는 형편이다.

두 번째 문제는 보다 다양한 형태로 나타나는 기술적인 부분에 있다. 편

---

28) 반대의 예로 클로드 란츠만(Calude Lanzmann)의 〈쇼아(Shoah)〉(1985)가 있다. 이
다큐멘터리는 9시간 30분 분량의 영상(정확하게 613분인데 출시 국가마다 러닝
타임이 다르다. 여기서는 오리지널 버전인 프랑스 버전 기준)을 증언의 방향에
따라 단 4장으로 구성하고 있다.
29) 박희태, 「아프리카 다큐멘터리: 포스트식민주의 담론의 교차 공간」, 『영상문화』 23,
2013, p.59~61 참조.

집 다큐멘터리를 과거에 비해 보다 쉽게 그리고 아카이브 영상만으로 제작할 수 있게 된 것은 아카이브 자료가 디지털화되고 있기 때문이다. 그리고 디지털화와 동시에 소장 목록의 카탈로깅도 더욱 세밀해지고 또 자료에 대한 상세한 설명까지 온라인을 통해 서비스되기에 자료의 검색과 구매가 필름을 다루던 시절과 비교할 수 없을 만큼 간편해졌다. 그리고 디지털화된 영상자료는 손쉽게 보정이 가능하다. 바로 이 지점에서 역사를 재구성하는 편집 다큐멘터리의 문제가 발생한다. 앞서 언급한 〈세상의 종말: 제2차 세계대전〉은 여러 가지 면에서 많은 반향을 불러일으킨 다큐멘터리이다. 물론 방대한 제작비와 마흔 여섯 개 이상의 아카이브와 개인 소장 영상에서 700시간이 넘는 영상을 수집하여 5시간 20분 분량으로 제작한 대작(大作)이 화제가 되는 것은 당연한 일일 것이다. 이 다큐멘터리의 DVD 겉표지를 장식하고 있는 선전 문구는 다음과 같다.

> 100% 아카이브 이미지로 구성되어 기술과 역사적 퀄리티가 숨 막히는 시나리오가 되는 진정한 역사물 자료가 제공하는 세상에 둘도 없는 경험을 하세요. 켄지 카와이의 음악이 비할 바 없는 이 작품의 화려함을 완성시키고 있습니다. 진정한 기술적인 쾌거로 인해 당신은 눈앞에 펼쳐진 것이 픽션이 아니라는 사실에 아연실색할 것입니다.[30]

제2차 세계대전의 아카이브 영상들을 최신 디지털 기술로 보정해 당시의 숨막히는 순간들을 지금 화면 앞에서 실제 벌어지고 있는 것처럼 재구성한 제작진의 자신감이 위의 홍보 문구에서 여실히 드러난다.

영상을 보면 제작진의 작업 결과에 놀라지 않을 수 없다. 5시간이 넘는 분량의 흑백영상을 컬러화하였고 음향이 없는 영상은 실제 해당 모델의 차량 음향을 그대로 입혀서 실제 차량이 기동하는 음향을 재현해냈다. 다양

---

30) Isabelle Clarke et Daniel Costelle, 〈Apocalypse: La 2ème Guerre Mondiale〉, France2, 2009, DVD 참조. 예문은 저자가 번역한 것임.

한 크기의 영상 포맷은 현재 미디어 환경에 맞게 16/9 화면으로 재포맷되었다. 결과적으로 영상은 완벽하지는 않지만 자연스러운 컬러와 실제인 듯한 음향 그리고 화면도 일관되게 구성되어 있어 처음부터 끝까지 같은 팀이 촬영한 것 같은 인상을 준다.

그런데 사실 이렇게 이질적이지 않고 자연스러운 부분이 문제가 된다. 왜냐하면 실제로 다양한 형태의 영상(흑백과 컬러 영상/사운드의 유무/35mm나 16mm로 다른 영상 포맷 등)을 동일하게 만들었을 때의 문제는 사료의 진실성에 직접적인 문제제기가 될 수밖에 없기 때문이다. 우선 최근 편집 다큐멘터리의 추세인 흑백영상의 컬러화 문제를 들 수 있다. 〈세상의 종말: 제2차 세계대전〉이나 여타 다큐멘터리에서 흑백영상을 컬러로 보정하는 작업을 정당화하는 첫 번째 이유는 과거나 지금이나 이 세계는 컬러로 존재한다는 사실이다. 그리고 젊은 세대가 흑백 영상을 관람하는 것이 쉬운 일이 아니라는 것이 두 번째 이유이다. 하지만 뷰파인더를 통해 세계를 관찰하고 기록하였던 촬영자는 자신의 기록물이 흑백으로 촬영된다는 사실을 인지하고 있었다. 따라서 결과물을 염두에 두고 당시의 현실을 최대한 생생하게 촬영하기 위해 노력하였을 것이다. 〈의지의 승리(Triumph des Willens)〉(1935)를 촬영한 레니 리펜슈탈(Leni Riefenstahl)이 컬러 필름을 사용했다면 아마도 지금 우리가 보고 있는 영상과는 다른 방식으로 촬영했을 것이라는 실비 린드페르그의 주장은 이러한 맥락에서 이해할 수 있다.[31]

실재와 같은 음향을 입히는 것도 문제가 된다. 사운드의 유무는 당시의 촬영 환경을 유추할 수 있는 단서 중의 하나이다. 시각적인 정보에 경도된 연구자가 사운드의 중요성을 간과하기란 쉬운 일이다. 하지만 사운드 유무는 앞서 언급한 것처럼 제작의 맥락과 촬영 당시의 상황을 설명해 줄 수 있는 정보가 되기에 무시할 수 없는 정보이다. 하지만 인공적으로 음향을 입

---

31) Sylvie Lindeperg, *La voie des images, Quatres histoires de tournage au printemps-été 1944*, Paris, Lagrasse, Verdier, 2012, p.31~32.

히게 되면 이러한 정보가 유실될 수밖에 없다.

다음으로 영상 포맷의 문제이다. 영상의 포맷은 생각보다 중요한 역할을 한다. 화면의 포맷이 4∶3의 비율인지 16∶9의 비율인지에 따라 영상을 제작하는 감독의 비전이 완전히 바뀌게 된다. 영상의 포맷은 미학적 문제이기도 해서, 감독들이 오래 전부터 선호하는 비율을 고집하는 경우가 많다. 배경보다 인물의 성격이나 내면에 집중하려는 감독은 4∶3 비율의 포맷을, 서부 영화를 촬영하던 존 포드는 광활한 배경을 이용한 스펙터클한 화면을 선호해 16∶9 비율을 주로 사용하였다.[32] 따라서 영상의 포맷은 감독이 영상에서 무엇을 추구하는지를 이해할 수 있는 단서가 된다.

이런 맥락에서 문제제기가 되는 것은 각기 크기가 다르고 화면 비율이 다른 아카이브 영상의 크기를 조절하여 일괄적으로 HD 포맷으로 변경하고 있다는 사실이다. 4∶3 비율의 영상을 화면 왜곡 없이 HD 포맷에 맞추려면, 원본 비율을 유지하는 경우 상하를 HD 포맷에 맞춰야 해서 화면의 좌우에 검은 여백이 생길 수밖에 없다. 하지만 최근에 제작되는 편집 다큐멘터리는 화면의 검은 여백을 없애기 위해 기존 영상을 확대한 후 원본 영상의 상하를 자르는 것이 일반적이다. 다시 말해 결과물의 화면은 원본이 아니라 확대한 화면을 적당하게 잘라서 배치한 영상이라는 의미가 된다. 이 경우 영상의 크기를 임의로 조정하게 되면 영상의 출처가 모호하게 된다. 앞서 언급한 것처럼 화면의 비율과 필름의 포맷은 제작 환경(사적 촬영 또는 공적 촬영 등)을 이해할 수 있는 단서가 되기 때문이다.

---

32) 최근 로랑 캉테(Laurent Cantet)는 〈폭스파이어(Foxfire)〉(2013)를 배경이 아니라 친구 간의 우정을 강조하기 위해, 35mm 필름에서 가장 큰 화면 비율인 시네마스코프(2.35∶1)로 촬영하였다. 이런 포맷은 클로즈업한 화면에 두 명 또는 세 명의 친구를 나란히 배치할 수 있기 때문이다. 그리고 디지털로 인해 화면 비율 조정이 쉬워진 까닭에 캐나다의 자비에 돌란(Xavier Dolan)의 경우 〈마미(Mommy)〉(2014)의 화면 비율을 영화 내에서 변화시키면서 영상의 미학적인 추구와 동시에 주인공의 심리 상태를 표현하고 관객에게 보다 화면에 집중할 것을 요구하고 있다.

　이와 같은 방식으로 필요에 의해 사료를 재단하며 과연 '백퍼센트 과거의 현실'을 있는 그대로 보여준다고 할 수 있을까? 앞서도 여러 번 언급했지만 영상자료는 촬영자의 시점에서 바라본 현실과 이를 프레임화하기 위한 기술적인 요소들이 가미된 하나의 자료이다. 시점 있는 자료를 재활용하는 제작자가 원본에 나타나는 촬영 의도를 왜곡하며 자신의 시선으로 배치하는 것은 사료의 활용이라는 차원에서 용납될 수 없는 문제이다. 디지털 작업으로 원본을 넘어 과거의 실재 현실을 보여준다는 주장은 상업주의적 시각의 또 다른 프로파간다가 된다. 프랑수아 니네(François Niney)가 아카이브 영상에 첨가하는 음향의 문제점에 대한 지적은 이와 같은 자료의 훼손에 대한 통렬한 비판이다.

> 이는 (프로파간다)는 자신의 관점을 강요하고자 하는 것이 아니라, 이 프로파간다가 어떤 관점이나 의견이 아니고, 눈에 보이는 사물의 현실, 화면에 분명히 나타나 있는 그대로의 역사 그 자체의 진실이라고 믿게끔 한다는 것이다. 동어반복적이라 할 수 있는 진실의 효과를 재사용하는 것은 오늘날 거의 모든 다큐 픽션의 영업재산인 것이다.[33]

　최근 국내에서 이루어지고 있는 영상역사 관점의 편집 다큐멘터리도 위에서 언급한 문제들로부터 예외가 될 수 없다. 이들의 작업은 서구에 비해 규모가 작지만 상업적인 목적이 아니라 대항역사의 관점에서 공식사를 넘어서려는 시도이기에 오히려 보다 진지한 작업이라 할 수 있다. 국내에서 제작된 영상역사 다큐멘터리의 경우 컬러 보정이나 음향 재생 등의 고비용 작업을 거치지는 않았지만 영상의 포맷을 일관화하거나 자의적인 편집 그리고 영상의 진행과 연결 부분에 대한 인상을 중심으로 배경 음악을 넣기도 한다.[34]

---

33) 프랑수아 니네, 『다큐멘터리란 무엇인가 -다큐멘터리와 그 아류들』, 조화림 · 박희태 옮김, 예림기획, 2012, 176쪽.

국내 감독이나 제작사는 프랑스의 감독과는 달리 아카이브 영상을 이용해 과거의 현장을 현재에 복원한다는 과장을 남발하지는 않는다. 오히려 〈백년전쟁〉의 제작진(푸른영상)은 공식 홈페이지에서 이 다큐멘터리가 'B급 다큐멘터리'라고 명시하고 있다. 그리고 〈미국의 바람과 불〉을 제작한 김경만 감독은 영화의 첫 장면에 차이코프스키의 〈비창〉을 삽입한 것에 대해 다음과 같이 설명하고 있다. "이것이 기록필름을 대하는 데 있어서 역사와 영화의 차이가 아닐까 하는 생각이 드는군요. 역사는 사료를 편집하지는 않을테니까요. 하지만 영화에서는 그것을 사료가 아니라 질료라고 불러야 할 것 같습니다".35) 이러한 자기 설정은 우선 자신들의 다큐멘터리가 엄격한 역사학적 관점에서 제작된 것이 아니라는 인식의 결과일 것이다. 이들 제작자와 감독은 사료로써의 영상이미지와 창작의 결과물로써의 다큐멘터리를 구분하고 있고 이는 영화계와 역사학계의 간극이 그만큼 넓다는 것을 방증하고 있다.

그럼에도 불구하고 〈백년전쟁〉의 경우 수백만 명이 온라인을 통해 시청하였다. 이러한 사실은 영상 아카이브를 기반으로 한 영상역사 다큐멘터리에 대한 대중의 관심도를 보여준다. 이러한 폭발적인 관심이 권위적인 정권을 대변하는 공식사에 대한 싫증에서 비롯된 것이건 아카이브 영상이 주는 매력에서 비롯되는 것이건 간에 영상역사 다큐멘터리는 역사의 대중화에 기여하고 있고 또 대항역사 연구의 좋은 도구가 될 것은 분명해 보인다. 이런 맥락에서 역사학적인 관점에서 보다 엄격한 기준으로 영상 자료를 선

---

34) 배경 음향은 영상 이미지의 효과를 증폭시키기 때문에 다큐멘터리에서 외화면 음성이나 배경 음악 등의 부정적 효과를 제거하기 위해 제2차 세계대전 이후 많은 노력들이 있어 왔다. 이 부분에 대해서는 프랑수아 니네, 『다큐멘터리란 무엇인가-다큐멘터리와 그 아류들』, 앞의 책, 167쪽 '해설은 어디서 오는가?'를 참조.
35) 김경만 감독 · 후지이 다케시, 「〈미국의 바람과 불〉 라이브 코멘터리」, http://ecc.saii. or.kr/wp-content/uploads/2013/09/미국의-바람과-불-라이브코멘터리_문지문화원사이. pdf 참조.

별 및 활용하고, 오랫동안 문제제기를 통해 발전해 온 다큐멘터리의 객관성 논쟁을 통해 발전해 온 윤리적이고 기술적인 적용방식을 적용해나가면 영상이미지만이 가지고 있는 힘을 통해 근현대사 연구의 새로운 가능성을 열어 나갈 수 있으리라 생각된다.

7. 나가며

지금까지 영상역사연구와 아카이브를 기반으로 하는 영상 제작에서 자칫 간과하기 쉬운 부분의 중요성과 또 사소하게 보일 수 있는 요소들이 야기할 수 있는 위험성에 관해 살펴보았다. 영상역사 분야는 역사 연구자 뿐만 아니라 대중들도 많은 기대와 관심을 가지고 있는 분야이다. 따라서 영상에 접근할 때 역사학적인 관점에서 보다 엄격한 기준을 적용할 필요가 있다. 영상 자료의 선별 및 활용에서, 다큐멘터리의 객관성 논쟁을 따라 발전해 온 윤리적이고 기술적인 방식을 적용해나가면 영상이미지만이 가지고 있는 힘을 통해 근현대사 연구의 새로운 가능성을 열어 나갈 수 있을 것이라 생각된다. 방법론에 대한 문제제기 그리고 실제 연구와 영상 제작이라는 두 축의 유기적인 관계 속에서 역사에 접근하려 노력할 때 역사와 대중은 영상을 통해 소통하게 될 것이고 이런 과정을 통해 대중을 역사적 실체에 보다 가까이 데려갈 수 있을 것이다.

참고문헌

1. 자료

【영상】

〈뉘른베르크에서 뉘른베르크까지*De Nuremberg à Nuremberg*〉, Frédéric Rossif, 프랑스, 177분, Antenne2, 1989.

〈미국의 바람과 불〉, 김경만, 한국, 118분, 2012.

〈백년전쟁; 이승만의 두 얼굴〉, 김지영, 한국, 53분, 민족문제연구소, 2012.

〈백년전쟁; 프레이저 보고서〉, 김지영, 한국, 42분, 민족문제연구소, 2012.

〈세상의 종말: 제2차 세계대전*Apoclaypse: la Seconde Guerre mondiale*〉, Isabelle Clarke/ Daniel Costelle, 프랑스, 110분, France2, 2009.

〈세상의 종말: 히틀러*Apoclaypse: Hitler*〉, Isabelle Clarke/Daniel Costelle, 프랑스, 312분, France2, 2011.

〈세상의 종말: 제1차 세계대전*Apoclaypse: la Première Guerre mondiale*〉, Isabelle Clarke/Daniel Costelle, 프랑스-캐나다, 312분, France2, 2014.

〈쇼아*Shoah*〉, Claude Lanzmann, 프랑스, 613분, 1985.

2. 논문 및 단행본

BERTIN-MAGHIT Jean-Pierre, *Une histoire mondiale des cinémas de propagande*, Nouveau monde éditions, 2012.

_____ et FERRO Marc, *Les Documenteurs des années noires*, Nouveau monde éditions, 2012.

DERRIDA Jacques, *Mal d'Archive*, Paris, Galilée, 1997.

DIDI-HUBERMAN Georges, *En mettre plein les yeux et rendre "Apocalypse" irregardable*, *Libération*, le 22 septembre 2009.

FERRO Marc, *Cinéma et Histoire*, Paris, Edition Folio, 1988. (마르크 페로, 『역사와 영화』, 까치, 1999)

_____, *L'utilisation des images d'archives en Histoire*, E-Dossier de l'audiovisuel : L'Extension des usages de l'archive audiovisuelle,

http://www.ina-expert.com/e-dossier-de-l-audiovisuel/e-dossiers-de-l-audiovisuel-l-e

xtension-des-usages-de-l-archive-audiovisuelle.html.

GAUTHIER Guy, *Le documentaire, un autre cinéma*, Paris, Armand Colin, 2000. (기이 고티에, 『다큐멘터리, 또 하나의 영화』, 커뮤니케이션북스, 2006)

LINDEPERG Sylvie, *Nuit et Brouillard : Un film dans l'histoire*, Editions Odile Jacob, 2007.

_____, *La voie des images : Quatre histoires de tournage au printemps-été 1944*, Editions Verdier, 2013.

_____, *Les écrans de l'ombre : La Seconde Guerre mondiale dans le cinéma français, 1944-1969*, Points, 2014.

NINEY François, *L'épreuve du réel à l'écran : essai sur le principe de réalité documentaire*, Bruxelles, De Boeck université, 2000.

_____, Le documentaire et ses faux-semblants, Paris, Klincksieck, 2009. (프랑수아 니네 저, 『다큐멘터리란 무엇인가 - 다큐멘터리와 그 아류들』, 조 화림 · 박희태 역, 예림기획, 2012)

SERCEAU Michel Serceau et ROGER Philippe, *Les archives du cinéma et de la télévision*, Cinémaction n° 97, Paris, Corlet, 2000.

VÉRAY Laurent, *Appropriation des images d'archives et exigence historique*, E-Dossier de l'audiovisuel : L'Extension des usages de l'archive audiovisuelle, http://www.ina-expert.com/e-dossier-de-l-audiovisuel/e-dossiers-de-l-audiovisuel - l-extension-des-usages-de-l-archive-audiovisuelle.html.

박희태, 「아프리카 다큐멘터리: 포스트식민주의 담론의 교차 공간」, 『영상문화』 23, 2013.

신동규, 「프랑스 부정주의의 논리-홀로코스트에 대한 인식과 해석」, 『역사와 문화』 28, 2014.

제인 로스코 · 크레이그 하이트, 『모크 다큐멘터리 — 다큐멘터리가 아닌 다큐멘터리』, 맹수진 · 목혜정 옮김, 커뮤니케이션북스, 2010.

2부

영상과 역사 – 식민과 제국

대만 영화사에서의 '식민지와 제국, 탈식민지주의'*

미사와 마미에(三澤真美恵)

1. 서론

이 글은 먼저 동아시아에서 식민지기 대만 영화사 연구를 고찰할 때 그 전제가 되는 대만 고유의 정치적 문맥을 이해하기 위해 연구를 둘러싼 큰 경향을 간단하게 설명하고자 한다. 이어서 '식민지와 제국, 탈식민지주의'라는 주제 하에 식민지기 대만인에 의한 영화의 제작·수용 상황에 대한 개요를 소개한다. 마지막으로 결론을 대신하여 '전후(戰後)'1) 대만영화시장에

* 본고는 과학연구비보조금(科学研究費補助金) (기반연구(基盤研究) C) 「동아시아 식민지기영화필름사료의 다각적연구모델구축(東アジア植民地期映画フィルム史料の多角的研究モデル構築)」(2011~2014년도)에 의한 연구 성과의 일부를 포함한 것이다. 또한 본고는 저자의 저서 『"일본제국"과 "모국 중국"의 사이: 식민시기 대만영화의 부역과 월경(「帝国」と「祖国」のはざま─植民地期台湾映画人の交渉と越境)』(岩波書店, 2010)의 한 챕터에서 연구된 결과를 포함하고 있지만, 세부적으로 재서술되었음을 밝힌다. 이 글은 *International Journal of Korean History*, Vol.19, No.2 (August 2014): 107~134에 영문으로 게재된 바 있다. 제목은 "Colony, Empire, and De-colonization" in Taiwanese Film History"이다.
1) 대만에서는 1945년의 일본의 패전 이후를 '전후(戰後)'라고 파악하는 것에는 다소 곤란한 측면이 있다. 예를 들면, 유진경은 2004년 4월 25일 도쿄외국어대학(東京外国語大学)에서 개최된 강연의 서두에서 "일단, '전후'란 무엇인가? 아시아에 '전후'가 존재했었는가?"라고 질문한 뒤, "'전후'라는 단어는 일본인만 사용한다. 일본인이 제멋대로 사용하고, 제멋대로 독점하고 있는 것일 뿐, 아시아 사람들에게는

서의 '아래로부터의 탈식민지화'라는 가능성에 대해서도 지적하고자 한다.

2. 식민지기 대만 영화사 연구를 둘러싼 연구개요

일본이 패전함에 따라 대만도 일본에 의한 식민지배에서 해방되었다. 하지만 일본 대신 대을 통치했던 것은 일본과의 전쟁에서 승리했던 중화민국(中華民國, 中國國民黨政權)이었다. 즉 기존에는 '일본인'이었던 대만 주민이, 이제는 과거의 '적(敵)'이었던 '중국인'에게 통치 받게 된 것이다.[2] 대만은 이렇게 독특하고 전례없는 상황 속에서 그 자신을 발견했다. 이는 남북으로 분단되기는 했지만, 동일한 역사경험을 가진 사람들로 구성된 '전후' 한반도의 상황과는 상당히 다른, 대만의 독자적인 사정이다. 물론 기존의 대만 주민(이하 '본성인(本省人)')과 새로 유입된 대만 주민(국민당 정권과 함께 대륙에서 온 '외성인(外省人)') 사이에는 정서적인 차이가 존재했다. 그것이 가장 격렬하게 표현된 것이 2·28사건이다.[3] 국민당 정권은 한편으

절대 '전후'가 아니다"고 말했다(構成·注作成 : 고마고메 다케시(駒込武), 『前夜』9号, 229~246頁(2006年). 劉氏는 2005년 10월에 死去). 한반도에서도 1945년 일본의 패전 이후를 '전후'라고 파악하는 것에 다소 곤란한 측면이 있을 것이라 생각된다. 본고에서는 상기한 것과 같은 인식에서, 인용부호(' ')를 부기한 '전후'를 '일본의 패전을 포함한 제2차 세계대전 이후'라는 의미로 사용한다.

2) 다만, 대만사회에서 공동체 의식의 경계는, 식민지기 및 항일전쟁을 경험했다는 두 가지 요소만으로 파악할 수는 없다. 즉 소수 선주민족(先住民族, (台湾) 原住民族)과 한족(漢族)의 사이, 한족 가운데 본성인과 외성인의 사이, 나아가 본성인 가운데서도 복료인(福佬人)과 객가인(客家人) 사이에, 각각 그 성격을 달리 하는 '민족적인(ethnic)' 경계가 중층적으로 존재한다.

3) 부정부패의 만연, 치안 악화, 인플레이션의 고조, 내전을 위한 물자조달로 인한 식량 부족, 낙하산 인사에 따른 본성인 실업자의 증가 등 국민당 정권에 대한 대만 주민의 불만은 밀수 담배 단속 가운데 벌어진 시민으로의 발포 사건을 계기로 전국적인 反정부 운동으로서 폭발했다. 이에 대해 국민당 정권은 보복적이라 할 만한 철저한 탄압을 가했다. 2·28사건으로 의한 희생자 수는 15,000명에서 20,000명이라고도 언급된다. 여기에 대해서는 이하를 참조할 것. 吳密察,「台湾人の夢

로는 반공정책이라는 이름으로 이행된 백색테러(white terror)[4]를 통해 공포
감을 조성함으로써 주민들로 하여금 강하게 침묵하도록 했고, 다른 한편으
로는 미디어나 교육기관을 활용하는 '중국화' 정책을 통해 새로 유입된 대
만 주민을 모두 '중화민국의 국민'으로서 통합하려고 했다. 따라서 1980년대
이전에는 학술적인 연구라 하더라도, 그 내용은 정치적으로 허용되는 범위
로 한정되었다. 특히 대만에서의 고유한 역사나 문화와 관련한 연구는, '중
국화' 정책과 마찰을 빚는 '분리 독립' 지향과 연결되는 것으로서 경계되었
다. 민주화가 진행되었던 1990년대 이후에도 '통일인가, 독립인가'라는 사회
적 관심이나 트렌드가 연구 내용에 직접 혹은 간접적으로 반영되어 왔다.
따라서 영화사를 포함하는 대만 고유의 역사나 문화와 관련한 연구 상황
또한 정치 체제의 변화를 포함하는 그때그때의 사회 상황과 서로 영향을
주고받는 관계에 있다고 할 수 있다.[5] 예를 들면 '전후' 대만에서의 식민지
기 영화사와 관련한 대표적인 서적으로서 오랜 기간 참조되었던 루수상(呂
訴上)의『台湾電影戲劇史』(1961, 銀華出版)에도 식민지기 대만인의 영화 활
동이 기재되어 있지만, 그 서술은 어디까지나 1960년대라는 사회상황이 반
영되어 있다. 즉 국민당 정권의 공정(公定) 이데올로기를 따르는 형태, 즉

───────────

と2・28事件」, 大江志乃夫ほか 編,『近代日本と植民地8 アジアの冷戦と脱植民地
化』, 東京 : 岩波書店, 1993年, 39~70頁.

4) 입법위원인 謝聰敏의 조사에 의하면, 1950년대부터 1987년 계엄령 해제의 기간
동안 29,000건의 정치투옥사건이 있었는데, 이 가운데 14만 명이 수난 당했으며,
3,000~4,000명이 처형됐다고 한다(李筱峰,『台湾史100件事件史(下・戦後篇)』, 玉
山社, 1999年, 40頁).

5) 동시에, 사회 상황의 변화는 경시되거나 은폐되기도 하여 사료의 발굴 및 공개
여부를 좌우하였으며, 이러한 사료의 상황도 연구에 반영되었다. 학계에서 자료
를 둘러싼 환경 또한 반영되어있다. 식민지기 대만 영화사에 관한 연구・사회・
사료의 삼자관계에 관해서는 三澤真美恵,「初期台灣電影史研究的方法與課題」
2014年 4月 26日「東亞脈絡中的早期臺灣電影 : 方法學與比較框架(Early Taiwan
Cinema: the Regional Context and Theoretical Perspectives)」國際研討會, 於国立台
北芸術大学 참조. 이 글에서는 식민지 대만 영화사 연구와 일본의 '제국사' 연구
의 문맥의 관계에 대해서도 언급하고 있다.

'항일(抗日)' '애국(愛國)'이라는 문맥이 강조되어 정리되고 있다.

　이데올로기를 우선시했던 이러한 역사서술에 큰 변화가 나타난 것은 1990년대 이후이다. 그 배경으로는 민주화 이후에 탄력을 받아 대만 고유의 역사나 문화를 중시하고자 했던 사회적 열기가 있었다.[6] 역사학의 경우, 전후 대만에서 일정하게 연구가 축적된 중국 근현대사나 일본 근현대사를 기준으로 삼고 이를 참조하여, 이들에게 필적할 만한 학문의 형식을 갖춘 대만사(台湾史)의 구축이 기대되었던 것이다. 식민지기 대만 영화사 연구에 있어서, 이러한 조류의 선구가 되었던 것은 『電影欣賞』 65期(1995年 9-10月)에 수록된 리다오밍(李道明)이나 루오웨이밍(羅維明) 등의 연구이다.[7] 그 후에도 1차 자료를 사용한 석사논문이나 전문서적 등이 등장하였고,[8] 실증적 연구를 강조하는 일반적인 경향 속에서 청취 조사도 포함된 영화사 자료의 발굴, 정비, 공개가 이어졌다. 2003년에는 식민지기 대만에서 유통되었던 필름들이 발견되었고,[9] 이것이 디지털 복원을 거쳐 공개됨에 따라, 필

---

6) 중국대륙에서도 1990년대 이전에는 공산당의 공정(公定) 이데올로기에 따른 程季華 主編, 『中國電影発展史 1·2』(北京 : 中国電影出版社, 1963年)가 대표적인 서적으로서 압도적인 영향력을 가지고 있었지만, 1990년대 이후에는 실증성을 중시하는 방향으로 선회하였고, 연구 주제 또한 다양화되었다.

7) 李道明, 「電影是如何来到臺灣的？ : 重建臺灣電影史第一章(初稿)」; 羅維明, 「「活動幻燈」與「台湾紹介活動写真」 : 台湾電影史上第一次放映及拍片活動的再考査」 및 「日治台湾電影資料出土新況」. 아울러 상기한 『電影欣賞』의 실증적인 논문 이전에, 문제의식에서 선구적인 역할을 담당했던 것으로, 陳国富, 『片面之言』(1985年, 中華民國電影圖書館出版部)의 「殖民地文化活動另一章 : 訪日拠時代台湾電影弁士林越峯」, 「殖民與反殖民／台湾早期電影活動」가 있다. 마찬가지로, 연구라기보다는 저널리스틱한 관점에서 何非光이나 劉吶鴎등에 주목했던 黃仁의 신문기사(黃仁, 「懷念三個走紅中国大陸的台湾影人」, 『聯合報』 1995年 10月 25日, 37頁)는 중국 대륙에서 활약했던 대만 출신 영화인을 빠르게 주목했다는 의미에서 선구성을 가진다.

8) 이 가운데 대표적인 것은, 葉龍彦의 『日治時期台湾電影史』(台北 : 玉山社, 1998年) 등 일련의 저작이 있다. 다만 사료의 취급에 어려움이 있어, 기술(記述)의 신뢰성이 부족하다는 점이 아쉬움으로 남는다.

9) 복원된 영화는 아래에 기술한 곳에서 열람 가능하다. 「片格転動間的台湾顕影 : 館藏日治時期電影資料整理及数位化計画」, 国立台湾歴史博物館ホームページ

름 내용을 분석한 연구도 속속 등장하고 있다. 연구를 둘러싼 사료적인 환경도 연구에 적합하도록 편리해졌다. 과거에는 여러 가지 종이 매체의 목록을 알아보고 소재지를 조사한 뒤, 각 지역으로 직접 가서 열람·복사해야 했던 자료의 상당수가 현재는 디지털화 및 데이터베이스화되어, 자택에서 키워드 검색까지 할 수 있도록 되어 있다.[10] 최근 연구에서는 이러한 디지털 데이터베이스를 활용하여 영화관이나 극장, 영화와 지역 문화, 영화와 문학 등 연구 주제도 다양화되고 있다.

나아가 최근 몇 년 사이에 영화연구에서는 역사학적 접근이, 역사연구에서는 시청각사료가 중요시되고 있다고 생각된다. 2014년 한 해 동안 필자가 참가한 것으로만 한정해 봐도, 대만국립예술대학(北芸術大學)에서의 '초기 대만영화: 지역적 맥락과 이론적 관점(東亞脈絡中的早期臺灣電影 : 方法學與比較框, Early Taiwan Cinema: the Regional Context and Theoretical Perspectives)' (2014년 4월 26일)이 있었고, 고려대학교에서의 'New Approaches to History through the Visual Media'(2014년 7월 4~5일), 대만정치대학(台湾政治大学)에서의, '시각이미지와 역사자료: 시각미디어 속의 중국 근대사(影像與史料 :

---

http://digimuse.nmth.gov.tw/Jplan/index.aspx(열람일: 2014年 5月 20日). 필자는 대만역사박물관에서 위의 자료에 관한 조사를 의뢰받아, 과학연구비보조금 科学研究費補助金 (挑戦的 萌芽研究)「植民地期台湾映画フィルム史料の歴史学的整理分析」(2008-2009年度) 및 (기반연구 C)「東アジア植民地期映画フィルム史料の多角的研究モデル構築」(2011-2014年度)을 얻어 공동연구를 추진하고 있다. 관련된 논고로는, 三澤真美恵,「1970年代台湾「心理建設」としてのテレビ統制」(『メディア史研究』32号, 2012年 9月, 東京 : メディア史研究会, 83-105頁) ; 同,「映画フィルム資料の歴史学的考察に向けた試論 : 台湾教育会製作映画『幸福の農民』(1927年)をめぐって」(王徳威·廖炳恵·黄英哲·松浦恒雄·安部悟 編,『帝国主義と文学』, 東京 : 研文出版, 2010年 7月, 367-393頁)이 있다.

10) 한편 이렇게 디지털화된 '편리'한 환경은, 신체적으로 손발을 움직이는 작업 속에서 키울 수 있는 자료 비판의 감각을 막는 '장애'가 되는 측면도 있다고 생각한다. 예를 들면 기사가 수록된 잡지에는 어떤 다른 기사가 있으며 어떠한 성격을 가지는지, 혹은 그 기사가 해당 잡지의 호수에서 어떠한 위치를 차지하는지, 혹은 그 기사가 나온 전후의 시기에는 어떤 경향의 기사가 많았는지 등과 같이 해당 데이터의 성격을 비판적으로 검토하기 위한 재료를 놓쳐버릴 우려가 있는 것이다.

影像中的近代中國)'(2014년 10월 11~12일) 등이 있다. 이들 국제 심포지엄의 연이은 개최는 동아시아의 식민지 상황을 고려했을 때, 영상자료의 역사학적 가치를 점점 주목하게끔 했던 추세를 보여주고 있다고 생각한다.

다음으로 앞서 기술한 연구 동향과 관련하여, 식민지기 대만에 관한 필자 자신의 연구를 위치 지워 두고자 한다. 필자가 대만 영화의 역사를 배우고 싶다고 생각해서 유학했던 시기는, 때마침 대만사가 하나의 학문영역으로서 형성되기 시작했던 1990년대 중반이었다. 따라서 식민지 대만 영화사에서도, 실증연구의 성과는 부분적으로 공백이 존재하는 상황이었다. 여기에서 필자는 총독부 측이 남겼던 사료(법령집, 교육기관의 잡지『대만교육회잡지(台湾教育会雑誌)』·『대만교육(台湾教育)』, 경찰기관의 잡지『대만경찰협회잡지(台湾警察協会雑誌)』·『대만경찰시보(台湾警察時報)』등)를 이용하여, 기존의 모자이크적 서술을 어떻게든 벗어나, 식민지기를 관통하는 시간적으로 연속된 영화사의 서술을 시도해보고 싶다고 생각했다(1998년 국립대만대학 역사학연구소 석사논문(国立台湾大学歴史学研究所修士論文), 2001년에 前衛出版社에서『植民地下的「銀幕」：台湾総督府電影政策之研究 1895-1942年』으로 출간). 다만 그 시각은 부제에서 보이는 것과 같이 총독부의 정책에 따른 것이기 때문에, 민간의 영화산업이나 피식민자의 영화 활동 등에 대한 배려가 충분하지는 않았다. 이러한 석사논문에서의 반성에 입각하여, 피식민자라는 입장에 있었던 대만인에게 영화가 어떠한 의미를 가졌던 것인지를 다시금 고찰하고자 했던 것이 대만, 상해, 중경 등 각 지역의 영화정책과의 관계 속에서 대만인의 영화 활동의 발자취를 검토했던 박사논문(2006년)이다(이 논문은 2010년에『「帝国」と「祖国」のはざま：植民地期台湾映画人の交渉と越境』, 東京：岩波書店. 2012년에 중국어판『在「帝國」與「祖國」的夾縫間：日治時期臺灣電影人的交涉和跨境』, 李文卿·許時嘉 訳, 台北：台湾大学出版中心 으로 출판).[11] 이 연구에서는 영화인의 발자취를 중점적으로 다뤘는데, 민간의 영화 활동이나 영화 수용경로에 대해서도 통계 자료나 일기, 서간, 구술 기록 등을 활용하여 일정 정도 명확하게 정리했으며, 이외에도 상하이시 중국 국민당 당안(上海市中国国民党档案)이나 중화민국 국사관 당안(中華民国国史館档案), 중국 국민당 문화전파위원회 당사관 소장 당안(中国国民党文化伝播委員会党史館所蔵档案) 등을 활용하여 상하이, 충칭에서의 중국 국민당의 영화통제 정책에 대해서도 대략적인 상을 제시했다. 식민지기 대만의 경우, 영화시장의 변화에 주목하여 각종 통계 자료를 사용하면서 '시장 형성기(~1920년대 중반)', '시장 확대 및 다양화의 시기(1920년대 중반~1930년대 중반)', '시장 일원화의 시기(1930년대 중반~)'의 3단계로 나누었고, 식민지 대만 내의 영화 수용의 특징으로 '분절적(分節的) 경로'와 '현지적[現地的, 臨場的] 토착화'가 있었음을 분석했다. 다음 절에서는 앞서 서술했던 성과에 기반하여 식민지기 대만인에 의한 영화 제작 및 수용의 특징에 대해서 설명한다.

3. 식민지기 대만인에 의한 영화 제작 · 수용의 특징

대만의 영화 시장은 1920년대 중반부터 확대 · 다양화되어, 대만인에 의한 영화 제작도 시도되기는 했지만, 모두 실험적인 시도로 그쳤으며 결국 산업화하지 못했다. 필자가 파악한 바에 따르면, 식민지기 반세기 동안 대만인이 중심이 되어 제작했던 영화는 수편에 불과하다. 한편 같은 시기 '반식민지(半植民地),' '차식민지(次植民地)'라고 여겨졌던 중국의 경우 영화 생산의 수가 급격히 증가했다. 1923년부터 1926년 사이 중국영화의 수는 매년 증가했는데, 1923년 5편이었던 것이 1926년에 이르면 101편에 달하였다.[12]

11) 이 글에서 영화를 근대성(modernity)으로 파악하여, 영화인의 발자취를 '교섭(交渉)'과 '월경(越境)'이라는 키워드로 분석하고자 했다. 이는 식민지기 한국사 연구 등 인접한 연구영역의 성과에서 자극받았기 때문이라는 점을 기록해 두고 싶다.

또한 중국인이 소유하는 영화관 역시 이 4년 동안 증가했다.[13] 1930년대 전반이 되면 국내뿐만 아니라 해외시장에서도 남양 화교(南洋華僑)를 중심으로 한 대규모 영화 제작회사가 출현하고 있었다.[14] 또한 대만과 마찬가지로 일본의 식민지 지배하에 있었던 조선에서도, 1920년대부터 조선인에 의한 영화가 잇따라 제작되었는데, 민족주의적인 영화나 '경향파(傾向派)'라고 불리는 좌익적인 영화를 포함하여, 식민지기 전 기간 동안 제작된 편수는 200편 전후이고, 영화산업 종사자가 총 1만 명을 돌파했다고 한다.[15] 즉 민족자본에 의한 영화제작이라는 측면에서 보면, 대만은 동아시아의 식민지라는 상황 속에서도 눈에 띄게 불균형한 양상을 보이고 있었다고 할 수 있다.

대만에서 민족자본에 의한 영화제작이 부진했던 이유에 대해서는 다양한 지적이 있다. 1932년 대만 영화계를 회고했던 『대만신민보(台湾新民報)』의 기사에서는, 대만인에 의한 영화제작이 부진한 원인으로 '고정자본의 전무(絶無)' '시나리오의 전무(皆無)' '대만 검열제도의 존재'라는 세 가지 요소를 들고 있다.[16] 한편, 전후의 논의에서는 기술력을 더하여, 자본력·기술

---

12) 데이터는 中国電影資料館蔵謄写版, 『中国電影総目録(第一輯)』(1960년)에 따른 것이고, 외국자본이 중국 국내에서 제작했던 작품은 포함하고 있지 않다(弘石, 「無声的存在」, 中国電影資料館編, 『中国無声電影』, 北京 : 中国電影出版社, 1996年, 5頁).

13) 翟民, 「國片復興運動中國内影院状況之一斑」, 『影戲雜誌』 1930年 7~8期 → 前掲, 『中国無声電影』, 209頁에 따르면, 1930년 약 250館의 영화관 가운데 중국영화 전문관은 50~60관이다.

14) 남양시장을 솔선하여 개척했던 회사로는 '天一影片公司'가 있다(黄建業·黄仁総編集, 『世紀回顧 : 図説華語電影』, 台北 : 文建会, 2000年, 25頁).

15) 조선에서는 1920~30년대에 걸쳐 50개 이상의 영화 제작 회사가 성립되었는데, 1941년의 조사 당시 10개의 영화제작소를 확인할 수 있으며, 그 대표자의 이름을 보면, 절반 이상이 조선인을 대표자로 했던 제작소임을 알 수 있다. 1939년에는 조선 영화인을 망라한 '조선영화인협회(朝鮮映画人協会)'도 설치되었다(市川彩, 『アジア映画の創造及建設』, 東京 : 国際映画通信社, 1941年, 99-114頁; 扈賢贊·根本理恵 訳, 『わがシネマの旅 韓国映画を振りかえる』, 東京 : 凱風社, 2001年, 46-94頁; 李英一, 「日帝植民地時代の朝鮮映画」, 『講座日本映画3』, 岩波書店, 1986年, 312-335頁).

16) G．Y生, 「台湾映画界の回顧(上·下)」, 『台湾新民報』 400号, 1932年 1月 31日, 15

력·창조력의 부족, 검열제도에 의한 강압이라는 네 가지 요소를 들고 있다.[17] 확실히 이들은 각각 대만 영화생산 부진의 원인을 구성하고 있었다. 그러나 영화의 영역으로 한정하지 않고, 민족자본에 의한 산업이나 대만인에 의한 문학이 일정한 성과를 거두고 있었던 것을 고려한다면, 일본의 식민지였던 조선이나 '차식민지(次植民地)', '반식민지(半植民地)' 상태라고 여겨졌던 중국과 비교했을 때, 대만에서의 영화제작이 확실히 부진했음을 설명하기에 충분하다고는 생각되지 않는다. 그렇다면, 대만에서의 민족자본에 의한 영화제작의 부진을 결정지었던 요인은, 대만 고유의 수요 측면, 특히 시장 규모의 문제였던 것은 아닐까.[18]

예를 들어 1924년부터 1930년까지 일본 무성영화는 황금기를 겪었다고 할 수 있고,[19] 당시 일본 본토의 인구(홋카이도, 오키나와 포함, 다른 식민지 제외)는 대만에 비해 14~15배 정도 많았다.[20] 적은 예산으로 큰 성과를 거두고 가장 짧은 시간(4일 반)안에 만들어진 것으로 유명한 〈카고노토리〉(籠の鳥, 1924)의 경우 일본 본토 안에서만 1,500~1,600엔(총 매출이 생산비의 100배에 달한다)으로 170,000엔의 수입을 벌었다.[21]

더 폭넓은 비교를 위해 1930년대 민족자본에 의해 영화가 산업화되고 있었던 중국의 경우를 살펴보자. 중일전쟁 발발 전 호황 시기의 데이터로서,

---

頁; 同 401号, 1932年 2月 6日, 14頁.

17) 前揭, 呂訴上, 『台湾電影戲劇史』, 6-7頁.

18) 하나의 산업을 분석하는 경우 그 시점으로는, market(수요 측의 요인 : 시장), money(자금 : 공급 측의 요인), manpower(기술자를 포함한 인재 : 공급 측의 요인), material(자재·기술 등의 물류 : 공급 측의 요인), 그리고 management(경영 : 공급 측의 요인)의 다섯 가지 점을 고려할 수 있다는 시각은 사토 유키히토(佐藤幸人)의 교시(敎示)에 따른다.

19) 다나카 준이치로(田中純一郎), 『日本映画発達史』 2, Tokyo: Chuokoronsha, 1980, 12.

20) 1925년, 일본의 인구는 약 5,973만 7천명이었고, 대만은 399만 3,408명이었다. 1930년 일본의 인구는 약 6,445만 명이었으며, 대만은 459만 2,537명이었다. 인구수는 센서스 인구에 기반하였다. 일본의 공식통계 포탈사이트(http://www.e-stat.go.jp)와 대만경험법학사이트(http://tcsd.lib.ntu.edu.tw) 참조.

21) 다나카 준이치로, 위의 책.

중국에서의 영화 한 편(보통 발성 영화 작품)의 제작비는 약 26,180위안, 중국대륙 및 남양 각지에서의 총 수입(37,800위안)에 대해서 상해(1930년 당시 인구 약 370만 명)의 수입(10,000위안)이 차지하는 비율은 약 26%이다.[22] 이 데이터는 분명하게 호황 시기 중국 영화의 경우에도, 상하이 한 도시에서의 상영으로는 제작비를 회수할 수 없으며, 대륙 및 남양 각지를 포함한 거대시장에서의 흥행수입에 따라 재생산이 가능했다는 것을 보여준다. 또한 조선의 경우 동일한 데이터를 입수할 수 없었기 때문에 단순 비교에는 무리가 있지만, 당시 조선의 인구가 대만의 약 4.7배였기 때문에 영화 시장도 대만보다는 확실히 컸다고 볼 수 있다. 1920년대의 단계에서 '아무리 질이 낮은 작품이라 할지라도 1주일간 상영하면 큰 손해는 보지 않았다는 것이 일시적 현상'이었다. 대 히트작이었던 〈아리랑〉(1926年)의 경우에는 '경성의 단성사(団成社)에서 개봉한 것만으로도 출자액이 올라, 수만 엔의 수익을 거두고, 여러 번의 재상영에도 매진'이라는 당시의 기록도 있다.[23] 〈아리랑〉의 감독인 나운규는 〈풍운아〉(1926), 〈들쥐〉(1927), 〈금붕어〉(1927), 그리고 다른 영화들을 연이어서 제작했다.[24] 이로보아 조선에서는 민족자본에 의해 제작되었던 영화가 제작비를 회수하고 재생산을 가능하게 할 정도의 시장이 확보되고 있었다고 할 수 있다.[25]

---

22) 市川彩, 『アジア映画の創造及建設』, 1941年, 195-196頁. 또한 국민당 선전부의 조사에서도 중일전쟁 발발 이전 天一, 民新, 月明 등 영화 회사에서 한 작품의 제작비로 지출한 금액은 20,000만 위안이고, 明星 같은 대형 회사의 지출이 40,000만 위안이라고 되어 있기 때문에(「中央補助上海電影界攝製抗戰影片計劃」, 党史館档案(5·3-57·11)) 市川의 숫자도 타당하다고 생각된다.

23) 朝鮮映画文化研究所編, 『映画旬報』88(1943年 7月 11日号), 16-19頁. 우리는 이 영화의 투자자가 서울에 살고 있었던 일본 상업가 요도 토라조(淀虎蔵)라는 점에 주목해야 한다. 그 이유는 한편으로는 우리가 이 영화를 감독과 관객의 측면에서 한국영화로 간주할 수 있기 때문이며, 또 다른 한편으로는 그 자본의 민족적 성격의 측면에서 일본영화라고 볼 수 있기 때문이다. 그러나 이 글에서는 대만과의 비교를 위해서 후자보다는 전자의 측면에 보다 중점을 두고자 한다.

24) 朝鮮映画文化研究所編, 『映画旬報』88(1943年 7月 11日号), 16-19頁.

25) 朝鮮映画文化研究所編, 『映画旬報』88(1943年 7月 11日号), 16-19頁. 나운규의 사

한편 대만 영화의 경우, 출자에서 감독, 촬영, 출연까지 모두 대만인이 담당했던 극영화 〈혈흔(血痕)〉(1930년 공개)을 예로 살펴보자. 〈혈흔〉은 강도살인의 피해자인 딸이 남장하고 산속으로 들어간 후, 그녀의 뒤를 쫓아 산으로 들어간 애인과 협력하여 아버지의 복수를 이룬다는 내용의 '무협애정극(武俠愛情劇)'이다.[26] 제작비는 2,000엔이었고,[27] 타이페이 영락극장(永樂座)에서 3일 간의 상영으로 950엔이라는 총 매출을 올린 '기록적인 히트' 작이었다.[28] 그러나 해당 시기의 일반적인 흥행실적을 감안하여 대략적으로 산출해 보면, 순수익은 총수입의 10% 미만이었을 것이라 생각된다.

예를 들어 1928년 지방도시에서의 일회성 상영 사례를 보면, 사흘 밤 상영으로 3,000명에 가까운 관중을 모으는 좋은 성적을 거두었던 영화의 주최자인 푸슌난(傅順南)과 차이칭치(蔡清池)는 순이익에 해당하는 전액 100여엔을 가오슝(高雄)의 파업단체에 기부했다고 한다.[29] 당시 영화 상영의 입장료는 10센에서 1엔 20센 정도였는데, 필름 배급자가 영리회사였으므로 한 사람당 입장료를 50센이라고 가정하면, 푸슌난(傅順南)과 차이칭치(蔡清池)가 얻은 흥행수입은 1,500엔에 근사하여, 흥행수입에 대한 순이익의 비율은 6.6%가 된다. 또한 타이페이의 대규모 상영 회사인 대만극장주식회사(台湾劇場株式会社, 영화와 연극 모두를 상영하는 혼합극장인 '栄座'를 경영) 사례의 경우, 〈혈흔〉 상영과 같은 해 제36기(1930년 6월 1일-동년 11월

레는 특별한 사례라고 볼 수 있다. 왜냐하면 그는 특별히 재능있는 감독의 경우로 볼 수 있기 때문이다. 그럼에도 불구하고 조선 영화제작자가 당시에 조선 영화시장으로부터 얻은 수입으로 다음 영화를 제작할 수 있었다는 점은 중요한 지점이다.
26) 呂訴上, 『台湾電影戯劇史』, 위의 책, 6頁.
27) 아울러, 같은 시기 농부의 임금은 남성이 하루 약 80센, 여성이 하루 약 44센이었다(溝口敏行・梅村又次編, 『旧植民地経済統計 : 推計と分析』, 東京 : 東洋経済新報社, 1988年, 258頁). 따라서 이 영화의 제작비는 남성 농부의 약 7년분의 수입에 해당한다.
28) G．Y生, 「台湾映画界の回顧(上・下)」, 위의 책.
29) 「中国影戯大好評蒋宋結婚的人気」, 『台湾民報』 208号, 1928年5月13日, 7頁.

30일) '사업보고서'에 따르면, 총 수입 9,589.31엔에 대한 이익은 752.22엔으로, 이익률은 겨우 10%가 채 되지 않는 7.8%이다. 이 주식회사는 1935년 12월에 영화상설관 '타이게키(タイゲキ, 大劇)'를 신축하는데, 오픈 후인 제47기(1935년 12월 1일~1936년 5월 31일)의 총 수입은 '영극장(Ying Zuo, 栄座)' 분도 포함하여 55,162.74엔, 이익은 9,800.77엔이고, 이익률은 17.7%라고 되어 있다. 다만, 이것은 극장을 소유하고 있는 흥행회사의 성적이었고, 게다가 인구가 많은 타이페이라는 장소적 특징, 신축 오픈 직후라는 시기, 연말연시 성수기 등의 요소가 맞물린 결과이다. 따라서 필름만을 지참하고 극장(會場)을 빌려서 상영하는 경우라면, 영화관람객이 최대에 달했을 때 총수입에 대한 순이익의 비율은 통상적으로 10% 미만이고, 상당히 순조롭다 했을지라도 20%를 넘지 못했을 것이라고 추정된다.[30]

이들 사례에 입각하여 추산해 보면, 〈혈흔〉의 기록적 대히트에도 불구하고 순이익은 95엔에 지나지 않는다. 제작비를 회수하기 위해서는 최초 공개 당시와 마찬가지로 기록적인 매진 상영이 60일 이상 계속될 필요가 있었다. 하지만 당시에는 구미영화(欧米映画)나 일본영화 외에 중국영화의 신작도 새로 개봉되었기 때문에 일반적인 한 편의 영화 상영 기간은, 설령 대만 전체를 순회한다 하더라도 60일 이상을 넘기 힘들었다.

단편적인 데이터를 대조한 추론이지만, 대만인의 영화 시장은 수요에 대한 공급은 충분했지만, 민간자본으로 만들어진 영화제작 비용을 회수할 만큼 시장의 크기가 충분하지 않았다고 생각된다. 중국영화 또한 마찬가지로 1920년대 후반 한 편 회사(一片公司, 1편의 영화를 찍고 곧바로 사라져 버리는 회사)가 난립했던 시기를 거쳐, 1930년대에 이르면 안정된 재생산의 시기가 된 것을 고려해 보면, 발흥 직후 식민지 대만의 영화 회사가 제작지

---

30) 『台湾劇場営業報告』 가운데 「第41期(昭和7年 12月 1日ヨリ 昭和8年 5月 31日)事業報告」, 5~6頁(『台湾劇場営業報告』 마이크로필름, 蔵版 : 東京大学経済学部, 製作 : 雄松堂出版, 撮影 : 高橋情報システム, 1995年).

역 이외의 해외시장을 개척할 여력은 없었다고 생각된다. 정밀한 검토하에 해외로 확장해 가는 생각은 있어왔었으나,[31] 실제로 이루어졌는지는 확인되어 있지 않다.

여기에서 상기시켜 두고 싶은 것은, 중국이나 조선에서는 민간자본에 의한 영화 제작의 발흥 및 산업화의 계기가 되었던 흥행적인 성공작이, 민족주의에 근거한 관객의 지지에서 생겨났다는 것이다.[32] 대만의 경우에도 〈혈흔(血痕)〉이 영락극장(永樂座)에서 기록적인 좋은 성적을 거두었던 것은, 관객 중에 민족적 공감에 근거하여 대만인 제작 영화를 지지한 경우가 있었음을 보여주고 있다.[33] 다만, 이것이 궁극적으로는 제작비를 회수하여 차기작으로 이어질 만큼의 흥행 성적으로는 이어지지 않았다. 그것은 무엇보다도 시장 규모 때문이라고 할 수 있다.

다만 동시에, '전후' 1950년대 중반부터 1960년대에 걸쳐서, 대만을 시장으로 했던 '대만어 영화'[34]가 연간 수십 편, 많을 때에는 100편을 초과하는 생산량을 자랑하고 있었다. 이와 같은 맥락에서 중국이나 조선보다도 규모가 작은 대만 영화 시장을 대상으로 했을 때, 따로 경쟁하는 상품이 없을 경우 민간자본에 의한 영화제작이 산업화했을 가능성도 부정할 수는 없

---

31) G.Y, "Taiwan eiga kai no kaiko 台湾映画界の回顧(上・下)," Taiwan xin minbao 臺灣新民報.

32) 이러한 논의가 전후 민족적 이데올로기를 기반으로 구축되었기 때문에 소급적으로 구축되어 고려되는 것이라고 할지라도 강력한 영향력을 발휘해 왔다는 점에서 여전히 분석될 가치가 있다.

33) 민족주의 정서에 의해 고양되어 인기를 얻은 영화로 중국인 지도자인 장개석과 송미령의 결혼을 담은 공보영화가 있다. 이 공보영화는 대만 사람들로부터 매우 큰 환영을 받았고, 『타이완 신바오』(台灣新報, 1928.5.13.)는 '관중들이 그들의 결혼식 장면에서 갈채를 보냈다'고 보도했다. 이 기사는 민족성의 차이가 사람들이 선호하는 예능의 종류의 차이를 반영한다는 결론을 함께 보도했다.

34) 대만어의 발성 영화(talkie)는, 당초 홍콩 민남계(閩南系) 영화인에 의해 촬영되었던 것도 있어 「閩南語片」, 「廈語片」이라고도 언급되었는데, 1950년대 중반 이후 대만에서의 제작이 활발해지고부터는 「台語片(대만어 영화)」라는 호칭이 정착되었다.

州「활동사진 설명자」수(1931~1941년) 참조). 발성영화가 증가하는 1930년
대 후반부터 일본인 변사가 급속하게 사라지는 와중에도 대만인 변사는 감
소하지 않았던 것으로 밝혀졌다.[36] 게다가 변사의 설명은 자막이나 대사의
의미를 번역하여 전달하는 것에 머무르지 않고, 때로는 즉흥적인 '풍자'를
섞어 독자의 '정치 연설(政談演説)'에 가까운 것마저 있었다. 예컨대 항일적
이고 민족주의적이라고 간주되는 대만문화협회(台湾文化協会)의 영화 상영
은 '일본영화'라고 해서 배제시키는 것이 아니라, 오히려 대부분의 영화를
"〈우리〉 영화"로 '현지화'하였다. 한 예로 북점에 관한 영화를 상영할 때, 대
만 변사인 린취우(林秋梧)는 "동물들은 그들이 자랄 때 스스로 먹이를 구합
니다. 사람들도 마찬가지입니다. 그러나 만일 사회가 그가 원하는 것을 주
지 못하면, 만일 식량이 충분하지 않다면, 혹은 만일 그가...다면, 그것은 끔
찍한 비극이 될 것입니다. 그렇지 않나요? 이러한 사회에서 우리가 대안을
고려하지 않는다면, 빛은 사라질 것이고 어둠이 점령하게 될 것입니다"(『台
湾民報』, 1926.11.21)라고 해설했다. 이러한 식으로 어떠한 영화도 번역될
수 있었고, 대만대중들이 열성적으로 소비할 만한 것을 만들어낼 수 있었
다. 이러한 영화상영 공간은 무성영화 변사의 해설과 번역에 영화의 내용
에 크게 의존하게 되었다.[37] 즉 대만 제작 영화가 거의 존재하지 않았던 상
황 속에서, 대만어 해설로 "대만화" 혹은 "현지화"되는 부분은 상영공간이었
다.

---

36) 이 외에 단편적인 데이터이지만, 1933년 타이중州의 경우 「활동사진 설명자」는
「내지인(內地人) 9명, 본도인(本島人) 10명」(台中州警務部, 『昭和8年刊行 台中州
警務要覧』, 1933年, 77頁), 1934년 타이난州의 경우 민족 구분 없이 '활동사진 설명
자 20명'이라고 되어 있다(台南州警務部, 『昭和9年末現在 台南州警務要覧』, 1935
年, 131頁). 다만, 타이난州의 데이터를 포함하여, 앞서 언급한 이들은 허가증을
소지하고 있었던 변사들이다. 실제로는 허가증이 없이 영업하고 있었던 자도 많
았을 것이다(1998年 12月 11~12日, 陳勇陞氏와의 인터뷰. 国家電影資料館資料
組：洪雅文·薛惠玲·王美齡에 의한다. 陳勇陞씨의 자택에서. 필자도 동행 前掲).
37) 자세한 설명은 前掲의 三澤真美恵, 『「帝国」と「祖国」のはざま』의 제1장을 참조할 것.

〈표 2〉 타이페이州 「활동사진 설명자」 수 (1931~1941년)

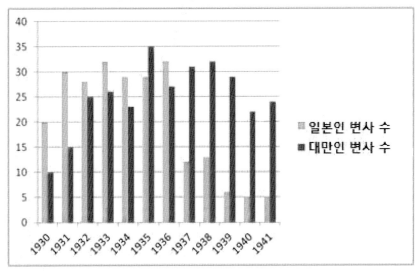

출처: 「警察取締二属スル職業及団体」, 『台北州統計書』, 事官房文書課, 1932~1943.

　이때 '현지적 토착화'가 '크레올(creole)化'와 동일한 의미가 아니냐는 의문
도 제기될 수 있을 것이다. 그러나 피진(pidgin, 다른 언어를 말하는 사람들
간의 보조적인 공통언어)이 어떤 집단의 모국어로서 정착했을 경우, '크레
올語'라고 일컬어진다는 점을 고려했을 때, '크레올(creole)化'라는 것은 혼
성적(混成的)으로 토착화했던 것이 정착하게 된 상황을 이르는 것이라고
생각된다. 이에 반해 '현지적 토착화'는 어디까지나 '그 당시뿐인', 일회성인
것이다. 여기에서 결정적으로 중요한 것은 변사의 존재이다. 복제된 콘텐
츠가 가지고 있는 '장황성(冗長性)'과 '불변성'에, 변사가 '현지성' 및 '가변성'
을 부여함에 따라, 그 때뿐인 '〈우리〉 영화'(영화가 공간을 전환해야하거나
관객을 끄는 능력)가 재탄생한 것에 그 묘미가 있었다고 할 수 있다. 요컨
대 '현지적 토착화'는 반드시 직접적 항일언동으로 표면화되지 않는 대중의
소소한 민족적 주장이 오락 수용의 공간에서 표면화했던 것이라고 볼 수도
있는 것이다.

이와 동시에 '현지적 토착화'가 현지화된 비-대만영화를 상영할 때보다 정치적, 경제적으로 위험이 큰 대만영화생산을 억압했을 가능성을 부정하기는 힘들다. 왜냐하면 민족자본에 의한 영화가 제작되지 않더라도, 대만어 변사의 해설이 수용 공간에서 영화를 '토착화=대만화'해 두고 있었으므로, 대만인 관객이 '자신들의 영화'라고 느낄 수 있는 영화를 즐기게 되기 때문이다.

바꿔 말하면, 동아시아의 식민지 가운데서도 특히 대만에서 민족자본에 의한 영화 제작이 눈에 띄게 저조했던 원인은(선행연구가 지적했던 여러 요인도 중요하기는 하지만) 일차적으로는 시장 규모의 문제이고, 이차적으로는 대만 고유의 '분절적 보급 경로' 속에서 현지 변사로 매개되었던 수입 영화의 '현지적 토착화'(즉 영화 수용의 공간에서 현지적으로 '〈우리〉의 영화'가 만들어진 것)에 있었다고 생각할 수 있는 것이다.

아울러 본 장의 마지막에서 다시 확인해 두고 싶은 것은, 영화라는 것이 거대한 자본과 유통 시스템을 필요로 하기 때문에, 주체가 식민지(대만)이든 식민지 본국(일본)이든 주체적으로 영화를 제작, 배급, 상영하려는 경우에는 '합법성'의 범위에서, 해당 사회에서의 지배적인 권력과 '교섭'할 필요가 있었다는 것이다. 나아가 식민지에서의 '법'이 본국에 비해 가혹하고, 그 운용도 매우 자의적이었음을 고려한다면, 주체적인 영화 활동을 바랐던 피식민자가 '교섭'의 한계를 뛰어넘고 싶어 했을 때 취했던 선택지가 '월경(越境)'이었음은 쉽게 상상할 수 있을 것이다. 졸저에서는 월경했던 식민지 대만 출신 영화인 가운데, 리우나우(劉吶鷗)와 허페이창(何非光)[38]에 초점을 맞추어 논의했는데, 식민지 조선 출신의 영화인 허영(許泳, 일본 이름은 히

___

38) 허페이광(何非光)에 대한 논문은 한국어로 번역되어 있다. 다음을 참조.
　　미사와 마미에, 「망각된 '항전' 영화감독 허페이광 : 식민지 시기 어느 타이완 출신자가 상상한 "우리"」, 한국-타이완 비교문화연구회, 『전쟁이라는 문턱 : 총력전 하 한국-타이완의 문화 구조』, 그린비, 2010.

나츠 에이타로(日夏英太郎)[39], 인도네시아 이름은 후융)에 관한 선구적인 저작도 있다(内海愛子·村井吉敬). 허영(許泳)은 무성시대(無聲時代)의 일본 영화계에서 경력을 쌓아, 조선에서 〈그대와 나(君と僕)〉를 감독한 뒤, 군 선전반(軍宣伝班)의 일원으로서 일본의 점령지였던 자바(Java)로 건너가, 〈호주를 부르며(豪州への呼び声)〉를 감독했다. 일본의 패전 후에는 인도네시아 독립혁명에 공헌하여 〈하늘과 땅 사이에서(天と地のあいだで)〉 등의 영화와 연극을 감독했으며, 1952년 자카르타에서 사망했다. 그는 자신이 조선인임을 숨긴 채로 일본 영화계에서 각본가로 데뷔했고, 자신이 조선인임을 문화자본으로 삼아 〈그대와 나(君と僕)〉를 감독했다. '압박 받는 민족(被圧迫民族)'으로서 군 선전부(軍宣伝部)에 의해 자바로 이전하게 되었고, 조선반도로의 귀환을 꿈꾸면서 '친일파'인 자신의 과거를 회고하였고, 현지에 남아 '과묵하고 근면'한 감독으로서 인도네시아 영화사에 이름을 남겼다. 필자는 리우나우나 허페이창 등과 마찬가지로, 그의 발자취 곳곳에서도, 식민지에 태어나 영화라는 꿈을 쫓아서 월경(越境)을 계속하면서 그 '틈새'에서 살아갈 수밖에 없었던 고독을 느낄 수 있었다. 동아시아의 식민지라는 상황 속에서 영화사를 고찰할 때에는, 식민지 내부와 마찬가지로 영화라는 꿈을 주체적으로 쫓아가기 위해 월경을 선택했던 자의 존재를 잊어서는 안 될 것이다. 이러한 개인들의 흔적은 식민지에 남기를 결정했던 사람들의 행동만큼이나 식민화되었던 상황을 반영한다.

4. 결론을 대신하며 : '전후' 대만영화시장에서의 '아래로부터의 탈식민지화'

이 글은 동아시아에서 식민지기 대만영화사를 고찰할 때의 전제가 되는

---

39) Utsumi Aiko and Murai Yoshitaka 内海愛子·村井吉敬, 『*Cinéaste Heo Young no "Showa"* シネアスト許泳の「昭和」』, Tokyo: Gaifusha 凱風社, 1987.

연구 상황의 개요와 '식민지와 제국, 탈식민지주의'라는 주제와 관련하여
식민지기 대만인에 의한 영화의 제작·수용상황에 대한 개요를 검토했다.
필자가 지적하고 싶은 중요한 부분은 일본의 식민지 통치부터 해방되었던
'전후' 대만의 영화시장에서의 '아래로부터의 탈식민지화'이다. 이를 살펴보
기 전에 대만 고유의 역사적·정치적 전제를 확인할 필요가 있다. 즉 '전후'
대만 영화사는 일본에 의해 식민지 통치를 받았던 사회와, 일본에 의해 군
사침략을 받았던 정권이 만났던 곳에서 발생하고 있다. 따라서 다음과 같
은 두 가지 연속성이 있다. 첫째 정책적인 측면에서, 중국대륙에서 항전과
내전을 치렀던 국민당 정권의 영화정책이며, 두 번째는 영화 배급경로 및
영화인식의 측면에서 식민지기에 형성되었던 대만 고유의 영화 보급이나
영화수용에서의 특징이다.

　이러한 전제 하에서, '전후' 대만영화사를 고찰할 경우, 가장 일반적으로
관찰되는 '탈식민지화'의 동향은, 국민당 정권에 의한 교육이나 매체를 통
한 북경어 추진을 중심으로 하는 '중국화' 정책(그것은 당연하게도 '일본화'
로부터의 이탈을 동반함과 동시에, '분리 독립' 지향으로 이어지는 '대만화'
도 부정했다)이 거론된다. 1950년대에는 영화관에서도 영화 상영 전 전용
슬라이드나 필름을 상영하고 기립 제창을 촉구하는 제도가 확립되어 있었
다.40) 그러나 이러한 '위로부터의 탈식민지화'의 노력에도 불구하고, 민간
영화시장에서는 일본 영화가 대만 대중의 인기를 얻어, 국민당 정권에게
씁쓸함을 안겨주었다.41) '전후' 대만에서 최초로 개최되었던 국제 영화제가

---

40) 三澤真美惠, 「1950年代前半臺灣電影院國歌齊唱秩序的確立：由國民黨電影統制統
　　合國民的觀點來思考(The National anthem at theaters in Taiwan during the first half
　　of the 1950's: from a perspective of the Chinese Nationalist Party's Film Regulation)」,
　　国際シンポジウム 「第一屆臺灣研究世界大會(The 1st World Congress of Taiwan
　　Studies)」, 2012年 4月 28日, 主催：中央研究院(台湾).
41) 일본영화는 '전후'시기 일시적으로 금지되었지만, 군사적으로도 경제적으로도 미
　　국에 의존하고 있었던 중화민국 국민당 정권이, 반공 동맹인 일본과의 무역을 재
　　개하고 있었기 때문에 일본 영화 또한 그 일부로서 연간 수입 제한 범위 내에서,

1960년의 일본 영화 박람회였다는 것은 상징적이다.[42] 이러한 사태와 정책의 실패를 대만의 "친일" 경향의 증거로서 볼 수도 있을 것이다.

그러나 필자가 주목하고 싶은 것은, 당시 시장에서 발흥한 직후의 대만어 영화가 일본영화와 경쟁적인 관계에 있었던 것이다. 예를 들면 대만어 영화의 황금시대를 여는 계기가 되었던 『薛平貴與王宝釧』(何基明監督)[43]가 대히트했던 1956년, 일본영화는 '대만어 영화에게 가장 큰 타격을 받고' 저조하게 되어, 1편당 순~ 1위의 자리를 대만어 영화에 내어주었다.[44]

시장에서의 대만어 영화 인기는 국민당 정권도 주목하고 있었다. 당시, 영화 산업의 지도(검열·단속 등의 소극적 영화통제와 표리를 이루는 적극적 영화통제의 부분)를 담당하고 있었던 것은 '영화산업보도위원회(電影事業輔導委員会)'(1956~1958년은 교육부가 관장, 1958~1967년은 신문국이 관장)였는데, 그 「제7차 위원회 회의록(第7次委員会会議録)」(1957년 1월 30일)[45]

안전 보장과 경제 합작에 덧붙여진 일종의 '선물'로서 수입 공개되고 있었다 (자세한 것은 각주 33의 졸고를 참고하길 바란다).

42) 관객에 의한 열광적인 인기와, 국민당 정권에 의한 통렬한 비판이라는 두 측면을 모두 읽은 同 영화제에 대해서는 三澤真美惠, 「「戦後」台湾における「日本映画見本市」: 一九六〇年の熱狂と批判」, 坂野徹·慎蒼健 編, 『〈帝国〉の視角／死角: 昭和史のなかの学知とメディア』, 東京: 青弓社, 2010年 12月, 207-242頁)를 참조하길 바란다. 이 논문을 수정·보완한 프랑스어 논문은 아래와 같다.
"Aliénation ou acculturation coloniale? Taiwan et l'"énigme" d'un succès : le Festival du film japonais de Taipei (1960)", traduit par A. Nanta, L.Lespoulous et A.Kerlan, Cipango-cahiers d'études japonaises, numéro 19, 2012, à paraître 2013.

43) 오랫동안 유실되었다고 여겨졌던 이 작품은 井迎瑞(대만영화자료관(台湾電影資料館) 前 관장, 현재는 대만예술대학(台南芸術大学) 교수)의 노력으로 인해 지난해 발견되었으며, 복원 후의 필름은 2014년 타이페이 영화제에서 상영되었다.

44) 前揭, 呂訴上, 『台灣電影戲劇史』, 101頁. 반대로 1965년 일본 영화가 1년간의 정지 기간을 사이에 두고 수입이 재개되었을 때에는, 미국 영화 배급 계통 이외의 영화관이 모두 일본영화로 독점되었기 때문에, 대만어 영화는 북경어 영화와 함께 상영기회가 축소되는 등 심각한 영향을 받았다고 한다. (前揭, 劉現成, 『台灣電影, 社會與國家』, 78頁)

45) 1957年 1月 30日, 「教育部電影事業輔導委員会第7次委員会会議録」, 国史館外交部档案[172-3. 2987].

에서 급속히 생산량을 늘리고 있었던 대만어 영화에 대한, 국민당 정권의 견해의 일단을 엿볼 수 있다. 거기에는 "① 대만어 영화의 촬영은 정부가 추진하는 국어 정책에 저촉된다. ② 대만어 영화의 각본 내용은 시대의 요구에 부합하지 않는다. ③ 대만어 영화는 예술 수준을 낮추었다"는 부정적인 견해가 총괄로서 기술되어 있다. 그러나 동시에 '대만어 영화에 동정적인 자'에 의해 "대만어 영화가 연속 상영됨에 따라 일본영화의 흥행기록도 떨어지고 있다. 이는 그 기본적인 관중이 대략 같기 때문일 것이다."는 견해도 있었다는 것도 부기되고 있다. 즉 국민당 정권에게 대만어 영화의 인기는 영화 시장에서 '중국화'를 저해하는 것으로서 경계됨과 동시에, '탈-일본화'를 추진하는 것으로서 '동정'적으로 인식되는 측면도 있었다는 것이 된다.

이상을 통해, 시장에서도 정부의 견해에서도, 일본 영화와 대만어 영화는 관객층이 중복되어, 경쟁하는 국면이 있었음을 확인할 수 있다. 여기에서 1950년대와 1960년대 전후 일본영화의 인기는 갓 발흥하기 시작했던 현지 영화(특히 대만어 영화)가 성장하는 틈새에서, 현지영화의 대체로서 소비되었을 가능성도 있다.

여기에서 상기해 두고 싶은 것은, 전술했던 '현지적 토착화'라는 대만 고유의 영화 수용의 특징이다. 현지 영화 제작이 산업화되지 않았던 식민지기 대만에서 일본 영화도 배제되지 않고 대만어의 해설을 통해 '〈우리〉 영화'로서 현지적으로 '대만화'되었던 식민지기 영화수용의 특징과, 상술한 일본영화와 대만어 영화의 경쟁 상황을 맞춰 보면, '전후 대만'에서의 일본영화의 인기라는 것은, 어떤 의미에서는 특정 영화를 배제하는 것이 아니라 모두를 혼성적으로 '대만화' 혹은 '현지화'하였음을 반영하는 것이다. 왜냐하면 '전후'시기 일본어로 상영되는 영화를 대만어로 설명해주는 변사가 있었기 때문이다.[46)]

---

46) 1998년 12월 11~12일 천용썽(陳勇陞)씨와의 인터뷰. 우리는 또한 우니안쩐(吳念真)이 그의 경험을 바탕으로 만든 영화, 〈다상(多桑)〉(1994)에서 일본어로 상영되는

나아가 1960년대 대만어 영화의 생산량이 급증하는 가운데 일본 영화가 대만어 영화로 리메이크되었다. 이러한 맥락에서 '전후' 대만의 영화제작이라는 공간에서 배제가 아닌 탐욕적으로 소화하고 자의적으로 활용하는 경향은, 식민지기 대만의 영화수용의 특징인 '현지적 토착화'의 계승이라고 할 수 있다. 즉 식민지기에는 일본 영화를 '전후' 대만에서 발달했던 대만어 변사의 설명에 따라 현지적으로 '〈우리〉 영화'(일회성 이벤트)로서 '대만화', '현지화'하여 소비했다. 일본 영화로 부터의 줄거리와 아이디어가 대만어 영화를 위한 구성요소가 되는 단계에서는 화면이 전개됨에 따라 설명을 함께 덧붙였던 변사 대신에 일본 영화들은 '〈우리〉 영화'(복제 가능한 콘텐츠)로 '대만화' 혹은 "현지화"되었다.

물론, 이것은 더욱 검토가 필요한 가설이지만, 이러한 문맥에서 일본 영화의 소비나 리메이크를 파악한다면, 그것은 대만 영화 시장이 일본 영화를 '환골탈태'하여 '대만화' 혹은 '현지화'한다는, 대중화 시장에서의 단계적인 '아래로부터의 탈식민지화(탈-일본화)'(일본의 문화 상품을 소비함으로써 일본적 요소를 소화하려는 의미에서의 '소일(消日)')의 발로로 여겨질 수도 있다고 생각한다.[47]

'전후' 대만 영화시장에서의 일본 영화 인기를, 단순한 '친일'로서 일방적으로 파악하려는 견해는,[48] 어떤 의미에서는 대만 고유의 정치적인 사정에 무관심한, '탈제국화하지 못하는 일본인의 식민지주의적인 시각에 따른 것

영화를 대만어로 설명하는 변사의 장면을 볼 수 있다.

47) 아울러, 식민지시기 대만 영화 수용 특징의 경우, 베이징어 영화 또한 마찬가지로 '토착화'하여 수용되었을 가능성이 있었을 것이라고 생각되는데, 이 점에 대해서는 추후에 다시 고찰하고자 한다.

48) 田村太郎,「台湾慢歩」,『今橋ニュース』, 社団法人今橋クラブ, 1959年 8月, 72~72頁(中央研究院近代史研究所档案館所蔵, 外交部档案 〔003／0001〕「対日宣伝」),「台湾の素顔」,『産業経済新聞』, 1959年 8月 9日(中央研究院近代史研究所档案館所蔵, 外交部档案003／0001「対日宣伝」) 등 일본에 의한 식민지 지배와 그 이후의 정치적인 사정에 무관심하여 일본 영화의 인기를 '일본붐'이나 일본에 대한 '향수감(郷愁感)'로 파악하려는 일본인의 언설은 당시부터 존재했다.

이라고도 할 수 있다. 동아시아에서의 대만의 영화사를 고찰하기 위해서는, 17세기 이후 다양한 외래정권에 의한 지배가 중층적으로 이어져 왔던 대만 고유의 역사적 문맥을 주의 깊게 살펴 갈 필요가 있음을, 다시금 강조하고 자 한다.

(번역: 방지현, 금보운)

참고문헌

1. 자료

「中央補助上海電影界攝製抗戰影片計劃」 中國國民黨文化傳播委員會黨史館所藏檔案
〔5·3／57·11〕
「對日宣傳」 中央研究院近代史研究所檔案館所藏 外交部檔案 〔003／0001〕

【인터뷰】
陳勇陞 1998年12月11―12日, 在於陳勇陞氏住宅, 訪問人 : 国家電影資料館資料組(洪雅
文·薛恵玲·王美齡·三澤真美恵)

【영상】
吳念真, 〈多桑〉(台灣 : 龍祥電影製作股份有限公司·長澍視聽傳播股份有限公司), 1994.

【데이터베이스】
「我が国の人口推計(大正9〜平成12年)」(2012年7月6日 公表)『総務局統計局』"Portal Site
of Official Statistics of Japan"(http://www.e-stat.go.jp).
「第二次臺灣國勢調査結果表」(臺北:臺灣總督官房臨時國勢調査部.1927) and 「第三次臺
灣國勢調査結果表」,(臺北:臺灣總督官房臨時國勢調査部.1934) ≪臺灣日治時期統
計資料庫≫ "Taiwan Database for Empirical Legal Studies(臺灣法實證研究資料)"
(http://tcsd.lib.ntu.edu.tw).

2. 논문 및 단행본
【일문】
李英一(イ·ヨンイル), 高崎宗治訳, 「日帝植民地時代の朝鮮映画」, 『講座日本映画3』,
東京: 岩波書店, 1986.
市川彩, 『アジア映画の創造及建設』, 東京 : 国際映画通信社, 1941.
内海愛子·村井吉敬, 『シネアスト許泳の「昭和」』, 東京 : 凱風社, 1987.
吳密察(ご·みつさつ), 「台湾人の夢と2.28事件」, 大江志乃夫ほか編『近代日本と植民地8
アジアの冷戦と脱植民地化』, 東京 : 岩波書店, 1993.
台中州警務部, 『台中州警務要覧』, 1933.

台南州警務部,『台南州警務要覧』, 1935.

台北州知事官房文書課,『台北州統計書(昭和5年)』,『台北州統計書(昭和6年)』,『台北州統計書(昭和7年)』,『台北州統計書(昭和8年)』,『台北州統計書(昭和9年)』,『台北州統計書(昭和10年)』,『台北州統計書(昭和11年)』,『台北州統計書(昭和12年)』,『台北州統計書(昭和13年)』,『台北州統計書(昭和14年)』,『台北州統計書(昭和15年)』,『台北州統計書(昭和16年)』, 1932~1943.

台湾劇場株式会社,『台湾劇場営業報告』東京大学経済学部所蔵, 雄松堂出版製作, 高橋情報システム撮影(マイクロフィルム), 1917~1935(1995).

田中純一郎,『日本映画発達史2』, 東京：中央公論社, 1980.

朝鮮映画文化研究所編,「朝鮮映画三十年史」,『映画旬報』88号(7月11日), 1943.

扈賢賛(ホ・ヒョンチャン), 根本理恵訳『わがシネマの旅: 韓国映画を振りかえる』, 東京：凱風社, 2001.

三澤真美恵,『「帝国」と「祖国」のはざま―植民地期台湾映画人の交渉と越境』, 東京：岩波書店, 2010.

三澤真美恵,「映画フィルム資料の歴史学的考察に向けた試論 : 台湾教育会製作映画『幸福の農民』(1927年)をめぐって」,『帝国主義と文学』, 東京：研文出版, 2010.

三澤真美恵,「「戦後」台湾における「日本映画見本市」: 一九六〇年の熱狂と批判」坂野徹・慎蒼健編『〈帝国〉の視角／死角 : 昭和史のなかの学知とメディア』, 東京：青弓社, 2010.

三澤真美恵,「1950年代前半臺灣電影院國歌齊唱秩序的確立 : 由國民黨電影統制統合國民的觀點來思考」中央研究院『第一屆臺灣研究世界大會』(4月 28日, 報告論文集), 2012.

三澤真美恵,「1970年代台湾「心理建設」としてのテレビ統制」『メディア史研究』32号, 2012.

溝口敏行・梅村又次編,『旧植民地経済統計 : 推計と分析』, 東京：東洋経済新報社, 1988.

劉進慶, 駒込武整理,「「戦後」なき東アジア・台湾に生きて」,『前夜』9号, 2006.

【중문】

陳國富,≪片面之言≫, 臺北：中華民國電影圖書館出版部, 1985.

程季華主編,≪中国電影発展史1・2≫, 北京：中国電影出版社, 1963.

李道明,〈電影是如何來到臺灣的？〉≪電影欣賞≫ 65期 (9-10月), 1995.

弘石,〈無声的存在〉, 中国電影資料館編,≪中国無声電影≫, 北京：中国電影出版社, 1996.

黃建業・黃仁 総編, ≪世紀回顧：図説華語電影≫, 臺北：文建会, 2000.

黃仁, 〈懷念三個走紅中國大陸的臺灣影人〉, ≪聯合報≫ 10月 25日, 1995.

黃仁, ≪悲情台語片≫, 臺北：萬象図書, 1994.

李筱峰, ≪台湾史100件事件史　戦後篇≫, 臺北：玉山社, 1999

劉現成, ≪台灣電影, 社會與國家≫, 台北縣新莊市：視覺傳播藝術學會, 1997.

呂訴上, ≪台灣電影戲劇史≫, 臺北：銀華出版, 1961.

羅維明, 〈「活動幻燈」與臺灣介紹活動寫真〉, 〈日治臺灣電影資料出土新況〉, ≪電影欣賞≫ 65期 (9-10月), 1995.

三澤真美恵, 李文卿・許時嘉 譯, ≪「帝國」與「祖國」的夾縫間：日治時期臺灣電影人的交涉和跨境≫, 臺北：臺大出版中心, 2012.

三澤真美恵, 〈初期臺灣電影史研究的方法與課題〉, 國立台北藝術大學, ≪東亞脈絡中的早期臺灣電影：方法學與比較框架≫(4月 26日, 報告論文集), 2014.

葉龍彦, ≪日治時期臺灣電影史≫, 臺北：玉山社, 1998.

翟民, 〈國片復興運動中國內影院狀況之一斑〉, ≪影戲雜誌≫ 7-8期, 收錄於, ≪中国無声電影≫, 1930.

【한국어】

미사와 마미에, 「망각된 '항전' 영화감독 허페이광 : 식민지 시기 어느 타이완 출신자가 상상한 "우리"」, 한국-타이완 비교문화연구회, 『전쟁이라는 문턱 : 총력전하 한국-타이완의 문화 구조』, 그린비, 2010.

【프랑스어】

Mamie Misawa, 2012 "Aliénation ou acculturation coloniale ? Taiwan et l''énigme'' d'un succès : le festival du Film japonais de Taipei (1960)," traduit par A. Nanta, L.Lespoulous et A.Kerlan, *Cipango - cahiers d'études japonaises*, numéro 19, 2012, à paraître 2013.

식민지 조선의 문화영화와 그 기원 *

: 조선총독부 제작 문화영화를 중심으로

김 려 실

1. 들어가며

'문화영화(文化映畵, cultural film)'는 일제시기에 만들어진 용어로 한국에서는 1980년대까지 대체로 극이 아닌 영화(nonfiction film)의 총칭으로 사용되었다. 그러나 기록영화(documentary film)와 달리 문화영화는 국가의 문화 · 공보정책의 일환으로 제작된 관제 선전영화라는 속성 때문에 오랫동안 영화학의 연구 대상으로 주목받지 못했다. 아이러니하게도 이 용어가 거의 소멸된 시점에 본격적인 연구가 시작되었고[1] 최근에 문화영화는 영

* 이 논문은 2007년도 정부(교육과학기술부)의 재원으로 한국연구재단의 지원을 받아 연구되었음(NRF-2007-361-AL0001). 또한 이 논문은 2014년 8월 *International Journal of Korean History* Vol.19, No.2(August 2014): 1-34의 A Study on the Origins of Cultural Films in Korea: A Focus on Films by the Japanese Government-General of Korea"를 수정 · 보완하고 3장을 추가한 것이다.

1) 최근 영화학계의 문화영화 연구는 필름 분석에서 영화장에 대한 분석으로 다각화되고 있다. 아래에 언급하는 논문 이외도 문화영화를 젠더 비평적 관점에서 고찰하거나 문화영화 제작에 종사한 영화인들의 구술을 채록하는 등 현재 다양한 프로젝트가 진행 중에 있는 것으로 안다. 변재란, 「대한뉴스, 문화영화, 근대적 기획으로서의 가족계획」, 『영화연구』52호, 2012; 이순진, 「한국전쟁 후 냉전의 논

화학뿐만 아니라 사회학, 역사학, 문학 등 다양한 학문 분과에서 다각도로
조명되고 있다.

　문화영화의 갑작스러운 부상(浮上)은 2000년대 이후 기록영화의 수집과
공개가 활발해졌다는 외적 환경 변화와 더불어 영화를 사료(document)로
보고자 하는 새로운 시각의 등장에 기인한다.[2] 최근의 논의들이 미학적인
접근보다는 제작 주체인 국가 및 관변 단체의 정책이나 프로파간다를 파악
하는 데 중점을 두는 것도 그런 맥락에서 이해될 수 있다. 영화를 극영화와
다큐멘터리로 가르는 데 익숙해져 있는 장르 감각으로 접근한다면 그런 연
구 방식이 문화영화의 개념을 밝히지 못한다고 느낄 수도 있다. 그러나 이
는 연구 방식의 한계라기보다는 문화영화의 본질에서 비롯된 문제이다. 문
화영화는 애초부터 영화 장르의 명칭이 아니었고 따라서 문화영화로 분류
된 필름들의 형식적, 내용적 공통성을 귀납하여 이 용어를 개념화하는 일
은 불가능하기 때문이다. 문화영화는 비(非)극영화=기록영화로 범박하게 인
식되어 왔지만 종종 명백한 극영화나 애니메이션도 문화영화로 분류된 예
가 있으며 사실에서 소재를 취해 극화한 작품도 발견된다. 그러므로 문화
영화의 본질을 규명하기 위해서는 오늘날의 영화학이 제도화한 분류(장르)
에의 욕망을 일단 접고 문화영화라는 고유명사가 일반명사화 되어갔던 과
정을 그 기원에서부터 다시 들여다볼 필요가 있다.

리와 식민지 기억의 재구성: 1950년대 문화영화에서 구축된 '이승만 서사'를 중심
으로」,『기억과 전망』 23호, 2010; 위경혜, 「한국전쟁이후~1960년대 문화영화의
지역 재현과 지역의 지방화」,『대중서사연구』 24호, 2010. 조준형, 「문화영화의
제도화 과정: 1960-70년대 영화법과 관련 정책 변화를 중심으로」,『영화연구』 59
호, 2014; 정종화, 「식민지기 조선의 문화영화 개념 형성에 관한 연구」,『영화연
구』 61호, 2014.
2) 특히 역사 연구자들의 문화영화 연구가 그러하다. 이하나,『국가와 영화: 1950~60
년대 '대한민국'의 문화재건과 영화』(혜안, 2013)의 4장 1절 「1950년대 문화영화와
국가 표상」과 4장 2절 「1960년대 문화영화의 재현/선전 전략」; 이상록, 「안정ㆍ발
전ㆍ번영 이미지의 재구성: 1960~1970년대 〈문화영화〉에 재현된 개발주의와 반
공주의」,『역사와 문화』 15호, 2008.

이 글의 목표는 문화영화라는 용어가 등장한 시기로 거슬러 올라가 그것이 만들어지고 사용된 맥락을 역사적으로 고찰해보는 것이다. 비극영화라는 개념이 처음 나타난 '활동사진필름검열규칙'에서부터 만주사변과 중일전쟁을 거치면서 영화국책이 수립되어 가는 과정 속에서 문화영화가 장려되고 일본영화법과 조선영화령을 통해 국가가 육성해야 하는 '국민영화'로 명문화되어 강제상영이 실시되기까지의 과정을 살펴본 뒤 현존하는 필름을 분석해보고자 한다.

2. 문화영화 개념의 성립 과정

1) 활동사진필름검열규칙과 비(非)극영화 개념의 도입

식민지 조선에서 비극영화의 개념이 법령에 나타난 것은 1926년 7월 5일에 총독부령 제59호로 제정된 '활동사진필름검열규칙(活動寫眞「フィルム」檢閱規則)'에서부터이다. 이 규칙 제2조 제2항에는 "**의식(儀式), 경기(競技), 기타 경이(輕易)한 시사(時事)를 실사(實寫)한 필름**으로 조선총독부의 검열을 받을 여유가 없는 것에 대해서는 영사지를 관할하는 도지사가 이를 검열할 수 있다"(강조-인용자)는 규정이 있었다. 그러나 "경이한 시사"와 "실사"라는 조건만으로는 실제로 어떤 필름이 거기에 해당한다고 판단해야 되는 지 명확하지 못한 점이 있다. 원래 이 규칙 자체가 1925년 5월 일본 내무성(이하, '내무성'으로 줄임)령으로 제정된 '활동사진필름검열규칙'에 의거해 제정되었고 따라서 검열 담당기관이었던 총독부 경무국은 새로운 규칙을 조선에 적용하기 위한 지침을 명확히 할 필요가 있었다. 그것이 바로 1926년 8월부터 1927년 7월까지 1년간의 검열 사무를 기록한 『활동사진필름검열개요』인데 위 조항에 대한 경무국장의 해설에 따르면 "경이한 시사라는

것은 그날그날 일어난 일로서 경이한 것, 가령 제례, 학교의 육상운동회, 해
상경기 혹은 비행기의 왕래연기(演技) 등과 같이 실사한 시사물(際物)"3)을
의미했다. 더 나아가 이 검열개요는 검열상의 필요에 따라 필름의 종류를
1) 제작국 별로 일본과 외국, 2) 형식에 따라 실체화, 묘화, 혼합화4) 3) 총괄
적으로는 극과 극이 아닌 필름(劇ニアラサル「フィルム」)으로 나누었다. 이
에 따르면 경이한 시사를 담은 필름은 '극이 아닌 필름'으로 분류되는데, 결
국 제2조 제2항의 예외규정이 의미하는 바는 당국이 비극영화를 신속한 보
도 수단으로 삼고자 했다는 것이다.

　총독부는 활동사진필름검열규칙이 제정되기 전부터 이미 영화를 이용한
선전의 중요성을 인식하고 비극영화와 시사영화를 제작하고 있었다. 1919
년 3·1 독립만세운동의 여파로 무단통치를 고수했던 조선총독이 교체되고
서 '문화통치'를 표방한 총독부는 1920년 4월에 관방문서과에 활동사진반
(이후 '영화반'으로 개칭되었으므로 이 논문에서는 영화반으로 통일함)을
신설해 문화영화의 효시가 되는 필름을 제작했다. 영화반은 조선통치에 대
한 일본정부와 일본국민의 우려를 불식하기 위해 부산에서 신의주까지의
풍물을 기록한 필름에 〈조선사정(朝鮮事情)〉이라는 제목을 붙여 4월 중순
부터 오사카, 나고야, 도쿄, 후쿠이 등 조선과 관계가 있는 지방에 공개 상
영을 했다. 특히 도쿄에서는 귀족원과 중의원에서도 상영하여 조선 통치에
대한 인식을 개선하고자 했다. 또한 〈조선사정〉을 순회 상영(이후, '순영'으
로 줄임)할 당시 일본 각 지역을 돌면서 기록해둔 필름에 〈내지사정(內地事
情)〉이라는 제목을 붙여 5월부터 조선 각 도에서 순영을 실시했다. 이 영화
를 상영하기 위해 처음으로 조선 각 도에 영화반이 신설되었는데 〈내지사

---

3) 朝鮮總督府警務局編, 『活動寫眞フィルム檢閱槪要』, 1931, 6쪽.
4) 실체화(實體畵)란 자연스러운 사물의 모습을 촬영한 것으로 다시 극과 실사로 나
　뉘었고, 묘화(描畵)란 애니메이션을, 혼합화(混合畵)란 애니메이션이 일부 포함
　된 실체화를 의미했다.

정)은 조선 민중이 "내지에 친밀감을 느낄 수 있게 하는 예상치 못한" 효과를 달성했고 이후 영화반의 제작활동은 생산 진흥, 납세, 위생, 사회 교화 등 총독부 통치와 관련된 전 분야로 확대되었다.[5]

한편 활동사진필름검열규칙이 제정된 시기는 독일로부터 '문화영화(Kulturfilm)'라는 용어가 조선에 소개된 때이기도 했다. 1926년 5월 16일자 『동아일보』는 「獨逸新文化映畵」라는 기사에서 니콜라스 카우프만(Nicholas Kaufmann)이 제작한 독일 우파영화사(Universum Film AG)의 문화영화 〈미와 힘의 길〉(Wege zu Kraft und Schönheit: Ein Film über Moderne Körperkultur, 1925)을 "대규모의 체육 장려 영화'로 소개했다. 문화영화는 일차세계대전 이후 우파에 설치된 문화부서(Kulturabteilung)가 만든 필름을 아우르는 이름으로 주로 민족교육을 위한 민속지적 내용이 많아 독일을 대표하는 영화 양식으로 해외에 알려져 있었다.[6] 이 시기 조선에서는 우파의 문화영화가 상영되지 않았지만 일본에서는 1928년 10월에 창립된 무역회사 도와상사(東和商事)의 영화부가 1930년 1월부터 카우프만의 지도 아래 제작된 Kulturfilm 시리즈를 배급하면서 文化映畵로 직역하여 선전했다.[7]

그런데 문화영화라는 용어가 1930년대 중반에 일반명사화된 계기는 그 시대 언중의 기호에서 찾아질는지도 모른다. 다이쇼시대 일본에서 문화(culture)라는 용어는 메이지 유신 이후 유행했던 문명개화(civilization)를 대체하는 유행어로서 문화국가, 문화사회, 문화과학, 문화주택, 문화비단(文化銘仙), 문화풍로(文化コンロ)의 예처럼 새로운 양식의 학예, 풍속을 의미하는 용어로 일상어에까지 스며들어 널리 사용되고 있었다. 마찬가지로 1920년대 조선총독부가 표방한 '문화통치'라는 것은 그런 의미에서 식민지

---

5) 津村勇, 「文化映畵の展望」, 『朝鮮』 273호, 1938. 2, 144~145쪽.

6) 이상현, 「나치시대 독일 영상민속지의 특징과 문제점」, 『한국민속학』 vol. 25 no. 1, 2005, 251~252쪽.

7) 田中純一郎, 『日本教育映画発達史』, 蝸牛社, 1979, 105쪽.

배의 새로운 슬로건이었다고 할 수 있다. 즉, 문화영화라는 용어도 이런 시
대적 맥락에서 영화계 일부에서 관습적으로 사용되다가 극영화와 다른 새
로운 양식의 영화를 가리키는 것으로 그 의미가 확장되었다고 추측할 수
있다.

2) 만주사변 이후 영화통제와 문화영화의 장려

만주사변 이후 영화를 통한 정보선전이 중요해지면서 총체적인 영화통
제를 모색하던 내무성은 일본 내 영화 통제기구를 정비하고자 1933년 3월
부터 외국 정부의 영화 정책에 관한 조사를 실시했다. 그 결과 1934년 3월
영화통제위원회가 설치되었고 1935년 12월부터 '수출활동사진필름취체규
칙'이 시행됨으로써 영화통제가 본격화되었다.[8] 내무성은 통제와 더불어
국내 영화산업을 보호·육성하고자 하는 목적으로 1937년 4월 활동사진필
름검열규칙을 개정했는데 이때 처음 문화영화라는 용어가 법령으로 명문
화되었다. 개정된 규칙은 영화 전체를 오락영화(극영화)와 문화영화로 구
분하고 우수 오락영화와 문화영화의 검열 수수료를 면제했다. 영화정책이
통제 일변도에서 통제와 육성으로 바뀌면서 문화영화는 비극영화라는 용
어를 대체하는 동시에 국가가 장려하는 영화라는 의미도 내포하게 되었다.
그러자 영화업계에서는 어떤 영화가 문화영화로서 국가의 인정을 받을 수
있는 것인가가 문제시되었고 이에 내무성 경보국은 문화영화의 범주를 1)
교육영화, 2) 교재영화, 3) 학술연구영화, 4) 기록영화(제전·의식 등을 장래
를 위해 기록한 것), 5) 시사영화(의식 경기 등의 시사를 실사한 것), 6) 선
전영화(공익적 사항을 선전하고 그 내용이 비영리인 것)로 규정했다.[9] 그

---

8) 만주사변 이후 영화에 의한 대외선전 양상과 영화법 제정 이전의 영화통제에 대
   해서는 加藤厚子, 『総動員体制と映画』, 新曜社, 2003, 24~30쪽 참조.
9) 松尾英敏, 「映画行政近事」, 『日本映画』, 1937년 7월호. 저자 마쓰오 히데토시는
   내무성 경보국 소속. 加藤厚子, 위의 책, 36~37쪽에서 재인용.

럼에도 이런 설명은 유사한 성질을 지니지 않은 필름을 필요상 한 데 묶은 것에 지나지 않았기 때문에 업계의 혼란은 계속되었다.

총독부도 만주사변 이후 변화된 국제 정세를 반영하여 영화통제를 강화하기 위해 1934년 8월 7일 '활동사진영화취체규칙'(活動寫眞映畵取締規則)을 총독부령 제82호로 제정하고 9월 1일부터 시행했다. 이 규칙의 목적은 크게 두 가지로, 첫 번째는 극장 흥행을 포함하여 영화를 상영하는 모든 행위의 통제였고 두 번째는 조선영화의 수출 및 이출의 통제였다. 흥행자 및 다중에 영화를 상영하려는 자는 소재지 도지사에게 영화의 제목, 제작국, 제작자, 권수 및 미터수, 영사시간 등을 보고해야 했고(제4조 및 제8조) 조선에서 촬영한 영화(미현상 영화 포함)를 수출 또는 이출하고자 하는 자는 조선총독의 허가를 받아야했다(제9조). 이 규칙에는 사회교화를 목적으로 제작된 영화 또는 시사, 풍경, 학술, 산업 등에 관한 영화로 총독부의 인정을 받은 것에 대해서는 영사 시간을 제한하지 않는다는 조항이 있었는데(제6조) 총독부 영화반의 영화나 총독부가 장려하는 영화의 보도성을 높이기 위해서 이런 예외조항을 둔 것으로 보인다.

그런데 영화통제 및 문화영화 장려 정책은 일본의 독자적인 것이라기보다 다른 국가의 영화국책, 특히 추축국(樞軸國)의 것을 참조하여 만들어졌다. 먼저 이탈리아의 영화국책을 살펴보면 1922년 수립된 무솔리니 정권은 극영화를 육성하고 비극영화를 통제하는 이중적인 정책을 취한 것이 특징이다. 경제가 불황에 빠지자 1931년과 1932년에 걸쳐 이탈리아 정부는 이탈리아영화 쿼터를 실시해 외국영화에 세금을 부가했으며 우수 국산영화 포상기금을 설립했다.[10] 이에 비해 비극영화의 경우에는 1925년 10월 11일 군소 제작사를 통합하여 국유회사 루체(L'Unione Cinematografica Educativa, LUCE)를 설립했고 파시스트 정권이 무너질 때까지 루체를 통해 국책선전을

---

10) 크리스틴 톰슨·데이비드 보드웰, 『세계영화사: 음향의 도입에서 새로운 물결들까지 1926-1960s』, 시각과언어, 2000, 176쪽.

통제하는 방식을 취했다. 무솔리니는 루체를 "문화와 '이탈리아 기질'을 선전하는 기관"(agency for culture and 'italianità')으로 만들고자 구상했고 1926년에는 극영화 상영 전에 루체 필름을 의무상영하는 법안을 통과시켰다.[11] 루체를 모델로 1937년 8월 14일 전 만주의 영화 사업을 독점하는 만주영화협회가 설립되었고[12] 10월 7일에 만주국영화법이 공포됨으로써 일본보다 먼저 만주국에서 영화국책이 수립되었다.

독일의 경우 영화를 이용한 선전에 특별히 관심을 쏟았던 제3제국 선전장관 괴벨스가 오랜 연구 끝에 1933년 7월 14일 제국영화부(Reichsfilmkammer)를 창설하고 1934년 2월 16일에 제국영화법(Reichslichtspielgesetz)을 개정해 강력한 통제 기반을 마련했다. 개정된 나치 영화법은 대본의 사전검열과 완성된 필름검열, 상영제한을 명시했는데 1939년에 제정된 일본 영화법도 사전검열(제9조), 필름검열(제14조), 상영제한(제17조) 조항을 두었다. 이미 1937년에 개정된 문화영화 장려 조항도 나치 영화법에서 참조한 것으로 보인다. 독일 영화법은 바이마르공화국 시기부터 영화등급표시제를 통해 감세 기회를 주었고 나치는 이 제도를 상영허가와 연동시켜 모든 영화에 등급을 표시하여(제8조) 선전영화를 장려하는 수단으로 활용했다. 1939년 당시 11개의 등급이 있었고 '정치적으로 그리고 예술적으로 특별히 유익한 영화', '국민영화(Film der Nation)', '문화적으로 유익한 영화', '청소년에게 유익한 영화' 등의 등급을 받은 영화에는 세금공제, 영화 수익에 연동한 장려금 등의 혜택이 주어졌다.[13] 그 외 나치 영화법 조항 중 일본 영화법에 시사점을 준 것으로는 입장료 한정, 광고영화의 상영, 문화영화의 강제상영, 외국영화 할당제 등이 있었는데[14] 특히 문화영화와 관련해서는 독일영화아카

---

11) Steven Ricci, *Cinema and Fascism: Italian Film and Society, 1922-1943*, University of California Press, 2008, pp.59~60.

12) 山田英吉, 『映畵國策の進展』, 厚生閣, 1940, 77쪽.

13) 데이비드 웰시 저, 최용찬 역, 『독일 제3제국의 선전정책』, 혜안, 2001, 69-77쪽 및 선별사료 「1934년 2월 16일 영화법 원본」, 259~268쪽 참조.

데미(Deutsche Filmakademie Babelsberg)부설 문화영화제작소의 활동과 독일 문화영화의 수출 현황이 주목받았다.[15]

이탈리아와 독일 외에도 훗날 적성국(敵性國)이 되는 미국의 영향도 있었는데 문화영화라는 용어가 공식화되기 전에는 미국의 Educational Films을 직역한 '교육영화'라는 용어가 쓰이다가 방공협정(1936) 이후 문화영화가 그것을 대체했고 종전 후 미군정에 의해 다시 교육영화라는 용어가 부활했다.[16] 일본에서 교육영화란 학교 상영용 영화뿐만 아니라 일반인 교화의 목적으로 사용되는 영화까지도 포괄했으며 극과 비극을 가리지 않는 용어였다. 앞서 살펴보았듯 내무성 경보국은 1937년 4월 활동사진필름검열규칙을 개정하면서 교육영화를 문화영화의 하위 개념으로 포괄했다. 따라서 그해 5월 31일에 영화교육중앙회를 설립한 문부성은 개정된 규칙에 연동하여 문화영화를 학교용 교육교재 필름으로서 정기적으로 배급했다.

한편 방공협정 이후 추축국과의 교류가 강화되자 일독(日獨)합작영화가 만들어지기도 했다.[17] 지질학자이자 산악영화의 거장인 아르놀트 판크(Arnold Fanck) 박사와 도와상사의 합작 계획에 방공협정을 목전에 둔 나치스가 개입하면서 1936년 3월초 일본에서 〈새로운 땅〉(新しき土)이 크랭크업되었다. 이타미 만사쿠(伊丹万作)가 공동감독으로 예정되어 있었으나 판크와의 충돌로 각자 영화를 만들게 되었고 독일에서는 1937년 3월 판크 버전이 〈사무라이의 딸〉(Die Tochter des Samurai)이라는 제목으로 공개되었다. 이때 괴벨스는 양국의 동맹관계를 위해 이 영화를 대대적으로 호평하

---

14) 山田英吉, 앞의 책, 96쪽.

15) 위의 책, 107-119쪽 참조.

16) 田中純一郎, 앞의 책, 105쪽.

17) 이 시기 독일의 문화영화는 이미 "국민영화(Völkisch Film)"로 변질되어 있었다. "진정한 국민영화"를 생산하기 위해 1932년 국립영화제작소(Landesfilmstellen)를 설립한 괴벨스는 매우 민족주의적인 방식으로 독일의 문화적 활동을 선전하는 Kulturfilm을 극영화와 함께 공급했다. David Welch, *Propaganda and the German Cinema 1933-1945*, I. B. Tauris, 2001(revised edition), pp.6~4.

도록 비평가들에게 지시를 내렸다고 한다.[18] 주인공 하라 세쓰코(原節子)
가 자결을 결심하고 폭발이 임박한 화산을 오르는 신에서 볼 수 있듯 판크
는 일본의 자연을 일본인의 기질과 연관시키며 숭고미를 강조하는 수법을
썼다. 이는 판크 산악영화의 스타일인 동시에 민속지적인 독일 문화영화의
영향이기도 했다. 일본에서는 두 버전 모두 1937년 2월에 공개되었으나 판
크 버전이 더 호평을 받았다.

　극영화인 〈새로운 땅〉에 대해 이렇게 길게 언급한 이유는 이 영화가 그
시기 일본의 문화영화에 유의미한 영향을 미쳤기 때문이다. 실내 촬영보다
로케이션에 공을 들인 판크 버전은 그때까지 일본영화에 없었던 웅대한 스
케일의 자연묘사로 호평을 받았고 특히 문화영화 작가들의 눈에 띄었다.
중일전쟁을 소재로 〈상해〉(上海, 1938) 〈싸우는 병대〉(戦ふ兵隊, 1938) 등
독특한 전쟁 다큐멘터리를 남긴 가메이 후미오(亀井文夫) 감독은 문화영화
의 선구자들에게 어떤 시사점을 주지 않을까라는 기대를 안고 〈새로운 땅〉
을 보았다고 회고했다. 또한 촬영감독 리하르트 앙스트(Richard Angst)의 보
조로 그 영화에 참여한 다나카 요시쓰구(田中善次)는 판크로부터 농촌영화
를 제작해보라는 제안을 받았고 그의 적극적인 권유로 극영화에서 문화영
화로 진로를 결정하여 동맹통신사(同盟通信社)[19]에서 새 직업을 찾았다고
한다.[20]

　이상을 정리하자면 번역어로 처음 도입된 문화영화라는 용어는 대체적
으로 비(非)극영화를 가리키다가 만주사변 이후 영화통제 과정 속에서 미

---

18)『ドキュメント昭和4　世界への登場』, 角川書店, 1985, 132쪽. ピーター B. ハーイ,
　　『帝国の銀幕──十五年戦争と日本映画』, 名古屋大学出版会, 2001年(初版2刷), 137쪽
　　에서 재인용.
19) 1936년 일본 양대 통신사인 일본전보통신사의 통신부와 신문연합사의 합병으로
　　만들어진 사단법인. 일본 국내의 191개 신문사와 일본방송협회를 조합원으로 했
　　고 외무성과 통신성의 관할로 1945년까지 운영되었다.
20)「日本文化映画の初期から今日を語る座談会」,『文化映画研究』3권 2호, 1940.2, 18쪽.

처 장르적 성질이 정의되지 못한 채 법적으로 공식화되었고 그것이 가리키는 범주는 국가에 의해 사후적으로 구성되었다. 그리고 아래에서 살펴볼 것처럼 중일전쟁 이후 문화영화는 오히려 정의되지 않았기 때문에 국가의 뜻에 따라 어떤 영화든지 포괄할 수 있는 만능 개념이 되었고 국민복, 국민학교, 국민문화와 같은 파시즘 시기의 신유행어처럼 국가에 의해 '국민영화'로 호명된다.

3) 중일전쟁과 문화영화의 산업화

1937년 7월 중일전쟁의 발발로 문화영화는 뉴스영화와 더불어 시대를 풍미하게 되었다. 총독부 관방문서과 촉탁 쓰무라 이사무(津村勇)는 문화영화와 관련한 당시의 동향을 다음과 같이 정리했는데 아래와 같은 일련의 조치는 문화영화의 수요를 창출하여 극영화(오락영화) 위주의 기존 생산구조를 변화시키는 계기로 작용했다.

1. 문부성이 영화교육진흥비로 27만 엔의 예산을 획득, 영화교육중앙회 설립
2. 제국교육회에 영화교육부가 설립된 것
3. 도쿄에서 열린 제7회 세계교육회의에 영화교육부회(部會)가 부설된 것
4. 지나사변(원문대로-인용자)이 발발하자마자 뉴스영화의 일대 활약으로 국민의 사변 인식을 높인 것
5. 영화가 국민정신총동원운동에 나서 질실강건(質実剛健)의 기풍을 진작한 것
6. 비상시국에 대한 영화제작이 많아진 만큼 지난날과 같은 극단적 색채의 영화가 일소된 것
7. 그와 동시에 외국 수출입 통제로 본방영화(本邦映畵-일본영화, 인용자) 신장에 일대 획을 그은 것
8. 외화 관리에 의해 영사기와 필름 등 일제히 가격인상을 단행한 것
9. 조선총독부에서는 사변을 감안하여 다수의 시국영화를 제작, 배급한 것

10. 만주국에서는 국책영화의 제작소라고도 할 수 있는 만주영화협회와
    같은 대회사 설립[21]

중일전쟁 이후 문화영화 육성 정책은 7과 8에서 볼 수 있는 것처럼 외국
에서 수입되던 영화 기자재의 가격을 인상하고 외국영화 수입을 금지함으
로써 외화 유출을 방지하고 성장해가고 있던 일본의 영화산업을 보호하기
위한 일환이기도 했다. 전쟁과 더불어 대중적 수요가 급증했을 뿐만 아니라
정부 및 관청으로부터 위탁 제작도 늘어났고 검열 수수료 면제 혜택이 있
었기 때문에 그동안 문화영화를 부업으로 취급했던 대형영화사들은 문화
영화부를 독립적으로 설치하여 본격적으로 시장에 뛰어들게 되었다. 또한
문화영화의 흥행가치가 높아지자 게쥬쓰영화사(芸術映画社)처럼 문화영화
전문을 표방한 소규모 영화사들도 대거 설립되었다.

흥미로운 점은 이 시기 일본의 다큐멘터리 작가들이 문화영화를 매개로
중일전쟁 이후의 "긴박한 '현실'을 보지 않고 넘어갈 수 있는"[22] 담론 공간을
만들어내었다는 사실이다. 로사(Paul Rotha)의 『다큐멘터리 필름(Documentary
Film)』(1935)은 중일전쟁 직후 『문화영화론(文化映画論)』(1938)이라는 제목
으로 번역 출판되어 교과서처럼 읽혔고[23] 『문화영화연구』(1938년 3월 게쥬
쓰영화사에서 발행)와 같은 전문잡지는 상업주의에 치우친 극영화에 대한

---

21) 津村勇, 앞의 글, 143쪽.
22) 藤井仁子, 「柳田國男と文化映画─昭和十年代における日常生活の発見と国民創造/
    想像」, 長谷正人·中村秀之, 『映画の政治学』, 青弓社, 2003, 267쪽.
23) 예를 들어 도호 문화영화부의 아키모토 켄(秋元憲) 감독도 "우리의 경우 길은 미
    개척 신 코스이고 지도는 우리 자신이기에 더듬어가지 않으면 안 된다 …『문화
    영화론』은 우리가 손에 넣을 수 있었던 최선의 지도이며 아직까지 이 이상의 지
    도를 아무도 주지 않았다"라고 말했다. 가메이 후미오 감독은 "폴 로사의 책이 얼
    마나 우리를 지도했는가라고 말하기보다는 차라리 우리의 고독한 작업 방식에
    자신을 주었다고 생각하는 편이 맞다"며 당시 로사가 주도한 영국의 다큐멘터리
    운동을 문화영화와 연관시켰다. 「日本文化映画の初期から今日を語る座談会」, 앞
    의 글, 19-20쪽.

대안으로서 문화영화의 가치를 구가했다. 예술적 대안으로서 '순(純) 문화
영화' 담론은 도호(東宝)의 〈눈의 결정(雪の結晶)〉(1939)과 같은 과학영화나
게쥬쓰영화사의 〈설국(雪国)〉(1939)과 민속영화를 가능하게 했다. 그러나
그 '순수한' 문화영화조차도 국가적인 배양을 토대로 육성되었고 그렇기 때
문에 전쟁 동원으로부터 완전히 자유로울 수는 없었다. 단적인 실례로 영
화법 실시 이후 내무성과 문부성은 문화영화의 주제로 어떤 것이 적합한지
간섭하기 시작했다. 당국의 기준에서 과학영화는 과학의 대중화를 통해 전
시하 기술자 양성을 도모하고 일본을 선진 과학국으로 선전하기 위한 수단
으로서, 민속영화는 지방의 독자성을 일본제국이라는 보편성 속에 위치시
킴으로써 국민통합을 달성하고 농어촌의 생산력 증대를 도모할 수 있다는
점에서 권장되었다. 그와 같은 점이 고려되어 〈눈의 결정〉은 1939년 8월 시
카고에서 열린 태평양학술회의에서 공개된 뒤 문부성의 추천으로 베네치
아 영화제에 출품되었으며 〈설국〉은 단순히 기록을 넘어서 문화영화의
방향을 제시한 작품으로 평가받아 1940년 문부대신상을 수상했다. 그리고
두 영화 모두 영화법 제정 이후 문부대신의 추천 문화영화로 등재되었다.

　그런데 일본처럼 영화산업이 발달하지 못한 식민지 조선과 만주국[24]에
서는 9, 10처럼 총독부 내지는 국책회사가 문화영화를 직접 제작하는 방식
을 취하여 문화영화와 국책영화가 동일시되는 구조였기 때문에 민간이 '순
문화영화'와 같은 예술적 대안영화를 제작할 여지를 만들어 내기는 힘들었
다.[25] 전쟁이 개시되자마자 총독부 영화반은 상례적인 영화 제작을 중지하

---

24) 만주국의 문화영화에 관해서는 김려실, 「만주영화협회의 '계민영화(啓民映畵)' 연
　구: '국민국가 만들기 프로젝트'를 중심으로」, 『영화연구』 57호, 2013 참조.

25) 쓰무라는 다음과 같이 총독부 영화반이 제작한 영화를 문화영화와 동일시했다.
　"조선에서 오락영화의 대부분은 내지로부터의 이입품(移入品)이지만 소수 조선
　산 영화도 없는 것은 아니다. 문화영화에 있어서는 이입영화를 기다리지 않으면
　안 되는 것도 있지만 대부분은 총독부 관방문서과의 작품이라고도 할 수 있을 것
　이다." 津村勇, 앞의 글, 142쪽;『영화시대』주간 박루월도 문화영화 제작에는 지
　도방침, 실시기관, 실시방법이 필요하며 "관공서를 선두로 각 단체에서 협력 실

고 총후보국 선전영화 〈총후의 조선(銃後の朝鮮)〉(2권, 1937)을 16밀리 발성으로 13벌 제작하여 10월 8일부터 각 도에 배포했다. 그리고 1937년 10월 '황국신민서사'가 공식화되자 〈황국신민서사1〉(성인용)을 30만 벌, 〈황국신민서사2〉(아동용)를 115벌 복사해서 전 조선의 180개 상설관에서 강제 상영했다. 뿐만 아니라 동맹통신사의 〈지나사변 뉴스〉를 1보부터 구입하고 〈국민정신총동원 대연설회〉 등 문부성 제작 영화도 구입해 영화반 문화영화와 함께 전국에서 상영했다. 이어서 장기전에 대처하고 조선인 출병의 필요성을 강조한 〈총후에 봉사(銃後に捧ぐ)〉(3권, 1937)를 제작해 각도에 배포했다. 전쟁 발발 후 6개월 동안(1938년 1월까지) 총독부 영화반이 제작한 시국영화는 36권에 달했으며 영화반이 상영한 횟수만 해도 84회에 달했다.[26]

이런 상황에서 영화법 시행에 연동하여 조선영화령이 예고되자 물적, 인적 기반이 영세했던 조선영화계는 일본영화계와 총독부의 움직임을 예의 주시하면서 대응방안을 모색했다. 전쟁으로 생필름 수급에 문제가 생기자 내선일체를 위해 국어(일본어)로만 영화를 제작해야 한다거나 내지영화(일본영화)만으로 국민교육은 충분하다는 조선영화무용론이 대두되기 시작했기 때문에 민간영화사들은 조선영화의 필요성을 증명해야 하는 입장에 놓여있었다. 이에 고려영화협회 대표 이창용 같은 이는 문맹자(일본어를 이해 못하는 조선인)를 위해서는 조선영화가 계속 보급되어야 하며 인구의 80퍼센트가 농민인 조신에서 영화 보급은 문화영화를 응용해서 하는 것이 효과적일 뿐만 아니라 그것이 조선영화의 사명이라는 주장을 펴기도 했다.[27] 민간영화사 중에서는 비교적 규모를 갖춘 조선영화주식회사와 고려영화협

행하여야만 될 것"으로 파악했다. 朴婁越, 「皇軍의 感激과 文化映畵」, 『영화시대』, 1939.8, 23쪽.

26) 津村勇, 앞의 글, 147-148쪽; 「銃後의 朝鮮 各道에 配給」, 『동아일보』, 1937.10.9.(2); 「總督府時局映畵 卅六突破」, 『동아일보』, 1938.1.15.(3).

27) 李創用, 「朝鮮映画の将来—その死活は将にこれからにある」, 『国際映画新聞』252호, 1939.8 하순, 3쪽.

회가 문화영화부를 설치하여 강제상영에 대비하고자 했다. 조선영화주식회사는 1940년 4월 문화영화부를 창설하고 일본에서 촬영기사 등 제작 스태프를 초빙했고[28] 고려영화협회에서는 조선군 및 총독부와 교섭하여 시정 30주년 기념작품으로 육군지원병훈련소를 취재한 문화영화 기획을 성사시켰다. 그 영화 〈승리의 뜰〉(1940)은 영화령 시행 이후 최초의 총독부 인정(認定)영화[29]로 1941년에 일본에 수출되었고 전매국 위탁으로 조선영화주식회사가 제작한 〈흙에 열매 맺다(土に實る)〉(1942)도 일본에 수출되었다.

식민지 조선에서 민간의 문화영화가 '순 문화영화'를 만들어낼 여지가 거의 없었다는 단적인 예는 문화영화 전문을 표방하며 1939년 4월 총독부 촉탁 쓰무라 이사무가 설립한 조선문화영화협회에서 찾을 수 있다. 이 협회는 일종의 관변단체로 녹음, 현상 설비를 갖추어 총독부 기관지 『경성일보』사와 총독부 영화를 정기적으로 인수했고 월 2회 총독부의 위탁으로 〈조선뉴스〉를 제작했다. 제작부장 야마나카(山中裕)를 비롯해 일본인이 각 부서의 장을 맡고 조선인과 일본인 제작 스태프가 함께 일하는 체제로 운영되었다.[30] 조선문화영화협회의 첫 작품은 국기탑 아래서 임종한 것으로 선전되었던 청주군(淸州郡四州面司倉里) 이원하(李元夏) 구장(區長)의 총후미담을 모델로 한 〈국기 아래 나는 죽으리〉(国旗の下に我なん, 1939)였다. 쓰무라가 총지휘를 하고 연출은 이익(李翼)과 전창태(田倉太, -山中裕의 조선어 이름으로 추측), 촬영은 최순흥(崔順興)과 오카노(岡野進一)가 맡았으며 김건(金健), 복혜숙(卜惠淑), 최운봉(崔雲峯), 김일해(金一海), 김옥련(金玉

---

28) 「朝映 스터듸오 完成과 함께 製作機構完備를 企圖」, 『동아일보』, 1940.4.1.(5).
29) 영화령 실시에 따라 총독부 학무국 사회교육과에서 일반용영화, 비일반용영화를 분류하고 문화영화의 인정, 비인정을 심의하게 되었다. 일반용영화란 연령제한이 없는 영화, 비일반용영화란 14세 미만의 아동이 관람하지 못하는 영화를 가리키는 용어였다. 일반용영화 중 "국민지능의 계배에 적합한 것"을 문화영화로 인정했는데 비인정 문화영화의 경우 강제상영 대상이 되지 않았다. 佐瀬直衛, 「朝鮮に於ける映画について」, 『朝鮮』, 1943. 1, 78-79쪽. 사세(佐瀬直衛)는 학무국 촉탁.
30) 「撮影 · 録音 · 現象所総覧—昭和16年6月調査」, 『映画旬報』18호, 1941.7.1, 137쪽.

蓮), 이애순(李愛順) 등의 배우가 출연했다.[31]

　당시 신문 지상에 실린 영화 개요를 보면 이 영화는 '지나사변' 이후 총후 청년 양성에 힘쓰던 이원하가 남경 함락 보도를 듣고 손수 '국기'를 만들어 주민들에게 나누어주고 신사참배를 주동하는 장면, 국기탑 아래서 궁성을 향해 임종을 맞이한 장면 등 내선일체와 총후보국을 선전하는 내용으로 점철되어 있다.[32] 원래 6권으로 제작되었지만 현존 필름은 이원하와 사창리 부인회 회원들이 공동경작지를 경영하여 나온 ~을 국가에 헌납한다는 내용의 시퀀스가 9분가량 남아 있다. 청주에서 로케 촬영했다는 필름을 보면 공동경작지에서 여배우들과 현지 부인회 회원들이 한데 어울려 노동하는 장면이 있다. 관객들이 사실로 여기게끔 현지 주민을 동원하여 만든 장면이지만 여배우의 메이크업 때문에 조작인 점이 드러난다. 즉, 〈국기 아래 나는 죽으리〉는 다큐멘터리라기보다 직업배우를 대역으로 고용하여 사건을 재구성한 영화였다. 이런 영화를 일본어로는 반쪽짜리 다큐멘터리라는 뜻에서 세미 다큐(セミドキュ) 또는 '극화(劇化)'라고 한다. 세미 다큐와 극화는 당시 문화영화의 지배적인 추세였고 심지어 극영화와 다를 바 없는 '스토리가 있는 문화영화'도 제작되었기 때문에 〈국기 아래 나는 죽으리〉의 연출 방식이 특수한 사례인 것은 아니다.

　이 영화 이후로도 조선문화영화협회는 조선수산회의 수난어선 구제사업을 선전하기 위해 스토리가 있는 문화영화 〈해광(海の光)〉(1939)과 최초의 조선인지원병으로 입대하여 중국에서 전사한 이인석(李仁錫) 상등병의 이야기를 재구성한 전쟁영화 〈장렬 피의 충성〉(1939)을 제작했다. 세 작품 모두 조선총독부 지도·후원 영화로 일본에 수출되었다.[33]

---

31) 「朝鮮文化 及 産業博覽會, 映畫篇」, 『삼천리』 12권 5호, 1940. 5, 229쪽; 「朝鮮文化映畫協會創立」, 『동아일보』, 1939.5.12.(5)
32) 「文化映畫協會第一作 國旗 아래서 나는 죽으리」, 『조선일보』, 1939.7.14, 조간(4).
33) 「朝鮮文化映畫協會 海光」, 『조선일보』, 1939.7.8,조간(4); 「広告 海の光 国旗の下に我死なん」, 『キネマ旬報』690호, 1939.9.21; 민족정경문화연구소 편, 「言論界, 文

4) 조선영화령 이후 문화영화의 강제상영

총독부는 1939년 4월 5일 공포된 '일본영화법(법률 제66호)'에 연동하여 1940년 1월 4일 조선영화령을 공포했다. 그 전문을 옮겨보면 다음과 같다. "영화의 제작·배급·상영 기타 영화에 관하여는 영화법 제19조의 규정을 제외하고 동법에 의한다. 다만, 동법 중 칙령은 조선총독부령으로, 주무대신은 조선총독으로 한다." 영화법 제19조는 "본법 시행에 관한 중요사항에 대해 주무대신의 자문에 응할 영화위원회를 둔다"는 것이었지만 1941년에 삭제되는 조항이라 결국 조선영화령은 일본영화법을 전적으로 답습했다고 할 수 있다. 그렇지만 시행규칙에는 약간의 차이가 있었다. 영화령의 경우 검열표준에 "조선통치상 지장을 초래할 우려가 있는 것"(제28조)이 추가되었고 영화법의 수출영화 검열 조항을 수출영화뿐만 아니라 이출(移出)영화와 미현상 필름에까지 확대했다(제25조, 제26조). 또한 영화법에는 시사영화의 경우 시급을 요하는 경우 내무대신 대신에 상영지 지방장관에 검열을 신청할 수 있다는 예외조항(영화법시행규칙 제25조)이 있었지만 영화령은 예외 없이 모든 검열의 주체를 조선총독으로 일원화했다.[34]

문화영화에 대해서 조선영화령은 일본영화법을 기준으로 하면서도 조선의 사정에 따라 부칙을 두었다. 먼저 영화법 제10조에 "주무대신은 특히 국민문화 향상에 도움이 될 수 있다고 인정하는 영화에 대해 선장(選奬)할 수 있다"는 문화영화 장려 규정이 있었고 제15조에 "주무대신은 명령으로 영화흥행자에 대해 국민교육상 유익한 특정 종류의 영화의 상영을 하게 할 수

學界, 演藝界 關係人物」, 『친일파군상』, 삼성문화사, 1948(한국사데이터베이스에서 재인용-http://db.history.go.kr/item/level.do?itemId=pj&setId=207236&position=1)

34) 일본영화법, 조선영화령, 그리고 각각의 시행규칙 조문 및 부칙은 다음에서 참조. 山田英吉, 앞의 책, 부록 「映畵法」 및 「映畵法施行令」; 牧野守監修, 「朝鮮総督府 映画令及び施行規則」, 『日本映画論言説大系 第Ⅰ期: 戦時下の映画統制期 9』ゆまに書房, 2003; 법제처국가법령정보센터, http://www.law.go.kr/lsSc.do?menuId=0&sub Menu=3&query=%EC%A1%B0%EC%84%A0%EC%98%81%ED%99%94%EB%A0%B9.

있다. 행정관청은 명령이 정하는 바에 의해 특정의 영화 흥행자에 대해 계발선전상 필요한 영화를 교부하고 기간을 지정하여 그 상영을 하게 할 수 있다"는 강제상영 규정이 있었다. 1939년 9월 27일 제정되고 10월 1일 시행된 영화법 시행규칙 제16조는 영화법 제10조에 따른 문화영화 장려 방법으로 ① 문부대신의 추천 ② 제작자에 대한 상금 교부를 명시했다. 그리고 문화영화라는 용어를 사용하지는 않았지만 제35조 1항에서 강제상영 영화의 종류를 "국민정신의 함양 또는 국민지능의 계몽 배양에 도움이 되는 영화(극영화를 제외한다)로서 문부대신의 인정한 것"으로 규정하였다. 또 제35조 2항에서 흥행자는 1회의 흥행에 1항의 영화 250미터 이상을 상영해야 한다고 규정했다. 1940년 7월 25일 제정되고 8월 1일 시행된 조선영화령시행규칙 제16조와 제37조는 문부대신을 조선총독으로 바꾼 것 외에는 영화법 시행규칙 제16조 및 제35조와 일치한다. 차이점은 부칙 제58조인데 문화영화의 강제상영은 경성부·부산부·평양부 및 대구부는 1940년 11월 1일부터, 기타 부·읍·면은 1941년 1월 1일부터 시행한다고 명시했다. 조선의 경우 대도시외에는 상설영화관이 없는 지역이 많아 문화영화의 강제상영을 일괄적으로 시행할 수 없는 사정 때문에 대도시에서 전국으로의 단계적인 확대를 꾀한 것으로 보인다.

이렇게 법석으로 강세상영의 근거를 마련했지만 일본에서조차 문화엉화가 실제로 강제로 상영된 것은 1940년 7월 1일부터였고[35] 조선에서는 대부분의 문화영화를 일본으로부터의 수입에 의존하지 않을 수 없었기 때문에 문화영화의 배급이 원활하지 못할 것이 애초부터 예상되었다.[36] 이에 총독부는 부칙을 두는 한편 영화반의 제작 환경과 스태프를 개선하여 문화영화

---

35) 浅野辰雄,「文化映画の大衆化2 "農村に科学あり" 製作報告」,『文化映画研究』3권 7호, 1940. 7, 311쪽.
36) 정종화에 따르면 일부 극장의 프로그램을 조사해보건대 조선에서 문화영화는 1941년 10월 말부터 본격적으로 상영되었다. 정종화, 앞의 글, 290쪽.

제작을 활성화하고자 했다. 1940년 정보과 신설과 함께 영화반도 조직을 새로 정비했는데 카메라와 조명 같은 기자재뿐만 아니라 현상실, 영사실, 편집실, 건조실을 구비하고 녹음 설비를 증설했으며 그동안 아마추어 기술자가 맡았던 연출, 촬영, 녹음, 영사에 영화인을 촉탁으로 초빙하고 보조자를 두었다. 영화반 개선 이후 첫 작품은 황기 2600년 및 시정 30주년 기념 문화영화 〈신흥조선(新興朝鮮)〉(1940)으로, 전 조선에 상영된 것은 물론이고 16밀리 필름 50벌이 일본 각 부현(府縣)과 홋카이도, 가라후토(樺太), 대만에 기증되었다.[37]

   그런데 일본에 비해 영화관 수가 매우 적었던 조선에서 의무상영의 효과를 극대화하기 위해 시급했던 문제는 영화 제작 뿐 아니라 영화관 확충 및 순회영사의 확대에 있기도 했다.[38] 전시기 물자부족에도 불구하고 조선영화령 이후 '영화문화 향상'을 위한다는 정책적인 추동에 의해 영화관 수는 1940년에 131관, 1941년에 137관, 1942년에 167관으로 해마다 증가했으며 흥행일수와 입장인원도 마찬가지로 증가했다. 1939년 말부터는 경성을 중심으로 문화영화 전문관이 설립되기 시작했으며 각 지역에 소규모 영화관이 많이 건설되었다.[39] 또한 총독부는 산간벽지로의 배급망 확충과 전국적인 순회영사 시스템 구축을 위해 1941년 상반기에 가칭 '조선영화협회'를 설립하여[40] 7월부터 활동을 개시했다. 조선영화협회는 1942년 1월 정보과 내에 설립된 사단법인 '조선영화계발협회'로 공식화되었다. 조선총독부 총무국장

37) 「半島映画便り―総督府の映画班」, 『映画旬報』 24호, 1941.9.1, 36쪽; 「映畵 "新興朝鮮" 內地府縣에 寄贈」, 『동아일보』, 1940.5.4.(3).
38) 일본에는 2천 4백관 정도의 영화관이 있었고 1관 당 인구가 평균 3만 2, 3천 명이었던 것에 비해 조선은 1943년 현재 영화관이 160관에 지나지 않았고 1관 당 인구가 14만 8천 8백 18명으로 일본의 5배가 넘었다. 「座談会: 朝鮮映画の特殊性」, 『映画旬報』 87호, 1943.7.11, 14쪽.
39) 김려실, 「일제시기 영화제도에 관한 연구: 영화관 추이를 중심으로」, 『영화연구』 41호, 2009, 27쪽.
40) 「映画館の頁: 京城」, 『映画旬報』 21호, 1941.8.1, 70쪽.

을 총재로, 정보과장을 회장으로 한 조선영화계발협회는 13도의 도지사를
제1종 회원으로, 조선금융조합을 제2종 회원으로 했고, 1943년 4월에는 광
산연맹 이하 13개 관청 및 공공단체, 그 외 주요 국책회사, 제주도, 울릉도
를 제3종 회원으로 망라하여 영화반이 제작한 영화는 물론 관청영화 일반
을 회원에게 배급·대부했다.[41] 이 협회는 극영화를 제외하고 총독부 소유
의 문화영화와 시사영화만을 취급했는데 35밀리 영화순회 대부 4반, 16밀리
영화순회 대부 4반으로 구성된 프로그램을 갖추어 전 조선을 순회했다.[42]

1942년 5월 11일에 조선영화령시행규칙(조선총독부령 제411호)이 개정되
어 문화영화라는 용어는 마침내 법적으로 명문화되었다. 제37조 1항은 "영
화법 제15조제1항의 규정에 의하여 상영을 하게 하여야 하는 영화는 조선
총독이 인정한 문화영화 및 시사영화로 한다"고 문화영화의 강제상영을 명
시했다. 제2항에서 문화영화는 "국민정신의 함양 또는 국민지능의 계배(啓
培)에 도움이 되는 영화로서 극영화가 아닌 것을 말하며, 시사영화라 함은
시사를 촬영한 영화로서 국민에게 내외의 정세에 관하여 필수 지식을 얻게
하는 것을 말한다"고 명시해 문화영화와 시사영화를 구분했다. 물론 이 규
칙은 일본영화법의 해당 조항을 그대로 옮긴 것이었다. 그러나 식민지라는
콘텍스트 속에서 조선의 문화영화에는 조선인을 일본국민으로 계몽해야
하는 역할, 즉 조선인에게 일본인의 성격을, 일본인의 생활감정을 불어넣어
야 하는 역할이 추가로 요구되었다. 아래에서 분석할 총독부 문화영화는
그 점을 잘 보여준다.

---

41) 「朝鮮主要映画關係團體紹介」, 『映画旬報』 87호, 1943.7.11, 39쪽.
42) 編集部, 「朝鮮の映画配給興行展望」, 『映画旬報』 87호, 1943.7.11, 49쪽.

3. 조선총독부 제작 문화영화의 성격

조선에서 제작된 문화영화에 대한 연구는 현존하는 필름이 거의 없어 문헌 연구에 치중될 수밖에 없고 1940년 이후 한글 미디어가 폐간되었기 때문에 사실상 일본어 문헌을 경유해 재구하는 방법을 취할 수밖에 없다. 일본의 영화잡지에 실린 1941년 총독부 영화반의 문화영화 제작 상황을 정리해 보면 아래와 같다.[43)]

〈표 1〉 1941년 총독부 영화반의 문화영화 제작 상황

제목		길이 (권)	내용
완성 (3)	정어리(鰯)	1	조선 어업 중 생산량이 가장 많은 정어리의 어획부터 각종 정어리 상품 제작 과정을 수록
	제주도(濟州道)	1	제주도의 풍물과 민속을 소개
	금강산(金剛山)	2	조선 여행객이라면 누구나 탐승하는 세계적 영산 금강산을 소개
제작중 (5)	농업보국청년대 (農業報國靑年隊)	2	최근 결성된 농업보국청년대를 야마구치, 히로시마, 오카야마의 농촌에 파견함으로써 내선일체를 보여줌.
	개척지소식 (開拓地便り)	3	선만척식주식회사 알선으로 개척지로 이주한 재만조선인의 상황을 묘사하여 이주 정책에 대한 반도 농민의 이해와 주의력 환기
	온돌(溫突)	1	추운 조선의 겨울을 보내기 위해 조선 농가에 반드시 있는 온돌은 내지인 가정에도 필요함. 온돌을 통해 조선의 건축양식 소개
	조선소묘 (朝鮮の素描)	3	삼한시대 또는 그보다 더 예전의 사적, 풍물을 통해 조선을 개관
	신흥조선 16년판	4	<신흥조선>의 후일편으로 사변에 의해 병참기지가 된 반도의 약진상을 산업, 교육, 교통 등 여러 방면에서 묘사

---

43) 「半島映画便り─総督府の映画班」, 앞의 글, 36~37쪽에서 정리.

기획중 (5)	총력운동 (總力運動)		내지의 대정익찬운동과 견주어 총독정치와 병행하고 있는 반도의 국민총력운동은 반도민의 정신운동으로서 활동하고 있음
	일어서는 조선부인 (立上がる朝鮮婦人)		가정 밖으로 나가는 것을 싫어하는 반도부인의 악습이 만주사변, 지나사변을 계기로 개선되어 남자들과 함께 산, 밭, 마을로 진출하게 됨
	다각형 영농법 (多角的営農法)		영농법에 관한 당국자들의 끊임없는 노력을 반도농민에게 호소하고 식량 증산에 박차를 가함
	조선쌀(朝鮮米)		산미증수(産米增收). 조선쌀의 가치와 수확 상황
	수련소의 하루 (修練所の一日)		충청남도 부여에 있는 조선총독부 중견청년수련소의 행사를 그림
	개척의용대 (開拓義勇隊)		이바라키현 우치하라(內原)에 있는 만주개척의용대와 같은 취지로 설립된 강원도 세포(洗浦)의 만주개척훈련소 소개

〈표 1〉의 영화 내용을 살펴보면 총독부 문화영화는 식민지 조선의 특수성을 설명하고자 하는 동시에 끊임없이 '내지'를 의식하고 있었다는 것을 알 수 있다. 그 점이 '반도의 일본영화'로서 문화영화의 존립 근거였기 때문에 총독부 영화반은 조선인에게 내선일체 이데올로기를 선전할 영화를 제작하는 한편, 일본인에게 '반도의 각오'를 보여주기 위한 시국영화도 제작해야 했다. 예를 들어 1941년도 총독부 추천영화로 인정받은 〈조선농업보국청년대〉는 이 두 가지 제작 의도를 모두 담은 영화였다. 농번기에 내지 출정 군인의 가정에 배속된 조선농업보국대원의 생활을 일기풍으로 묘사한 이 영화는 내지 농촌의 실정을 소개하고 조선청년의 진지한 생활태도와 이에 감사하는 내지 사람들의 모습을 감명 깊게 표현한 것이 추천 사유가 되었다.[44] 그러나 이런 노력에도 불구하고 총독부 영화반의 문화영화는 질

---

44) 「제8회 조선추천영화」, 『映画旬報』 36호, 1942.1.21, 17쪽. 한국영상자료원 한국영화사연구소 편, 『일본어 잡지로 본 조선영화 3』, 한국영상자료원, 2012, 182쪽에서 재인용.

적 수준이 떨어진다는 평이 일반적이었기 때문에 조선영화무용론을 잠재
우기는 불가능했다. 예를 들어 총독부 영화반의 영화 중 유일한 인정 문화
영화 〈온돌〉의 경우에도 "내지인들에게 보여줄 목적으로 만든 것이겠지
만… 비전문가가 만든 작품이라고밖에 할 말이 없"45)다는 악평을 들었다.

　민간영화사의 문화영화의 경우도 비슷한 고민을 안고 가야했다. 영화령
이 시행된 1940년 8월부터 1941년 8월까지 조선의 문화영화 통계를 보면 인
정영화의 경우 일본영화가 570권, 조선영화가 36권, 외국영화가 46권, 비인
정 영화의 경우 일본영화가 99권, 조선영화가 1권, 외국영화가 16권으로 일
본영화에 대한 의존도가 막대했다.46) 조선은 나름의 특수한 사정이 있고 조
선문화를 보존하고 일본에 소개하기 위해서라도 문화영화의 자주 제작이
반드시 필요하다는 것이 조선영화계의 입장이었지만47) 당시 일본영화사들
은 조선의 로컬리티를 이국적인 볼거리로 삼거나 시국적 요구에 맞춰 내선
일체 선전을 담은 〈친구(ともだち)〉(1940), 〈경성(京城)〉(1940), 〈백무선(白
茂線)〉(1941) 같은 문화영화를 이미 만들어내고 있었다. 물론 이들 영화가
조선의 실정을 왜곡했으며 조선에서는 내지영화만으로 내지가 기대하는
효과를 바랄 수 없다는 목소리가 없었던 것은 아니었다. 재조일본인 층에
서도 그런 비판이 왕왕 있었을 정도였지만48) 생필름 품귀가 격심해지자 일
본영화계에서는 수준이 낮은 조선영화에 필름을 나눠줄 필요가 없다는 주
장이 점점 설득력을 얻어갔고 극영화는 차치하더라도 문화영화의 경우는

---

45) 「조선영화계의 인상」, 『映画旬報』51호, 1942.6.21, 20쪽. 위의 책, 267쪽에서 재인용.
46) 佐瀬直衛, 앞의 글, 79쪽.
47) 朱永涉, 「朝鮮文化映畵의 將來」, 『삼천리』 13권 6호, 1941.6, 212쪽.
48) 재조일본인 비평가 미즈이 레이코의 〈친구〉, 〈경성〉 비판과 경성제국대학 교수
　　가라시마 다케시가 주장한 조선영화의 임무를 참조할 수 있다. 水井麗子, 「조선
　　영화제작계를 돌아보며」, 『新映畫』, 1942년 11월호, 92~93쪽. 한국영상자료원 한
　　국영화사연구소 편, 『일본어 잡지로 본 조선영화 2』, 한국영상자료원, 2011, 284
　　쪽에서 재인용; 辛島驍, 「朝鮮と映画」, 『映画旬報』87호, 1943.7.11, 9쪽. 한국영상
　　자료원 한국영화사연구소 편, 『일본어 잡지로 본 조선영화 4』, 한국영상자료원,
　　2013, 63쪽에서 재인용.

조선에서 자주적으로 만들기보다는 조선을 내지에 소개하는 목적으로 일본과 공동 기획을 하는 것이 낫다는 의견이 개진되었다.[49] 조선에서도 생필름을 생산하고자 하는 노력이 없었던 것은 아니지만[50] 결국 문화영화, 극영화를 막론하고 모든 영화사는 총독부의 주도에 따라 1942년 9월 사단법인 조선영화제작주식회사(이하, '조영'으로 줄임)로 통폐합되었다. 이 국책회사는 내무성 정보국으로부터의 필름 할당량에 따라 생산목표를 정했는데 이 해에는 연간 극영화 6종, 문화영화 5종, 시사영화 12종을 계획했다. 이후로 총독부 영화반의 제작 업무는 조영 제작부 문화영화계로 대부분 넘어갔고, 교육영화의 기획과 위탁 제작만 계속되었다.

조영의 경우 현존하는 필름이 없어 실상을 알기 어려우나[51] 총독부 문화영화는 러시아의 고스필모폰드에서 1993년에서 2006년에 걸쳐 수집된 6편의 필름을 통해 그 성격이 어떠했는지 짐작해 볼 수 있다. 6편 중 제작자가 총독부로 명시된 필름은 〈총후의 조선〉과 〈조선의 애국일(朝鮮の愛国日)〉(1940) 두 편이고 〈조선, 우리의 후방〉(1938)도 문헌을 통해 총독부 영화반이 제작한 것을 확인할 수 있었다.[52] 나머지 3편의 영화 중 〈조선시보 제11보〉는 1943년에 조영이 만든 시사영화이며[53] 지원병 선전영화인 〈일본실

---

49) 飯島正, 筈見恒夫, 廣川創用, 「朝鮮映画新體制樹立のために(座談會)」, 『映画旬報』 30호, 1941.11.1, 17쪽. 廣川創用는 이창용의 창씨명.

50) 총독부의 통제회사 수립 안이 만들어질 당시 문화영화협회의 쓰무라는 자본금 천만 원으로 영화제작, 배급, 생필름 제조를 하자는 안을 제출했고 교토에서 생필름 제조를 계획하고 있던 슈도(首藤)와 연락하여 전문가를 불러 왔다. 高島金次, 『朝鮮映畵統制史』, 朝鮮映畵文化研究所, 1943, 44쪽.

51) 1943년 1월부터 12월까지 조영은 〈우리들 지금 출정한다〉, 〈쇼와 19년〉, 〈조선에 온 포로〉, 〈반도의 아가씨들〉, 〈영광의 날〉, 〈소생하는 흙〉, 〈우리들 군함 깃발과 함께〉 7편의 문화영화를 제작했다. 「쇼와 18년 조선영화 일람」, 『일본영화』 14호, 1944.11.1. 25쪽. 한국영상자료원 한국영화사연구소 편, 『일본어 잡지로 본 조선영화 2』, 한국영상자료원, 2011, 245쪽에서 재인용.

52) 津村勇, 「문화영화: 조선의 영화 이용 상황」, 『国際映画新聞』 222호, 1938년 5월 하순, 15쪽 참조. 한국영상자료원 한국영화사연구소 편, 『일본어 잡지로 본 조선영화 1』, 한국영상자료원, 2010, 146쪽에서 재인용.

록)은 1938년부터 1940년까지 지원자 수, 합격자 수, 입소자 수를 자막으로 제시하고 있어 1941년 이후에 만든 것으로 추정되나 제작주체가 불분명하고 무성으로 제작된 납세선전영화 〈한 성심의 힘〉[54]은 영화 속에 등장하는 소화 15년도(1935) 납세 월표로 보아 그 이후에 제작된 것으로 보인다.

이들 영화는 조선인을 대상으로 한 전쟁동원 선전영화인 동시에 조선의 임전 태세를 일본이나 해외에 전시하고자 만들었던 공보용 영화이기도 했다. 조선통치의 성과를 영화로 가시화하고자 한 총독부가 이들 영화를 해외로 내보냈기 때문에 오늘날 수집이 가능했던 것인데 필름이 러시아에서 발견되었다는 것은 만주국으로 보내졌다는 것을 의미한다. 또한 〈총후의 조선〉은 일본 궁중에 헌상되었으며 〈조선, 우리의 후방〉은 바로 이 영화에 등장하는 이탈리아 친선사절단에 증정되어 이탈리아로 보내졌다는 점을 감안하면 국내보다는 해외에 조선총독부의 문화영화들이 남아 있을 가능성이 있다.

〈총후의 조선〉에서 주목되는 바는 조선여성의 보국활동에 대한 선전이다. 내외하는 관습 때문에 집밖으로 나가지 않는 조선부인들을 동원하기 위해 〈일어서는 조선부인〉(표 1)과 같은 영화가 기획될 정도였는데 이 영화도 "내선일체의 꽃"으로 표현하며 조선부인의 전쟁 협력(센닌바리, 위문봉투, 애국금채회, 한 숟가락 헌금...)을 강조했다. 출정군인의 환송회 장면에서 애국부인회, 대일본국방부인회와 더불어 조선부인과 게이샤까지 총체적으로 동원된 장면과 조선부인이 일본어로 "우리도 일본부인으로서 조선의

53) 1943년 1월부터 12월까지 조영의 제작 편수를 기록한 일본의 영화잡지 『일본영화』의 「쇼와 18년 조선영화 일람」을 보면 이 해에 시사영화 〈조선시보〉는 제3보부터 제14보가 제작, 개봉되었다. 한국영상자료원 한국영화사연구소 편, 『일본어 잡지로 본 조선영화 2』, 한국영상자료원, 2011, 245쪽에서 재인용.
54) 〈한 성심의 힘〉은 납세를 하지 않던 지주가 아들의 죽음으로 뉘우치고 납세를 한다는 내용으로 보아 납세선전영화 〈구장의 아들〉의 다른 제목일 수도 있다. 「時局認識映畵開催」, 『동아일보』, 1938.12.20.(3).

급무에 임할 것이니 분투해 주십시오"라고 말하는 장면(문화영화에 여성의 목소리가 삽입된 드문 예)이 인상적인데 전시의 여성 동원은 '일본여성=국민'이라는 공적 영역을 창출함으로서 가능했다는 점을 확인시켜주는 자료이다.

〈조선, 우리의 후방〉은 조선어 더빙, 일본어 자막으로 된 대동아공영권 선전영화이다. 무한 삼진 점령(1938.10), 한구 함락(1938.11)을 기념하여 실시된 낮의 기행렬과 밤의 등불행렬을 기록했는데 총독부 관방문서과 직원들의 모습이 들어가 있다. 1938년 2월 3일 조선 각지 중화민국 영사일동이 조선신궁에 참배하는 모습, 4월에 조선을 거쳐 만주로 간 이탈리아 친선사절 파울리치 단장 일행과 미나미 총독의 원유회 모습, 11월 중순 경성을 방문한 몽고 덕왕(德王) 일행의 모습 등이 담겨 있다. 한편 장개석의 모습과 중국인 부대를 비추는 뉴스릴을 두 커트 삽입하고 그들이 항전 준비 중이라는 내레이션을 넣은 장면에서 보듯 다큐멘터리 양식의 영화이지만 날조된 부분이 있다. 덕왕의 방문이 11월 말이었는데 벚꽃을 삽입한 쇼트에서 일본 군국주의의 상징인 이 꽃을 넣음으로써 몽고연맹자치정부가 일본 제국의 세력권 안에 있다는 것을 암시하기 위한 연출로 생각된다.

〈조선의 애국일〉은 1937년 11월부터 전 조선에 실시된 애국일(매월 1일) 운동을 선진한 영화이다. 첫 신에서 조선에서 시작된 이 운동이 일본으로 전파되어 1939년 8월 8일 일본 내각이 흥아봉공일을 지정하여 9월 1일부터 전 일본에 실시되었다는 점을 설명하면서 조선이 일본 이상으로 무장되어 있다는 점을 보여주고자 했다. 애국일 하루 동안에 벌어지는 행사(일장기 게양, 신사참배, 국가합창, 황국신민서사 제창, 호국영령을 위한 묵념, 만세, 청소, 헌금...)를 스케치하고 정오의 묵도, 라디오체조, 일장기 도시락(日の丸弁当) 등 일상 속의 전쟁협력을 보여준다. 특히 조선에만 있었던 정오의 묵도를 실제 사이렌 소리를 삽입하여 길게 보여줌으로써 조선의 애국열을 강조했다.

이상의 영화만으로 총독부 문화영화의 형식을 논하는 것은 무리이지만 세 필름은 인물에 초점을 두기보다는 총독부, 군, 학교, 부인회 등 각종 단체의 행사를 기록하는 데 중점을 두었고 뉴스릴처럼 사건을 병치하는 단순한 편집 방식을 취했다는 점, 영상으로 전달하기보다는 내레이션에 전적으로 의지하고 있다는 공통점이 있다. 내용상으로는 내선일체 선전보다는 조선이 일본 이상으로 무장되어 있는 든든한 후방임을 강조하고 있는데 이들 영화가 일본이나 국외로 보내졌다는 것을 감안한다면 조선인을 대상으로 한 국내용 문화영화와 다른 고려가 작동했다고 보는 것이 타당하다. 왜냐하면 '반도'에 부과된 특수한 사정 때문에 조선에서 영화제작이 필요하다는 방침을 고수했던 총독부의 입장에서는 이들 영화를 통해 그 의의를 '내지'에 이해시켜야 했기 때문이다.

4. 나오며

이 논문에서는 문화영화의 용례를 통시적으로 조사해봄으로써 문화영화의 기원을 살펴보고자 했다. 민간영화사보다 총독부 영화반의 활동에 중점을 둔 것은 앞에서 밝힌 것처럼 식민지 조선의 경우 민간의 제작이 활발하지 못했고 문화영화와 국책영화가 동일시되는 구조였기 때문이다. 조영의 문화영화의 경우 국책영화이지만 현존하는 것이 없기 때문에 그나마 몇 편의 필름이 남아 있는 총독부 문화영화를 중심으로 논의를 전개했다. 일본과 조선에서 문화영화의 개념이 어떻게 성립되어 갔는지를 시대적 변화와 법제적 측면을 고려하여 기술함으로써 문화영화란 모호하지만 그렇기 때문에 국가의 뜻에 따라 어떤 영화든지 포괄할 수 있는 자의적인 개념이었다는 결론을 내릴 수 있었다. 그럼에도 문화영화에 대한 정의를 어떻게든 규정해야 하지 않겠는가 라는 질문에 대해서는 "문부성의 인정을 받지 않으면 문화영화가 될 수 없다"[55]고 한 시바타 요시오(柴田芳男)의 언급을 인용하여 답을 대신하고자 한다. 그 말은 바꾸어 표현하면 당국의 인정을 받으면 무슨 영화이든지 문화영화가 될 수 있다는 뜻이기 때문이다. 자료의 한계로 말미암아 문화영화의 전체상을 그리지는 못했지만 필름의 발굴로 그동안의 무관심에서 벗어나 앞으로 일제시기 문화영화가 새로운 연구영역으로 주목받을 수 있을 것이라 전망하며, 대동아공영권의 문화 건설에 문화영화가 어떻게 동원되었는지를 밝혀내기 위한 국제간·학제간 공동연구가 활성화되기를 바란다.

---

55) 시바타 요시오, 「영화배급상의 제 문제」, 『영화순보』 97호, 1943, 25쪽. 한국영상자료원 한국영화사연구소 편, 『일본어 잡지로 본 조선영화 1』, 한국영상자료원, 2013, 239쪽에서 재인용. 『영화관 이야기(映画館ものがたり)』(1958), 『영화경제(映画の経済)』(1962) 등의 저서를 출판하기도 한 시바타 요시오는 전전(戰前)부터 활동했던 영화배급업 종사자로 추정된다.

참고문헌

1. 자료

朴嶁越, 「皇軍의 感激과 文化映畵」, 『영화시대』, 1939.8.

朱永涉, 「朝鮮文化映畵의 將來」, 『삼천리』 13권 6호, 1941.6.

한국영상자료원 한국영화사연구소 편, 『일본어 잡지로 본 조선영화 1~4』, 한국영상
　　　자료원, 2010~2013.

「文化映畵協會第一作 國旗 아래서 나는 죽으리」, 『조선일보』, 1939.7.14, 조간(4).

「時局認識映畵開催」, 『동아일보』, 1938.12.20.(3).

「映畵 "新興朝鮮" 內地府縣에 寄贈」, 『동아일보』, 1940.5.4.(3).

「朝鮮文化 及 産業博覽會, 映畵篇」, 『삼천리』 12권 5호, 1940.5.

「朝鮮文化映畵協會創立」, 『동아일보』, 1939.5.12.(5)

「朝鮮文化映畵協會 海光」, 『조선일보』, 1939.7.8, 조간(4)

「朝映 스터디오 完成과 함께 製作機構完備를 企圖」, 『동아일보』, 1940.4.1.(5).

「銃後의 朝鮮 各道에 配給」, 『동아일보』, 1937.10.9.(2).

「總督府時局映畵 卅六突破」, 『동아일보』, 1938.1.15.(3).

淺野辰雄, 「文化映画の大衆化 2 "農村に科学あり" 製作報告」, 『文化映画研究』 3권 7호,
　　　1940.7.

飯島正, 筈見恒夫, 廣川創用, 「朝鮮映画新體制樹立のために(座談會)」, 『映画旬報』 30호,
　　　1941.11.1.

李創用, 「朝鮮映画の将来—その死活は将にこれからにある」, 『国際映画新聞』 252호,
　　　1939.8 하순.

佐瀬直衛, 「朝鮮に於ける映画について」, 『朝鮮』, 1943.1.

高島金次, 『朝鮮映畵統制史』, 朝鮮映畵文化研究所, 1943.

朝鮮總督府警務局編, 『活動寫眞フィルム檢閱槪要』, 1931.

津村勇, 「文化映畵の展望」, 『朝鮮』 273호, 1938.2.

牧野守監修, 「朝鮮總督府映画令及び施行規則」, 『日本映画論言説大系 第I期: 戦時下
　　　の映画統制期 9』 ゆまに書房, 2003.

編集部, 「朝鮮の映画配給興行展望」, 『映画旬報』 87호, 1943.7.11.

山田英吉, 『映畵國策の進展』, 厚生閣, 1940.

「映画館の頁: 京城」, 『映画旬報』 21호, 1941.8.1.

「広告 海の光 国旗の下に我死なん」,『キネマ旬報』690호, 1939.9.21.
「撮影・録音・現象所総覧―昭和16年6月調査」,『映画旬報』18호, 1941.7.1.
「座談会: 朝鮮映画の特殊性」,『映画旬報』87호, 1943.7.11.
「朝鮮主要映画關係團體紹介」,『映画旬報』87호, 1943.7.11.
「日本文化映画の初期から今日を語る座談会」,『文化映画研究』3권 2호, 1940.2.
「半島映画便り―総督府の映画班」,『映画旬報』24호, 1941.9.1.

2. 논문 및 단행본

김려실, 「만주영화협회의 '계민영화(啓民映畵)' 연구: '국민국가 만들기 프로젝트'를 중심으로」,『영화연구』57호, 2013.
_____, 「일제시기 영화제도에 관한 연구: 영화관 추이를 중심으로」,『영화연구』41호, 2009.
데이비드 웰시 저,『독일 제3제국의 선전정책』, 최용찬 역, 혜안, 2001.
변재란, 「대한뉴스, 문화영화, 근대적 기획으로서의 가족계획」,『영화연구』52호, 2012.
위경혜, 「한국전쟁이후~1960년대 문화영화의 지역 재현과 지역의 지방화」,『대중서사연구』24호, 2010.
이상록, 「안정・발전・번영 이미지의 재구성: 1960~1970년대 〈문화영화〉에 재현된 개발주의와 반공주의」,『역사와 문화』15호, 2008.
이상현, 「나치시대 독일 영상민속지의 특징과 문제점」,『한국민속학』vol.25 no.1, 2005.
이순진, 「한국전쟁 후 냉전의 논리와 식민지 기억의 재구성: 1950년대 문화영화에서 구축된 '이승만 서사'를 중심으로」,『기억과 전망』23호, 2010.
이하나,『국가와 영화: 1950~60년대 '대한민국'의 문화재건과 영화』, 혜안, 2013.
정종화, 「식민지기 조선의 문화영화 개념 형성에 관한 연구」,『영화연구』61호, 2014.
조준형, 「문화영화의 제도화 과정: 1960-70년대 영화법과 관련 정책 변화를 중심으로」,『영화연구』59호, 2014.
크리스틴 톰슨・데이비드 보드웰,『세계영화사: 음향의 도입에서 새로운 물결들까지 1926-1960s』, 이용관・주자숙 외 역, 시각과언어, 2000.
加藤厚子,『総動員体制と映画』, 新曜社, 2003.
田中純一郎,『日本教育映画発達史』, 蝸牛社, 1979.
藤井仁子, 「柳田國男と文化映画―昭和十年代における日常生活の発見と国民創造/想像」, 長谷正人・中村秀之,『映画の政治学』, 青弓社, 2003.
ピーター B. ハーイ,『帝国の銀幕―十五年戦争と日本映画』, 名古屋大学出版会, 2001.

Steven Ricci, *Cinema and Fascism: Italian Film and Society, 1922-1943*, University of California Press, 2008.

David Welch, *Propaganda and the German Cinema 1933-1945*, I. B. Tauris, 2001(revised edition).

3. 기타

법제처국가법령정보센터, http://www.law.go.kr.

한국사데이터베이스, http://db.history.go.kr.

의례, 역사, 사건

: 고종 장례와 역사 쓰기

오 세 미

1. 서론

이 글은 고종의 장례를 조명하였다. 1919년 1월 21일, 고종의 죽음은 한 시대가 막을 내렸음을 의미했다. 그는 조선의 마지막 왕으로서 서구 제국주의, 일본, 그리고 중국이 한반도를 점유하기 위해 경쟁하는 위협적인 상황 하에서 근대국가인 대한제국(1897~1910)을 수립하고자 했다. 그는 1907년 헤이그 사건 이후 퇴위되었고, 1910년 이후에는 이씨왕조의 형식적인 지위만을 유지하게 되었다. 이러한 격변의 역사적 시기를 지낸 왕에 대한 서술은 도전적인 일이다. 그는 500년 왕조의 복잡성뿐만 아니라 세기의 전환점에서 근대국가를 향한 스스로의 시도, 그리고 초기 일본식민지하의 불안정한 예속성을 드러낸다. 설상가상으로 그의 죽음의 원인에 대한 루머도 있었다. 왕의 갑작스런 죽음은 내출혈 혹은 심장마비로 보였으나, 독살이라는 설이 확대되면서 3·1운동을 촉발시켰다. 이 대중저항운동은 고종의 인산일 이틀 전인 1919년 3월 1일에 일어나도록 계획되었다. 서울의 도로들은 저항에 나선 사람들로 가득 찼고, 경찰들은 물리력으로 그들을 제압하였다.

이 같은 혼돈과 폭력의 가운데에서, 3월 3일, 고종의 장례식은 동대문 외곽의 그의 무덤으로 가는 마지막 여정을 지켜보기 위해 수만 명이 모인 가운데 치러졌다.

3·1운동의 중요성은 다양한 측면에서 살펴볼 수 있는데, 고종은 국가주권을 공유하고 있는 군중들의 식민적 억압에 대한 저항이라는 이 국면의 중심에 있었다. 이 같은 점에서 고종의 죽음은 중요하게 다뤄질 수 있다. 그것은 군주의 죽음이 근대 대중의 탄생 뒤로 사라지는 순간을 의미한다. 그것은 단순히 일본 제국주의에 대한 저항이나 한국 민족의식의 표출만을 뜻하는 것이 아니다. 왕은 근대 민족주의의 중심에 있었고, 그의 기억과 역사는 "영구한 한국의 독립"을 외치는 사람들로 가득 찼던 거리에서 부활되었다. 장례식의 수행은 저항의 수행과 매우 밀접하게 연관되어 있었다. 이러한 점에서 왕의 상여가 많은 사람들이 지켜보는 도시의 심장부를 가로질러 가는 사건의 장관 없이 3·1운동은 확산될 수 없었을 것이라 할 수 있다.

이처럼 고종의 장례식이 한국의 독립을 위한 민족주의적 의제에 이용되었다는 점에서, 왜 식민정부가 고종의 장례식을 국장으로 계획했으며, 또 왜 3·1운동 이후 며칠밖에 지나지 않았을 시기에 그러한 대중적인 방안으로 진행하였는지 의문을 갖게 된다. 그 문제의 시점에는 가시성(可視性)이 있다. 다카하시 후지타니는 초기 메이지시기, 대중 제국신민에서 일본국민으로의 구축에 대한 영향력 있는 연구를 했다.[1] 여기에서 그는 메이지시기, 장례식을 포함하여 일본황제의 의례와 행사가 서양 모델에 따라 새로 만들어졌고, 황제는 그의 제국과 군사의 전개 속에서 전경을 시각적으로 지배를 하는 가시적인 근대군주로서 훈육적인 근대사회를 생산해내는 주체로 재구성되었다. 이러한 공식적인의례, 상징, 그리고 관습문화는 후지타니가 체제의 민속─기호의 구체성이 구두적인 의미만큼이나 중요한 연상장소─

---

1) Takashi Fujitani, *Splendid Monarchy*, University of California Press, 2006.

이라고 칭했던 것들이다. 궁극적으로 후지타니가 주장하는 것은 국가공동체와 동시성에 대한 공감의 창조이다.

대중신민이라는 개념은 제국의 진보와 장례식 과정처럼 고종의 죽음에 쉽게 적용할 수 없다. 이 장례식의 목적이 고종을 국가의 감독관이나 국가적 상징으로 고양시킴으로써 왕을 강조하는 것이 아니라고 말하는 것은 무리가 아니다. 그러면 무엇이 고종에 대해 공경 받는 인물뿐 아니라 그의 권력과 한국 민족과의 관련성을 주는 역할을 했을까? 이러한 문제를 분석하기 위해서 이 글은 장례식 의례의 시각적인 재현과 사진매체 속의 행렬을 살펴볼 것이다. 식민적인 맥락에서 사진은 종종 제국기록과 식민적 지식생산이라는 그것의 주요 역할에 대해서만 논의되어 왔다. 장례식에 관한 몇몇의 사진기록들은 이러한 제국기록의 범주에 속하지만, 이 글은 앞서 언급하였듯이 식민정부가 장례식의 민족주의적인 잠재력을 다루는 방식에 답하기 위해 그러한 논의의 경계에 도전한다. 이 글은 기록의 문제 측면에서 사진에 접근하는 대신에, 사진이미지가 역사를 쓰는 방식을 탐구하는 데 목적을 둔다. 문제는 이미지가 역사적 사건을 어떻게 그리는가가 아니라, 그들이 어떻게 역사적 사건과 역사의 개념을 만드는지가 되어야 한다. 이것은 시각매체 그 자체의 본질로, 예로부터 전해 내려오는 의례행사와 동시에 존재했던 장례식의 사진기록과 '의궤(儀軌)'라고 불리는 장르 자체에 근거한 적절한 문제제기이다. 의궤는 의례의 영역(영속성)을 다루는 반면, 사진은 역사의 영역(세속성)을 다룬다. 이와 같이, 전자는 행위의 영역에 존재하며, 후자는 기억의 영역에 존재한다. 이는 의례로서의 고종의 장례식과 사건으로서의 고종의 장례식이 서로 긴장관계에 있다는 것을 의미한다. 이 글은 이 두 측면이 다른 시각매체를 통해 어떻게 구축되었는지를 식민적 기록이 아닌 역사적 서술을 통해 증명한다. 이를 통해 장례식의 사진재현이 고종의 민족적 잠재성의 사장(死藏)을 의도했다는 것을 밝힌다.

2. 의례와 기호

의례와 의식은 조선왕조에서 법과 동등한 통치의 방식으로서 중요한 위치를 차지하고 있었다. 그것은 행위를 통해서 성리학적 가치를 전파하고, 왕조의 사상적 안정성을 지속시키기 위한 것이었다. 또한 의례와 의식은 시각적이고, 물질적인 상징을 통해 조선왕조의 이념적인 원리를 시각화하는 역할을 했다. 따라서 그 소통경로는 다양하고, 다면적이며, 각각의 측면이 상징, 관습, 그리고 행위의 언어로서 구체적인 행위의 생산에 기여했다. 왕실장례 역시 이러한 측면에서 예외는 아니었는데, 긴 시간과 정교한 의례를 포함한 특별한 의식은 왕실가족들에게만 적용되었다. 왕실장례는 일반적으로 세 가지 단계로 거행되었다. 죽음 이후 즉시 거행되는 첫 번째 단계는 시체가 준비되고, 영안실에 안치될 때까지 지속된다. 이 과정동안, 승계문제가 다뤄지고, 장지가 준비된다. 두 번째 단계는 영안실에서 장지까지 상여의 출발과 매장을 포함하며, 세 번째 단계는 종묘에서 3년 동안 애도하는 것이다. 각각의 왕실장례 절차는 엄격하게 국조상례보편(國朝喪禮補編)에 기술된 상세한 지시에 따라 진행되었다. 왕이 죽으면 도감(都監)이라 불리는 관청이 마련되고 공식 직무기관으로 선정된다. 한 사람의 책임자(prime minister) 밑에 세 개의 분과가 마련되는데, 그 세 개의 분과는 장례식의 전반을 감독하는 국장도감(國葬都監), 영안실 및 상복을 관리하고 시체에 염을 하는 빈전도감(殯殿都監), 매장을 책임지는 산릉도감(山陵都監)으로 구성되어 있다. 장례식은 도감(都監)이 설립되는 순서대로 진행된다. 영안실 준비, 상주의 상복 착용, 입관, 하관, 영안실 탁자를 왕실로 되가져오기, 그리고 마지막으로 도감(都監)의 해산이 이뤄진다.

고종은 1919년 1월 21일, 67세의 나이로 자신이 머물던 덕수궁에서 사망하였다. 장례는 사망 이후 즉각적으로 왕실의례에 따라 준비되었지만, 고종을 위한 국장의 필요성이 언급된 공식적인 칙령은 1월 27일에 포고되었다.

칙령은 다음과 같이 포고되었다. "대훈위(大勳位) 수혜자, 이태왕(李太王)의 장례식이 국장으로 치러질 것이다." 이 간단한 명령이 흥미로운 것은 고종이 어떻게 간주되고 있었는지를 보여주고 있기 때문이다. 고종은 한국이 불합리하게 일본의 속국이 되었다는 것을 알리고 이에 항거하기 위해 헤이그 만국평화회의에 밀사를 보냈고, 이로 인해 1907년 왕위에서 퇴위되었다. 그 결과 그는 1910년 이래로, 연호인 '고종' 혹은 1897년 대한제국 수립 이래의 호칭이었던 '고종 황제'가 아닌 이태왕(李太王)이라고 불렸다. 이는 고종이 이름뿐인 왕으로 강등된 상태라는 것과, 조선왕조와 대한제국 때 가졌던 정치권력이 전혀 없음을 함축하는 용어였다. 더욱 흥미로운 것은 이 칙령에서 그가 일본 제국의 관료체제에서 최고의 계급에게 주어지는 대훈위(大勳位)의 수혜자로 언급되어 있다는 것이다. 이태왕이라는 명칭은 국가의 수장으로서 그를 언급하는 것과 일본의 제국적 질서에 예속시키는 것 사이의 불명확한 경계 위에 있었다. 이것은 일본 식민정부가 왕의 지위를 인정하는 것과 동시에 무효화함으로써 왕의 정치적 잠재력에 대해 협상하는 방식을 보여준다.

　장례식은 일본이 개입하는 가운데 일본의 궁내청(宮內廳)이 관할하였고 일본 황실의 의식을 따르게 되었다. 앞서 언급했던 도감(都監)의 세 분과 대신에 궁내청(宮內廳) 산하에 어장주감(陵葬御監), 빈전혼전주감(殯殿魂殿御監), 산릉주감(山陵御監)이 설치되었다. 이 관청들은 일본 정부가 관할하였는데, 사진에서 볼 수 있듯이 장례식의 제관장 이토 히로쿠니의 뒤에서 걷고 있는 부관장 조동윤만이 예외였다. 이러한 변화 속에서 고종이 임종했던 장소이기도 한 영안실, 함녕전은 일본식으로 재구성되었고 1919년 2월 9일, 일본 현직관료들이 참석한 가운데 일본 제국식 장례의식인 호우코쿠사이(奉告祭)가 진행되었다. 덕수궁에서 장지인 경기도 남양주 홍릉까지 가는 행렬 중의장례는 일부 조선의 법도를 따르기도 했다. 덕수궁의 대한문에서 시작하여 종로와 동대문을 거쳐 장지까지 가는 길에서 행해진 행렬은 장례식 중 가장 장관을 이루었고, 큰 관심을 끌었던 부분이었다. 행렬이 전통적인 절차를 따랐고, 약간은 한국적 요소를 지니고 있었음에도 불구하고, 정무총감인 야마가타 이시부로를 포함하여 일본 관료들이 상당수 참여했다.2) 여기에 일본 해군 군함과 육군, 군악대, 그리고 철도와 같은 근대적이고 일본적인 요소도 포함되어 있었다. 소박한 영결식 이후 동대문 바깥에 있는 훈련원(訓練院)으로부터 상여가 장지로 들어왔다. 영결식장부터 장지까지의 행렬 중 조선의 법도에 따라 진행된 것은 마지막 부분뿐이었다.

결국, 고종의 장례식은 의복부터 의례 절차에 이르기까지 대부분의 권한을 가진 일본에 의해 진행되었고, 대개의 왕가 장례식에 소요되는 5개월을 채우지도 않은 채 3월 3일 엄수되었다. 이러한 복합적인 형식의 장례는 궁극적으로 군주에게 바치는 국장을 대신한 어장으로 격하된 행렬이었다. 이것이 왕실의례에서의 최초의 변화는 아니었다. 사실 의례와 관련된 문제는 한국이 근대에 접어들고, 근대국가로서 그 자신을 재정의하기 위한 논쟁으로써 지속적으로 논의되고 있었다. 근대 한국의 제례에 관한 이욱의 연구는 1894년 갑오개혁이 상당수 왕실의례의 전환점이 되었음을 보여주었다.3) 그에 따르면 갑오개혁은 국가행정기구로부터 왕실부서를 분리시켜 궁내부 관리 하에 두었다. 그렇게 함으로써, 왕과 의정부, 육조로 이루어졌던 통치구조를 궁내부와 팔아문 구조로 재구축하였다. 이는 왕실행정과 국가행정을 구분하여 그 기능을 수행하게 하는 것이었다. 이욱은 이를 국가가 근대 관료국가의 형식을 취하면서 왕이 국가업무에 개입하는 것을 억제하는 제도로 설명하였다. 갑오개혁 당시 몇몇 제례가 폐지되었다가 대한제국 시기

---

2) Some aspects of the funeral is commented in a missionary report, noting them as superstition and idolatry. See Heslop, William, "A Royal Funeral," *Oriental Missionary Standard* (March 1919).

3) 이욱, 「근대 국가의 모색과 국가의례의 변화: 1894-1908년 국가 제사의 변화를 중심으로」, 『정신문화연구』 27권 2호(통권 95호), 2004 여름호.

광무개혁을 통해 고종이 이를 회복시켰는데, 이 제례들은 1905년 통감부에 의해 다시 철회되었다. 이처럼 요동치는 변화에 대하여 논하면서 이욱은 1894년에서 1907년까지의 기간 중 모든 것이 갖춰진 왕실제례가 일부에 불과했던 것으로는 보이지 않는다고 지적한다. 그는 이에 대하여 신을 부정하는 것은 결코 개혁의 대상이 아니었을 뿐만 아니라, 의례의 행위가 왕의 정치적 역할과 효과적으로 연관되어 있기 때문이었다고 논했다. 따라서 의례는 그 역할이 축소되었더라도, 여전히 국가 내에서 왕가와 그들의 지위를 정의했다. 그러나 왕과 의례 사이의 이러한 관계는 제한된 것이었고, 왕실업무와 국가업무의 분리가 지속되면서 결국은 국가적 측면에서 의례의 중요성은 약화되었다.

　이와 유사하게, 고종의 장례식은 국가업무가 아니라 왕실업무로 진행되었다. 이는 유지되었거나 혹은 수정된 의례의 많은 요소들이 국가적 인물로 왕을 공경하게 하는 권력을 만들어내는 것이 아니라 왕실의 전통을 입증하는 것으로 기획되었음을 의미한다. 수천 명의 대중 앞에서 전개된 아름다운 장관은 왕의 죽음이나 삶을 통해서 국가적 공동체를 재생산 혹은 재확인하는 행사로서 간주되었던 것이 아니라, 왕의 권력이 어디에 놓여지며, 어떠한 방식으로 행해져야 하는지 정확하게 위치짓는 것이었다는 측면에서 해석될 필요가 있는 복잡한 기호의 조합을 재현하였다.4) 결국, 장례행렬의 정교한 전시(展示)는 친근한 것과 친근하지 않은 것의 이상한 병치를 통해 강등된 고종의 지위를 확인해줄 뿐이었다. 최종적으로 고종의 지위가 강등되었던 것은 고종의 장례식 이후 덕수궁의 운명에서 명확히 드러난다. 1897년 러시아영사관으로부터 돌아온 이래 고종의 주요 거주지는 이미 새로운 도시개혁 프로젝트 하에 놓여졌고, 대한문에 이르는 지역은 철거되어야만 했다. 하지만 고종의 장례식 이후 그의 선원전이 창덕궁의 신

---

4) See Christine Kim, "Politics and Pageantry in Protectorate Korea (1905-10): The Imperial Progresses of Sunjong," *The Journal of Asian Studies*, 68.3, 2009.

선원전으로 옮겨짐으로써 덕수궁은 실질적으로 비워지게 됐다. 덕수궁에 설치되었던 장례식의 구조가 해체되면서 결국 고종의 딸들과 첩들 또한 창덕궁으로 이주해야 했으며, 덕수궁 터의 소유권은 분할되었다.[5] 즉 고종의 장례식이 끝남과 동시에 그가 거주했던 궁은 급격한 전환을 맞았고, 고종의 장례식 직후부터 기능이 증대되었던 창덕궁은 1926년 순종의 죽음 이후 같은 운명을 맞이하게 되었다.

3. 미디어 이벤트와 사건

의례행위가 주로 왕실, 국가 그리고 식민/제국 사이의 길을 정교하게 작성함으로써 기호의 재서술과 왕실 장례 의식의 상징적 중요성을 강조하는 반면, 장례식에 대한 시각적 기록은 장례의 일시성을 어떻게 기술하였는지를 말해준다. 유교를 근본정신으로 삼은 조선왕조에서 의식과 의례는 도덕적 경험, 국가 이데올로기, 통치라는 측면에서 매우 중요한 것이었다. 의궤는 수백여 장에 걸친 문서로서 궁궐의 중요한 의식과 제의를 기록하고 설명하였다. 의궤에 담긴 의식과 제의에는 혼인이나 장례 같은 왕실의 통과의례나 연회 및 건축물 완공, 외국 고위 관리들을 위한 환영 연회 등 반복적으로 일어나는 궁궐의 행사들이 포함되어 있다. 의궤는 행사의 준비나 조직, 관련된 사람들이나 재료들, 물품 목록, 상세한 예산 내역, 건축물과 장비들의 디자인과 양식, 관리들의 책임 분배 등과 같은 행사의 준비, 실행, 결과의 과정을 매우 상세하게 연대순으로 기록하였다. 궁궐에서 의례나 제의가 있을 때마다 도감이 설치되었고, 도감이 해산될 때 편찬을 위한 관청으로 의궤가 설치되었다. 행사에 대한 포괄적인 기록인 의궤에는 위에서

---

5) 장필구 · 전봉희, 「고종 장례기간 신선원전의 조성과 덕수궁 · 창덕궁궁역의변화」, 『대한건축학회논문집』 29권 12호, 2013년 12월.

언급된 다양한 측면들뿐 아니라 왕의 명령, 궁궐의 요구서한들, 관청과 궁궐 사이에 오간 문서들, 수입과 지출 액수, 규약과 장비에 대한 계획, 참가자의 서열에 따른 좌석 배치도와 도표 등의 다양한 문건이 포함되었다. 따라서 많은 의궤가 본질적으로 매우 시각적이며, 의례의 정교한 세부사항뿐 아니라 조선 왕조의 활발한 기록문화를 추적하는 데에도 중요한 기반을 제공한다.

　일반적으로 왕실장례는 앞서 언급했던 세 도감에서 세 권의 의궤,『국장도감의궤(國葬都監儀軌)』,『빈전도감의궤(殯殿都監儀軌)』,『산릉도감의궤(山陵都監儀軌)』를 출판하였다. 그러나 고종의 장례식에서는 한권의 도감도 발간되지 않았기 때문에『고종태황제어장주감의궤(高宗太皇帝御葬主監儀軌)』,『고종태황제빈전혼전주감의궤(高宗太皇帝殯殿魂殿主監儀軌)』,『고종태황제산릉주감의궤(高宗太皇帝山陵主監儀軌)』(1919)와 같은 주감이 의궤 출판을 대신하였다.[6] 의례 자체가 고종대에 상당히 바뀌었기 때문에 의궤의 내용 역시 이전의 것과 달랐고, 세부적인 내용이 준수되지 않았으며, 세밀한 기록이 남겨지지도 않았다. 그럼에도 불구하고, 이 세 권의 의궤는 의례에 참여한 사람들, 결정과정, 사용된 물품, 그리고 의례의 세부적 내용 등 많은 정보를 담고 있었다. 의궤 기록은 수행된 것을 적은 일지였기 때문에, 몇몇 세부사항을 유형별로 구분한 것을 제외하고는 연대순으로 기록되어 있었다. 고종의 의궤에서 보이는 중요한 차이점은 장례과정을 시각적으로 보여주는 반차도(班次圖)의 시각적인 묘사가 부족하다는 것이다. 장례식 과정을 기록하는 도해(圖解)는 명성왕후 장례식을 담은 의궤가 작성되던 시기까지 지켜졌던 전통으로, 의궤에서 과거를 시각적으로 가장 세부화한 것이다(〈그림 1〉). 고종의 의궤에는 다른 종류의 이미지가 존재한다는 점에서 반차도의 부재가 특이한 점이라고 볼 수 있다. 반차도대신, 단지 행

---

6)『고종태황제명성태황후부묘주감의궤』, 1921.

렬의 배치를 나타내는 도해만이 문구와 함께 제시되었다. 이는 누가 참여했는지, 행렬이 어디에서 진행되었는지에 관해서는 기록하고 있지만, 그들이 입고 있던 옷의 색깔과 유형과 같이 시각적으로 쉽게 전달될 수 있는 정보는 기록하지 않았다. 의궤의 많은 세부내용이 연대순으로 기록됨에 따라 행렬의 도해 또한 시간에 따라 읽히게 된다. 의궤는 책의 형태로 만들어졌기 때문에 각각의 페이지는 행렬 경관의 부분적인 모습만 담고 있었다. 그리고 독자들은 페이지를 넘길 때마다 행렬의 시작부터 끝까지 따라가게 된다. 이러한 분절된 시선은 읽는 행위를 통해 하나로 묶여질 수 있으며, 책에 통해 완성될 수 있다. 책을 읽는 것은 직선적인 행위이며, 책을 읽음으로써 그 과정은 움직이는 이미지로 경험된다. 최근 청계천을 따라 그려진 정조 의궤 속의 왕실행렬벽화는 이 행렬을 파노라마적 시각으로 읽는, 동일한 경험을 제공한다. 벽화를 보며 지나가는 사람들은 분절된 시퀀스의 이미지들을 순서대로 연결하여, 전체의 행렬을 볼 수 있다. 여기서, 한 이미지에서 다른 이미지를 보기 위해 이동하는 관람자의 시각적 경험은 관람자의 이동을 통한 움직이는 이미지라는 감각을 가장하는 것이다. 하지만 실제로 이 행렬의 관람자는 고정된 위치에 있으며 이동의 시간은 행렬 그 자체에 의해 결정된다. 반면, 이러한 시각적 연출은 벽화의 한 쪽 끝에서 다른 쪽 끝으로 물리적으로 이동하는 것, 혹은 책의 페이지를 넘기는 일과 같이, 이를 통해 움직임의 환영을 만들어내는 '관람자-독자'에게 달려 있다. 책 읽기의 일시적인 경험, 혹은 행렬의 일시적인 움직임에 조응하는 걷기를 통해 시간-움직임의 환영을 만들어내는 것이다.

그러나 이것은 반차도가 실제 그 당시의 행렬을 온전히 경험할 수 있게 한다는 의미는 아니다. 이미지의 배경은 공백으로 남아있고, 행렬이 일어난 장소와 시간 등 맥락과 관련된 정보들이 제공되지 않기 때문이다. 대신 맥락 없는 이미지 문서는 어떠한 장소와 시간에도 적용가능하며 보편적일 수 있도록 그려졌다. 다시 말하면, 행렬그림/도해의 묘사는 보다 관행적인 측면에서 만들어졌다는 것이다. 이러한 시각기록들이 역사적 단일사건에 기반하고 있지만, 이러한 의례와 의식은 반복적으로 벌어지는 것들이다. 그러므로 기록의 목적은 후대를 위한 참고로 제공되는 것이다. 이 같은 반복성의 개념은 역설적으로 들릴 수 있지만, 의례를 후대에 참고될 수 있는 모델로 제공함으로써 그 자신을 영속적인 이벤트로 만들고, 과거와 미래 사이의 일시적인 경계를 무너뜨린다.

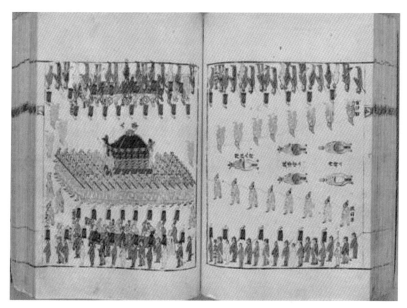

〈그림 1〉 명성황후국장도감의궤

이와 더불어 고종의 장례식에 대한 세권의 의궤는 대부분 사진이라는 그림과 다른 매체로 기록되었다. 이들은 신문의 보도사진을 통해 발간되었고, 몇몇은 수집용 앨범을 통해 발간되었다. 한글로 된 조선총독부의 공식신문, 『매일신보』는 장례식 준비 과정이 담긴 기사를 거의 매일 보도했다. 이 기사에 관료들의 이름, 예산, 그리고 사용된 물품 등 의궤에 언급되는 세부적인 정보가 실려 있기는 하지만, 의궤에 언급되어 있는 만큼 상세히 기록되지는 않았다. 그들은 또한 고종의 죽음, 국장으로 치러진다는 결정, 장례식 준비에 책임을 지고 있는 행정부서, 그들 업무의 과정, 그리고 장례식장의 준비를 보도하였다. 『매일신보』는 결정과정에 대한 상세한 정보를 실었다. 그들은 예산의 측면에서, 최초 60,000원으로 책정하였으나 총독부에 의해 국장으로 치러질 것이 결정되면서 100,000원으로 확대하였다고 보도하였다.[7] 최종적으로 총 비용은 250,000원으로 올랐고, 2월간 발간된 기사는 다양한 분야에서 돈이 어떻게 사용되었는지를 서술하였다.[8] 『매일신보』가 보도한 주요 논점 중 하나는 장례복장의 선택에 관한 것이었다. 이는 장례가 한국식으로 치러질 것인지, 혹은 일본식으로 치러질 것인지를 결정하는 중요한 요소였다. 『매일신보)는 대부분의 참여자들이 일본식 군복을 입었으나, 훈련원부터 홍릉까지 가는 길에는 한국식 물품과 의복이 허용되었다고 보도했다. 장지를 선택하는 것 또한 쉽지 않았다. 금곡홍릉은 명성왕후의 장지였는데, 고종은 살아생전 그 곳을 장지로 하기 위해 준비하였으나 청량리가 될 가능성도 높아지고 있었다.[9] 이처럼 일상적인 움직임과 전개에 군주를 위한 일상업무와는 다른 비상업무의 감각을 더함으로써 논쟁적인 결정과정에 참여한 각각 다른 주체들이 그려졌다. 의궤에서 보여지는 관행적인 요소들은 이러한 식으로 보도의 범주에 속하게 되었다.

그러나 시각적으로 신문은 관료들을 포함한 사진만을 보도한다는 흥미로운 편집적 선택을 반영하였다. 예를 들자면, 2월 3일 발간된 이태황국장사무소의 사진과 2월 10일 조동윤이 일본 의복을 입고 이토히로쿠니를 따르고 있는 유명한 사진을 포함하여 관료들이 포함된 호우코쿠사이 의례사진이 있다. 권력의 존재를 시각적으로 주입함으로써, 비상시국이라는 감각을 가라앉혔고, 오히려 공들인 장례식 준비의 세부사항을 보도하는 사진은

---

7) 『매일신보』, 1919.1.24 ; 1919.1.26.
8) 『매일신보』, 1919.2.3.
9) 『매일신보』, 1919.3.2.

진행 중인 사건이 아니라 총독부에 그 권력을 돌려주는 데 영향을 미쳤다. 일본 관료나 사무실이 나타나지 않는 사진은 2월 4일 훈련원을 담은 사진이다. 이 사진에는 한복을 입고, 밀짚모자를 쓴 인물 뒤에 비어있는 훈련장이 펼쳐져 있는 장면이 담겨있다(〈그림 2〉). 이 인물은 신원이 밝혀지지 않았고, 그의 얼굴 역시 모자에 가려져 있다. 게다가 감독관의 관점을 옮기는 것이라 볼 수 있는 시선은 훈련장을 보는 것이 아니라, 이상하게도 자기 스스로를 객체로서 타인에게 보여주듯이 그 시선을 식별할 수 없는 얼굴 속에 숨기면서 카메라를 향해 있다. 마찬가지로, 고종의 죽음 1주년인1920년 1월 21일에는 순종이 한국식 장례의복을 입고 영안실을 참관했다고 보도했다. 이 기사는 그날의 가장 중요한 기사로 오른쪽 상단에 위치하고 있었고, 제목은 "고이태왕전하일년제 준비: 왕전하께서조선식 제복으로. 비전하께서 창덕궁에서 곡배."였다. 그러나 왕이나 왕비의 사진은 보이지 않았다. 대신 일본 궁내부에서 근무했었던 이근상이 잘 장식된 군복을 입고 있는 사진이 왼쪽에 실렸다. 이는 그의 건강이 악화되어가고 있다는 점을 알리는 기사였다. 또한 같은 신문에서, 심지어 더 큰 뉴스로서 시각적으로 명동의 화재를 전하고 있는 대형 사진 두 장, 즉 불에 탄 빌딩과 관중들을 보여주는 사진이 실려 있었다. 신문에 실린 장례식 기사에는 실시간 보도의 느낌이 있다. 그러나 객관성에 대한 주장은 단지 주장의 문제였다. 왜냐하면 사진이미지는 총독부를 승인하고, 한국인 참여자들을 불승인하는 두 가지 다른 현실을 말해주고 있기 때문이다.

〈그림 2〉이태왕전하의국장식장이되리라는훈련원. 『매일신보』 2월 4일자.

『매일신보』 1919년 3월 3일자에는 장례행렬에 대한 전면 보도가 등장한다. 헤드라인은 긴 탄식의 노래를 담고 있었다: "아, 삼월삼일이여 한없이 슯흔 날은 야속히다 다라리 태왕전하의 국장식은 이날로써 거행되도다. 텬재가 진도하사 특별히 국장의례를 나서시고 전국이 애도를 표하야주긔는 만호에 걸리도다. 령여의 지나가시는 길에 뎐일이귀휘를일코백성이 오열하는 곳에 초목인들안이슯흐려오. 아 - 이 슯흠을엇지하러 이 슯흠을엇지하리."10) 이 기사는 하루의 사건들이 어떻게 전개되었는지 연대순으로 말해 주고 있다. 기사는 궁 안에서 관료들이 장례를 어떻게 준비하는지 묘사하면서 시작한다. 그리고 나서 아침 8시, 행렬이 시작되고, 사람들이 영광에 찬 얼굴로 행렬을 보고 있고, 군악대와 기수대가 동행하는 장례의 첫 단계를 묘사하고 있다. 기사에서 장례식의 분위기는 근엄하게 묘사되었고, 참여

---

10) 『매일신보』, 1919.3.3.

한 사람들, 순서, 입은 의상 등을 상세히 기술하였다. 또한 이 신문의 다른 섹션에서는 이른 아침부터 하루를 마감할 때까지 시간의 흐름에 따라 군중들을 묘사하였다. 오전 4시부터 종로거리에 모인 군중과 동대문 바깥 및 가까운 곳에 모인 사람들은 수만에 달할 것으로 보였고, 기사는 "장례식이 군중들이 물 흐르듯 움직이는 속에서 진행되었다."고 보도했다.[11]

〈그림 3〉 국장행렬이 대한문을 나옴 (상),
대여 국장장에 도착함 (하). 『매일신보』 3월 3일자.

시간에 따른 묘사는 맨 앞줄에서 서 있는 사람의 눈앞에서 지나가는 행렬을 보는 듯한, 혹은 영화를 보는 것과 같은 경험을 시각적으로 환기시켜 준다. 기사와 함께 두 장의 사진이 발간되었다. 한 장은 대한문 바깥에서

---

11) 앞의 글.

벌어지는 행렬이며, 다른 한 장은 장례식장으로 상여가 들어가는 장면이다. 전자는 정면에서 보이는 참가자들을 왼쪽에서 오른쪽으로 보여주고 있다. 이는 앞줄이 뒷줄보다 크게 보여지면서, 앞쪽으로 향하는 움직임을 드러낸다. 후자는 같은 방향에서 보여지지만, 행렬의 뒷모습을 보여주면서 마치 수평선을 향해 사라지는 것처럼 앞쪽이 뒤쪽보다 작게 보인다. 영화는 움직이는 이미지 속에서 이러한 행렬의 이동을 포착하는 완벽한 매체였다. 실제로, 총독부는 1919년에 〈고종인산실경(高宗因山實景)〉이라는 영화를 제작했다. 이 영화는 같은 해에 만들어진 〈경성전시의경(京城全市一景)〉이라는 영화와 함께 현재 남아있지 않다. 『매일신보』기사는 지속적인 내러티브(그리고 이미지들) 속에서 그 날의 행사를 엮어냈고, 이는 본질적으로 영화적인 시각적 경험, 즉 사건의 행위—운동(motion-movement)과 내러티브의 시간—운동(time-movement)의 붕괴를 복제하는 것이었다.

이러한 영화 내러티브의 일시성은 의궤의 일시성과 현저하게 비교된다. 의궤를 읽는 것 또한 행위-운동의 감각을 만들어내지만, 중요한 것은 그것은 단지 기록물의 기능을 하는 것이 아니라 행사가 영구적으로 존재할 수 있도록 후대를 위한 지침서의 의미를 갖는다는 것이다. 다시 말하면, 장례식은 의례이며, 그것은 현재의 수행 속에서 과거와 현재를 무너뜨리고, 그 현재의 경계를 초월함으로써 신성한 의례의 주체를 만들어냈다. 이와 대조적으로 저널리즘적이고 영화적인 내러티브는 사진의 프리즈 프레임(freeze frame)과 영화의 파노라마적 내러티브 속에서 장례식을 하나의 단일 사건으로서 만든다. 이러한 식으로 의례에 의해 얻어진 역사의 영속성은 재현 가능한 현실이 된다. 장 보드리아르(Jean Baudrillard)는 그의 역사영상 논의에서 영화와 역사에 대해 이렇게 설명했다. "영화는 그 자체로 역사의 소멸과 기록의 탄생을 돕는 것이므로, 사진과 영화는 많은 부분에서 역사를 현재화시키는 데 기여했으며, 또한 한때 역사에 전반적 영향을 미쳤던 신화를 배제함으로써 가시적이고 "객관적인" 형식으로 역사를 고정시키는 데 기

여했다. 오늘날 영화는 그 스스로를 청산하는 데 기여하는 것을 소생시켜
주는 능력과 기술을 어디에나 발휘할 수 있다. 그것은 단지 유령과 그 안에
서 잃어버린 것 그 자체를 복구할 뿐이다."[12] 보드리야르가 지적한 역사적
영상의 모순은 이 보도사진을 해석하는 데에 흥미로운 시각을 제시한다.
카메라—리얼리티는 행사의 객관성과 진실성을 주장할 수 있지만, 이는 오
직 그 신화에서 벗어난 후에야 가능하다. 그리고 우리가 이미지와 내러티
브의 영화적 실현에서 보았듯이, 이는 물리적인 존재의 연속성을 만들어내
고자 하는 비현실적인 욕망을 활성화시킨다. 신화가 환상—현실의 명제 속
에서 붕괴됨에 따라, 반복성은 고유성에 길을 내어주고, 성스러운 것은 세
속적인 것으로, 그리고 영속성은 현존으로 가는 길을 제공한다.

4. 역사와 기억

미디어 이벤트로서 장례식을 묘사하는 가운데 사진은 이를 역사의 연속
체라는 맥락에서 사건의 영역으로 전환함으로써 의례의 탈신성화(脫神聖
化)를 이루었다. 여기에서 역사는 그것의 타당성이 오직 현재의 실제시간
속에서 중요하게 작용함으로써 신성화된 형식으로 재현된다. 그러나 사진
은 또한 기억을 만들어낸다. 그 결과 고유성이 보도형식으로 전달됨으로써
영속성을 상실하는 대신에, 새로운 지속성이 생성된다. 이러한 점에서 특히
주목할 것은 1919년『경성신문』에서 발간한『덕수궁국장화첩(德壽宮國葬畵
帖)』이라는 사진앨범이다.『매일신보』는 며칠 동안 2000부 한정으로 발간
될 이 앨범의 선주문을 광고했다.[13] 그것은 60년 격동의 통치기간을 지낸
왕을 애도하기 위해 발간된 기념앨범이다. 이 앨범은 고종의 능력에 대한

---

12) Jean Baudrillad, *Simulacra and Simulation*, University of Michigan Press, 2004, p.48.
13)『매일신보』, 1919.3.10.

추모의 한 방법이자 그의 인생을 회상하는 방법이며, 국장을 기념하는 방법이었다. 그것은 다른 방식으로 왕의 초상화를 편집했으며, 기념이 될 장소와 물건, 그리고 장례식 전반에 관한 사진들을 담고 있다. 앨범자체도 비단표지로 매우 아름답게 장식되었으며, 기록물로서도 두껍고 아이보리색의 종이를 이용하는 등 정교하게 인쇄되었다. 이 화첩은 높은 가격에 팔렸지만, 선주문한정판에 대해 특별할인이 적용되면 3원정도로, 구입하기 힘들 정도의 가격은 아니었다.

앨범의 목적은 장례식을 포함하여 고종의 일생에 걸친 경험의 집합을 묘사하는 것이었기 때문에, 사진앨범을 구성하는 데 편집이 중요한 요소가 되었다. 화첩은 고종과 그의 가족에 대한 다양한 인물사진으로 시작한다. 각각의 인물사진에서 고종은 다른 의복을 입고 있다. 가장 처음에 보이는 사진은 한국의 전통적인 배경을 뒤에 두고 서양식 의복을 입고 의자에 앉아있는 모습이다. 두 번째 사진은 왕가의 초상화이며, 모두 전통의복을 입고 줄을 맞추어 앉아 있는 모습을 담고 있다. 세 번째 사진은 1인용 가마에 검은 망토를 입고 앉아있는 사진과 함께 각각 서양식 의상과 전통 의상, 그리고 군복 등 다양한 옷을 입고 있는 고종의 모습들을 콜라쥬 방식으로 제시하고 있다. 덕수궁의 다양한 건물들을 찍은 사진 뒤에 고종의 필체가 포함되어 있기도 했다. 이것은 그가 어떻게 생겼고, 무엇을 좋아했으며, 어디에 살았는지 등과 같은 내용의 왕의 전기를 제공하기 위한 것이다. 죽음과 장례사진은 앨범의 2/3를 차지하는데, 그의 인생은 이 사진들로 이어졌다.

앨범의 뒷부분은 고종을 소개했던 처음의 부분과 비교해서 가치가 덜하다. 고종의 죽음이라는 사건은 그의 사망을 알리는 『매일신보』 특별판을 통해 묘사되었다. 첫 번째는(〈그림 4〉) 1월 21일자의 기사로, 고종이 심각한 병으로 사망했다고 보도했다. 이 기사는 밤 11시 전 의사가 방문했을 때 고종의 컨디션이 좋아보였지만, 새벽 1시 45분 갑자기 위중한 상태에 빠졌고, 즉시 두 명의 의사를 궁으로 오게 하여 순종에게 설명하게 했다는 내용을 담고 있다. 두 번째는(〈그림 5〉) 1월 22일자의 기사이며, 고종의 죽음을 알리고 사망시간이 오전 6시라고 전하는 내용이었다. 전자는 일본황제가 보낸 포장된 술의 사진이며, 다른 사진은 소식을 듣고 대한문 앞에 모인 군중들의 모습을 보여준다. 한편으로 이 이미지들은 사진의 사실주의, 보도주의를 통한 장례식의 다큐멘터리적인 측면을 제공하며, 사건의 현재성을 강조한다. 논의된 바와 같이, 사건의 날짜와 시간은 신문발간일자와 더불어 실제, 그리고 역사적으로도 단일사건을 만드는 데 중요하다. 이것은 그의 인생의 초반이 얼마나 몰역사적인 관점에서 재현되었는지를 고려했을 때 더욱 흥미롭다. 위에서 언급한『매일신보』의 광고에 따르면, 앨범의 목적은 그의 격동적인 삶의 모든 측면을 다루는 것이지만, 초상화, 필체, 그리고 궁의 사진들은 그의 죽음이 묘사되는 방식의 현실성 혹은 즉각성의 감각을 결여한 채 고종 인생에 대해 매우 정적인 시각을 견지한다. 삶은 죽음보다 더욱 역동적으로 재현되는 것이라 생각할 수 있는데 여기에서는 정반대로 보인다. 왜냐하면 사진앨범이 담고 있는 주요 사건은 그의 생이 아니라 죽음이기 때문이다.

다른 측면에서, 사진과 보도에 의해 생성된 현실성은 이미지의 콜라주에 의해 중재되는 것으로 보인다. 고종의 죽음을 알리는 기사를 동반하고 있는 사진은 덕수궁 앞에 모인 군중들을 보여주고 있는데, 여기서 우리는 신문이 보도하는 날짜뿐만 아니라 보도 그 자체를 통해 이 사진이 사건 이후에 찍힌 것이라고 추측할 수 있다. 그러나 이 사진과 기사는 앨범에서 같은 페이지에 담김으로써 고종의 죽음에 반응하여 군중들이 모여 있는 순간과 기사가 동시에 발현된 것으로 보이게 했고, 사실은 그들이 원인과 결과의 관계에 있었던 것처럼 묘사하였다. 비동조적인 두 개의 행사를 나란히 보도함으로써 사진첩은 고종의 죽음 발표 이전과 이후에 있었던 일들에 대한 회고적인 시각을 통해 이야기를 말하고 있다. 다시 말하면, 신문이 실제시간의 경험을 만들어 주입하는 반면, 화첩은 전지적 시점의 편집적 개입을

통해 이루어졌다는 것이다. 한편, 일본황제로부터 주어진 선물의 이미지는
신문에서 보도된 쇠약한 고종의 상태에 대해 복잡한 이야기를 만들어냈다.
그의 갑작스러운 죽음이 독살에 의한 것이라는 루머를 만들어냈던 것이다.
심지어 이 같은 의심은 윤치호의 딸에 의해 제기되었다. 이러한 상황에서
이 콜라쥬는 그의 죽음을 둘러싼 환경의 세부적인 내용과 관련하여 혼란스
럽게 하는 대신, 일본을 향한 어떠한 책임도 가능한 회피하면서 일본황제
의 자비로움을 이야기하게 했다. 독자들은 이 이미지를 따라 다음과 같이
이해하게 될 것이었다. 우선 포장된 박스의 안에 있는 물건이 일본황제가
보낸 술이라는 것은 기사 안에서 설명되지만, 이때 술은 단지 술이 아니라
세심하게 포장된 선물로서 황제의 자비로움을 상징하게 된다. 실제로 이런
식으로 읽혀졌기 때문에, 이 포장된 술의 사진은 대한제국 고종황제 국장
화첩 1975년판에서는 사라졌다. 이 사진은 『덕수국장화첩』에도 있던 군복
을 입고 궁을 방문한 순종의 사진으로 대체되었다.14)

〈그림 4, 5〉 덕수궁국장화첩

---

14) 『대한제국고종황제국장화첩』, 지문객, 1975.

이 같은 상황들은 앨범이 발간된 배후의 목적에 대한 질문을 하게 한다. 그 대답에 대한 단서는 행렬사진을 보여주는 방식에서 발견할 수 있다. 앨범은 행렬이 전개된 장소, 참여한 관료들, 다양한 의복과 사용된 물품, 그리고 의식과 행렬, 행렬의 줄과 대한문 앞에 모여 있는 관중들 등에 대한 다양한 사진을 담고 있다. 행렬을 촬영한 위치가 눈에 띈다. 군중들을 통과하여 지나가는 상여를 보여주는 모든 행렬사진 속에서(〈그림 6〉), 카메라는 높은 곳에 위치하여 와이드쇼트와 파노라마뷰를 통해 행렬을 바라볼 수 있게 된다. 이것은 지식과 권위를 가진 감독관의 시선이다. 일본에서의 제국적 진전에 대한 시각적 재현이 황제의 감시 및 점검의 시선을 모사

〈그림 6〉 덕수궁국장화첩

했던 것과 같은 관점에서 포착된 고종의 상여는 보이지 않는 촬영기사의 카메라에게 권력을 양도했다. 이것은 장례행렬을 찍은 다른 사진에서 보이는 것과 대조된다. 예를 들어 그 당시 서울에 주재했던 UPA의 기자 알버트 W. 테일러(Albert W. Taylor)는 상여가 오전 8시 덕수궁을 떠날 때 빌딩에 있었다. 이것은 『덕수궁국장화첩』 사진이 묘사하는 순간과 같은 순간이었지만, 테일러의 사진은 그가 군부대의 뒤에 서 있었기 때문에 마치 탁 트인 경관이 허용되지 않은 사람이 훔쳐보는 것과 같은 시각을 담고 있었다(〈그림 7-1〉). 이와 유사하게, 상여가 지나가는 사진 속에는 군중들이 중요한 위치에서 등장한다. 왜냐하면 촬영자가 그들의 뒤에 위치해 있었기 때문이다(〈그림 7-2〉). 당시 테일러는 관심을 군중에 돌렸고, 그들을 다양한 시각에서 촬영했다. 몇몇의 사진은 길가에서 죽안마(竹鞍馬)가 지나가는 것을 보고 있는 군중, 건물 한편에 모여 있는 군중, 혹은 빌딩의 발코니에서 보고

있는 군중을 보여주고 있다. 군중은『덕수궁국장화첩』에서 발견하기 힘든 중요한 측면이다.『덕수궁국장화첩』은 군중을 단순히 관람자가 아닌 애도자로 묘사하기 위해 신중한 노력을 기울였다. 왜냐하면 애도자들은 사진으로 전하고자 하는 스토리텔링을 위해 동원되기 때문이다. 관람자는 단순히 거기에 있었을 뿐이다.

테일러의 사진들은 권한이 있거나 모든 것을 알고 있지 않은 채, 단지 전개되고 있는 것을 목격하면서 촬영자를 사건의 순간에 정확하게 위치시킨다. 그러므로 그의 사진들은 행위의 감각을 전하며, 편집되지 않은 상황을 포착했다. 일례로, 우리는 사진의 중앙에서 얼굴의 땀을 닦느라기우뚱하게 찍힌 상여운반자를 볼 수 있다(〈그림 7-3〉). 이러한 움직임의 감각은 상여와 평행하게 위치된 전차, 전봇대, 전선에 의해 남겨진 선적인 행렬의 흔적과 대비되어 강조되었다. 지그프리트 크라카우어(Siegfried Kracauer)는 카메라의 리얼리티와 역사적 리얼리티 사이의 유사성에 대해 "부분적으로 정형화되어있으며, 부분적으로 무정형한 전개, 우리의 일상세계의 미숙한 상태"라고 말했다.[15] 우연성, 임의성, 그리고 예측불가능성들은 이러한 사진들의 주요 특징이다. 크라카우어는 "진짜 사진은 완전함의 개념을 불가능하게 한다. 프레임은 사진의 내용이 그들의 전체성 속에서 아우르기 힘든 실제 삶의 다양한 현상들을 언급하면서 프레임 너머를 지적한다는 임시석인 한계를 남긴다"고 서술한다.[16] 알버트 테일러의 사진들은 "그곳에 있는 것"의 감각을 전하며, 실제 사건의 무한한 가능성을 제시한다. 이것들은 사건이 무엇이었는지 설명하기 보다는 사건의 실제를 증언하기 위한 목적으로 프레임을 배치한 시각이다.

---

15) Siegfried Kracauer, *History: The Last Things Before the Last,* Markus Wiener Pub, 1995, p.58.
16) *Ibid,* p.59.

그림 7-1 (상), 7-2 (중), 7-3 (하).
알버트 W. 테일러(Albert W. Taylor), 『이태왕국장사진첩』, 서울역사박물관 소장

이는 〈덕수궁국장화첩〉에서 볼 수 있는 회고하는 시각과는 확연히 비교된다. 궁극적으로 화첩의 목적은 스토리텔링이었다. 여기서 내러티브성의 감각은 한 장소에서 각각의 이미지들 간의 관계를 보여줌으로써 얻어진다. 이것은 사진을 수집하여 책 형태로 출판함으로써 가능했으며, 개별 사진들은 관계 속에서 의미를 획득했다. 여기에서 장례행렬의 개관적인 묘사와 더불어 고종의 인생, 죽음, 그리고 장례식이 전체성과 통일성의 감각을 제공하기 때문에 연대순 묘사는 중요한 배치기준이 된다. 그것이 갖고 있는 이미지는 그 자신의 맥락에서 혹은 그 자신의 지시성에 의해 의미를 만들어야 했다. 예를 들어, 이탈리아신문, 『La Domenica Del Corriere(라 도메니카 델코리에르)』는 장례식 행렬에 사용되었던 죽안마의 이미지를 실었다. 신문에 제시된 사진에 대한 묘사는 다음과 같다. "고종(1852-1919) 광무황제; 조선왕조의 26대왕이자 첫 번째 한국의 황제(1897-1919); 1907년 1월 21일 일본에 의해 퇴위되다; 황제의 시신을 담은 관을 따라가는 애도자들은 한국식 전통 장례복장인 하얀색 예복을 입었다; 6마리의 말이 황제의 마지막 여정을 따랐다; 나무와 대나무로 만들어졌고, 종이로 쌓여있다. 하얀색, 갈색, 회색으로 칠해졌으며, 4마리는 안장을 갖고 있었고, 두 마리는 준비된 것처럼 움직이기 위해 안장을 갖추지 않았다. 억류한 후에 말들은 불태워졌다."[17] 이는 이 죽안마들이 어떻게 이용되었는지, 그늘이 무엇으로 만들어졌고 어떠한 일이 벌어졌는지를 서술한 것이었다. 하지만 또한 그것은 고종의 죽음과 퇴위의 행사에서 상징되는 아이콘으로서의 이미지에 대해 말하는 것이었다. 이 이미지와 달리 『덕수궁국장화첩』에서 언급되고 있는 사진들은 서로의 내용을 언급했으며, 각각의 관계에서 이야기를 만들어냈다. 따라서 사진첩에서 사진의 사용은 단순히 행사를 보고하기 위한 것이 아니라 행사를 해설하는 데에 쓰였다고 볼 수 있다. 이는 리얼리티를 반영

---

17) 『라 도메니카 La DomenicadelCorriere』, June 1, 1919.

한 것이 아니라 구성한 것이었다. 책이라고 하는 매체를 통해 각각의 사진들이 순차적이고 서술적인 관계로 배치됨으로써 서사성이 성사될 때, 서사성은 사건에 내재하는 어떤 것이 아니라, 하나의 개입적인 활동이라고 할 수 있다.

〈그림 8〉 고종의 장례행렬, 1919년 3월 대한제국의 광무황제.
La Domenica del Corriere(라도메니카델코리에르)의 커버그림(1919년 6월 1일).

한편으로 그것은 화첩을 모은 사람들의 편집적인 개입을 드러낸다. 서울대학교에 있는 다른 화첩인 『이태황장례식화첩』은 편집적인 개입이 적은 사례이다. 이 화첩은 같은 풍경 및 장면의 다양한 사진을 보여주는데, 그것은 이 같은 프로젝트를 진행하는 데 있어서 다양한 사진가들이 참여하는 것이 관례적이었다는 것을 증명하는 것이다. 이는 같은 장면에 대한 수차례의 반복을 통해 다양한 관점을 보여준다. 이것은 『덕수궁국장화첩』이 사건의 다른 이미지들과 거기서 발견될 수 있는 우연성을 희생하고, 편집적 목소리에 특권을 주었다는 것을 보여준다. 우리가 이 앨범에서 볼 수 있는

사건의 다양성은 『덕수궁국장화첩』의 고유성과 서술성의 이름 속에서 사라
진다. 다른 한편, 화첩 독자들 또한 이야기서술에 참여하면서도 편집자의
의도에 따라 이미지를 소비했다. "이태왕전하국장의성의"에 있는 사진 한
장을 살펴보자. 이 사진은 14장의 임의의 장소를 한 페이지에 담고 있다.
이 각각의 사진들은 장지에 모인 군중들, 무덤, 장례행렬의 다양한 위치, 대
한문의 시각, 말과 기수들을 담고 있다. 이 이미지를 보는 독자들은 그들이
목격했던 것과 장례식장에서의 구체적인 순간을 떠올리게 될 것이다. 그러
나 콜라쥬로 한 페이지에 재현됨으로써 그들은 독자들에게 이미지를 연결
하고 내러티브적 실마리를 이어가도록 한다. 그것은 기념품이었기 때문에,
수집가를 위해 행사가 어떻게 진행되었고 무엇을 의미하는지를 전해주기
위한 연상기호장치로서 기능했다.

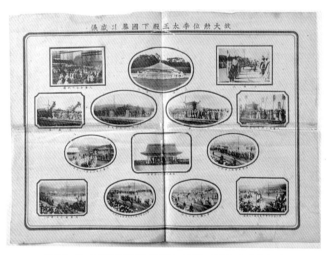

〈그림 9〉 이태왕전하국장의 성의, 독립기념관소장

　기억을 만드는 데 있어서 이야기의 역할은 무엇인가? 지그프리트 크라카
우어는 사진에 관한 유명한 에세이에서, 역사가 주관적인 매체를 통해 어
떻게 소환되는지 서술했다.[18] 그에게 있어 사진은 오직 객체, 사람, 그리고

풍경 등 공간적인 연속성-실제로부터 우리가 추출할 수 있는 것의 총합-을
보여주는 것일 뿐이다. 그에게 사진은 구체적인 시간에 존재했던 구체적인
관점 외에 어떠한 것도 포착할 수 없으며, 그러므로 기억의 작동 방식처럼
진실을 포착할 수 없다. 따라서 사진은 그것이 묘사하는 것에 대한 설명 없
이는 공허하다. 그러나 주관적인 기억의 매체는 조각들을 합쳐 새로운 의
미를 담은 질서를 만들어내기 위한 사진의 공간적 연속성과 역사의 시간적
연속성의 다리가 될 수 있다. 이는 『덕수궁국장화첩』에서 제시되는 내러티
브성과 독자의 결합에 의해 파생된 내러티브성이연상기호 이미지의 조각
들과 함께 공간-시간 배치를 통과하는 구체적인종류의 역사를 서술한다는
것을 의미한다. 사진과 역사(혹은 역사주의)는 그들 스스로 분리된 문제를
고민한다: 크라카우어는 "사진은 공간적인 연속성을 재현한다; 역사주의는
시간적인연속성의 제공을 추구한다"고 말했다. "대체로 어떠한 현상도 그것
의 기원적 측면에서 순수하게 설명할 수 있다는 실증주의자들의 생각을 지
지한다. 즉, 그들은 어떠한 간극 없이 시간의 계승 속에서 사건의 과정을
재구성함으로써 역사적 실제를 움켜잡을 수 있다고 믿는다…역사주의에
따르면, 시점 간 장면들을 완전히 반영함으로써 동시에 그 시간 안의 모든
의미를 담는다."[19] 따라서 크라카우어는 역사주의가 시간의 사진으로 고려
된다고 주장한다.[20] 이와 함께 화첩의 객체로서 기억 속에서 재현된 내러
티브성은 영화의 공상적인 욕망과 같이 역사적인 내러티브를 생동감 있게
만드는 것이다.

18) Siegfried Kracauer, "Photography," in *The Mass Ornament*, Harvard University Press, 1995, pp.47~63.
19) *Ibid.* 49.
20) *Ibid.* 50.

5. 결론

〈그림 10-1, 10-2, 10-3〉 이태왕국장의사진첩 (좌), 〈덕수궁국장화첩〉 (중), 이태왕전하장의사진첩 (우)

결론을 대신하여 고종의 장지인 금곡홍릉의 사진을 비교하고자 한다(〈그림 10-1, 10-2, 10-3〉). 첫 번째 사진은 문 앞에 도착한 상여를 묘사했는데, 장례 행렬에 의해 조직된 긴 시간의 연속체 속에서 도착의 순간을 알리는 행렬의 관점에서 촬영되었다. 두 번째 사진은 약간은 혼잡한 관점에서 묘사되었는데, 관중들이 흩어지고 있는 와중에 카메라의 초점은 문에 맞춰져 있다. 이를 통해 우리는 이 사진의 서사 내용이 사건의 순간에 있지 않고, 장소에 있음을 알 수 있다. 그러나 두 사진 모두 고종의 장례라는 행사 속에 홍릉이라는 공간을 위치시키고 있다. 세 번째 사진은 좀 더 혼란스러운데, 그 이유는 사진이 장례행사와 관련한 혹은 다른 맥락과 관련한 아무런 지시 없이 문의 시점으로 그려내고 있기 때문이다. 이러한 맥락상의 공백은 사건에 대한 아무런 감각도 제공하지 않는 대신, 풍경의 정적 속에서 어떤 무한함의 감각을 묘사한다. 시간의 감각이라곤 지평선에 걸쳐진 소실점을 향해 한 줄로 세워진 나무들을 통해서만 암시되고, 그럼으로써 이 사진 속 시간이 흘러가고 있는 멈춰진 순간은, 회상에 잠기고 무언가를 연상시키고 사색적인 분위기 속에 있는 홍릉을 보여준다. 첫 번째 사진은 시간-이미지로서 보도사진의 실제—시간이미지가 의례의 영속성을 탈신성화하고, 세속화하는 방식을 떠올리게 한다. 두 번째 사진은『덕수궁국장화첩』에 발간된 공간-이미지로서 그 자신의 시간적 서술이 비어있다. 그것은 필연적으로 그 사건이 의미하는 바의 반영을 요구하는 사건의 마지막을 말하는 것으로 보인다. 그러나 문주 위에 흩어져 있는 참여자들은 그들을 서술할 대리인을 죽음의 상징이 된 무덤에 위치시킨다. 세 번째 이미지는 기억이미지이다. 그것은 단지 기억으로서 현재에 부활한 과거에 귀를 기울인다. 그러나 사건으로서의 역사는 단일하며, 잠재적인 기념성을 부활시키고, 그 자신을 현재와 조응하게 만들 수 있다. 기억은 이미지에 영속성을 부여하고, 이상향을 통하여 역사를 개별화한다. 그 차이는 기억의 주체와 역사의 주체 사이에서 형성된다. 이는 사진과 그 역사를 서술하는 길이 될 수도 있고, 3·1운동의 발발에서 보았듯이 집단적 가능성을 확인하기 위해 시도된 기억을 형성하는 길이 될 수도 있다. 이렇게 우리는 역사의 신화를 거부하고, 사건의 고유성과 기억으로서의 역사로 대체하는 역사서술의 전략으로서 고종의 장례식이라는 사건과 미디어—사건에 대해 이야기할 수 있다. 그래서 만일 우리가 왜 일본은 장례를 허락했는가라는 문제에 답하고자 한다면 우리는 그 질문의 방향을 바꿔서 어떻게 이미지가, 역사적 실제가, 그리고 역사적 서술이 서로 교차하는가를 질문해야 한다. 그리고 그 대답은 장례식 및 그 이미지의 정치학의 목적이 역사를 부정하는 것이 아니라 구체적인 역사의 한 측면을 서술하는 것이라는 사실에 있을 것이다.

(번역: 금보운, 박진희)

참고문헌

1. 자료

『고종태황제빈전혼전주감의궤』.

『고종태황제명성태황후부묘주감의궤』.

『고종태황제산릉주감의궤』.

『고종태황제어장주감의궤』.

『덕수궁국장화첩』, 경성일보사, 1919.

『대한제국고종황제국장화첩』, 지문각, 1975.

『매일신보』.

『명성황후국장도감의궤』.

『이태왕국장의사진첩』, 서울박물관 소장.

『이태왕전하국장의성의』, 독립기념관 소장.

『이태왕전하장의사진첩』, 서울대학교박물관 소장.

La DomenicadelCorriere.

2. 논문 및 단행본

김지영, 「근대기 국가 의례의 장으로서의 동교」, 『서울학연구』 36호, 2009.

김이순, 『대한제국 황제릉』. 소와당. 2010.

강문식, 「일본 궁내성 소장 의궤의 현황과 특징」, 『규장각』 39호. 2011.12.

박계리, 「이화여자대학교박물관 소장, 명성황후발인반차도 연구」, 『미술사론총』 35호,
2012.12.

박례경, 「조선시대 국장에서 조조의 설행 논의와 결과」, 『규장각』 31호, 2007.12.

이 욱, 「근대 국가의 모색과 국가의례의 변화: 1894-1908년 국가 제사의 변화를 중
심으로」, 『정신문화연구』 27권 2호(통권 95호). 2004 여름호.

장경희, 「고종황제의 금곡 홍릉 연구」, 『사총』 64권, 2007.3.

장필구·전봉희, 「고종 장례 기간 신선원전의 조성과 덕수궁, 창덕궁 궁역의 변화」,
『대한건축학회논문집』 29권 12호, 2013.12

Baudrillard, Jean. *Simulacrum and Simulation.* University of Michigan Press. 1995.

Fujitani, Takashi. *Splendid Monarchy: Power and Pageantry in Modern Japan.* University
of California Press, 2006.

Heslop, William. "A Royal Funeral." *Oriental Missionary Standard.* March 1919.

Kim, Christine. "Politics and Pageantry in Protectorate Korea (1905-10): The Imperial Progresses of Sunjong." *The Journal of Asian Studies*. Vol.68(3). 2009.

Kracauer, Siegfried. *History: The Last Things Before the Last*. Markus Wiener Pub, 1995.

_____. *The Mass Ornament: Weimar Essays*. Harvard University Press. 1995.

3부

영상과 역사 – 냉전과 동아시아

중국 다큐멘터리와 조선전쟁* **

쑨커지(孫科志), 서단(徐丹)

1. 머리말

"충실한 다큐멘터리는 우리 삶의 살아있는 증거물이자 역사의 자화상이다. 설득력 있는 진실성과 우리네 삶의 특유한 예술적 매력으로 대중에게 영향을 끼치고 때로는 동기를 또, 때로는 깨달음을 주기도 한다. 다큐멘터리는 우리로 하여금 삶을 느끼고 역사를 되새겨보고 예술로서의 감상도 가능하게 해 그 사회적 기능을 다하고 있다."

* 중국교육부인문사회학과중점연구기지중대항목13JJD770011(中國敎育部人文社會學科重點硏究基地重大項目,13JJD770011)의 지원으로 작성함. 이 글은 2014년 8월 *International Journal of Korean History* Vol.19, No.2(August 2014): 137-168에 영문으로 게재된 바 있다. 영문제목은 "Chinese Documentaries and the Korean War"다.
** 1950년 한국전쟁이 발발하자 중국정부는 참전을 결정한 후 이 전쟁을 '항미원조전쟁'이라 불렀다. 중국정부와 민간에서는 이 명칭을 개혁개방 이후까지 계속 사용했다. 1978년 개혁개방 이후 각계에서 중화인민공화국 수립 후 발생한 역사적 사건에 대해 반성하기 시작하면서 '항미원조 전쟁'의 명칭도 변화하였다. 비록 정부문건에서는 여전히 '항미원조전쟁'으로 칭하고 있으나 민간과 학계에서는 '조선전쟁'이란 명칭을 더 많이 사용하고 있다. 본고는 한국전쟁시기 중국에서 촬영한 다큐멘터리에 대해서는 '항미원조' 혹은 '항미원조전쟁'의 명칭을, 개혁개방 이후 새로 제작된 다큐멘터리와 그 내용을 분석할 때는 '조선전쟁'이란 명칭을 사용할 것이다.

영화가 보편화된 이후 시대마다 사람들은 기록영화에 대해 정확한 정의를 내리려는 시도를 해왔지만 "아직까지 다수의 사람들이 수용할 수 있는 명확한 정의는 출현하지 않았다."[1] 그러나 실생활을 창작모티브로 하는 점, 실재인물과 사실을 표현대상으로 하여 사실적인 소재를 바탕으로 가공하는 점 등은 사람들이 공통적으로 인정하는 다큐멘터리의 특징이다. 그러나, 다큐멘터리 역시 제작에 제한을 받던 시기가 있었고 환경적 제약 등과 같은 영향 때문에 후반기에는 제작과정에 주관적 요소개입이 불가피했을 것이다. 따라서 다큐멘터리 등과 같은 영상문헌을 이용할 때에는 어느 정도의 비판정신이 수반되어야 한다. 하지만, 비록 그렇다 하더라도 새로운 형식의 문헌기록으로서 다큐멘터리를 중심으로 하는 영상자료는 기존 문헌기록이 가지고 있던 많은 부족한 점을 보완할 수 있고 보다 더 직관적이고 감성적이라는 특징을 십분 활용해 우리에게 역사 현장의 원래 면모를 보여주기 때문에 기존의 역사자료와 마찬가지로 중요한 연구가치를 가진다.

한반도와 중국대륙간 문화교류는 줄곧 긴밀하게 유지되어 왔으며 동아시아 한자문화권의 '작은 중국'이라 불리는 조선도 중화민족의 많은 관심을 받아왔다. 중국역사학에서 한반도와 관련된 기록은 오늘날 우리가 고대 한반도 상황을 인식하는 데 있어 중요한 역사자료가 되었다. 근대 들어와 과학기술이 발전함에 따라 그림, 영상 등과 같은 새로운 형태의 역사자료가 넘쳐나게 되었으며 다큐멘터리도 그 중 한 종류에 속한다. 다큐멘터리는 '실제 있었던 사건이나 실제 인물을 중심으로 허구가 아닌 현실을 있는 그대로 직접적으로 전달하는 영화의 한 종류'이며 중국인이 촬영한 한반도 관련 다큐멘터리도 한반도 연구에 있어서 점차 중요한 역사자료로 자리잡아 가고 있다. 따라서 중국의 한반도관련 다큐멘터리를 정리하고 분석하는 것은 매우 중요한 의의를 가지고 있다. 다큐멘터리는 한반도관련 진실된 역

---

1) 单万里, 『中国纪录电影史』, 中国电影出版社, 2005, p.2.

사 화면을 구현할 수 있을 뿐만 아니라, 또 이들 다큐멘터리 화면을 통해 제작자의 취재 의도나 사상 또는 의식을 이해하고 더 나아가 중국인이 한반도를 어떻게 바라보고 있는지 탐구할 수 있기 때문이다.

2. 중국 다큐멘터리의 역사

세계 최초의 영화는 1895년에 탄생했다.[2] 영화는 19세기 말 서양에서 중국으로 전파되었고 1896년 8월 중국 상하이 쉬웬(徐园)의 '여우이춘(又一村)'에서 중국에서 처음으로 '서양영화'가 상영되었다. 그 후 영화상영활동은 점차 증가하였다.[3] 일부 대도시에서 영화상영이 보편화됨에 따라 중국에서도 영화촬영이 시작되었지만 전부 외국인이 하였고 촬영한 영화 내용도 의화단 운동처럼 당시 중대한 사건이나 중국 각 지역의 풍경을 담은 것이었다.

이 시기 외국인이 중국에서 촬영한 영화는 중국사회를 소재로 삼기는 했지만 엽기적인 관점으로 중국사회의 부정적인 현상을 촬영한 것이 대부분이었고, 심지어는 중국을 폄하하고, 반대하는 내용이어서[4] 초기 영화가 갖고 있는 객관성과 사실성이라는 특징을 잃어버린 것이었다.

중국인이 본격적으로 영화촬영을 하기 시작한 것은 20세기 이후이다. 1905년 베이징 펑타이(丰泰, Feng tai) 사진관이 경극 무대를 다룬 다큐멘터리 〈정군산(定軍山)〉의 몇 장면을 촬영 제작했는데, 영화로 완성된 후에도 여전히 〈정군산(定軍山)〉이라 불렀다. 이것이 중국인이 스스로 촬영 제작

---

2) 프랑스의 뤼미에르 형제가 에디슨이 발명한 '키네토스코프'를 활용해 '시네마토그라프'를 만듦으로써 인류 최초로 영화를 촬영하였고, 성공적으로 상영하였다(高维进, 『中国新闻纪录电影史』, 中央文献出版社, 2003, p.1).

3) 高维进, 위의 책, p.3.

4) 高维进, 위의 책, p.8.

한 첫 번째 영화이고[5] 그 후 중국인의 영화 촬영은 점차 활기를 띠기 시작했다.

처음 중국에서 촬영한 영화는 실제사건을 기록하는 위주였으며 경극 무대 위에서의 연기나 길거리 민간 예술인이 하는 공연 등이 주요 촬영대상이었다. 이렇듯 중국에서 초기에 제작된 영화는 거의 전부가 기록영화라고 할 수 있으며 이 시기 작품들은 후반 편집과정을 많이 거치지 않았기 때문에 비교적 객관성을 가진다고 할 수 있다.

이후 영화기술이 발전하면서 영화 소재와 종류도 갈수록 다양해지고 동시에 상업영화가 점차 주류로 자리잡게 되었다. 이러한 변화는 중국 영화산업의 발전을 한층 더 앞당겼으며 상하이 등지에서도 중국인이 설립한 제작사가 생겨나기 시작했다.

근대 중국인이 촬영한 뉴스 다큐멘터리는 청 제국을 무너뜨린 신해혁명이 발발한 1911년에 제작된 것이다. 무창봉기가 일어났을 때, 중국의 유명한 예술가 주렌쿠이(朱连奎)는 메이리(美利)회사의 외국상인과 합작하여 무창봉기의 신군(新軍)이 치루었던 중요한 여러 전투를 촬영하였고 그 작품이 〈무한전쟁(武汉战争)〉이다. 훗날 2차 혁명에서 원세개를 토벌하려 했을 때 상하이 아시아영화사의 중국 감독과 촬영기사도 〈상하이전쟁(上海战争)〉이라는 기록영화를 촬영하였다.[6] 비록 지금은 이런 영화를 볼 수는 없지만, 중국 최초의 신문다큐멘터리라는 점에서 중요한 가치를 가진다.

1920년대는 중국영화산업이 빠르게 발전하는 시기였다. 중국전역에서 200여개 가까운 영화사가 앞다투어 설립되었고 이런 영화사들은 주로 극영화를 촬영하였다. 어떤 때는 뉴스영화, 풍경영화를 촬영하였고 어떤 영화사는 각 지역 군정(軍政)요인의 사생활과 일대기를 소개하는 영화들을 촬영하기도 하였다.

---

5) 方方,『中国纪录片发展史』, 中国戏剧出版社, 2003, p.7.
6) 单万里, 앞의 책, p.10.

이 시기에 20여 곳의 영화사에서 100여 편의 신문다큐멘터리를 촬영하였는데,[7] 중국의 혁명운동을 반영하는 〈북벌완성기(北伐完成记)〉(대중화백합영화사), 〈북벌대전사(北伐大战史)〉(민생영화사), 〈혁명군북벌기(革命军北伐记)〉(신기사)와 〈상하이 오삼십시민대회(上海五卅市民大会)〉(장성영화사), 〈오삼십 상하이 물결(五卅沪潮)〉(우연영화사) 등의 작품이 있다.[8] 또한 근대 위인의 활동상을 기록한 영화로는 〈손문 총통 취임(孙中山就任大总统)〉, 〈손문선생의 북쪽으로 길을 떠나다(孙中山先生北上)〉 등이 있으며,[9] 일반 사람들의 사회활동을 기록한 영화로는 〈애국, 동아시아 두 학교의 운동회(爱国, 东亚两学校运动会)〉, 〈국민외교행진대회(国民外交游行大会)〉 등이 있다.[10]

1930년대에 들어서자 일본 제국주의는 중국을 침략하려는 걸음을 재촉하며 만주사변과 상하이사변을 일으켰다. 만주사변과 상하이사변 후 각계 인사들은 중국의 영화제작사가 항일영화를 좀 더 많이 제작하여 중국인들이 일본에 함께 대항하도록 고무시켜 줄 것을 요구했다. 국난이 눈앞에 닥치는 현실 속에서 중국영화산업 종사자들은 시대가 부여한 사명에 부응하여 중국인민의 항일투쟁을 카메라에 담았다. 영화제작자들은 〈십구로군혈전항일, 상하이 전투 사진 제1편(十九路军血战抗日-上海战地写真第一集)〉(명성영화사), 〈일본 폭력의 상하이 재앙기(暴日祸沪记)〉와 〈십구로군 항일전사(十九路军抗日战史)〉(연화영화사), 〈상하이 대참사(上海浩劫记)〉(천일영화사), 〈십구로군영광사(十九路军光荣史)〉(혜민공사), 〈상하이 항일혈전사(上海抗日血战史)〉(후이충회사), 〈중국전쟁사(中国铁血军战史)〉(시판회사) 등의 신문기록영화들을 촬영하여[11] 중국인민의 항일감정을 고취시켰다.

---

7) 单万里, 앞의 책, p.16.
8) 高维进, 앞의 책, pp.16~17.
9) 单万里, 앞의 책, pp.17~18.
10) 高维进, 앞의 책, p.12.
11) 高维进, 앞의 책, p.23.

이 뿐만 아니라, 몇몇 영화사는 촬영팀을 동북지역으로 보내 동북인민의 항일투쟁을 카메라에 담아 〈동북의용군 항일전투사(东北义勇军抗日战史)〉(구성영화사), 〈동북의용군항일혈전사(东北义勇军抗日血战史)〉(계남영화사), 〈동북의용군항일기(东北义勇军抗日记)〉(요령, 길림, 흑룡강성 후원회) 등의 기록영화를 잇따라 선보였다.[12]

동북의용군에는 조선인 항일애국지사들이 적지 않았고 동북지역의 한국인독립운동가들은 과거 중국항일단체와 연합하여 항일투쟁을 전개한 바 있기 때문에 동북의용군 관련 다큐멘터리에는 분명 한국 항일애국지사의 내용을 담고 있을 것으로 생각된다.

영화는 큰 영향력을 갖기 때문에 1932년 국민당 중앙선전위원회는 그 산하의 예술조를 영화조로 개편하였고, 1934년 중앙선전위원회는 난징(南京) 현무호반에 중앙영화촬영장을 건설하였는데, 약칭하여 '중띠엔(中电)'이라 불렀다.

'중띠엔(中电)'은 주로 〈중국뉴스(中国新闻)〉를 촬영하여 국민당 당정요인과 국민당 군대의 활동을 소개하였다.[13] 전면적인 항일전쟁에 돌입한 후에 '중띠엔(中电)'은 영상기록으로 중국 군민이 당면한 항일투쟁 상황을 기록하였고 〈동쪽 전투(东战场)〉, 〈항일전쟁 9개월(抗战第九月)〉, 〈타이얼쫭(台儿庄)[14]을 극복하라(克服台儿庄)〉, 〈활기찬 서부전선(活跃的西线)〉, 〈승리의 서막(胜利的前奏)〉 등의 다큐멘터리를 제작하였다.

항일전쟁이 대치단계로 접어들자 '중띠엔(中电)'은 〈새로운 길 1만리(新路一万里)〉, 〈제2세대(第二代)〉, 〈티베트순례(西藏巡礼)〉, 〈중원풍경(中原风光)〉, 〈서북풍물지(西北风物志)〉, 〈조선의용대(朝鲜义勇队)〉 등의 다큐멘

---

12) 高维进, 앞의 책, p.24.
13) 高维进, 앞의 책, p.40.
14) 타이얼쫭은 산동성(山东省) 짜오쫭시(棗莊市)에 소속되어 있으며, 장쑤성(江蘇省) 쉬저우(徐洲)와 인접하고 있다.

터리를 촬영하였다.15) 그밖에 1935년 국민정부 군사위원회 난창(南昌) 사령
부 정치훈련처도 영화부를 조직하여 항일전쟁 발발 후 중국영화제작소로
개편하였고 약칭하여 '중제(中制)'라고 불렀다.16) 항일전쟁 시기 '중제'에서
촬영한 작품으로는 〈영화뉴스(电影新闻)〉, 〈항일전쟁특집(抗战特辑)(1부~6
부)〉가 있으며 이러한 기록영화들은 중국 국내에서 상영되었을 뿐 아니라
싱가포르, 미얀마, 베트남, 필리핀과 소련, 영국, 미국에서도 상영되었다.17)
처음에는 일부 외국인이 중국 공산당이 이끄는 항일근거지에 무단으로 진
입하여 영화 몇 편을 촬영하였는데 그 작품들은 근거지 인민이 항일투쟁하
는 상황을 보여준다. 예를 들면 미국의 촬영기사 헨리 던햄(Harry Dunham)
이 촬영한 〈중국이 전투한다(中国在战斗)〉, 〈중국에서(在中国)〉 등이 여기
에 속한다.18) 1938년 4월, 산시(陝西)·간쑤(甘肅)·닝샤(宁夏)의 변경지역
에서 '산시·간수·변경지역 항일영화사'를 설립하였지만 거의 활동을 하지
않았다. 1938년 8월 유명한 배우이자 극본가인 웬무즈(袁牧之, Yuan mu-zhi)
가 팔로군 총정치부 산하에 '팔로군 총정치부 영화단'를 설립하였고 이 영
화단은 훗날 '옌안(延安)영화단'로 불리게 되었다. 이 곳에서는 〈옌안과 팔
로군(延安与八路军)〉, 〈생산과 전쟁을 결합시키자(生产与战斗结合起来)〉
등과 같은 기록영화가 촬영되었다.19)

　항일전쟁 시기 중국에서 촬영된 다큐멘터리영화 중에 비록 '중띠엔(中
电)'에서 촬영한 〈조선의용대(朝鲜义勇队)〉만이 중국에 있던 조선독립운동
열사의 활약상을 담고 있지만, 당시 상황으로 보면 이 시기 촬영한 항일전
쟁 다큐멘터리영화 중에 중국에 있던 조선독립운동열사가 항일운동을 전
개하며 나라를 되찾기 위해 투쟁하는 내용이 적지 않을 것으로 생각된다.

---

15) 高维进, 앞의 책, p.41.
16) 方方, 앞의 책, p.86.
17) 单万里, 앞의 책, pp.55~56.
18) 高维进, 앞의 책, pp.56~57.
19) 单万里, 앞의 책, pp.81~82.

왜냐하면 이 시기 조선의 열사들은 중국에서의 항일 전쟁 승리가 곧 조선의 독립을 의미한다고 생각하여[20] 적극적으로 중국의 항일전쟁에 참가했기 때문이다. 중국동북지역에서 항일전쟁을 지속한 항일연합군 중에 대다수가 중국에 있던 조선인 열사들이며 〈동북의용군항일전쟁사(东北义勇军抗日战史)〉, 〈동북의용군 항일혈전사(东北义勇军抗日血战史)〉, 〈동북의용군 항일기(东北义勇军抗日记)〉 속에서 조선열사들의 자취를 찾아볼 수 있다.

국민정부가 이끈 전면전이든 중국공산당이 이끈 항일근거지든 모두 한국광복군, 조선의용대, 조선의용군 전사와 중국 장병이 함께 일본에 대항해 싸운 것이므로 '중띠엔(中电)', '중제(中制)'와 '연안영화단(延安电影团)' 등에서 촬영한 항일전쟁 기록영화는 중국에 있는 조선인열사의 활약상이 담겨 있을 것이다.

항일전쟁 승리 후 중국 영화산업은 바야흐로 새로운 발전 전성기를 맞이하였다. 겨우 4년 정도밖에 그 명맥을 유지하지는 못했으나 이 시기의 상업영화발전은 중국영화사의 중요한 한 획을 그었다. 물론 다큐멘터리 영화도 일정 수준 이상의 발전을 구가했지만 속도 면에서는 상업영화의 발전을 따라가지 못했다.

3. 신 중국의 조선전쟁 다큐멘터리

1949년 10월 1일, 중화인민공화국이 수립되었다. 그러나 신 중국이 탄생한 지 채 1년도 되지 않아 한반도에 전쟁이 발발했다. 국가안보전략차원에서 중국정부는 조선전쟁에 중국인민지원군을 파병참전하기로 결정하였고 이에 따라 10월 19일 중국인민지원군이 조선으로 진군하였다. 조선으로 진군하는 중국인민지원군을 따르는 무리에는 베이징영화제작소 항미원조(抗

---

20) 원즈(文治), 「기쁨과 희망」, 『조선의용대 통신』第3期, 1939년 2월 5일.

美援朝) 촬영팀도 포함되어 있었다. 조선전쟁은 신 중국 수립 이후 중국이 직면한 국가생사존망과 직결되는 첫 번째 전쟁이었기 때문에 나라 전체가 이 전쟁에 대해 지대한 관심을 가지게 되었다. 자국민의 조선전쟁에 대한 빠르고 종합적인 이해를 돕기 위해 항미원조 촬영팀은 전쟁의 진행태세를 근거로 〈조선 서부 전선 첩보(朝鮮西线捷报)〉(1950년 12월), 〈38선을 넘어 서울을 해방시키다(突破三八线解放汉城)〉(1951년) 등과 같은 일련의 짧은 다큐멘터리를 제작해 자국에 전쟁상황을 알렸다. 1951년 11월 항미원조 촬영팀 대장 쉬샤오빙(Xu xiaobing)은 이 짧은 다큐멘터리들을 재편집해 항미원조 관련 첫 번째 장편 다큐멘터리 〈항미원조(제1편)(抗美援朝(第一部)〉(1951년 11월, 촬영: 양쉬충(杨序忠), 리우더위엔(刘德源), 모우린(牟森), 스익민(石益民), 리우윈보(刘云波), 왕융전(王永振), 천이판(陈一帆), 한빙신(韩秉信), 쑤중이(苏中义), 리화(李华), 자오화(赵化), 찐웨이(金威) 등, 편집: 쉬샤오빙(徐肖冰), 왕션(王深)을 만들어졌다.

그 후, 전쟁형세의 변화에 따라 많은 다큐멘터리가 잇따라 제작되었다. 휴전과 개전이 반복되던 1952년에는 〈항미원조(제2편)(抗美援朝(第二部)〉과 〈세균전에 반대한다(反对细菌战)〉(1952년 제작자: 지추셩(蔡楚生), 스둥산(史东山), 편집: 왕융훙(王永宏)), 〈중국인민의 조선 위문단 파견(中国人民赴朝慰问团)〉(1952년 촬영: 리화(李华) 등, 편집: 쟝위추안(姜云川)), 〈부상 전쟁포로 교환(交换病伤战俘)〉(1953년, 촬영: 리화(李华), 리원화(李文化), 리젼위(李振羽) 편집: 레이전린(雷震霖)) 등 다큐멘터리가 제작되어 중국 국내에 차례로 상영되었다. 전쟁 종식 후, 중국에서는 항미원조를 소재로 한 다큐멘터리 시리즈가 잇달아 촬영 제작되었다. 이들 다큐멘터리는 주로 빠이(八一)영화제작사에서 촬영한 〈제일 귀여운 사람을 위문하다(慰问最可爱的人)〉(1953년), 〈강철운송선(钢铁运输线)〉(1954년, 각색연출: 펑이푸(冯毅夫), 화춘(华纯), 스원즈(史文帜), 촬영: 리얼캉(李尔康), 쉐보칭(薛伯青) 등), 〈포로를 관대하게(宽待俘虏)〉(1954년), 〈우정만세(友谊万岁)〉(1954년), 〈대동강에서(大同江上)〉(1954년)과 베이징영화제작사가 촬영한 〈영웅찬양(英雄赞)〉(1958년), 〈지원군 귀국 환영(欢迎志愿军回国)〉(1958년) 등이 있다.

1950년에 발발한 한국전쟁은 냉전태세를 한층 더 고착화시키는 결과를 초래했다. 양대 진영이 첨예하게 대립되는 상황 속에서 조선전쟁과 같은 '열전'은 발생하지 않았지만 양대 진영의 서로 다른 편에 속해있던 중국과 한국은 관계개선의 기회를 상실하고 서로 왕래하지 않는 지경에까지 이르렀다. 이러한 형세에서 중국이 한국과 관련된 다큐멘터리를 촬영 제작할 수도 없었고 또, 한국의 다큐멘터리를 상영할 수도 없었다. 설사, 한국과 관련된 영상뉴스가 있더라도 이는 어디까지나 대다수가 북한을 출처로 두고 있는 단편영상에 불과했다. 당시 이데올로기의 심각한 대립 상황에서 이른바 '선별작업'을 거친 영상물도 중국인에게 한국을 참모습을 보여줄 수 없었다.

항미원조전쟁이 종식된 후, 중국에서 촬영 제작된 한반도 관련 다큐멘터리는 대부분이 조선 혹은 중조(中朝) 관계를 다룬 내용이었다. 이 시기에 촬영된 다큐멘터리로는 〈중국정부대표단 조선방문(中国政府代表团访问朝鲜)〉(1958년), 〈중국과 북한의 영원한 우정(中朝友谊万古青)〉(1958년), 〈조선 귀빈 환영(欢迎朝鲜贵宾)〉(1958년), 〈류샤오치 주석의 조선방문(刘少奇主席访问朝鲜)〉(1963년), 〈조선최고인민의회대표단 중국방문(朝鲜最高人民议会代表团访问中国)〉(1962년), 〈저우언라이총리의 조선방문(周总理访朝鲜)〉(1970년), 〈중국과 조선 인민의 깊은 정(中朝人民情谊深)〉(1971년), 〈전투노랫소리로 우정 전해, 조선민족가극단 중국방문 및 공연 환영(战斗歌声传友情—欢迎朝鲜平壤民族歌剧团访华, 演出)〉 1972년), 〈지펑페이 외교부장의 조선방문(姬鹏飞外长访问朝鲜)〉(1973년), 〈우의의 꽃을 오래 피우리라, 조선평양 만수대 예술단 뜨겁게 환영(友谊花开万年长—热烈欢迎朝鲜 平壤万寿台艺术团)〉(1973년), 〈서커스 예술로 우정전달, 조선평양서커스단 베이징에서 공연(杂技艺术传友情—朝鲜平壤杂技团在北京演出)〉(1975년), 〈중국

공산당대표단 조선방문(中国共产党代表团访问朝鲜)〉(1976년), 〈중국예술단 조선방문(中国艺术团访问朝鲜)〉(1976년), 〈화궈펑 주석의 조선방문(华国锋 主席访问朝鲜)〉(1978년), 〈덩잉차오 부위원장의 조선방문(邓颖超副委员长 访问朝)〉(1979년) 등이 있다. 이 시기의 다큐멘터리는 주로 중국과 북한 두 나라 인민 사이의 깊은 우정을 찬송하는 내용 중심으로 중국정부와 북한 간의 상호 국빈방문 혹은 문화예술단방문 등을 기록하였다.

1966년부터 중국은 문화대혁명이라는 특수한 역사시기에 들어갔다. 이 시기 중국의 거의 모든 분야는 심각한 타격을 받았는데, 그 중 학계는 더 말할 나위가 없었다. 일부 순수학문이 금기시되었을 뿐만 아니라 많은 유 명학자들이 '반동학술권위자'로 치부되어 중국 인문사회과학분야의 학술연 구가 거의 정체상태에 빠졌다. 물론 조선이나 한반도에 대한 연구도 예외 일 수 없다. 이러한 상황을 감안한다면 해당기간 동안 한국이나 한반도에 관한 기록영상이 매우 적은 점은 충분히 이해가 가는 부분이다.

개혁개방 이후, 중국에서는 거의 모든 분야가 점차 정상궤도에 진입하고, 건국 이후의 역사문제에 대해서도 반성하기 시작했다. 바로 이러한 분위기 속에서 중국 각계각층 또한 항미원조에 대해 반성하기 시작하였다. 그러나 가장 주목할 만한 연구성과의 출현은 지난 1990년대 각 측이 한국전쟁에 관련 문건을 기밀해제 한 후였다. 항미원조관련 연구성과가 대거 등장함에 따라 전쟁에 대한 학계의 명칭도 변화되었고, 점점 더 많은 학자들이 신 중 국 수립 얼마 후에 일어난 그 전쟁을 '조선전쟁'이라고 칭하였다. 또한 이들 연구성과나 기타자료를 활용해 한국전쟁 관련 다큐멘터리를 다시 제작하 기 시작하였다. 1990년대 이후 새롭게 제작된 한국전쟁 다큐멘터리는 아래 〈표 1〉과 같다.

〈표 1〉 1990년 이후 제작된 한국전쟁 다큐멘터리

번호	다큐멘터리 제목	주요내용	제작기관	출판기관/ 연도
1	조선전쟁 (朝鮮战争)	전쟁, 전투	미상	선쩐, 1990
2	조선전쟁 (朝鮮战争)	군사, 북한	미상	중국아동예술희 극원영상기술출 판사, 1997
3	항미원조 전쟁 (抗美援朝战争) 1950.10.25-1953.7.27	한국전쟁	주장(珠江)영화 제작소유한공사	백조음반영상출 판사, 1997
4	항미원조전쟁-백년중대사 건과사태특집 (抗美援朝战争-百年重大事 件与事变特辑)	한국전쟁	주장(珠江)영화 제작소유한공사	백조음반영상출 판사, 1997
5	항미원조 전쟁1-2집 (抗美援朝战争 1-2集)	한국전쟁	중국캉이영상출 판사	중국강이(康艺)영 상출판사, 1997
6	항미원조 전쟁 (抗美援朝战争)	한국전쟁	주장(珠江)영화 제작소유한공사	주장영화백조음반 영상출판사, 1997
7	조선전쟁(朝鮮战争)	항미원조	상하이영상공사	상하이영상공사, 1998
8	항미원조기록 (抗美援朝纪实)	다큐멘터리, 항미원조	빠이(八一)영화제 작소, 베이징군사과 학원 군사연구부	중국삼환음반영 상사, 1998
9	항미원조실록 (抗美援朝实录)	한국전쟁	중국인민해방군 TV선전센터	장정음반영상공사, 1998
10	항미원조전쟁 (抗美援朝战争)	한국전쟁	중국인민해방군 TV선전센터	중국인민해방군 음반영상출판사, 1998
11	항미원조 전쟁기록 (抗美援朝战争纪实)	한국전쟁	빠이(八一)영화 제작소	빠이(八一)영화제 작소, 군사과학원 과 중국삼환음반 영상출판사, 1999
12	대결: 항미원조 전쟁 실록 (较量: 抗美援朝战争实录)	한국전쟁	빠이(八一)영화 제작소	중국삼환음반영 상출판사, 1999 (빠이(八一)영화 제작소, 군사과학 원역사부)

13	반세기의 메아리(5부) (半个世纪的回响(五集))	지원군, 항미원조	중국중앙텔레비전 (CCTV)	중앙신영상출판 사, 2000
14	전쟁기록1 (하) (战争纪实 1(下))	국부전쟁—북한	미상	다헝전자출판사, 2000
15	신중국외교(제3부)-한반 도대결—한국전투 (新中国外交(第三集)-半岛 较量—朝鲜战役)	한국전쟁	봉황TV(홍콩)	싱후이(星辉)음 악국제유한공사, 2001
16	다시 밟은 고향의 땅, 지 원군 노병 북한기행문 (踏热土—志愿军老战士朝 鲜纪行)	다큐멘터리, 사실기록영화, 북한, 지원군	봉황TV(홍콩)	중국핵공업(核工 业)음반영상출판 사, 2001
17	철조망 없는 포로수용소 (没有铁丝网的战俘营)	한국전쟁, 전쟁포로문제	중국중앙텔레비전 (CCTV)	중국국제텔레비 전총공사, 2004
18	천안문의 예포, 중국인민 이 이 곳에서 일어섰다 (天安门的礼炮--中国人民 从此站起来了)	한국전쟁에서 희생된 마오안잉 (毛岸英)	미상	장시(江西)문화 음반영상출판사, 2004
19	역사 속의 38선 (历史上的三八线)	국제관계사, 한국 전쟁, 중국, 미국, 소련, 다큐멘터리	미상	총 참 모 제 3 부, 2005
20	신중국 해빙여행, 중국의 조선출병진실 (新中国破冰之旅—中国出 兵朝鲜真相)	군사사, 한국전쟁, 중국, 자료영화	봉황TV(홍콩)	베이징중티(中体) 영상출판센터, 2005
21	신중국전쟁풍운기록 (新中国战争风云录)	항미원조전쟁 관련	베이징우웨문화자 문공사판권제공	꾸이저우(贵州) 문화음반영상출 판사, 2005
22	공화국전쟁(共和国战争)	일부 내용이 한국 전쟁 관련	꾸이저우(贵州)문 화음반영상출판사	꾸이저우(贵州) 문화음반영상출 판사, 2005
23	신중국 풍운세월 1950 항 미원조(新中国风云岁月 1950抗美援朝)	한국전쟁	중국인민해방군 TV선전센터	중국인민해방군 음반영상출판사, 2005
24	한반도풍운(朝鲜半岛风云)	북한, 다큐멘터리, 자료영화	봉황TV(홍콩)	지우저우(九洲) 음반영상출판사, 2009

25	열정의 용사, 조선전쟁의 상공대결(欲火雄鹰—朝鲜战争空中对决)	한국전쟁		봉황TV(홍콩)	지우저우(九洲) 음반영상출판사, 2010
26	이국청춘: 항미원조 60주년 추모 (异国青春: 抗美援朝60年祭)	20명의 지원군 노병, 가족과 열사 후세로 구성된 영웅열사추모방문단 북한방문		봉황TV(홍콩)	지우저우(九洲) 음반영상출판사, 2010
27	삼천리 강산에 담긴 영웅의 혼(融进三千里江山的英魂)	한국전쟁, 영웅인물		중국중앙텔레비전(CCTV)	중국화예영상실업유한공사, 2010
28	단도, 조선전투의 대역전 (断刀-朝鲜战场大逆转)	한국전쟁		중국중앙텔레비전(CCTV)	중국중앙텔레비전(CCTV)다큐멘터리, 2010년 방송
29	직접 겪은 조선전쟁: 영웅 아들과 딸 (亲历朝鲜战争: 英雄儿女)	총 5부로 구성 차이원전, 왕칭전, 순밍즈, 장칭취엔 등 한국전쟁참전 영웅		봉황TV(홍콩)	지우저우(九洲) 음반영상출판사, 2011
30	장진호 전투(长津湖战役)	한국전쟁 중의 전투		봉황TV(홍콩)	지우저우(九洲) 음반영상출판사, 2011
31	얼음호수 설전, 장진호전투의 모든 기록(冰湖雪战—长津湖战役全纪录)	한국전쟁 중의 전투		봉황TV(홍콩)	지우저우(九洲) 음반영상출판시, 2011
32	압록강을 넘어-펑더화이 (跨过鸭绿江--彭德怀)	한국전쟁, 영웅인물		중국중앙텔레비전(CCTV)	중국중앙텔레비전(CCTV)다큐멘터리, 2011년 방송
33	상간링(上甘岭)	한국전쟁		중국중앙텔레비전(CCTV)	중국중앙텔레비전(CCTV)다큐멘터리, 2012년 방송
34	피 같은 석양-조선전쟁의 기억(残阳如血—朝鲜战争的记忆)	한국전쟁		봉황TV(홍콩)	봉황대시아다큐멘터리, 2013년 방송
35	항미원조(抗美援朝)	한국전쟁			미상
36	항미원조기록(抗美援朝纪实)	한국전쟁			미상

〈표 1〉에서 볼 수 있듯이 개혁개방 10년 후인 1990년이 되어서야 중국에서 비로소 새로운 시기의 첫 조선전쟁 다큐멘터리가 선보이게 되었고 제작된 곳도 개혁개방의 최전선 선쩐(深圳)이었다. 조선전쟁에 관한 다큐멘터리가 집중적으로 제작된 시기는 1997년부터 2013년이며 총 35편의 조선전쟁관련 다큐멘터리가 제작되었다. 이 시기에 제작되거나 출판된 조선전쟁관련 다큐멘터리는 출판방영된 기관의 지역을 살펴보면, 베이징, 상하이, 광저우 그리고 홍콩 등 중국 주요 도시를 모두 아우르며 다큐멘터리 내용으로 보면, 전쟁 진행과정을 다룬 것에서부터 구체적인 전투모습, 전쟁에서의 영웅무리 및 영웅 개인, 전쟁에 대한 소개 그리고 전쟁에 대한 반성에 이르기까지 매우 다양하다. 또, 다큐멘터리 형식을 보면 직접 전쟁을 경험한 사람의 전쟁에 대한 인터뷰도 있고 관련 연구자가 영상과 기타 역사문헌을 근거로 전쟁 속의 일부 문제에 대해 분석하고 해석한 것도 있다.

제작방식을 살펴보면 일부 방송국에서 방영한 관련 프로그램의 기초 위에 편집 정리되어 출판된 것이 많고, 그 중에서도 중국중앙텔레비전(CCTV)과 홍콩 봉황TV에서 제작된 다큐멘터리가 다수를 차지한다. 중국 인민해방군의 빠이(八一) 영화제작소, 군사과학원의 군사연구소와 인민해방군 선전센터에서도 군사(軍史)의 관점에서 제작한 다큐멘터리를 내놓았다.

비록 이 시기에 조선전쟁과 관련된 많은 다큐멘터리가 만들어졌지만 기본적인 영상자료는 전쟁기간에 촬영된 다큐멘터리이다. 그러나, 전쟁 당시와 전쟁 후 얼마 지나지 않아 촬영된 다큐멘터리와 달리 새로 제작된 다큐멘터리는 기존의 다큐멘터리에 새로 기밀 해제된 자료들을 종합하여 전쟁관련 문제에 대해 분석 및 상세한 설명을 가능케 하였다.

어떤 다큐멘터리의 경우, 기존의 영상자료에다가 관련 연구자의 분석을 덧붙여 연관된 문제를 새롭게 재해석하였으며 또, 전쟁을 직접 겪은 사람의 기억을 근거로 당시 전쟁 모습을 재현한 다큐멘터리도 있다. 이와 같이 훗날 다시 제작된 조선전쟁 관련 다큐멘터리는 사실상 조선전쟁에 대한 반성 또는 재해석의 결과라 하겠다. 우리는 이러한 다큐멘터리를 통해서 조선전쟁 속 일부 문제에 대한 중국의 견해에 변화가 생겼다는 점을 알 수 있다.

4. 다큐멘터리를 통해 본 중국의 조선전쟁에 대한 인식의 변화

1) 전쟁 발발의 원인

중국에서 최초로 제작된 조선전쟁 관련 다큐멘터리 〈항미원조(抗美援朝)〉 제1편에서는 미국이 이 전쟁을 일으켰다고 말한다. 또한 2차 세계대전 후 "조선 남부(남한 지칭)가 이제 막 일본 제국주의 속박에서 벗어났지만 곧바로 미국 제국주의 족쇄를 찼다. 인민들은 여전히 빛이 들어오지 않는 감옥에 수감된 죄수와 같은 생활을 하고 있다. 미국의 전쟁범죄자들은 남조선을 도화선으로 삼아 아시아에서 전쟁의 큰 불을 피우고 싶어 하며 미 제국주의는 하루도 빠짐없이 무장 진공 준비태세를 갖추고 있다. 1950년 6월 악명 높은 음모가인 델레스가 남조선에 도착해 직접 38선을 시찰하고 조선민주주의인민공화국 공격 계획을 세웠다. 미국의 북한 공격 계획은 중국인민공화국 공격 계획과 밀접한 관계가 있는 것이다"라고 말한다. 미국을 조선전쟁의 도발자로 간주하는 이유를 "델레스가 남조선을 떠난 지 사흘째 되는 날인 1950년 6월 25일, 이승만 도적떼들이 조선민주주의인민공화국에 전면전을 선포하고 번개같이 습격해 평양을 공략하고 조선민주주의인민공화국을 전복시키려고 했기 때문이다"라고 전한다. 〈항미원조(抗美援朝)〉 제1편에서 전한 한국전쟁 발발 원인에 대한 견해는 아주 오랜 시간 동안 중국의 한국전쟁에 대한 주된 인식으로 자리잡고 있었으며 6, 70년대 제작된 다큐멘터리에는 양대 진영의 대립구도에서 한국전쟁 발발 배경을 설명하는 내용이 첨가되었을 뿐이다.

1960년 10월 28일『인민일보』에 가오한(Gao han)이라는 필명으로 게재된 글에서 새롭게 상영되고 있는 다큐멘터리〈역사의 증거(历史的见证)〉를 소개하면서 "일부 신흥 사회주의국가들이 자국 경제건설에 바쁠 때, 미 제국주의는 탱크와 대포를 제작하는 데 정신이 팔려 있고 또, 사회주의국가의 두 날개는 전쟁을 일삼는 두 군국주의 국가인 서독과 일본을 지원하고 있다"고 기술했다.[21] 이 다큐멘터리는 양대 진영의 대립이 조선전쟁을 촉발시킨 원인이라는 직접적인 언급은 피했지만 냉전시기의 양대 진영간 대립에서 조선전쟁 발발의 원인을 탐구하기 시작했다.

냉전종식 후 제작된 관련 다큐멘터리는 직접적으로 조선전쟁 발발의 원인을 냉전이라고 귀결지었다. 예를 들어〈신 중국의 파빙(破冰), 한국전쟁 출병의 진실(新中国破冰之旅—出兵朝鲜真相)〉에서는 "지금 보면 1950년 조선전쟁은 사실상 2차 세계대전 종식 이후, 양대 정치 이데올로기의 직접적인 대치이자 세계 정치무대에서의 공연과 마찬가지이다"라고 지적했다.〈피 같은 석양(残阳如血)〉도 "신 중국이 성립되고 중소(中蘇, 중국과 소련) 집단이 만들어지면서 김일성은 무력으로 나라를 통일시키는 시기가 도래했다고 판단해 조선인민군이 전투를 시작했으며 미국은 이를 한반도 내부 전쟁임을 인정하지 않아 유엔군의 이름으로 신속히 응전하였다"고 전한다. 전쟁이 빠르게 확대되는 양상을 보이면서 양대 진영의 대립에서 조선전쟁 발발의 원인을 설명하였다.〈공화국의 전쟁(共和国的战争)〉도 마찬가지로 냉전에서 조선전쟁의 원인을 찾았다. 이 다큐멘터리의 설명에서는, 일찍이 1950년대 초, 미국이 38선 이북의 이상징후를 발견했으며 이후 미국이 바로 조선, 중국 그리고 대만을 미국의 태평양 방위선 밖으로 내보내겠다고 선포했다. 미국의 이 같은 행동은 아시아에서의 압박을 완화시키고 중점을 유럽에 두었기 때문이다. 동시에 스탈린도 마찬가지로 서구에서의 압박을

21) 高汉,「역사의 증거」,『인민일보』, 1960.10.28.

해소하기 위해서 김일성과 두 차례(후르시초프의 회고록) 비밀회담을 가졌다. 1949년 말, 북한이 무력으로 국가 통일 문제를 해결하겠다고 밝혔고 스탈린의 동의를 얻었다. 〈피 같은 석양(殘阳如血)〉은 신 중국 성립 후 중소(中蘇, 중국과 소련) 집단이 만들어지면서 김일성은 무력으로 국가를 통일시킬 시기가 도래했다고 여겨서 북한이 38선을 넘어 진격하였고 그래서 조선전쟁이 발발했다고 분석했다. 그러나 자본주의 진영의 큰 형 격인 미국은 이를 한반도 국민의 내전으로 인정하는 것을 거절하고, 유엔군의 이름으로 신속하게 응전하여 전쟁규모가 빠르게 확대되었다. 이를 통해 우리는 냉전체제 해체 이후, 중국학계의 한국 전쟁 발발 원인에 대한 인식이 보다 객관적이고 역사적 사실에 더욱 더 가까워졌다는 것을 알 수 있다.

또한 전쟁 발발 원인에 관해 누가 먼저 선제공격을 하였는가라는 문제에 대해 전쟁시기의 다큐멘터리와 전쟁 후반기에 제작된 다큐멘터리는 인식의 큰 변화가 생겨났다. 〈항미원조(抗美援朝)〉 제1편에서는 이 문제에 대해 "1950년 6월 25일, 이승만 도적떼들이 조선민주주의인민공화국에 전면전을 선포하고 번개같이 습격해 평양을 공략하고 조선민주주의인민공화국을 전복시키려고 한다"고 기술하였다.

20세기 6, 70년대 촬영된 다큐멘터리 〈38선(三八线)〉도 미 제국주의가 38선에서 침략전쟁을 시작했다고 말한다. 하지만 조선전쟁에 대한 연구가 진전을 보이면서 중국 각계에서도 전쟁은 북한이 먼저 공격을 시작한 것이라고 이해하고 따라서 후반기에 제작된 관련 다큐멘터리에서는 이 문제에 대해 더 이상 정면 언급하지 않고 대신 1950년 6월 25일 조선전쟁 발발이라고 객관적으로 서술되어 있다.

〈신 중국의 파빙(破冰), 한국전쟁 출병의 진실(新中国破冰之旅—出兵朝鮮真相)〉은 "1950년 6월 25일, 한반도 북위 38도 선상의 군사마찰이 전쟁으로 악화되었다" 고 말했다. 〈대결, 항미원조 전쟁 실록(较量-抗美援朝战争实录)〉에서도 이 문제에 대해 "1950년 6월 25일, 한반도 남북 양측이 국가통일문제를 둘러싸고 대규모 내전을 일으켰다"라고 표현하였다. 〈군사자료, 항미원조(軍事資料—抗美援朝)〉는 좀 더 간단히 "1950년 6월 25일 조선(한반도) 내전이 결국 발발하였다"고 전했다. 이를 통해 후반기에 제작된 다큐멘터리의 경우, 조선전쟁은 과연 누가 먼저 일으킨 것인가라는 문제에 대한 인식에도 수정이 있었다는 것을 알 수 있다.

또 하나 재미있는 사실은 이 전쟁의 중요한 한 측인 한국이 초창기 중국이 제작한 다큐멘터리 속에서는 언급되는 경우가 극히 적었으며 주인공은 줄곧 미국이었고 설사 한국이 언급되더라도 단지 미국의 '꼭두각시' 또는 '도적떼' 정도로 언급될 뿐이지 한국 국민이 언급되는 경우는 더 적었다는 점이다. 어쩌면 이것은 당시 객관적인 조건이 만들어낸 상황이며 후반기에 제작된 다큐멘터리에서도 이 같은 현상은 그다지 큰 변화가 없었다.

종합해보면 당시 냉전이라는 특수한 상황에서 중국 다큐멘터리 속에서의 조선전쟁 발발 원인에 대한 인식은 양대 진영 대립의 영향을 받았으며 전쟁의 원인을 미 제국주의의 침략정책을 귀결짓고 또 '이승만 도적떼'가 먼저 공격을 개시했다고 강조하고 있다는 것을 쉽게 알 수 있다. 냉전 체제 이후 제작된 다큐멘터리에서는 이 같은 인식이 어느 정도 수정되었다.

2) 전쟁의 성격

조선전쟁의 성격에 관해 중국 최초의 한국전쟁 관련 영상자료인 〈조선전선 신문(朝鮮前线新闻)〉은 "미 제국주의와 그 심복 국가들"의 북한에 대한 이유 없는 침략이라고 표현했다. 〈항미원조(抗美援朝)〉 제1편도 이는 "미 제국주의가 그들의 앞잡이를 시켜 조선민주주의인민공화국을 침략한 전쟁"이라고 말했다. 60년대 제작된 〈38선상(三八线上)〉도 마찬가지로 이 전쟁을 미국 등이 발발한 침략전쟁으로 간주하였으며 '중국, 북한인민, 전 세계 평화주의자들이 누차 침략자를 향해 엄중한 경고를 제기했다'고 전하

였다. 중국이 펼치고 있는 항미원조 운동에 대해 〈항미원조(抗美援朝)〉 제
1편에서는 "이것은 인민해방전쟁에 이어 중국 인민역사상 또 한번의 위대
한 영웅사업"이라고 밝혔다.

후반기 제작된 영상자료 중에는 조선전쟁의 성격에 대해 새로운 인식이
생겼는데 예를 들어 〈대결: 항미원조 실록(较量一抗美援朝实录)〉을 보면
"남북한 양측이 국가통일문제를 둘러싸고 대규모 내전을 일으켰다"라고 표
현했다. 외부세력이 개입되기 전의 전쟁을 내전으로 본 것인데 즉, 남과 북
두 정권이 반도의 통일을 완성하기 위해 펼친 내전이라는 것이다. 하지만
중국 참전 후의 전쟁 성격에 대한 인식에 있어서는 후반기 제작된 다큐멘
터리와 과거 다큐멘터리에 큰 차이가 없다.

〈대결: 항미원조 실록(较量一抗美援朝实录)〉은 "20세기 50년대 초 중국인
민지원군과 조선인민군이 어깨를 나란히 하여 교전하고 미국을 위시로 하
는 유엔군과 한국군대가 2년 9개월 동안 처절하게 싸워 세계가 인정하는
승리를 쟁취했다.

이는 피와 불의 대결이자 정의와 비정의의 싸움이기도 하다"라고 전한
다. 〈세계백년전쟁 실제기록, 항미원조(世界百年战争实录一抗美援朝)〉도
'중국인민의 항미원조 전쟁은 2차 세계대전 이후 벌어진 국제적인 큰 사건
이다. 극동과 세계평화를 위해 커다란 기여를 했다'고 주장한다. 이로써 우
리는 중국의 한국전쟁 관련 다큐멘터리에서 비록 전쟁의 성격에 대한 인식
이 조금 변화가 생기기는 했어도 중국의 항미원조 성격에 대한 인식에는
변화가 없었다는 것을 엿볼 수 있다. 다시 말해, 항미원조 전쟁의 정당성은
의심할 여지가 없으며 이는 중국 참전 원인과 직접적인 관련이 있다.

3) 중국의 참전 원인

조선전쟁 발발 후, 미국을 위시로 하는 유엔군의 개입으로 인해 전쟁규모가 빠르게 확산되고 전쟁태세 또한 변화가 생겼다. 유엔군과 한국군대가 38선을 넘어 북으로 진격하고 전선을 압록강 유역까지 끌어올렸다. 이러한 상황에서 중국은 10월 19일 중국인민지원군을 파견해 한국전쟁에 참전하였다.

중국 참전 원인에 대해 〈항미원조(抗美援朝)〉 제1편에서는 다음과 같이 몇 가지로 나누어 설명하였다. 첫째, "미국 제국주의가 계획에 따라 중화인민공화국을 침략하고 또 미국이 그들의 태평양에서의 제7함대를 대만으로 파견해 중국인민의 대만 해방을 허락하지 않고 우리나라 영토의 일부를 차지하였다". 둘째, 미국 등 38선 이북으로 진격하고 "계속해서 압록강 유역으로 올라오면서 직접적으로 우리나라 동북지역을 위협했다". 셋째, "침략군이 압록강 남쪽 연안에서 우리나라 농촌을 포격했고 동시에 공군을 동원해 동북지역을 침략하고 안동(安东, 지역명으로 '단동'의 옛 이름) 등지를 폭격했다". 이러한 상황에서 "적군이 칼날을 우리 머리에 겨누어 우리는 그들에 대항할 수밖에 없었다". "평화를 원한다면 적극적인 행동으로 폭행과 침략에 대항하라". 60년대 제작된 다큐멘터리 〈38선상(三八线上)〉은 "미 제국주의는 결코 중국에서의 실패를 인정하지 않는다. 그들은 히틀러, 도조 히데기의 망령에서 교훈을 찾고 싶어 하지 않는다. 그와 정반대로 오히려 지난 일본 군국주의를 계승해 우선 북한을 점령하고 그 다음 중국을 침략하려는 의도이다"라고 전하며 조선전쟁을 미국이 궁극적인 목적을 중국침략에 두고 계획한 전쟁이라고 간주하였다.

후반기 제작된 중국 다큐멘터리는 이 문제에 있어서 견해의 변화가 나타나지 않았다. 예를 들어 〈대결: 항미원조 실록(较量—抗美援朝实录)〉에서는 한국전쟁 발발 후 "미국 제 7대 함대가 대만해협으로 출병해 중국인민이 대만을 해방시키지 못하도록 했다"고 전한다. 비록 그렇지만 "미국 비행기가 중국 동북지역의 농촌을 무참히 폭격해" 중국의 "국가안보에 심각한 위협을 가져왔다"고 한다. 때문에 "미국은 이미 전쟁을 중국인민에게 강제로 떠맡겼다"고 말할 수 있다. 사실 중화인민공화국 수립 후, 눈앞에 놓인 가장 중요한 임무는 경제건설이다. 이를 위해 인민혁명군사위원회는 6월 24일 오후 인민해방군복원사업결정을 통과시켰다. 그러나 결정이 통과된 지 열 시간밖에 되지 않았을 때, 조선전쟁이 일어났다(〈대결: 항미원조 실록(较量—抗美援朝实录)〉). "전쟁 발발 첫날, 미국 해군 제7함대가 대만해협에 침입해 중국인민해방군이 대만을 해방시키지 못하도록 저지했다." 미국을 위시로 하는 유엔군 참전 후 대거 북진하면서 중국과 북한의 변경지역인 압록강으로 곧장 돌진하여 덮쳤다.

"미군 비행기가 중국 영공을 끊임없이 침입하고 중국 동북의 도시와 농촌을 무참히 초토화시키면서 수많은 인명피해와 재산손실을 가져왔다. 중국의 안보는 심각한 위협을 받았다". "미국은 이미 전쟁을 중국인민의 머리 위로 강제로 뒤집어 씌웠다". 때문에 "이웃을 구하는 것이 곧 나를 구하는 것이니 조국의 수호하기 위해 반드시 북한인민을 지원해야 한다"(〈군사자료, 항미원조(军事资料—抗美援朝)〉). 〈반세기의 메아리(半个世纪的回响)〉는 학자의 관점을 빌어 한국전쟁은 "예상치 못한 전쟁이자 중국이 강압적으로 받아들인 전쟁"이라고 지적했다. 중국이 강압적으로 받아들인 전쟁이라고 말한 이유에 대해서는 "미국 함대가 대만해협으로 들어왔고 미국 비행기가 압록강 대교를 폭파시켰으며 미국 군대가 압록강으로 쳐들어와 중국에 직접적인 안보위협을 야기시켰다. 그래서 중국은 어쩔 수 없이 출병하였기" 때문이라고 밝혔다.

비록 한국전쟁에 중국의 출병 합리성 여부를 놓고 학계에서 토론이 열리기도 했지만 대다수 학자들은 그래도 중국의 출병이 합리적이라 여기고 있으며 이는 다큐멘터리 속에서도 이 문제에 대해 견지하는 바와 일치한다고 말할 수 있다.

4) 전쟁의 의의

〈항미원조(抗美援朝)〉 제1편 제작 당시 조선전쟁이 아직 종결되지 않았기 때문에 전체적인 조선전쟁의 의의에 대해 평론할 수는 없지만 "항미원조 운동은 인민해방전쟁에 뒤이은 위대한 영웅사업이다"라고 말하였다. 50년대 말에 제작된 장편 다큐멘터리 〈영웅찬양(英雄赞)〉에서는 중국인민지원 군 참전은 "미국에 저항하고 북한을 구하기 위해, 가정과 나라를 지키기 위해, 극동의 평화를 위해서"라고 표현했다. 〈공화국의 전쟁-항미원조(共和国的战争—抗美援朝)〉는 조선전쟁에서 "중국이 백 년이라는 긴 굴욕의 역사 속에서 처음으로 전쟁의 진정한 주인공이 되었다", "상대를 핍박해 지금까지도 결론이 나지 않는 전쟁을 멈추게 하다", "또 이는 이 전쟁이 중국을 굴욕의 역사에서 벗어나 존엄을 향해 가도록 했으며 민족중흥의 길로 나아가도록 했다"고 전한다. 특히, 근대 들어 굴욕을 겪은 중국에게 있어 이는 "제일 처음 온전한 국가모습으로써 한마음으로 공동의 적을 미워하고, 함께 외세 치욕에 저항한 것이다"라고 밝혔다. 〈세계백년전쟁 실록, 한국전쟁(世界百年战争实录—朝鲜战争)〉은 거시적인 관점으로 한국전쟁의 의의에 대해 논하였으며 다큐멘터리에서는 "중국인민의 항미원조 전쟁은 2차 세계대전 이후 국제적인 큰 사건이며 이 전쟁의 승리는 미국을 주력으로 하는 유엔군의 한반도 북방(북한) 침략을 박살내었고 조선민주주의인민공화국의 독립과 사회주의 신 중국의 안보를 보위하였다. 극동 및 세계평화를 위해 커다란 기여를 하였다. 항미원조 전쟁의 승리는 미국의 불가전승 신화가 깨졌다는 것을 보여주는 것이다"라고 표현했다.

중국 참전의 원인이든 전쟁이 중국에 가지는 의의든 초창기 제작된 다큐멘터리든 후반기에 제작된 것이든 간에 기본적으로 일치된 견해를 유지하고 있다. 사실, 학계에서 이 두 문제에 관한 견해 또한 기본적으로 다큐멘터리 속의 견해와 일치한다. 비록 일부 학자들이 '만약 중국이 참전하지 않았다면 어땠을까' 를 두고 토론을 펼치기도 했지만 역사란 결국 가설을 세울 수 없는 것이며 역사적 사건은 반드시 당시의 역사배경에 두고 생각해야 하는 것이다. 바로 이런 이유 때문에 가설을 전제로 하는 견해는 절대로 다수의 동의를 이끌어낼 수 없다.

5. 맺음말

중국은 아시아에서 비교적 일찍 영화기술을 도입한 국가 중 하나이다. 초창기 촬영된 영화를 보면 대부분 사실이나 기록의 형식이 주를 이루고 있었으며 훗날, 영화보급과 기술발전에 따라 영화장르도 점점 더 많아졌다. 또, 근대 중국이 직면하고 있는 대내외적 고충 때문에 영화는 중국의 애국심을 발양시키는 수단으로 자리잡았다. 그래서 항일전쟁시기에는 침략에 대항하는 중국인민을 반영한 다큐멘터리가 많이 제작되었다. 여기에는 중국에서 활동했던 반일 조선독립투사의 내용을 담은 다큐멘터리도 있지만 대부분 찾을 수 없기 때문에 확인할 방법도 없는 실정이다.

신 중국 수립 후 얼마 지나지 않아 중국이 조선전쟁에 개입되면서 전쟁기간 그리고 전쟁 후 상당히 오랜 기간 동안 조선전쟁을 다룬 다큐멘터리가 촬영 제작되었다. 이들 다큐멘터리는 여러 가지 시각에서 해당 전쟁상황을 바라보았는데, 냉전시기 구소련과 미국으로 대표되는 양대 진영이 이데올로기적인 면에서 심각한 대립을 이루고 있었기 때문에 초창기 제작된 다큐멘터리의 경우, 전쟁의 발생원인이나 성격 등과 같은 소재 면에서 뚜렷한 이데올로기의 흔적을 찾아볼 수 있다.

조선전쟁은 양대 진영의 대립구도를 보다 더 고착화시켰으며 중국과 한국의 관계개선 기회를 빼앗아 가버렸다. 그래서 중국과 한국 수교 전, 중국에서는 한국관련 다큐멘터리를 찾아보기 어렵다. 물론 당시의 한국 정치상황을 알 수 있는 TV나 신문보도 영상자료는 일부 존재하지만 여러 가지 원인 때문에 해당 자료를 찾을 수도 볼 수도 없다. 한국전쟁 이후부터 중·한 수교 전까지 중국에서 한반도 관련 다큐멘터리는 대부분이 북한 혹은 중국과 북한 관계에 관한 것이었으며 정치적 색채가 매우 강했다.

신 중국 건립 이후 중국역사에서 한국전쟁이 매우 중요한 부분을 차지하고 있기 때문에 개혁개방 이후, 중국에서는 초창기의 영상자료를 토대로 상당히 많은 편수의 한국전쟁 관련 다큐멘터리가 제작되었다. 이 시기에 제작된 다큐멘터리는 초창기 영상자료를 바탕으로 새롭게 밝혀진 기록과 자연스럽게 연결되어 보다 더 상세하게 전쟁관련문제를 분석하고 설명하였다. 어떤 다큐멘터리의 경우, 기존의 영상자료를 토대로 관련 연구자의 분석을 덧붙여 연관된 문제를 새롭게 재해석하였으며 또, 전쟁을 직접 겪은 사람의 기억을 근거로 당시 전쟁모습을 재현한 다큐멘터리도 있다. 이와 같이 훗날 다시 제작된 조선전쟁 관련 다큐멘터리는 사실상 한국전쟁에 대한 반성 또는 재해석의 결과라 할 수 있다. 초기 다큐멘터리와 비교해 볼 때 정치와 이데올로기의 색채가 현저히 줄어들었으며 대신 이성적 사고요소가 확연히 많아져 전쟁 발발의 원인이나 어느 쪽이 선제공격을 하였는지, 전쟁성격 등 문제에 대해 다시금 생각하게 했으며 더 나아가 이들 문제를 바라보는 시각에도 뚜렷한 변화가 생겼다.

(번역: 강귀영)

참고문헌

1. 자료

『人民日报』

2. 논문 및 단행본

方方, 『中国纪录片发展史』, 中国戏剧出版社, 2003.

『朝鲜义勇队通讯』第3期, 1939年 2月 5日.

『朝鲜前线新闻』, 中央新闻纪录电影制片厂, 1951.

『抗美援朝(第一部)』, 中央新闻纪录电影制片厂, 1952.

『抗美援朝(第二部)』, 中央新闻纪录电影制片厂, 1953.

『英雄赞』, 中央新闻纪录电影制片厂, 1958.

王广西·周观武, 『中国近现代文学艺术辞典』, 中州古籍出版社, 1998.

『较量—抗美援朝实录』, 中国三环音像出版社, 1999.

『半个世纪的回响』, 中央新影音像出版社, 2000.

高维进, 『中国新闻纪录电影史』, 中央文献出版社, 2003.

『残阳如血—朝鲜战争的记忆』, 凤凰大视野纪录片, 2013年播出.

单万里, 『中国纪录电影史』, 中国电影出版社, 2005.

『新中国破冰之旅—出兵朝鲜真相』, 北京中体音像出版中心, 2005.

『共和国的战争』, 贵州文化音像出版社, 2005.

『世界百年战争实录—朝鲜战争』, 中国人民解放军音像出版社, 出版时间不详.

'원자력의 혜택'을 세계로*

: 냉전 초기 원자력의 평화적 이용과 관련한 미국 공보원(USIS) 영화에 대해서

츠치야 유카(土屋由香)

1. 서론

1955년, USIS 도쿄(U.S. Information Service Tokyo)는 히로시마와 나가사키에 대한 원폭 투하 10주년을 기념하여 제작했던 30분 정도의 단편 다큐멘터리 영화 〈원자력의 축복(原子力の恵み, Blessing of Atomic Energy)〉을 공개하였다. 이 영화는 일본 정부나 연구소·기업 등이 미국 국립 아르곤 연구소(Argonne National Laboratory)에서 보내 온 방사성 동위 원소를 농업·의료·산업·재해 방지 등의 분야에 응용하여, 원자력의 '평화적 이용'을 추진하고 있는 모습을 담고 있다. 또한 원자력 발전 방식도 소개하며, 이 기술이 미국이나 유럽에서는 이미 실용화되고 있음을 알리고 있다. 일본인이 패전과 히로시마·나가사키에서의 원폭 10년 뒤 그 충격을 극복하고 원자

* 이 연구는 JSPS 과학적 연구기금(JSPS Grant-in-Aid for Scientific Research), Number 24510349의 지원을 받아 이루어졌다. 또한 이 글은 *International Journal of Korean History* Vol.19, No.2(August 2014): 107-134에 영문으로 게재된 바 있다. 제목은 "The Atoms for Peace USIS Films: Spreading the Gospel of the "Blessing" of Atomic Energy in the Early Cold War Era"이다.

력의 "혜택"을 향유하며, 과학기술 강국으로의 길을 걷고 있는 모습을 그린 이 영화는 일본 전국의 아메리칸 센터(American Center)나 학교·마을회관 등에서 상영되었을 뿐만 아니라 각 나라의 언어로도 번역되어 영국·핀란드·인도네시아·수단·베네수엘라를 비롯한 적어도 18개국 이상의 나라에서 상영되었다.

이 영화는 미국 아이젠하워 정권(1953~1960년)이 당시 전개하고 있었던 '평화를 위한 원자력'(Atoms for Peace) 캠페인의 일환으로 제작되었던 50여 편의 USIS 영화(정부홍보영화) 가운데 하나였다. 아이젠하워 정권은 소련의 원자력 개발과 '평화 공세(平和攻勢)'에 대항하여 미국이 핵무기 개발만이 아니라 '평화로운 목적'으로 원자력을 이용하고 있으며, 이 분야에서 세계의 리더임을 드러내기 위해 박람회나 강연회, 책, 팜플렛, 그리고 USIS 영화를 활용하고 있었던 것이다.

이 글은 초기 냉전의 공공의 그리고 문화적인 외교 속에서 평화를 위한 원자력 이용에 관한 USIS(U.S. Information Service) 영화(이하 '평화를 위한 원자력 영화(原子力平和利用映画)'로 칭한다)의 역할을 규명한다. 특히 그러한 영화가 상영되었던 지역의 국제적 맥락에 주목한다. USIS 영화는 미 해외공보처(USIA, U.S. Information Agency)의 하부기관으로서 세계 80개국에 배치된 USIS를 통해 미국 정부가 전 세계적으로 진행했던 프로젝트였다. 전 세계의 USIS 사무소는 1953년 8월 해외선전과 공공/문화외교를 위한 특별기관으로 설립된 워싱턴의 USIA의 하부기관이었다.[1] 각 국의 USIS에 의해 상영된 USIS영화들은 USIA의 전반적인 감독 하에 있었다. 1958년 6월까

---

1) 1953년 8월에 USIS가 설립될 때까지, USIS는 국무부의 하부기관이었고, USIS 영화도 국무부의 관할 하에 있었다. USIS가 배치된 나라 수는 80개국 전후로 시기에 따라 증감이 있었다. 1952년 1월에는 85개국에서 USIS 영화가 상영되었는데, 몇 마일이나 걸어나 하는 영화 상영회를 다니는 열정적인 시청자들이 존재했다는 기록이 남아 있다. "IMP's Part in the Campaign of Truth," January 1952, "RG306, Entry A1 1066, box 153, National Archives at College Park(이하 NACP).

지 USIS영화들은 41개의 언어로 80개국에서 상영되었고, 연 약 5억 명이 관람하였다.[2] 총 영화 편수는 1960년대 중반의 시점까지 1,700편에 가까웠는데, 이 가운데 원자력을 주제로 한 50여 편 남짓은 1955년~1960년 사이, 즉 아이젠하워 정권의 '평화를 위한 원자력 캠페인' 시기에 집중적으로 제작되었다.

또한, 이 글은 USIS영화들, 대본, 그리고 영화의 개요를 분석하여 미국의 세계적 핵에너지 정책 안에서 USIS영화의 역할이 무엇인지 분석한다. 이는 '원자력의 축복'를 포함한 USIS의 평화를 위한 원자력 영화의 사례를 사용하여 이러한 영화들이 각국에서 소개되고, 상영되는 방식을 규명한다. 이를 통하여 왜 영화들 간의 상영지역 범위의 차이가 있는지, 그리고 왜 특정국가가 보다 더 중요한 타겟(target) 국가가 되었는지를 논의하고자 한다. 이는 정부가 영화를 어떻게 지원하는지의 예가 냉전시기 국제관계의 역사를 분석하는 창이 될 수 있음을 보여준다.

이 연구는 거칠게 구분하여 냉전학(특히 냉전 하 공공/문화 외교), 영화사, 그리고 핵에너지 역사라는 세 가지 학문적 분야와의 교착점에 놓여있으며, 이들 분야 각각에 기여하기 위한 시도이기도 하다. 냉전학은 과거 10년 동안 페니 폰 이쉔(Penny Von Eschen)의 *Satchmo Blows Up the World: Jazz Ambassadors Play the Cold War* (2004), 케니스 오스굿(Kenneth Osgood)의 *Total Cold War: Eisenhower's Secret Propaganda Battle at Home and Abroad* (2006), 마츠다 다케시(MatsudaTakeshi)의 *Soft Power and Its Perils: U.S. Cultural Policy in Early Postwar Japan and Permanent Dependency* (2007), 그리고 니콜라스 J. 컬(Nicholas J. Cull)의 *The Cold War and the United States Information Agency* (2008)-이 저자는 *De-Centering the Cultural Cold War: U.S. and Asia* (2009)[3] 공동 편자이기도 하다- 등 공공/문화 외교를 다루는 중요

---

2) USIA, *The Overseas Film Program*, June 1959, RG306, Entry A1 1066, box 153, NACP.
3) Penny M. Von Eschen, *Satchmo Blows Up the World: Jazz Ambassadors Play the*

한 학문적 작업들이 전개된 결과 "문화적 전환"을 경험하였다.

둘째, 이 글은 영화사의 새로운 접근을 시도한다. 미국 정부 지원의 영화들은 최근 학문적인 접근의 대상으로 부상해왔다. 일본에서는 1980년대 초, 교육사학자들이 전후 초기 미국 점령군에 의해 상영되었던 교육영화(CIE영화들)에 주목했다.[4] 2000년대부터 나카무라 히데유키(中村秀之)와 타니카와 타케시(谷川 建司)와 같은 영상역사가들은 CIE영화들을 분석했다.[5] 필자는 이러한 성과들로부터 많은 영향을 받았으며, 더 나아가 두권의 책에서 CIE영화들의 역사적, 정치적 측면을 탐구했다.[6] CIE영화들은 1952년 4월 점령이 끝났을 때 USIS영화로 개칭되었고, 국무부의 관할 하에 들어갔다가 이후 USIA 소관으로 바뀌었다. 2009년, 필자는 일본 정부 지원을 받아 CIE와 USIS영화들에 관한 프로젝트 팀을 꾸렸고, 3년 동안의 연구를 종합하여 『占領する眼, 占領する声—CIE/USIS 映画とVOAラジオ(점령하는 눈, 점령하는 소리: CIE/USIS영화, 그리고 VOA라디오)』(2012)를 발간했다.[7] 고려대학의 허은은 이 책에서 한국의 USIS영화 부분을 맡아 일본 독자들이 접할

Cold War (Harvard University Press, 2004); Kenneth Osgood, Total Cold War: Eisenhower's Secret Propaganda Battle at Home and Abroad (University Press of Kansas, 2006); Matsuda Takeshi, Soft Power and Its Perils: U.S. Cultural Policy in Early Postwar Japan and Permanent Dependency (Woodrow Wilson Center Press & Stanford University Press, 2007); Nicholas Cull, The Cold War and the United States Information Agency (Cambridge Studies in the History of Mass Communication, 2008); 貴志 俊彦 & 土屋 由香 編,『文化冷戦の時代—アメリカとアジア』(國際書院, 2009).

4) 阿部 彰,『戦後地方教育制度成立過程の研究(風間書房, 1983).

5) 中村秀之,「占領下米国教育映画についての覚書 —『映画教室』誌にみるナトコ(映写機)とCIE映画の受容について」, CineMagaziNet no.6 (http://www.cmn.hs.h.kyoto-u.ac.jp/CMN6/nakamura.htm), 2002; 谷川 建司,『アメリカ映画と占領政策』(京都大学学術出版会, 2002).

6) 土屋 由香,『親米日本の構築アメリカの対日情報・教育政策と日本占領』(明石書店, 2009); 土屋 由香,「占領期のCIE映画(ナトコ映画)」『日本映画は生きている』7(岩波書店, 2010).

7) 土屋 由香 & 吉見 俊哉 編著,『占領する眼・占領する声—CIE/USIS 映画とVOAラジオ』(東京大学出版会, 2012).

수 없는 중요한 정보를 제공했다.8) 또한 김한상의 박사논문(2013)을 포함하여 한국에서 USIS영화에 관한 학문이 시작되고 있다.9)

셋째, 이 글은 핵에너지사에 대해 새롭게 조명할 것이다. 많은 책과 논문들이 이 주제에 관해 쓰여졌는데, 특히 2011년 3월 후쿠시마핵발전소 사건 이후 늘어났다. 그러나 소수의 연구만이 미국의 평화를 위한 원자력 캠페인 속의 USIS의 영화를 주목할 뿐이었다. USIS영화들은 요시미 순야, 테츠오 아리마와 같은 저자들에 의해 언급되어왔지만, 그들의 일본 핵에너지사에 대한 거대한 논의 가운데 적은 부분만을 차지할 뿐이다.10) 이 글은 USIS 영화들의 역할을 보여줌으로써 초기 냉전시기 미국의 핵에너지 정책에 대한 연구에 상당히 기여할 것이다. 특히 연성권력 측면에 대한 분석은 핵에너지사에 대한 새로운 관점을 제공할 것이다.

2. 24개국의 USIS영화목록과 '평화를 위한 원자력 USIS영화'

〈표 1〉은 필자가 미 국립문서보관소(NARA)로부터 수집한 24개국의 USIS 영화 목록과 각각의 목록에 포함된 평화를 위한 원자력 USIS영화를 보여준다.11)

---

8) 許殷, 「冷戦期アメリカの民族国家形成への介入とヘゲモニー構築の最前線: 在韓米国広報文化交 流局の映画」, 土屋 由香 & 吉見 俊哉 編著, 『占領する眼·占領する声—CIE/USIS 映画とVOAラジオ』, 129~156.
9) 김한상, "Uneven Screens, Contested Identities: USIS, Cultural Films, and the National Imaginary in South Korea, 1945-1972," 서울대학교 사회학과 박사학위논문, 2013.
10) 吉見 俊哉, 『夢の原子力』(筑摩書房, 2012), 173~177; 有馬 哲夫, 『原発·正力·CIA 機密文書で読む昭和裏面史』(新潮社, 2008), 119~120.
11) 이 표는 25개국의 USIS영화 목록으로부터 저자가 수집한 것이다. 대부분 미국국립문서보관소에 저장되어있다. 일본(1959)은 헌책방을 통해 얻었으며, 대만(1967)은 대만대학교 도서관에 보관되어 있다.

〈표 1〉 USIS 영화 목록(세로), '평화를 위한 원자력' 영화 표본(가로)

	국가	제목	연도	발행기관	원자력을 위한 A (A is for Atom)	인류를 위한 원자력 (Atom in the Service of Humanity)	평화를 위한 원자력 2. 의학 (Atoms for Peace Part 2 Medicine)	원자력의 축복 (Blessing of Atomic Energy)	붕사 (Borax)	원자력과의 공생 (Living with the Atom)	유카와 이야기 (Yukawa Story)	평화를 위한 원자력 영화 총수
1	호주 (Australia)	Catalog of 16mm Sound Films	1956	USIS 시드니 (Sydney)	○	○	○	○	○	—	○	6
2	스리랑카 (Ceylon)	USIS Film Catalog	1966	USIS 콜롬보 (Clombo)	○	○	○	—		○	—	24
3	영국 (England)	Catalogue of 16mm Sound Films	1956	USIS 런던 (London)	—	○	○	○	○	—	○	25
4	핀란드 (Finland)	Elokuva luettelo Film Katalog	1957	USIS 헬싱키 (helsinki)	○	○	○	○	○		○	19
5	가나 (Ghana)	USIS Film Catalog	1961 - 1962	USIS 아크라 (Accra)	○	—		—	—	○		16
6	아이슬란드 (Iceland)	Kuikmyndaskra	1960	USIS 레이캬비크 (Reykjavik)	○	○	○	○	—		○	17
7	인도 (India)	Film Catalog	1964	USIS 뉴델리 (New Delhi)	○	—	○	—	○	—	—	20
		Single Print Film Catalog	1964	USIS 인도 (India)	—	—	—	○	—	○	—	19
8	인도네시아 (Indonesia)	USIS Film Catalog	1958	USIS 자카르타 (Djakarta)	—	○	○	○	○	—	○	13
		Film Catalog Suppliments No.1	1958	USIS 자카르타 (Djakarta)	—	—	—	—	—	—	—	1
9	이라크 (Iraq)	Catalog of Nation Pictures from the United States	1964	USIS 바그다드 (Baghdad)	○	○	○	○	○	—	—	25
10	일본 (Japan)	USIS 映画目錄	1959	USIS 도쿄 (Tokyo)	○	—	○	○	○	—	○	22
		USIS 映画目錄	1966	USIS 도쿄 (Tokyo)	—	—	○	○	○	○	○	32

11	한국 (Korea)	美国広報院映画目録	1964	USIS 서울 (Seoul)	○	—	○	—	○	○	—	25
12	쿠웨이트 (Kuwait)	Film Catalog	1972	USIS 쿠웨이트 (Kuwait)	—	—	—	—	—	—	—	8
13	라이베리아 (Liberia)	Film Catalog	1967 - 1968	USIS 몬로비아 (Monrovia)	—	○	—	○	○	○	—	17
14	말레이시아 (Malaysia)	Film Catalog	1964	USIS 쿠알라룸푸르 (Kuara Lumpur)	○	—	○	○	○	○	—	31
15	노르웨이 (Norway)	Tillegg till film katalogen for 1958 over Amerikenske Documentar-OGUndervisn ings Filmer	1958	USIS 오슬로 (Oslo)	—	—	—	—	—	—	—	0
16	파키스탄 (Pakistan)	Film Catalogue	1957	USIS 카라치 (Karachi)	○	○	○	○	○	—	—	17
17	페루 (Peru)	Catalogo De Peliculas	1961	USIS 리마 (Lima)	○	○	—	○	○	○	—	19
18	필리핀 (Philippine)	USIS Film Catalog Supplement	1958	USIS 마닐라 (Manila)	—	—	—	—	—	—	—	6
		USIS Film Catalog Suppliment	1959	USIS 마닐라 (Manila)	—	—	—	—	—	—	—	3
		Film Catalog	1971	USIS 마닐라 (Manila)	—	—	—	○	—	—	—	13
19	싱가폴 (Singapore)	Film Catalogue	1970	USIS 싱가포르 (Singapore)	—	—	○	○	○	○	—	32
20	대만 (Taiwan)	美國新聞處影片目錄 USIS Flims	1967	USIS 타이페이 (Taipei)	○	—	○	○	○	○	○	15
21	수단 (Sudan)	Film Catalog	1967 - 1968	USIS 하르툼 (Khartoum)	○	—	○	○	—	○	—	35
22	베네수엘라 (Venezuela)	Catalogo De Peliculas	1969	USIS 카라카스 (Caracas)	—	○	○	○	○	○	○	31

23	베트남 (Vietnam)	MUC THU PHIM Film Catalog	1965	USIS 사이공 (Saigon)	○	—	○	○	○	○	—	23
24	잠비아 (Zambia)	Film Catalog	1966 - 1967	USIS 루사카 (Lusaka)	—	○	—	—	—	—	—	10
각 영화가 상영된 나라의 총 수					15	12	17	19	16	14	8	

USIS의 평화를 위한 원자력 영화의 생산은 주로 1955년~1960년에 이루어졌기 때문에, 필자는 1955년 이전의 목록은 정리하지 않았다. 1960년대 초기-가장 생산적인 해의 직후-에 수집된 영화 목록은 각국에서 보여지는 USIS의 평화를 위한 원자력 영화의 전체 목록을 담고 있다고 할 수 있다. 그리고 필자는 1970년대 초(쿠웨이트, 필리핀, 싱가폴의 경우)까지의 영화 목록을 포함하였다. 싱가폴의 1970년도 목록 역시 32편 정도를 포함하고 있기 때문이다. USIS영화목록의 편찬연도는 국가들마다 다양했기 때문에 이들을 같은 조건에서 비교하는 것을 어렵다. 그럼에도 불구하고 1956~1972년까지를 포함하는 〈표 1〉의 목록들을 통해 세계적인 맥락에서 평화를 위한 원자력 USIS영화들의 일반적인 성격을 발견할 수 있다.

9개국에서의 영화 목록(〈표 1〉에서 음영 처리한 부분)은 25개 혹은 그 이상의 평화를 위한 원자력 영화를 포함했는데, 인도의 39편(1964)(일반적인 목록과 단면으로 인쇄된 목록 합계); 수단의 35편(1967-1968); 일본(1966)과 싱가폴(1970)의 32편; 말레이시아(1964)와 베네수엘라(1969)의 31편; 영국(1964), 이라크(1964), 그리고 한국(1964)의 25편이 그것이다.

인도·일본·영국과 같이 원자력 발전을 도입하려 했던 나라에서 많은 편수가 상영되었다는 것은 비교적 이해하기 쉽다. 이들 나라에 원자로나 기술·부품을 팔고자 했던 미국이 원자력을 평화적으로 이용하고 있는 당대의 상황이나 타국과의 협력을 영상에서 소개함으로써 미국이 가지고 있는 고도의 기술력과 높은 신뢰성을 증명할 수 있으리라 기대되었기 때문이다. 그러나 수단, 말레이시아, 베네수엘라, 이라크와 같이 가까운 장래에 원

자력 발전이 도입되지 않을 것이라 전망되었던 신흥 독립국에서도 상당 편
수의 영화가 상영되고 있었다는 것은 어떻게 이해해야 하는 것일까.

사실, 수단, 말레이시아, 베네수엘라, 이라크의 네 나라에는 공통 요소가
존재한다. 이들 나라 모두 원유 생산국이었고, 공산주의를 둘러싼 첨예한
내부 갈등을 내포하고 있었다는 점이다. 탈식민지화를 겪고 있는 세계의
여러 지역에서 냉전이라는 이름으로 '진영 쟁탈전'을 전개하고 있었던 미소
양국에게 석유 자원이 풍부한 나라들을 자국 진영으로 편입시키는 것은 중
요한 과제였다. 미국에게 있어 석유부호국에 안정적이고 비공산주의적인 체
제를 수립하고, 미국에 대한 우호적인 감정을 육성하는 것이야 말로 가장
주요한 관심사였다.

수단은 1956년에 영국과 이집트의 공동 통치로부터 독립한 이후, 내란
으로 인해 불안정한 정세가 계속되고 있었으며, 1969년 미국 육군 참모 대
학(Command and General Staff College(C G S C)) 출신인 누메이리(Gaafar
Muhammad an-Numeiry)가 군사 쿠데타로 권력을 장악하고 있었던 상황이었
다. 누메이리는 1969년 11월, 소련과 군사적, 경제적 결합을 강화하면서 공
식적으로 소련을 방문했다.[12] 1967년~1968년에 발행되었던 USIS 영화 목록
에 35편이나 되는 '평화를 위한 원자력 샘플 영화'가 포함되어 있었던 것은
친미 정권의 수립 여부가 달린 중요한 시기에 소련보다도 높은 과학 기술로
평화와 번영을 가져올 미국의 모습을 각인시키기 위한 이미지 전략과 관계
되고 있었다. 실제로 미국 정부는 수단에서 USIS 영화 이외에도 공공/문화
외교에 주력하고 있었다. 예를 들어 1961년 저명한 흑인 재즈 트럼펫 연주
자인 루이 암스트롱(Louis Armstrong)을 국무부 주최의 아프리카 투어에 파
견하여 대성공을 거두었는데, 이때 수단도 방문국에 포함되어 있었다.[13]

---

12) 『アフリカを知る事典』, 平凡社, 2010, pp.538~539.

13) Penny M. Von Eschen, *Satchmo Blows Up the World: Jazz Ambassador Play the Cold War*, Harvard University Press, 2004, p.71.

베네수엘라에서는 1958년의 민주적 선거 결과, 군사 독재 정권이 무너지고 사회민주당인 액시온 데모크라티카(Accion Democratica, AD)의 베탕크루(Rómulo Ernesto Betancourt Bello) 정권이 출범했다. AD체제는 남미 지역에서 장수 기록을 세우며 1991년까지 존속되었다. 그러나 오직 1970년대 초 석유수익의 유입만이 베네수엘라 민주체제를 안정화시키고 있었다. 이전 AD의 지지자들 사이에서 무장한 반대세력들이 등장하였고, 이들이 공산당의 파당에 합류하여 정부의 고민거리가 되고 있었다.14) 미국에게 있어서 베네수엘라는 석유 공급지이자, 미국 상품의 시장, 그리고 남미의 공산주의를 봉쇄할 연합세력으로서 특별히 중요했다. USIS의 평화를 위한 원자력 영화의 상영은 미국정부가 고도로 복잡한 기술을 공론화하고, 그 나라에 공산주의의 영향력이 확산되는 것을 막음으로써 베네수엘라인들의 마음과 심리(the hearts and minds)를 얻는 한 방법이었다.

말레이시아는 1957년 말라야연방으로서 영국으로부터 독립한 이후, 1963년 말레이시아로 수립되었으며, 1965년에는 여기에서 싱가포르가 독립하여 형성된 국가이다. 반식민지 및 항일 운동에 있어 주요역할을 했고, 독립 이후 막강한 권력을 유지했던 말라야 공산당(Communist Party of Malaya, CPM)은 말레이시아와 싱가포르의 수립에 반대했다. 그러나 말레이시아와 싱가폴이 UN의 승인을 얻으면서 그들의 캠페인은 점차 신뢰를 잃었다. 1960년대 말에 이르러서 CPM은 그들의 정치적 캠페인을 포기했고, 베트남 민족주의자들의 전쟁과 중국의 문화혁명과 같은 선상에서 군사적 항쟁과 혁명을 불러일으켰다.15) 이러한 가운데 미국은 31편의 USIS 평화를 위한 원자력 영화들을 이 나라에 소개했다. 이는 수단이나 베네수엘라와 마찬가지로 미국

---

14) Kevin Neuhouser, "Democratic Stability in Venezuela: Elite Consensus or Class Compromise?", *American Sociological Review*, vol.57, no.1(Feb. 1992), pp.122~125.
15) Cheah Boon Kheng, "The Communist Insurgency in Malaysia, 1948-90: Contesting the Nation-State and Social Change," *New Zealand Journal of Asian Studies* 11, June 2009, pp.145~146.

이 가지고 있는 고도의 과학 기술력으로써 말레이시아를 자국 진영 안으로 포섭해 두려는 의도를 보여준다.

마찬가지로 산유국인 이라크에서도 1958년의 혁명에서 왕정을 전복했던 카심(Abdel Karim Qassim)이 이라크 공산당에게 접근하여 소련의 원조를 얻고자 했다. 그때까지만 해도 바그다드 조약의 일부로서 영미의 동맹국이었던 이라크의 배반은 미국 정부에게 있어 커다란 충격이 되었기 때문에 미국은 다양한 원조를 통해 이라크를 서구 진영에 유지시키고자 했다.[16] 1964년 USIS 영화 목록에 담겼던 25편의 원자력의 평화적 이용에 관한 영화도 이러한 노력의 일환이었다.

수단, 베네수엘라, 말레이시아, 이라크의 예는 원자력이 핵무기나 원자로와 같은 '강성권력(hard power)' 뿐만 아니라, '연성권력(soft power)'으로서의 외교적 가치를 가지고 있었음을 보여준다. 원자력의 평화적 이용 사례 영화를 보여주는 것과 석유 자원의 확보는 직접적으로는 연결되지 않는다. 그러나 미국은 원자력 개발을 위한 기술력·경제력이 갖추어지지 않은 나라들에 대해서도, 원자력이 가져다주는 근대성이나 풍요로움, 그리고 미국이 가진 고도의 기술력 등의 '이미지'를 선전했다. 그렇게 함으로써 천연 자원이 풍부한 개발도상국을 자기편으로 만들고, 이들 국가의 자원이 공산권의 손에 넘어가는 것을 방지하고자 했던 것이다. 이는 원자로나 부품 등의 '눈에 보이는 거대한 것(hard)'이 아니라 이미지를 판매하려 한 것이다. 즉 미국이야말로 원자력을 비롯한 과학 기술의 리더이기 때문에, 미국 측에 서면 그와 같은 풍요로움과 근대성을 실현할 수 있다는 것을 이들 나라에 선전한 것이다. 세계적으로 원자력에 큰 꿈과 기대가 모아지고 있었던 당시, 평화를 위한 원자력 영화는 미국 진영의 확대와 자원 확보를 위해 필요한 연성권력(soft power) 전략으로서 기능했던 것이다.

---

16) Odd Arne Westad, *The Global Cold War*, Cambridge University Press, 2007, pp.126~127.

더 복잡한 문제는 영국과 미국은 반공동맹이었지만, 원자력 정책에 있어서는 라이벌 관계였다는 점이다. 영국은 미국보다 한발 앞서 원자력 발전의 상용화에 성공했으며, 일본이 최초로 구입한 원자로도 영국제 콜더홀형 원자로(Calder-Hall type power reactor)였다. 또한 영국은 제2차 세계 대전을 계기로 하여 국력이 쇠퇴하였음에도 영연방 국가와 중동·아프리카 옛 식민지 국가들에 대해서는 여전히 일정한 영향력을 유지하고 있었다. 따라서 실론(스리랑카), 말레이시아, 이라크, 가나와 같은 나라들에서 미국제 평화를 위한 원자력 영화가 적극적으로 상영되었던 배경에는 영국의 영향력을 견제한다는 의미도 포함되어 있었다고 생각된다.

3. 7편의 표본(sample) 영화 상영

USIS의 평화를 위한 원자력 영화가, 어떤 내용인지, 그리고 세계 어느 나라·지역에서 상영되고 있었는지를 조사할 수 있다면, 영화의 목적이나 특징을 추출할 수 있을지도 모른다. 그러나 25개국의 50편 이상의 영화 전체에 대한 상영 대상국을 다루는 것은 필자의 역량을 넘어선다. 따라서 여기에서는 7편의 특징적인 평화를 위한 원자력 영화를 '표본(sample)'으로 선택하고, 이들 상영 대상국을 조사한다. 〈표 1〉은 7편의 영화 각각이 상영된 국가를 보여준다. 이를 통해 어떤 유형의 영화가 어떤 나라에서 상영되었는지를 분석함으로써 USIS의 평화를 위한 원자력 영화의 목적을 고려한 측면을 유추할 것이다. 이러한 분석은 더 나아가 미국이 각 국가에 대해 상정한 평화를 위한 원자력 캠페인의 목표를 국제적으로 비교할 수 있는 길을 열어줄 것이다.

1) 〈원자력을 위한 A〉(*A is for Atom*, 1954년, 原子力とは)은 제너럴 일렉트릭社(General Electric Company, GE)가 유명한 애니메이션 회사에 발주하여 제작했던 14분 남짓의 작품으로, USIA가 USIS 영화로 채용한 것이다. 이 애니메이션은 '닥터 아톰'이라 불리는 흥미로운 캐릭터를 등장시켜, 핵분열 이론, 원자로와 원자력 발전 방식, 그리고 농업·공업·의학에서의 원소의 응용에 대해 알기 쉽게 해설했다. 이는 세계 각국의 평화를 위한 원자력 이용 박람회장에서 반복 상영됐다는 점에서, 어린이나 저학력자를 포함하여 어떠한 국가의 어떠한 청중에게도 수용될 수 있는 전형적인 '범용형(汎用型)', '각국 공통형(各国共通型)'의 원자력 평화 이용 영화라고 할 수 있을 것이다.[17] 또한 이 영화는 본고에서 분석된 24개국 가운데 영국, 인도네시아, 쿠웨이트, 라이베리아, 노르웨이, 필리핀, 싱가포르, 베네수엘라, 잠비아를 제외한 15개국에서 상영되었다. 이 중 세 국가(쿠웨이트, 싱가폴, 잠비아)가 영국의 식민지였었다는 점에서 과거 영국 영향력 하에 있던 지역에는 미국 사기업에 의해 지원받고, 미국 애니메이션 회사에 의해 제작된 영화가 공공/문화 외교적 도구로서 효과적이지 않았다고 볼 수 있다.

2) 〈인류를 위한 원자력〉(*Atom in the Service of Humanity*, 1955년, 일본어 제목 없음)은 1955년 오스트리아 빈에서 개최되었던 원자력 평화 이용 박람회의 상황을 필름에 담은 40분 분량의 다큐멘터리 영화이다. 유럽에서의 원자력의 평화적 이용 사례를 담았던 이 작품은 주로 서양의 여러 나라들에 대한 선전을 위해 활용되었을 것이라는 가설 하에 표본으로 선택했다. 예상했던 대로, 영화가 상영되었던 국가들은 호주, 실론, 영국, 핀란드, 아이슬란드, 인도네시아, 이라크, 라이베리아, 파키스탄, 페루, 베네수엘라,

17) John Sutherland Production, 〈*A is for Atom*〉(1954), The Big Cartoon Database (http://www.bcdb.com/cartoons/Other_Studios/S/S-_Miscellany/John_Sutherland_Productions/); "A is for Atom"(脚本), April 23, 1954, RG306, Entry 1098, NACP.

잠비아의 12개국으로, 서구 국가 및 영국 연방 국가들이 많았다. 상영되지 않았던 나라는 가나, 인도, 일본, 한국, 말레이시아, 노르웨이, 필리핀, 수단, 베트남의 9개국으로 아시아·아프리카권 나라들이 대부분이었다.

3) 〈평화를 위한 원자력 2. 의학〉(*Atoms for Peace Part 2 : Medicine*, 1955년, 原子力平和利用シリーズ 第2部·医学)은 주인공인 미국 남성이 원자력 의료를 통해 목숨을 건진 본인의 경험을 이야기하는 드라마 형식의 필름으로, 원자력의 혜택을 실제 삶에서 경험한 평범한 시민을 소개하는 전형적인 패턴의 USIS 영화이다.[18] 이 영화는 가나, 쿠웨이트, 라이베리아, 노르웨이, 페루, 필리핀, 잠비아를 제외한 17개국에서 상영되었다. 이 영화는 상대적으로 USIS의 평화를 위한 원자력 영화가 많이 상영되었던 나라에 배급되었다는 점에서 USIS영화가 활발히 상영되었던 나라에 소개되었다고 볼 수 있다.

4) 〈원자력의 축복〉(*Blessing of Atomic Energy*, 1956년, 原子力の恵み)은 서두에서 말했던 대로 USIS 도쿄가 히로시마와 나가사키에 대한 원폭 투하 10주년을 기념하여 일본 현지 촬영을 통해 제작했던 작품이다. 이 영화에서는 미국이 제공했던 방사성 동위 원소가 일본의 연구소나 병원, 기업 등에서 폭넓게 이용되고 있는 모습을 그렸으며, 원자력 발전이 유럽이나 미국에서 실용화되어 있다는 것도 언급하고 있다. 이 영화는 피폭국인 일본이 평화적으로 원자력을 이용하고 있다는 것을 세계에 어떻게 선전하고 있었는지를 이해할 수 있다는 점에서 중요하다.[19] 또한 7편의 표본 가운데 상

18) *Medicine: Atoms for Peace Series Part II* (フィルム), RG306, NACP ; "Medicine: Atoms for Peace Series Part II"(脚本), April 4, 1955, RG306, Entry 1098, NACP.
19) *Blessings of Atomic Energy*(フィルム), RG306, NACP ; "Blessings of Atomic Energy"(脚本), January 17, 1956, RG306, Entry 1098, NACP.

영국 수가 가장 많은 작품으로 가나, 한국, 쿠웨이트, 노르웨이, 잠비아를 제외한 19개국에서 상영되었다. 이는 미국 정부가 일본이 원폭의 상처를 극복하고 스스로 원자력의 평화적인 이용을 스스로 추진하면서, 그 혜택을 향유하고 있다는 이야기를 세계 각국에 선보이는 것에서 영화 상영의 의의를 찾았다는 것을 뒷받침한다. 그러나 이 영화는 많은 수의 다른 영화들이 상영되었던 한국에서는 상영되지 않았다. 이는 미국이 옛 종주국이었던 일본이 미국의 원조 하에서 발전하는 모습을 보이는 것은, 한국인의 반감을 초래할 수 있다는 점에서 자국에 유리한 정책이 아니라고 여겼기 때문일 것이다. 이전 식민제국에 대한 긍정적인 묘사가 미국에 대한 적대감을 고조시킬 수 있다는 것이었다. 이것은 허은의 논고에서 지적되고 있는 것과 같이 USIS 영화가 한국인의 민족주의를 고무하는 내용을 적극적으로 받아들였다는 사실과도 부합하고 있다.[20]

5) 〈BORAX〉(*Borax*, Boiling Reactor Experiment, 1956년, 原子力発電の実用実験)는 1955년 미국에서 시작되었던 비등수형(沸騰水型) 원자로 실험에 대한 영화이다. 영화는 아르곤 국립 연구소(Argonne National Laboratory)에서의 비등수형 원자로 개발 과정 및 아이다호(Idaho)州 아르코(Arco)에서 완성된 원자로의 원자력 발전으로 인해 전등이 켜지는 순간을 보여준다. 또한 원자력이 언젠가 '평화로운 세계에서 공장을 움직이고, 집들을 따뜻하게 하고, 음식을 요리하고, 인간의 생활을 보다 풍요롭고 충실하게 해 줄 거예요.'라며 매듭짓고 있다. 이는 원자력 발전의 연구·개발을 그린 과학영화이며, 원자력이 가져다주는 이상향적인 미래를 선전하는 홍보 영화이기도 하다.[21] 이 영화는 실론, 가나, 아이슬란드, 쿠웨이트, 노르웨이, 필리

---

20) 허은, 앞의 글.
21) *Borax: Construction and Operation of a Boiling Water Reactor*(フィルム), RG306, NACP ; "Borax"(脚本), January 30, 1956, RG306, Entry 1098, NACP.

핀, 수단, 잠비아를 제외한 16개국에서 상영되었다. 비상영국 가운데는 상영편수에서 상위를 점하고 있었던 수단을 포함하여 아프리카 3개국도 포함되어 있다. 추측컨대, 원자력 발전의 연구·개발을 그린 과학 영화는 연성권력(soft power)이 아니라 강성권력(hard power)의 측면(원자로·발전 기술)을 선전하고자 했던 나라들을 중심으로 상영됐기 때문에, 원자력 발전을 추진하기 위한 인프라 정비가 충분하지 않았던 신흥국에서는 개봉되지 않았던 것이라고 생각된다.

6) 〈원자력과의 공생〉(*Living with the Atom*, 1960년, 原子とともに)은 평범한 시민을 등장시켜 그 자신의 경험을 설명하게 하는 드라마 형식 영화의 또 다른 예이다. 이 영화의 경우에는 핵발전소의 안전성을 강조한다. 미국의 소박한 시골 마을에서 자란 주인공 랄프와 그의 소꿉친구 찰리가 성장하여 각각 목장 경영자와 원자로 기술자가 된다. 랄프는 마을 대표로서 마을에 건설되었던 원자로의 안전성 조사에 나선다. 원자로의 안전 책임자인 찰리는 시설 내부를 안내하면서 이중삼중의 견고한 안전 대책을 설명함으로써 랄프를 안심시킨다. 영화는 랄프와 같이 원자력에 불안을 느낀 시청자들이 그의 시선을 따라 원자로 시설 내부를 둘러보면서, 그 안전성에 대해 설득당하는 구조로 되어 있다.[22) 이 영화가 상영된 지역은 실론, 가나, 아이슬란드, 인도, 일본, 한국, 라이베리아, 말레이시아, 페루, 싱가폴, 대만, 수단, 베네수엘라, 베트남을 포함한 14개국이며, 상영되지 않았던 곳은 호주, 영국, 핀란드, 인도네시아, 이라크, 쿠웨이트, 노르웨이, 파키스탄, 필리핀, 잠비아 등 10개국이었다. 호주, 영국, 핀란드, 노르웨이와 같은 서양의 여러 국가가 아니라 주로 아시아·아프리카·라틴 아메리카 국가들에서 상영되었다. 그 이유는 명확하지 않지만, 미국이 미국의 핵기술이 안전하며

22) "Living With the Atom"(脚本), November 25, 1959, RG306, Entry 1098, NACP.

평범한 미국인들이 핵기술과 함께 안전하고 행복하게 살고 있음을 아시아, 아프리카 지역의 사람들에게 설득하고자 했던 것이라 여겨진다.

7) 〈유카와 이야기〉(*Yukawa Story*, 1955년, 父湯川博士)는 1949년 노벨 물리학상을 수상했던 유카와 히데키(湯川秀樹)의 연구 생활을, 차남인 유카와 타카아키(湯川高秋)의 관점에서 이야기했던 41분 분량의 작품이다. 유카와 히데키가 서양 근대 과학의 구현자로서 미국의 첨단 과학 연구소나 도시 문명을 배경으로 하여 그려지는 한편, 아내의 수미(スミ)는 다도나 일본 무용 등 전통 문화의 담당자로서 그려지고 있다. 화자인 타카아키는 고등학교 졸업에 즈음하여 아버지와 어머니 가운데 누구의 생활방식을 선택해야 할지, 즉 미국의 대학에서 물리학을 배울지, 일본으로 돌아가 불교 철학을 배울지 고민하고 있다. 마침내 그는 아버지가 탐구한 첨단 과학의 세계와 어머니가 사랑하는 전통 문화의 세계가 조화적으로 공존할 수 있다는 것을 깨닫는다.[23] 일본인에게 있어 국민적 자부심이었던 유카와 히데키는 미국의 공보 문화 외교에 있어서도 중요한 상징이었다. 왜냐하면 그는 미국의 원조 하의 원자력의 평화적 사용에 대한 일본의 참여를 전형적으로 보여주었기 때문이다. 그러나 이 영화는 24개국 중, 호주, 영국, 핀란드, 아이슬란드, 인도네시아, 일본, 대만, 베네수엘라 등 8개국에서만 상영되었을 뿐이다. 서양의 여러 나라가 많이 포함되고, 아시아 · 아프리카 개발도상국이 적었던 데에는 전자의 경우 서양 여러 나라의 관객이 아시아의 노벨상 과학자에게 관심을 가질 것이라 여겼기 때문이고, 후자의 경우 전쟁에서 패배했던 일본이 노벨상 과학자를 배출했다는 것이 아시아 국가들에 보여졌을 경우 그들의 반발을 초래할지로 모른다는 USIA의 우려가 있었기 때문일 것이라 생각된다.

---

23) *Nobel Gold: The Hideki Yukawa Story, 1954*, (DVD), archives.gov, manufactured by CreateSpace, an Amazon.com company.

이처럼 7편의 영화를 검토한 결과, 많은 편의 USIS 평화를 위한 원자력 영화가 24개국 중 15개국 정도에서 공통적으로 상영되고 있는 한편, 눈에 띠게 상영국 수가 많은 필름이나, 적은 필름도 존재했다는 대략적인 경향을 알 수 있다. '원자력의 축복'이 19개국으로 가장 많은 국가에서 상영되었고, '유카와 이야기'가 8개국으로 가장 적은 국가에서 상영되었다. 또한 '인류를 위한 원자력'과 같은 특정한 영화들은 주로 서구국가에서 상영되었던 반면 '원자력과의 공생'과 같은 영화는 주로 아시아와 아프리카 국가에서 상영되었음이 분명해졌다. 더 나아가 '원자력을 위한 A'나 '원자력의 축복'과 같이 공격적으로 배급되었던 영화들도 몇몇의 국가에서는 회피되었다. 이는 아마도 세부적인 이유가 있었을 것이다. '원자력을 위한 A'는 영국에서는 상영되지 않았고, 그 영향 하에서 몇몇의 국가에서도 상영되지 않았다. 그리고 '원자력의 축복'은 대부분의 영화가 상영되었던 국가로서 한국과 영국에도 상영되었지만 일본에서는 상영되지 않았다.

이는 24개국과 7편의 영화라는 소규모의 표본이기 때문에 충분한 통계적 중요성을 전달하지 않는다. 그렇다 하더라도 이 같은 수치는 USIS 평화를 위한 원자력 영화들이 세계 모든 곳에 상영된 것이 아니라 각국의 경제적, 사회적 상황에 따라 가장 알맞은 영화들이 선택되어 상영되었다는 점을 보여주고 있다. 다음 장에서는 왜 '원자력의 축복'이 대부분의 나라에서 상영되었는지를 영화 이면의 냉전시기 국제적치를 밝힘으로써 보다 상세히 살펴볼 것이다.

4. 전 지구적 공보영화로서의 〈원자력의 축복〉

〈원자력의 축복〉은 어떠한 목적으로 19개국에서 상영되었던 것일까. 이 영화는 모든 상영국에서 같은 목적으로 상영되었을까. 우선 필름과 시나리오에서 이 영화의 몇 가지 중요한 특징을 추출하고자 한다. 첫째로 규명할 수 있는 것은 영화 대부분이 일본 현지에서 촬영되었다는 것이다. 이 영화 서두에 제시된 감사의 말을 통해 일본 방사성 동위 원소 협회(日本放射性同位元素協会), 과학 연구소(科学研究所), 교토 대학(京都大学), 도쿄 대학(東京大学), 농림성(農林省), 건설성(建設省), 이시카와지마 중공업(石川島重工業), 히타치(日立) 등 일본의 산·관·학(産·官·学) 각각의 분야가 영화 제작에 협력하고 있는 것을 알 수 있다. 농업·의학·산업의 각 분야에서 일본인 연구자나 기술자가 활약하여 원자력의 새로운 이용 방법 연구에 전념하고 있다는 것이 중심 주제인데, 이렇게 '현지 국가의 사람들의 활약'을 강조하는 경향은 예컨대 '브라질의 원자의약(Atomic Medicine in Brazil)' 등과 같은 미국 이외의 나라를 주제로 했던 원자력 평화 이용 사례 영화에서도 마찬가지로 드러난다.

둘째, 영화의 처음이자 마지막 부분에 미국이 등장한다. 즉, 서두의 애니메이션에서 핵분열 장치가 설명된 직후, 테네시州 오크 리지(Oak Ridge)의 국립 연구소에서 제조된 방사성 동위 원소가 일본에 수입된 덕분에 일본에서의 '원자력의 평화적 이용'이 성공하게 되었다는 것을 보여 준다. 즉 일본 연구와 발전의 뒤에는 미국으로부터의 지원이 있었다는 것을 보여준다. 또한 필름 후반부 아이들의 영상이 나오기 전에는, 발전이야말로 평화를 위한 원자력 이용의 '가장 기대할 수 있는 측면'이라는 것이 강조되고, 미국에서는 이미 원자력 발전의 실용화가 시작되고 있음을 소개한다. 이리하여 원자력 평화 이용의 '시작'과 '최첨단'이 모두 미국에 의한 것임을 보여주고 있는 것이다. 미국에 의한 지원의 강조는 앞에서 거론했던 '브라질의 원자의약'이라는 USIS 영화에서도 마찬가지이다. 이 영화의 오프닝 장면에서는, 월트 디즈니가 직접 상파울루 병원의 소아 병동 벽에 그린 도널드 덕을 보여주며 미국의 선의를 각인시켰고, 이어서 '록펠러 재단의 기부로 미국의 오크 리지(Oak Ridge) 연구소로부터' 배송된 방사성 동위 원소가 브라질 의학 연구에 사용되고 있음을 소개하고 있다.

셋째, 대부분의 USIS 영화에서 공통적으로 보여지는 측면으로, 농업·의학·공업·발전(發電)의 네 분야가 '평화를 위한 원자력'의 내용으로서 소개되고 있다. 곡물의 생육(生育) 현황 조사, 방사성 코발트에 의한 암 치료, 공업 제품의 균질화 등은 다른 USIS 영화에서도 반복해서 등장하는 주제인데, 그 이외에 모기 박멸이나 하천의 치수 공사 등 일본 특유의 이용 방식도 소개되고 있다. 마지막으로 '가장 기대할 수 있는 측면'으로서 소개된 '발전'의 경우 다른 세 분야보다 시간은 짧지만, 애니메이션과 미국의 영상을 통해 획기적인 내용으로 다뤄지고 있다. '원자력의 축복' 또한 다른 USIS 영화와 마찬가지로 농업·의학·공업·발전이라는 네 세트가 '평화를 위한 원자력'의 정의라는 것을 시청자에게 교사(敎唆)하고 있는 것이다. 말할 것도 없이, 이들 네 분야는 '평화' 구축만을 목적으로 하는 것이 아니다. 원자력 발전에 의해 얻어진 전력(電力)은 군사적으로 이용될 수도 있으며, 원자로는 원자력 잠수함이나 원자력 항공모함에도 응용된다. 따라서 이 영화는 '원자력의 평화적 이용'을 USIA 측의 기준에서 정의하고 그것을 시청자에게 주입시키는 것이었다고 할 수 있다.

마지막으로 이 영화는 원자력이 후대까지 밝고 풍요로운 사회를 가져다 준다는 이상향적인 미래상을 그리고 있다. 엔딩 장면에서는 일본인 어린이들이 교정(校庭)에서 활발하게 놀고 있는 모습을 비추면서 "미개인이 불을 발견하여 점차 그 사용법을 배워 간 것처럼, 오늘 우리들은 〈제2의 불〉인 원자의 무시무시한 힘이 어떻게 하면 후대에 걸쳐 인류를 위해 이바지할 수 있을지를 배우고 있는 것입니다"라는 내레이션이 나온다. 원자력이 일본의 장래에 있어서 결정적 역할을 완수할 것임을 시사하고 있는 것이다.

영화의 내용은 이러하지만, 그 소개 방식은 각 나라마다 다르다. 특히 첫 번째 주제 "지역의 활동들,"이나 두 번째 주제 "미국 원조"에서 큰 차이를 드러낸다. 일본 목록에서는 '원자력, 특히 방사성 동위 원소(radioisotope)가 일본에서 어떻게 이용되고 있는지와 농업·의학·산업 각 방면의 실상을 소개하고, 아울러 원자와 원자력의 개념을 설명하고 있다. 이 영화를 통해 일본이 홍수·방역 대책에서 독창적인 활용을 하고 있다는 것을 알 수 있다'(1966년 목록)라고 되어 있다. 이는 일본의 성과라든지, 미국의 원조를 강조하지 않는다. 대신 원자력의 구조로서 그러한 과학적 업적에 대해 주목했다. 그러나 10분이 단축되어 상영되었던 말레이시아, 호주, 파키스탄, 인도네시아 4개국에서는 '일본 연구 상에서의 달성 및 일본의 과학자나 기술자의 공적'과 '일본 과학자들 및 농업·의학·산업의 기술자들에 의한 성과'(1958년 인도네시아 목록. 많든 적든 같은 설명이 위의 세 개 국가들에도 제공되었다)로서 설명되었다. 즉 일본인 전문가들에 의한 성과가 강조되었고, 원자력이나 원소의 구조에 대한 언급은 없었다. 이 나라에서는 단축된 버전이 상영되었기 때문에 아마도 처음 부분에서의 과학적 설명이 삭제되었을 것이다. 어떻든 간에 이 영화가 일본의 성과를 강조했다는 것이 중요하다.

반면 30분 더 긴 버전의 영상이 상영되었던 페루에서 이 영화는 '인류의 위대한 희망으로서 원자력의 평화적 이용"과 "미국의 동위원소(isotope) 생산 및 수출'을 소개하는 것으로 번역되었다. 이는 이 영화의 무대가 일본인 것을 완전히 도외시하였다. 영국에서는 '전 인류의 발전 잠재성'을 지적하며 '일본 연구 상에서의 달성 및 일본의 과학자나 기술자의 공적'을 그린 영화로 소개되었다. 영국 목록은 또한 원자력의 평화적 사용의 확대 속에서 '미국, 캐나다, 영국, 네덜란드가 일본에 방사성 동위원소를 제공하고 있음을 지적하고, 서양의 여러 나라들이 원자력의 평화적 이용 사례에 협조할 의사가 있음을 나타내고 있다.'고 언급하였다. 요약하면, 이는 일본의 평화를 위한 원자력 성취가 아니라 서양 선진국의 공헌과 보편적인 목적을 강조하는 것이다.

같은 영화의 다른 해석은 그 영화가 각각의 나라에서 다른 중요성을 갖

고 있다는 것을 보여준다. 이는 다음과 같이 정리할 수 있다. 1) 인도네시아
나 파키스탄 같은 몇몇의 아시아-태평양 국가들에게 있어서 일본이 원자력
을 평화적으로 이용하는 '모델국가'였다. 2) 페루나 영국 같은 지리적으로
먼 나라, 특히 영국과 같이 일본보다 원자력 발전 기술이 발달한 나라에서
는 일본의 활약보다도 오히려 미국을 비롯한 원자력 선진국에 의한 '원조'
라는 측면이 보다 중요한 주제였다. 한국에서는 이전 종주국의 성과도, 서
구의 원조도 이 나라에서는 대중적인 호응을 얻지 못할 것이기 때문에 이
러한 내용은 미국정부에 이롭게 작용하지 않을 것이었다. USIA는 이를 알
고 있었고, 이에 한국에서 이 영화를 상영하지 않았다.

　　일본이 원자력의 평화적 이용의 '모델 국가'였다는 사실은 초기 냉전 하
미국의 공보 외교상 중요한 의미를 가지고 있다. 1950년대 후반, 태평양에
서 미국, 영국, 프랑스에 의한 수소폭탄 실험에 대한 국제적 비난이 높아지
고 있었다. 특히 일본 참치 어선들이 1954년 3월에 비키니 환초(Bikini Atoll)
앞바다에서 폭격을 당해 방사능에 노출된 '다이고 후쿠류마루 사건(第五福
竜丸事件)'이 아시아 태평양 국가들을 포함한 전 세계에 보도되어, 미국에
대한 불신감이 높아졌다. 방사성 강하물(放射性降下物: 핵폭탄이 공중에서
폭발할 때에 방출되어 땅에 떨어지는 방사성 물질-역자)에 관한 '나쁜 소문'
이 인근 국가로 퍼져, 아시아 태평양 지역에서 사업을 전개하고 있는 미국
기업의 활동에도 영향을 미치게 되었다.[24] 일본에서는 반핵운동이 거세지
고, 소련은 히로시마·나가사키·비키니라는 3차례에 걸친 일본인의 피폭
을 거론하면서, 평화를 호소하는 미국의 기만과 호전성을 규탄하고 있었다.
미국이나 유럽에서도 반핵운동이 확대되고 있었다. 미국 정부는 반핵·반
미 운동이 국경을 초월한 시민운동으로 발전하고, 일본이 그 상징적 존재
가 될 것을 우려했다. 이 같은 상황에서 일본이 폭탄이나 수소 폭탄 실험의

---

24) "Work Status Report, April 1-30, 1954, IOC/SF," Box 10, Entry A1 56, RG306, NARA.

트라우마를 극복하고 미국의 지원 하에서 원자력의 평화적인 이용을 적극적으로 추진하고 있는 모습은 미국의 대외 이미지를 개선하고, 미·일 동맹의 유대를 전 세계에 선전하는 데 도움이 될 수 있었다. 나아가 이러한 메시지는 태평양 전쟁에서의 일본의 행위를 쓰라리게 기억하고 있는 아시아 태평양 국가의 사람들에게 일본이 평화로운 친미 국가로 거듭났음을 알리는 역할도 담당하고 있었다. 이렇듯 미국에게 냉전체제와 미일안보조약(1960)의 서막에서 일본의 발전을 자유주의 진영의 일부로서 보여주는 것은 중요했던 것이다.

5. 결론

이 글은 주로 24개국의 USIS 영화 목록과 시나리오·영상에서 얻을 수 있는 정보에 근거하여 USIS의 평화를 위한 원자력 영화의 전 지구적인 전개를 분석했다. 그 결과로 미국 정부가 원자로 등의 '눈에 보이는 거대한 것(hard)'을 수출할 시장을 확보하거나, 천연 자원을 확보하여 세력권을 확대하거나, 또는 서방 세계의 단결을 촉구하기 위한 목적에 따라, 상영 내용이나 대상국을 전략적으로 선택했을 가능성을 지적할 수 있다.

또한 본고에서는 7편의 표본 영화, 그 중에서도 특히 대부분의 나라에서 공개되었던 '원자력의 축복'에 초점을 맞추어 왜 특정한 영화들이 특정한 국가에서 상영되었는지, 그리고 왜 다른 국가에서는 상영되지 않았는지를 고찰했다. '원자력의 축복'의 광범위한 전개 이면에는 전 세계적으로 일본이 반미, 반핵운동의 상징이 될 수도 있다는 미국의 우려가 있었다. 미국은 원자력의 평화적 이용을 적극적으로 추진하는 일본의 모습을 통해, 일본이 이제는 피해자 의식을 품지 않고, 원자력을 두려워하지도 않는다는 것을 세계에 보여주고자 했다. 더 나아가 이 영화를 일본 이외의 국가에 보여 줌으로써 반공진영의 견고함을 강조하며 강력한 미·일 동맹을 공표하고자 하였다.

USIS의 평화를 위한 원자력 영화에 대한 연구를 보다 심화하기 위해서는 영화가 상영되었던 각국에 대한 미국의 정책을 뒷받침할 정부 문서를 발견하는 것이 중요하다. 그러나 USIA 영화부의 기록이 공개되지 않은 상황이라는 점에서 영화목록, 대본, 그리고 움직이는 이미지들이 USIS의 평화를 위한 원자력 영화를 분석하는 데 가장 유용한 자료라 할 수 있다.

(번역: 방지현, 금보운)

참고문헌

1. 자료

John Sutherland Production, *A is for Atom* (1954), The Big Cartoon Database
(http://www.bcdb.com/cartoons/
Other_Studios/S/S-_Miscellany/John_Sutherland_Productions/)

Records of USIA, RG306, NARA(National Archives and Records Administration) at College
Park, Maryland, USA.

Nobel Gold: The Hideki Yukawa Story, 1954 (DVD), archives.gov, manufactured by
CreateSpace, an Amazon.com company.

2. 논문 및 단행본

阿部彰,『戦後地方教育制度成立過程の研究』, 風間書房, 1983.

中村秀之,「占領下米国教育映画についての覚書 ―『映画教室』誌にみるナトコ(映写機)
とCIE映画の受容について」, CineMagaziNet no.6
(http://www.cmn.hs.h.kyoto-u.ac.jp/CMN6/nakamura.htm), 2002.

谷川建司,『アメリカ映画と占領政策』, 京都大学学術出版会, 2002.

有馬哲夫,『原発・正力・CIA 機密文書で読む昭和裏面史』, 新潮社, 2008.

貴志俊彦 & 土屋由香 編,『文化冷戦の時代―アメリカとアジア』, 國際書院, 2009.

土屋由香,『親米日本の構築アメリカの対日情報・教育政策と日本占領』, 明石書店, 2009.

土屋由香,「占領期のCIE映画(ナトコ映画)」『日本映画は生きている』7, 岩波書店, 2010.

土屋由香 & 吉見俊哉 編著,『占領する眼・占領する声―CIE/USIS 映画とVOAラジオ』,
東京大学出版会, 2012.

許殷,「冷戦期アメリカの民族国家形成への介入とヘゲモニー構築の最前線: 在韓米国
広報文化交流局の映画」, 土屋 由香 & 吉見 俊哉 編著,『占領する眼・占領す
る声―CIE/USIS 映画とVOAラジオ』, 東京大学出版会, 2012.

吉見俊哉,『夢の原子力』, 筑摩書房, 2012.

Kheng, Cheah Boon, "The Communist Insurgency in Malaysia, 1948-90: Contesting the
Nation-State and Social Change," *New Zealand Journal of Asian Studies*, 11,
(June 2009)

Matsuda, Takeshi. *Soft Power and Its Perils: U.S. Cultural Policy in Early Postwar Japan and Permanent Dependency.* Woodrow Wilson Center Press & Stanford University Press, 2007.

Neuhouser, Kevin. "Democratic Stability in Venezuela: Elite Consensus or Class Compromise?" American Sociological Review, 57, no.1(Feb. 1992).

Osgood, Kenneth. *Total Cold War: Eisenhower's Secret Propaganda Battle at Home and Abroad.* University Press of Kansas, 2006.

Von Eschen, Penny M. *Satchmo Blows Up the World: Jazz Ambassadors Play the Cold War.* Harvard University Press, 2004.

Westad, Odd Arne. *The Global Cold War.* Cambridge University Press, 2007.

김한상, "Uneven Screens, Contested Identities: USIS, Cultural Films, and the National Imaginary in South Korea, 1945-1972," 서울대학교 사회학과 박사학위논문, 2013.

프레임 속의 전쟁*

: 국립영화제작소와 국군영화제작소의 베트남전쟁 영화를 중심으로

박 선 영

1. 전쟁과 영화

폴 비릴리오(Paul Virilio)는 그의 책『전쟁과 영화』에서 제1차 세계대전부터 베트남전쟁, 걸프전에 이르기까지 20세기의 전쟁이 '시각적 재현의 테크닉'의 발전에 따라 그 성격이 변화해왔음을 지적한다. 그는 "영화가 (기술적, 심리적...) 놀라움을 창조하는 데 적합한 것이 된 시점부터 영화는 사실상 무기의 범주"였다고 기술하면서 전쟁은 이제 "(영토적, 경제적인...) 물질적 승리를 쟁취하는 것보다는 지각 장들의 비물질성을 전유하는 문제"[1]가 되었다고 서술했다. 비릴리오는 '본다'는 지각 행위와 '본' 것을 기록/재현하는 테크닉의 문제를 전쟁의 성격을 규정하는 근본적인 요인으로 다룬다. 시각적 재현의 기술이 곧 영화적 기술의 발전과 병렬적으로 전개되는 것이라 할 때, 영화 기술의 발전은 결국 전쟁 기술 발전의 일부이며, 따라서 시각적 재현 기술 자체가 전쟁의 물리적 성패를 좌우할 수 있는 것이 된다.

---

* 이 글은 2015년『사림』53호에 실린 「국가의 프레임으로 구획된 베트남 전쟁-국립영화제작소와 국군영화제작소의 베트남전쟁 영화를 중심으로-」를 수정·보완한 글이다.
1) Paul Virilio,『전쟁과 영화-지각의 병참학』, 권혜원 옮김, 서울, 한나래, 2004, 35~36쪽.

그런데 제2차 세계대전 시기부터 영화가 급격히 전장과 후방의 실질적/잠재적 전사들에게 심리적 무기로 기능해 왔다는 점에서, 영화의 발전은 또 다른 의미에서 전쟁 기술의 발전이 된다. 전쟁과 영화가 '기술'의 발전과 실현이라는 실제적, 물리적 차원에서 일차적 관계를 맺고 있다면, 이데올로기 작용과 선전성이라는 심리적, 추상적 차원은 이들의 이차적 관계 맺음이 드러나는 곳이다. 특히, 이 글의 주제와 연결해서 생각할 때, 전 세계 사람들의 "마음과 생각(heart and mind)"[2]을 얻기 위한 심리전이 그 어느 때보다도 치열하게 벌어졌던 냉전 시기에 심리전 활용의 중요한 도구로 이용되었던 영화는 그 자체로 전쟁의 일종이었다. 무엇보다 이 시기 미국이 주도하는 냉전의 구도 속에서 무기로 적극 활용되었던, 영화를 포함한 미디어가 그 대상으로 삼은 것은 철의 장막 뒤에 가려진 소련과 공산국가들이 아니라 자유세계의 우방들과 자국민들이었다[3]는 기록은 이 글에서 논의하게 될 국립영화제작소와 국군영화제작소 영화들의 근본적인 성격을 지시하는 것이기도 하다.

세 번째로 영화가 전쟁을 '기록'하고 '재현'한다는 점에서, 전쟁과 영화의 관계를 논할 수 있다. 폴 비릴리오가 예시했던 노르망디 상륙작전의 영화화에 관련된 에피소드는 이 세 번째 차원에서 의미심장하다. 전후 할리우드의 가장 중요한 감독 중 한 사람인 사무엘 풀러(Samuel Fuller)[4]는 제2차 세계대전 당시 미군으로 참전하여 실제 노르망디 상륙작전에도 참가했다. 그러나 그는 노르망디 상륙작전에 대한 영화제작 의뢰를 거절했는데, 스크린 위에 실제 전쟁을 보여주는 것이 불가능하다고 생각했기 때문이었다. "전장에서는 도처에 연기가 있다. 전쟁에서 사람들은 두려워하고 토하고

---

2) Kenneth Osgood, *Total Cold War - Eisenhower's Secret Propaganda Battle at Home and Abroad*, University Press of Kansas, 2006. p.2.
3) Kenneth Osgood, *ibid*, pp.184~185.
4) 사무엘 풀러(Samuel Michael Fuller, 1912~1997). 미국감독.

오줌을 싸고, 또 자기 부대원들에게 총질을 한다. 관객들은 이런 실제 전쟁을 보고 싶어 하지 않는다." 대신 그는 이런 말을 남겼다. "영화는 전장과 같다. 사랑, 미움, 액션, 폭력, 그리고 죽음. 요컨대 감정이다."[5] 그러나 사무엘 풀러가 거절했던 노르망디 상륙작전은 1962년 〈지상 최대의 작전(The Longest Day)〉으로 영화화되었다. 이 영화는 50명의 스타급 배우, 2만 명 이상의 단역, 6명의 감독을 동원해 실제의 노르망디보다 훨씬 더 웅대한 해안에서 격렬한 전투[6]를 그렸고 상업적으로 큰 성공을 거뒀다. '전쟁보다 더 전쟁 같은' 전쟁영화가 탄생했던 것이다.

이 같은 전쟁과 영화의 세 차원의 관계는 당시 한국에서 제작되었던 수많은 베트남전쟁 영화들을 다시 돌아보게 한다. 당시 한국에서는 파병 기간 중 수많은 베트남전쟁 관련 영화들이 제작되었다. 국립영화제작소와 국군영화제작소 같은 국가 기관과 신필름, 동인프로덕션, 대지영화사와 같은 민간영화사들이 앞다투어 베트남전쟁을 기록하고 재현했다. 이들이 제작한 영화들은 각기 생산주체의 목적에 충실히 봉사하면서 일련의 베트남전쟁 이미지를 창조했다. 특히 국립영화제작소와 국군영화제작소 영화들은 냉전

5) 사무엘 풀러에 대한 내용은 김성욱, "사무엘 풀러 회고전", 2009.1. (시네마테크서울 블로그 http://cinematheque.tistory.com/93)을 참고했다. 풀러는 할리우드 최초의 한국전쟁 영화 〈철모The Steel Helmet〉(1951)와 제2차 세계대전에 관한 영화 〈빅 레드 원(The Big Red One, 한국개봉명: 지옥의 영웅들)〉(1980)을 연출하기도 했다. 어쩌면 LA의 그리피스 정원과 세트에서 촬영했다는 〈철모〉의 연출 경험이 전쟁을 영화에 담는 것이 불가능하다는 생각을 하게 만들지 않았을까 추측해볼 수 있다. 이후 전쟁영화의 걸작 중 한 편으로 꼽히는 〈빅 레드 원〉을 만들 때까지는 거의 30년의 세월이 흘렀다. 정혜승, 「애국자 아들의 초상: 필립 안과 할리우드에 나타난 한국의 디아스포라 정체성」, 연세대 미디어아트센터 엮음, 『한국영화의 미학과 역사적 상상력』, 도서출판소도, 2006, 113쪽 참고.
6) 폴 비릴리오의 『전쟁과 영화』에는 사무엘 풀러가 《카이에 뒤 시네마Cahier du Cinema》(311호)와의 인터뷰에서 노르망디 상륙작전의 영화화가 불가능한 이유에 대하여 "해안에 흩어지는 내장을 적절한 방식으로 촬영하는 것이 불가능했기 때문이었다"고 설명했다고 적고 있다. 그러나 비릴리오에 따르면, 실제 노르망디 상륙작전은 '해안에 내장이 흩어지는' 참혹함이 일어나지 않는 매우 성공적인 작전이었다. Paul Virilio, 위의 책, 159쪽.

의 도구로서 제작되었고, 베트남전쟁에 회의적인 국내 대중들의 시선을 의식한 목적 영화였다. 그럼에도 이 영화들의 제작, 유통, 상영의 과정은 프로파간다 영화로서의 목적과 충돌하는 것이기도 했다. 무엇보다 '전쟁보다 더 전쟁 같은' 영화가 지시하는 '사실'과 '진실'의 간극은 한국사회에 베트남전쟁의 의미를 다차원적으로 질문하는 것이었다.

이 글은 한국에서 오랫동안 "잊힌 전쟁"이었던 베트남전쟁에 관한 글이다. 그러나 베트남전쟁에 대한 역사적, 사회적, 정치적 의미를 탐구하는 것은 이 글의 목적이 아니며, 또 연구자의 능력을 벗어나는 일이기도 하다. 이 글은 한국군의 베트남전쟁 참전 당시 우후죽순 제작되었던 '전쟁영화'들을 대상으로 그 영화들이 제작되고 소비되었던 맥락을 짚어가면서 전쟁과 영화의 관계에 대한 작은 실마리를 풀어보고자 기획되었다. 역사에 대한 독해는 "매개적 전달에 의해서조차 비어 있고 오히려 이질적이라 할 수 있는 시간을 가로지르는 행보"[7] 라는 벤야민의 말을 등대 삼아, 이 글은 '이질적'으로 구축된 영화의 시간들을 가로질러 "잊힌 전쟁"이 된 베트남전쟁의 어떤 순간들을 돌아보고자 한다. 지금까지 한국영화사에서 논의되지 않았던 베트남전쟁에 관한 영화들 및 국군영화제작소의 역사와 활동을 일괄하는 것은 앞으로 더 나아간 논의를 위한 초석이 될 수 있을 것이다.

2. 베트남전쟁 '기록'영화의 시작: 장편'상업'문화영화 〈월남전선 이상없다〉[8]

1965년 12월, 연말을 일주일 정도 남겨둔 어느 날, 국립영화제작소 소속 감독 배석인은 여러 통의 필름 캔을 들고 찾아온 신상옥 감독을 만났다. 신상옥 감독은 1965년 9월 베트남에 전투 부대가 파병되자 이들을 촬영하도

---

7) 발터 벤야민, Paul Virilio, 위의 책, 125쪽에서 재인용.
8) 한국영상자료원 데이터베이스(www.kmdb.or.kr)에는 〈월남전선 이상없다〉의 감독이 김묵으로 기록되어 있으나 개봉 당시의 포스터에는 '감독 김상봉'으로 명시되어 있다.

록 신필름 소속의 촬영감독들을 베트남으로 보냈고, 이들이 베트남에서 찍어온 필름들을 영화로 만들고자 배석인 감독을 찾아온 것이었다. 신상옥 감독이 배석인 감독에게 후반 작업을 맡기려는 이 영화 〈월남전선 이상없다〉는 앞으로 일주일 후 명보극장에서 개봉하도록 약속되어 있었고, 따라서 그 기간 안에 편집과 내레이션 작성, 녹음을 모두 끝내야만 하는 상황이었다. 영화기획력과 상업적 감각이 탁월했던 신상옥 감독은 베트남전쟁이 영화화될 만한 가치가 충분하다는 것을 누구보다 먼저 깨달았고, 이를 선점하기 위해 무작정 카메라를 베트남으로 보냈던 것이었다. 이 필름 더미들을 영화로 만드는 일은 배석인 감독과 국립영화제작소 인력들의 몫이 되었다. 국립영화제작소는 당시 다큐멘터리를 비롯한 기록/문화영화들을 만드는데 가장 적합한 인력과 기재가 마련되어 있는 곳이었기 때문에, 후반 작업을 위해 국립영화제작소로 찾아온 것은 신상옥 감독 나름 최선의 선택이었다. 배석인 감독뿐 아니라 이 영화의 크레딧에 이름을 올린 녹음의 백명제, 효과의 박익순 모두 국립영화제작소 소속이었으므로, 이 영화의 후반 작업은 국립영화제작소의 인력과 그들의 기술로 이루어진 반민반관의 합작영화였다고도 할 수 있을 것이다. 신상옥 감독과 배석인 감독은 하루 만에 편집을 마쳤고, 이튿날 원고 작성을 마친 배석인 감독은 사흘째 되는 날 직접 내레이터로 참여하여 녹음을 끝냈다. 그리고 1966년 1월 1일, 당시 서울 시내 국산영화 전문개봉관 6곳 중 하나였던 명보극장에서 〈월남전선 이상없다〉는 무사히 신정특별프로그램으로 개봉될 수 있었다. "決死的 現地 撮影 敢行!", "全自由世界에 告發하는 越南戰爭의 眞相!" 등의 광고문구와 함께 개봉했던 이 영화는 재개봉관, 3개봉관 등을 거치면서 그 해 6월까지 지속적으로 상영되었다.9)

---

9) 김승경 구술채록, 『배석인-2009년 한국영화사 구술채록연구 시리즈』, 한국영상자료원, 2009, 96-100쪽; "연예메모", 『경향신문』, 1966.1.4.8면; "생활메모", 『경향신문』, 1966.6.14. 등 참고.

〈그림 1〉〈월남전선 이상없다〉극장광고. 『경향신문』 1966.1.1.3면.

이 에피소드는 1960년대 한국영화계의, 믿을 수 없이 기민한 생산력을 보여주는 일화일 뿐 아니라 전투부대의 파병과 거의 동시에 시작된 베트남전쟁 영화 붐의 서막이기도 했다. 현재 필름이 남아 있지 않기 때문에 정확히 분석하기는 어렵지만, 배석인 감독의 증언에 따르면 이 영화는 베트남 파병 부대를 따라 다니며 무계획적으로 찍어온 다수의 필름들을 '다큐멘터리 형식'으로 재구성한 것이었다. 그것만으로도 흥행이 될 것이라고 확신했던 신상옥 감독은 수만 명의 파월장병과 가족들이 이 영화의 잠재적 관객임을 파악하고 있었던 것이다. 뿐만 아니라 1966년 5월 도쿄에서 개최된 제13회 아시아영화제에서 박상호 감독의 〈비무장지대〉가 비극(非劇)영화부문 작품상을 수상할 때, 〈월남전선 이상없다〉는 '특수기록영화공로상'을 받았다. 특수기록영화공로상은 특별상 중 하나로, 극영화가 아닌 '기록영화'에 수여되는 상이었다. 이는 〈월남전선 이상없다〉가 기록영화를 포함하는 비극영화, 즉 문화영화로 유통되었다는 것을 의미한다.[10]

한편, 1966년은 장편문화영화 제작과 상영에서 많은 변화가 있었던 해였
다. 〈월남전선 이상없다〉의 상영과 수상 외에도, 몇 가지 중요한 사건이 그
해를 장식했다. 이미 1965년 프로레슬링 선수 역도산의 경기실황들을 모아
편집한 "레슬링 다큐멘터리"〈力道山〉[11]이 극동영화사 배급으로 단성사에서
개봉하여 크게 히트한 바 있었는데, 이 해 2월에는 〈역도산〉의 흥행에 고무
되어 제작된 〈力道山의 後繼者 金一〉[12], 8월에는 〈極東의 王者 金一〉[13]을

---

10) 기록영화, 비극영화, 문화영화의 개념에 대하여는 다양한 논자들이 개념 규정을
    시도한 바 있다. 특히 문제적 범주인 '문화영화'는 기록영화, 비극영화와의 관계
    속에서 정의되는 경향이 있었는데, 이순진에 따르면 문화영화는 "내적 특성에 의
    해서보다는 외적 요인들에 의해 더욱 잘 규정되는 범주"이기 때문이다. 조선/한
    국에서 문화영화라는 용어를 처음 사용하기 시작한 것은 일본이 독일 우파의
    'Kulturfilm'이라는 용어를 수입하여 '문화영화'로 번역하고 이를 1926년 『동아일보
    』(1926.5.16.)에서 차용했을 때부터였다. 이 시기부터 1990년대 중반에 이르기까
    지 문화영화는 "극영화가 아닌 것"(일제말기), "실사 기록을 위주로 한 것"(이승만
    정권기), "사실 기록을 위주로 제작된 영화"(박정희 정권기) 등 미묘하게 다른 방
    식으로 정의되어 왔다. 그러나 이 시기 동안 문화영화라는 범주에는 아방가르드
    영화나 장편 애니메이션, 단편영화와 심지어 광고영화까지도 포괄되었으므로,
    "문화영화의 정의나 범주를 규정하기보다는 그것이 어떤 힘들의 작용에 의해 역
    사적으로 변화했는가, 여타의 범주들과 어떤 관계를 맺으며 자신을 구성해왔는
    가를 질문하는 것이 더 생산적일 것"이라 할 수 있을 것이다. 이 글은 박정희 정
    권기의 문화영화를 다루므로, "사회, 경제, 문화의 제 현상 중에서 교육적, 문화적
    효과 또는 사회풍습 등을 묘사 설명하기 위하여 사실 기록을 위주로 제작된 영
    화"라는 영화법(1962) 상의 정의를 염두에 두고 논지를 전개한다. 이순진, 「대안
    영화에서 선전영화까지: 한국 문화영화의 역사와 쟁점」, 한국영상자료원 엮음,
    『지워진 한국영화사-문화영화의 안과 밖』, 현실문화사, 2014 참고. 문화영화의 역
    사적 제도화 과정에 대해서는 정종화, 「식민지기 조선의 문화영화 개념 형성에
    관한 연구」, 같은 책; 조준형, 「문화영화의 제도화 과정: 1960~70년대 영화법과
    관련 정책 변화를 중심으로」, 같은 책을 참고.
11) 『경향신문』, 1965.1.23.8면 광고. 이후 〈역도산〉은 단성사에서 3월 25일까지 60일
    간 상영되었다. 당시 극영화가 평균적으로 개봉관에서 2주간 상영했던 것에 비하
    면 엄청난 흥행기록을 세웠던 셈이다.
12) 〈역도산의 후계자 김일〉은 1시간 25분짜리로, 신영문화영화사에서 제작되어 2월
    에 개봉했다. 상영 당시, '장편기록영화'로 소개되었다. "〈역도산 후계자 김일〉,
    장편기록영화제작", 『경향신문』, 1966.2.23.5면.
13) 〈극동의 왕자 김일〉은 신영문화영화사에서 제작한 1시간 40분의 "기록물"로, 1966
    년 3월 도쿄에서 40회전을 거듭하며 열렸던 월드리그전의 실황을 포함하여 충실

비롯한 국내 민간문화영화사의 장편문화영화들이 극장 개봉하여 크게 히
트했다.14) 또한, 다음 장에서 논의하게 되겠지만 8월에는 국립영화제작소
의 장편문화영화 〈월남전선〉이 흥행에 성공15)했다. 이에 더하여 법적으로
장편문화영화의 제작을 고무하게 된 사건도 있었다. 1966년 5월에 열린 아
시아영화제에서 비극영화부문 작품상을 받았던 〈비무장지대〉가 '비극영화'
라는 타이틀 때문에 우수영화에 보상으로 주는 외화 수입 쿼터를 받지 못하
는 일이 발생16)하고, 이로부터 촉발된 논란과 문화영화 육성 촉구 등의 여
론으로 1966년 12월 제2차 영화법이 개정될 때, 시행령 제11조에 따라 "극영

하게 엮어 "부진한 비극영화부면에 활기를 불어넣을 수 잇는 작품"이라는 호평을
받았다. "월드 리그의 실황영화 〈극동의 왕자 김일〉", 『경향신문』, 1966.8.10.5면.
14) 이정아, 「민간 문화영화 제작자를 통해 본 민간 문화영화 소사」, 한국영상자료원
엮음, 『지워진 한국영화사』, 앞의 책, 170쪽 참고.
15) 이순진은 〈월남전선〉의 흥행이 '상업적인' 장편문화영화의 제작을 부채질하는 기
폭제가 되었다고 평가했다. 이순진, 「국가에 의한 영화 제작의 역사와 국립영화
제작소」, 한국영상자료원 엮음, 『지워진 한국영화사』, 앞의 책, 153~154쪽.
16) 〈비무장지대〉(1965, 박상호)는 비무장지대에서 만난 두 고아 어린이의 이야기를 그
린 실화를 바탕으로 각색했다는 점과 휴전 이후 최초로 비무장지대에서 촬영을 하
여 생생한 현장을 보여준다는 점에서 개봉 당시 '반(半)기록영화semi-documentary'
로 소개되었다. 1966년 제13회 아시아영화제 수상 이후의 기사에 따르면 아시아
영화제에 출품되었던 〈비무장지대〉는 "애초 극영화로 개봉"되었으나 "12권에서 6
권으로 재편집, 휴전선의 비극을 문화영화형식으로 바꾼 것"이라고 한다. 이 영
화의 성격에 대해서는 제작과 상영 당시에도 의견이 분분했던 듯하다. "비무장지
대에서 로케숀한 반기록영화다. 따라서 우리영화로서는 처음 보는 새로운 화면
이 태반이어서 관광취미가 심심치 않다… 전반은 우화적으로 알레고리컬 점묘하
고, 후반은 현실과 연결해 보려고 했다… 비무장지대를 아름답게 화면에 옮겨보
려는 작가의 기록정신에 경의가 간다."는 기사나 아시아영화제 심사위원 중 한
사람이었던 이순근이 이 영화가 상은 탔지만 "비극영화에 대한 국가적인 관념"이
"우리나라와는 판이"했다고 밝힌 점 등은 이 영화의 불분명한 성격을 보여준다.
아시아영화제 제출되었던 것과 같은 편집본 〈비무장지대〉를 국가기록원으로부
터 기증받아 2005년 한국영상자료원에서 이를 DVD로 제작했는데, 영상자료원의
데이터베이스에서는 이 영화를 다큐멘터리라고 보기 어렵다고 해석하고 있다.
"우화적으로 다룬 분단비극, 비무장지대", 『동아일보』, 1965.12.15. 4면; "심사경
위", 『동아일보』, 1966.5.10.5면; "심사소감", 『동아일보』, 1966.5.10. 5면; 한국영상
자료원 데이터베이스(www.kmdb.or.kr).

화에 준하여 상영할 수 있는 문화영화"도 우수영화로 선정될 수 있는 자격
이 부여되었던 것이다.[17] 이처럼, 1966년은 장편문화영화의 제작과 상영에
있어 중요한 분기점이 되는 해였다고 볼 수 있는데, 여기에 1965년 "레슬링
다큐멘터리" 〈역도산〉의 흥행을 이어 받아 재빠르게 장편기록/문화영화 제
작을 시도했던 신필름의 〈월남전선 이상없다〉의 성공이 덧붙여질 필요가
있다. 〈월남전선 이상없다〉는 민간영화사뿐 아니라 한국에서 제작한 최초의
베트남전쟁에 관한 영화였고 장편문화영화 제작 활성화의 서막을 알린 작
품이었으며, 전쟁'기록/문화'영화의 흥행가능성을 보여준 영화이기도 했다.

3. 국립영화제작소[18]의 베트남전쟁영화

1) 뉴스영화 푸티지를 활용한 문화영화의 제작과 중단, 이미지의 순환과 단절

먼저 국립영화제작소의 베트남전쟁 관련 영상들을 개략적으로 살펴보자.
1964년 최초의 파병 이후 1973년 전군 철수에 이르기까지 국립영화제작소
에서 만든 관련 문화영화는 다음의 총17편[19]이다.

---

17) "작품상을 탔으나 보상이 없는 〈비무장지대〉", 『경향신문』, 1966.6.4.5면; 조준형,
「문화영화의 제도화 과정」, 앞의 글, 97~99쪽 참고.
18) 국립영화제작소는 1948년 7월 발족된 공보처 공보국 영화과로 시작되었다. 공보
국 영화과는 1950년 문화영화 〈명령만 내리면〉과 1952년 〈대한뉴스〉 1호를 시작
으로 뉴스영화와 문화영화를 생산하기 시작했는데, 1961년 6월 공보부 공보국
영화과로 재편되면서, 국립영화제작소(소장이성철)가 정식으로 출범했다. 이후
1994년 국립영상제작소로 개명했다가 1999년 국립영상간행물제작소, 2004년 영
상홍보원, 2007년 한국정책방송원으로 재편되었다. 이순진, 「국립영화제작소의
간략한 역사」, 『문화영화구술자료집 1권』, 한국영상자료원, 2012, 8-17쪽 참고.
19) 이 목록은 한국정책방송 e-영상역사관의 '분야별 기록영상'에 수록된 베트남전쟁
관련 영상을 정리한 것이다. 이 중 〈총과 삽〉(The Two Enemies)은 주한미공보원
에서 제작한 영화이지만 e-영상역사관에 소장되어 있는 영상이므로 별도의 표시
와 함께 목록에 추가했다.

〈표 1〉 베트남전쟁 한국군 참전 시기 국립영화제작소에서 제작한 베트남전쟁 관련 영화

	제작년도	제목	출처	상영시간	제공	제작스태프	비고
1	1965	주월 한국군 사령관 채명신 장군 (채명신 주월사령관 동남아 친선방문)20)	채명신 주월 사령관 동남아 친선방문	16분27초			내레이션 없이 음향, 음악만 있음
2	1966	맹호와 청룡	맹호와 청룡 1집	19분02초	공보부		
3	1966	맹호와 청룡21)	맹호와 청룡 2집	19분13초	공보부		66.1.30.현재 맹호 청룡의 전과 보여줌
4	1966	비둘기부대	동일	20분50초			베트남의 아름다운 풍경과 비둘기부대의 활약
5	1966	월남전선22)	동일	90분	공보부	감독: 양종해 촬영: 허동학, 최동명, 지순득, 유남균	일부 컬러
6	1966	백마부대	동일	17분15초	공보부	감독: 이광수 촬영: 정진철 녹음: 정기창 현상: 김현동	훈련, 환송식, 파월장면까지 국내촬영만
7	1966	무적의 백마	동일	16분58초	공보부	<백마부대>와 동일	<백마부대>와 동일한 영상이나 20초가량 편집됨
8	1967	박병배의원 동남아 방문	동일	16분38초			
9	1967	무적의 따이한23)	동일	55분18초	공보부		1965~1967.8월까지의 활약상 9월 제작완료.

10	1967	꼬마 미술가들	동일	10분31초	공보부		1966.10.8. 백구부대가 개최한 베트남 어린이 미술대회 기록
11	1967	파월장병 위문단24)	동일	42분31초		파월장병지원위원회 협찬	
12	1967	베트남에 흐르는 별	동일	20분37초			지덕칠 중사 실화 영화화
13	1968	내가 본 파월국군	동일	5분31초	공보부		컬러필름
14	1968	무적의 따이한 용사들	동일	20분4초	문화공보부		
15	1968	월남전의 한국군25)	동일	42분	공보부	주월한국군사령부 협찬	
16	1968	파월장병 지원사업	동일	18분6초			
17	1973	위대한 국군	위대한 국군(국군의 개선)	18분17초			기존 촬영분 중 일부를 컬러로 재편집. 전체 컬러필름
*	1967	총과 삽(Fighting Two Enemies)	총과 삽	27분48초	제작 USIS/Korea	로케이션: 전선명, 박보황, 김종찬 음악: 알렌 헤이만	컬러필름

---

20) 〈주월 한국군 사령관 채명신 장군〉은 1965년 제작된 것으로 소개되어 있다. 출처는 〈채명신 주월사령관 동남아 친선방문〉이라고 되어 있는데, 채명신 주월사령관이 동남아에 친선 방문했던 뉴스를 비롯한 여타의 기록은 찾을 수 없으며, 이 영상 역시 내레이션 없이 배경음악만 녹음되어 있기 때문에 관련 정보도 찾기 어렵다. 다만 이 영상 중 〈대한뉴스〉 제587호(1966.9.9.)의 "월남소식" 섹션에 소개된 대학생 위문단의 베트남 방문 영상과 일치하는 부분이 확인되기 때문에, 제작 시기는 1966년 9월 이후로 수정될 필요가 있다.

21) 〈맹호와 청룡〉(2집) 영상이 시작되기 전 다음과 같은 자막이 제시된다. "이 영화는 공보부에서 현지에 특파한 지순득 기사와 이덕 기사 그리고 비둘기부대 유남균 중사가 사선을 넘어 취재 촬영한 현지 실황을 수록한 것입니다."

22) 〈월남전선〉은 e-영상역사관에서 〈월남전선〉이라는 동일 제목의 6개 영상으로 나뉘어 서비스된다.

　이상의 영화들은 주로 1966년에서 1967년 전반기까지 〈대한뉴스〉팀에서 촬영한 푸티지(footage[26])를 여러 차례 재편집하여 만든 문화영화들이다. 이 중 〈월남전선〉은 90분 분량의 장편이며, 〈무적의 따이한〉, 〈월남전의 한국군〉, 〈파월장병 위문단〉은 각각 40~50분 내외의 중편이고 나머지는 21분 이내의 단편이다.

　영상 중에서 제작진이 명시된 것은 〈맹호와 청룡〉 2집(지순득, 이덕, 유남균), 〈무적의 백마〉(감독 이광수, 촬영 정진철), 〈월남전선〉(감독 양종해, 촬영 허동학, 최동명, 지순득, 유남균) 등인데, 여기에 명시된 촬영자들은 〈대한뉴스〉의 '월남소식' 섹션에서 월남특파원으로 소개된 이들과 동일인물이다. 〈대한뉴스〉에서 처음으로 특파원의 실명이 거론되는 것은 1965년

---

23) 〈무적의 따이한〉 영상이 시작되기 전 다음과 같은 자막이 제시된다. "이 영화는 1965년 초 우리 국군이 최초로 월남에 파견된 이래 1967년 8월까지의 활약상을 수록한 것이다. (중략) 하느님은 언제나 우리 편에 서서 파월 용사들의 무운을 지켜 줄 것이다. 월남에 그리고 아세아에 진정한 평화가 올 때까지…… 1967년 9월"

24) 〈파월장병위문단〉(1967)은 크게 네 부분으로 구성된다. 첫 번째는 국립영화제작소 제작, 동아방송국 협찬으로 1965년 6월 1일부터 8일간 있었던 '김성진 연예단'의 베트남 방문 현지 일정을 간략하게 담은 약 20분가량의 영상이며, 두 번째는 파월장병지원위원회 주최, 공보부 주관, 국방부, 총무처, 원호처 후원의 〈파월장병가족 위안대공연〉 중 코미디언 남보원이 등장하는 약 10분 정도의 코미디와 노래, 그리고 세 번째 영상은 1967년 12월 이화여자대학교에서 있었던 〈파월가족 위안의 밤〉 행사로 약 10분 길이이며 KBS에서 협찬한 것으로 보인다. 마지막 영상은 제19회 국군의 날 행사 장면을 찍은 〈대한뉴스〉제643호(1967.10.7.)의 영상이다. 2분가량의 짧은 영상에서 "세계 제4위를 자랑하는 우리 국군"이 조국을 철통같이 지키고 있으며, 대한민국뿐 아니라 "자유아시아의 보루"로 성장했음을 강조하면서 행진하는 군인들과 사열하는 대통령 내외를 보여준다. 이 영상들은 제각기 다른 시기, 다른 목적으로 제작된 것을 1967년 말에 하나로 모아 〈파월장병위문단〉이라는 제목으로 재구성한 것이다. 전체 영상 마지막에 국립영화제작소 제작, 파월장병지원위원회 협찬이라는 자막이 등장한다.

25) 〈월남전의 한국군〉은 e-영상역사관에서 〈월남전의 한국군〉, 〈한국군의 용맹스러움〉, 〈채명신 사령관의 연설〉, 〈베트남전의 한국군 전투〉, 〈신뢰받는 한국군〉, 〈한국군의 생활〉, 〈한국군 파병으로 좋아지는 베트남 사회 소개〉 등 총 7편의 단편으로 나뉘어 서비스되고 있다.

26) 여기서는 편집하지 않은 영상을 의미한다.

3월 23일 제512호 "비둘기 소식"에서인데, 이때 특파원은 〈무적의 백마〉 촬영자인 정진철이었다. 이후 513호부터 "월남소식" 섹션이 신설되고 정진철이 특파원으로 활약한다. 또한 〈대한뉴스〉 533호(1965.8.21.)에는 "비둘기부대 중사"인 유남균이 "월남특파원"으로 등장하는데, 그는 〈맹호와 청룡〉(2집), 〈월남전선〉의 촬영감독으로 기록되어 있다. 유남균은 〈대한뉴스〉 특파원으로 소개된 사람들 중 유일한 군인 출신이었다. 또, 〈대한뉴스〉 556호(1966.2.1.) 의 이덕 특파원 역시 〈맹호와 청룡〉(2집)의 촬영감독으로 기록되어 있다. 이 중에서 〈월남전선〉은 1965년 말부터 여러 차례에 걸친 베트남 현지 촬영을 통해 만들어진 영상[27]인데 시간 순으로 보았을 때 엔딩씬으로 배치된 혜산진부대의 부산항 출발(66년 4월 11일)과 퀴논 도착(4월 16일)이 가장 마지막 사건인 것으로 미루어 1966년 4월 〈월남전선〉의 마지막 촬영이 있었던 것으로 보인다. 이 기간 동안에 〈월남전선〉의 촬영감독 지순득, 유남균 등은 〈대한뉴스〉의 '월남소식' 특파원으로 등장한다. 이처럼 〈월남전선〉을 비롯한 국립영화제작소의 베트남전쟁 영화들은 대부분 〈대한뉴스〉의 촬영분을 공유하는 것이었다.

한편, 특파원의 이름이 명시되었던 〈대한뉴스〉 512호 이전에 베트남전쟁 소식을 전했던 영상들은 거의 대부분 미군에 관련된 것으로, 아마도 미군 촬영분을 입수해서 뉴스로 제작했던 것으로 추정된다. 미군 항공모함에서 전투기가 출발하는 모습이나 미군 병사들의 전투 장면과 휴식 장면 등은 미군 촬영분임을 짐작케 하는 단서가 되는데, 이 내용들은 〈월남전선〉의 오프닝 시퀀스에서 다시 길게 인용되었다. 제1차 인도차이나 전쟁부터 한국군 참전 이전까지를 요약하는 장면에서 인용된 뉴스 푸티지 역시 미군 촬영분으로 추정된다.

---

27) 공영민 구술채록, 『2006년도 원로영화인 구술채록 자료집-양종해』, 한국영상자료원, 2007, 67~70쪽.

뿐만 아니라 문화영화 안에서도 동일한 촬영분을 재편집하거나 여러 편
의 촬영분을 모아서 혹은 기존의 촬영분에 새로운 내용을 덧입혀서 새로운
문화영화들을 만들었다. 예를 들어, 〈채명신 주월사령관 동남아시아 방문〉
중 일부분은 〈대한뉴스〉 제587호(1966.9.9.)의 "월남소식" 섹션 중 대학생 위
문단의 베트남 방문 영상을 수록한 것인데, 이 장면은 〈무적의 따이한〉에
서도 등장하며 〈내가 본 파월국군〉의 오프닝에는 컬러 프린트로 인화된 동
일 장면이 수록되어 있다.

〈그림 2〉〈대한뉴스〉 제587호(1966.9.9.)
"월남소식"

〈그림 3〉〈채명신 주월사령관 동남아시아
방문〉(1966)

〈그림 4〉〈무적의 따이한〉(1967)

〈그림 5〉〈내가 본 파월국군〉(1968)

〈대한뉴스〉의 "월남소식"은 계속되었지만[28] 문화영화에서 베트남전쟁을 다루는 것은 1968년을 끝으로 거의 보이지 않는다.

그런데 〈대한뉴스〉와 국립영화제작소 문화영화의 관계가 일방적이었던 것만은 아니었다. 베트남 파병을 위해 새롭게 창단된 맹호부대, 청룡부대, 백마부대 등 파월부대들은 "맹호들은 간다", "청룡은 간다"와 같은 파병군가를 갖고 있었는데, 이 노래들은 당대의 유명 작사가들과 작곡가들이 동원되어 만들어진 것[29]이었다. 1966년에는 파월군가를 비롯한 베트남 관련 노래들을 모은 레코드가 취입되어 상업적 성공을 거두기도 했다.[30] 〈월남전선〉을 시작으로 이 군가들이 영화의 테마곡으로도 사용되었는데, 예를 들면 맹호부대의 활약상을 보여주는 장면에는 내레이션 없이 "맹호의 노래"가 영어 자막과 함께 흐른다. 〈대한뉴스〉도 이러한 연출을 차용하여, "맹호8호 작전"(〈대한뉴스〉 제606호(1967.1.12.))에서는 "맹호의 노래"를 배경으로 내레이션 없이 맹호부대원들의 활약상을 보여주는 등 문화영화의 장면을 인용했다.

여기서 주목해볼 것은 뉴스영화 촬영자들이 촬영한 영상들이 문화영화

28) 〈대한뉴스〉 제913호(1973.1.6.)를 끝으로 비정기적이기는 하였으나 꾸준히 소개되던 베트남전쟁 뉴스 "월남소식"은 막을 내리고 이후 "영광의 개선", "이기고 돌아왔다", "월남전의 용사들" 같은 세부제목을 단 뉴스로만 전해진다. 1973년 철군 이후에는 베트남 소식은 더욱 간헐적으로 전해지며, 노출 빈도수가 현저히 저하된다. 제975호(1974.3.23.)에도 베트남 소식을 "월남소식"이라는 소제목의 에피소드로 분류하여 전하기는 하지만 이전 전쟁 보도 뉴스의 연장선상에 놓기는 어렵다.
29) 예를 들어 맹호부대가인 "맹호들은 간다"는 유명 라디오극작가 유호가 작사했고, 청룡부대가 "청룡은 간다" 역시 라디오극작가로 이름을 날리던 조남사가 작사했으며, "주월한국군의 노래" 작사가 역시 유명 방송극작가이자 시나리오 작가였던 김석야였다. 그런가하면, "월남파병의 노래"의 작곡가는 가곡 "가고파"의 작곡가인 김동진이었다.
30) "「아시아레코드」의 『월남특집 시리즈1』", 『경향신문』, 1966.5.16.5면. 아시아레코드사에서 발매한 '월남특집 시리즈1'에는 "맹호들은 간다", "청룡은 간다" 등의 군가를 비롯하여 "월남에서 보내주신 오빠의 편지", "월남가신 우리아빠", "무운을 비옵니다", "베트남아가씨", "월남소야곡", "남십자성" 등 12곡이 수록되어 있었다.

로 활용되었다는 점과 이 영상들이 계속해서 반복, 재생산되면서 베트남전쟁에 대한 이미지를 구축하는 데 일조했다는 것이다. 뉴스영화 촬영 영상들을 활용하여 제작된 이 문화영화들은 몇 가지의 이미지들을 반복한다. 예를 들면 이 영상들에 가장 많이 등장하는 것은 파월되기 전 각 부대 장병들의 씩씩한 훈련 모습, 파월환송식장의 대통령과 수많은 인파, 부산항에서 LST 함선을 타고 떠나는 장병들과 이들에게 손을 흔드는 유명인들(정치인, 연예인 등)을 비롯한 수 천 명의 사람들, 베트남의 이국적 풍경, 크게 웃으며 휴식을 취하거나 식사를 하는 장병들, 유명 연예인으로 구성된 위문단과 이를 즐기는 병사들, 한국군이 포탄을 쏘거나 수색하는 장면과 곧 이어 생포된 베트콩의 모습, 마지막으로 대민활동을 하는 병사들과 박수치며 고마워하는 베트남 사람들의 모습 등이다. 이 이미지들은 국책영화의 '프로파간다'적 성격에 맞게 취사선택된 것들이다. 거칠게 말해서 이러한 이미지가 전달하는 가장 강력한 메시지 중 하나는 베트남전쟁을 통해 국제사회에서 한국의 이미지가 격상되고 있다는 것이었다. 특히 근대를 거치면서 줄곧 한국의 대타자로 설정되어 왔던 미국과의 관계를 설정하는 것은 매우 중요한 문제였는데, 베트남전쟁을 통해 한국은 미국의 든든한 우방이자 유일한 친구와 같은 존재가 되었음이 강조된다. 험프리(Hubert H. Humphrey, Jr.) 부통령이나 주월 미군사령관 웨스트모어랜드(William C. Westmoreland) 등 미국 유명 인사들이 주월 한국군사령부를 방문하거나 부대를 시찰하며 채명신 장군과 여담을 나누고 병사들을 격려하는 모습, 한국의 연예인 위문단이 미군부대를 방문하여 그들의 열렬한 환호를 받는 장면을 통해 이러한 메시지는 더욱 가시화된다. 그런 한편, 행사 때마다 동원되는 아오자이를 입은 '아름답고 이국적인' 베트남 여성들이 한국군에게 꽃다발을 걸어주는 장면과 '왜소하고 주눅 든' 베트콩 남성들이 손을 들고 눈을 가린 채 걸어나오는 굴복의 순간은 베트남의 이국적 풍광들을 전시하는 장면들과 더불어 반복적으로 베트남을 타자화하고 여성화하여 '강인한 남성성'을 강조하는 한국군의 보호를 받아야 하는 이미지로 배치한다.

그런데, 1966년부터 1968년까지 17편이나 제작되었던 베트남전쟁 관련 문화영화는 이후 자취를 감춘다. 이에 대해서는 국제정세와 국내의 여론의 변화, 영화계 내외 환경적 요인의 변화 등 몇 가지 원인을 분석해볼 수 있다. 먼저, 1968년은 베트남전쟁에 대한 미국의 태도가 변화하는 시점이었다. 미국의 베트남 파병에 대한 세계 여론이 더욱 악화되어 영국과 소련에서 베트남전쟁의 정치적 해결을 호소하는 공동성명이 발표(1968.1.24.)되고, 북베트남과 베트남민족해방전선(NLF)의 테트 공세로 미국은 궁지에 몰리게 된다. 또한 미국 국내 여론도 악화되었을 뿐 아니라 프랑스 드골 대통령이 미국의 북폭 중지를 제안하는 등 국내외 여론의 압박을 받는 상황이 되자 러스크 미 국무장관은 "북폭을 중지하고 북베트남과 무조건 협상할 용의가 있다"는 발표를 하게 된다. 대통령은 웨스트모어랜드 미군사령관을 경질했고, 그해 4월 클리포드(Clark M. Clifford) 미 국방장관은 주월 미군 철수 계획을 발표했다. 이어 5월 파리평화협상이 개최되었고, 1969년 1월 닉슨 대통령이 취임하면서 철군 논의가 더욱 진전되어 7월부터는 본격적인 미군의 철군이 시작되었다. 미군이 단계적 철수를 시작한 뒤에도 베트남에 남아 뒤처리를 담당하게 된 한국군에 대해서 정부는 1970년 12월 초까지 침묵한다. 이는 주한미군의 철수 문제와도 연관된 것이었으나, 1970년 7월 미국이 주한미군 2개 사단 중 1개 사단의 철수를 일방적으로 통보했다. 이를 저지하기 위한 한국정부의 시도가 무산되자, 1971년 1월 연두기자회견에서 한국군의 철군문제가 처음으로 공식화되었다. 결국 1971년 11월 한국군 1단계 철수계획이 발표되고 단계적으로 철군을 시작했다. 그리고 1973년 1월 23일 베트남 평화협정의 조인 이후 3월 23일, 마지막 한국군의 철군이 이루어졌다.[31]

---

31) 최용호, 『베트남전쟁과 한국군』, 국방부 군사편찬연구소, 2004, 201~205쪽; 최용호, 『통계로 본 베트남전쟁과 한국군』, 국방부 군사편찬연구소, 2007, 190~216쪽 참고.

베트남전쟁에서 국내외적으로 어려운 입지에 처하게 된 미국이 1968년 4월 주월미군 철수계획을 발표하고, 1969년부터는 본격적으로 철군하게 되는 시점과 국립영화제작소의 베트남전쟁 영화가 제작되지 않는 시점은 거의 일치한다. 베트남전쟁에 대한 의미를 다시 질문해야하게 된 시점에서 국립영화제작소의 문화영화들은 더 이상 제작되지 않았던 것이다. 이러한 미군-한국군의 상관관계와 함께 1968년 1월 김신조 청와대 습격 사건과 푸에블로호 사건이 연달아 발생하면서 베트남전쟁을 주제로 했던 문화영화의 경향은 반공, 안보, 간첩을 주목하는 것으로 변주되었다.

두 번째로, 1960년대 중반 유행했던 전쟁영화들이 1960년대 후반이 되면서 점차 수명을 다해갔던 것도 원인 중 하나였다고 볼 수 있을 것이다. 1950년대 말에서 1960년대 초를 거치는 기간 동안 한국영화계에는 다양한 장르영화군이 형성되고 관객층의 외연이 확대되었다. 특히 시네마스코프 화면과 컬러영화, 애니메이션을 비롯한 기술적 진전, 영화 기업들의 등장과 안정화, 역량 있는 감독들의 대거 등장 등으로 이 시기 한국영화는 한 해에 100편이 넘는 영화들이 제작되는 등 산업적으로 호황을 누리던 시기였다고 할 수 있다. 이러한 상황에서 김기덕 감독의 〈오인의 해병〉(1961), 이만희 감독의 〈돌아오지 않는 해병〉(1963)을 비롯한 대규모 스펙터클의 연출이 가능한 전쟁영화들이 등장하기 시작하여 흥행에 크게 성공[32]했다. 말하자면 1960년대 중반은 전쟁영화의 주요 관객층이 이미 형성된 시기였던 것이다. 이 시기에 베트남전쟁이 발발하고, 여기에 '정의의 십자군'이라는 이름으로 한국군이 참전하게 되자 영화계는 한국전쟁에서 베트남전쟁으로 눈을 돌리게 된다. 베트남전쟁을 배경으로 한 영화들은 베트남 현지 로케이션을

---

32) 그 외에 이 시기에 제작되었던 대표적인 전쟁영화로 〈두만강아 잘 있거라〉(임권택, 1962), 〈YMS504의 수병〉(이만희, 1963), 〈빨간 마후라〉(신상옥, 1964), 〈순교자〉(유현목, 1965), 〈7인의 여포로〉(이만희, 1965), 〈남과 북〉(김기덕, 1965), 〈8240 K.L.O〉(정진우, 1966), 〈군번없는 용사〉(이만희, 1966) 등을 꼽을 수 있다(이효인, 「1960년대 한국영화」, 한국영상자료원편, 『한국영화사공부 1960~1979』, 이채, 2004).

통해 이국적인 정취를 담아낼 수 있다는 플러스 요인이 더해져 한동안 제작 붐을 이뤘다.[33] 그러나 1960년대 후반, 한국영화계는 검열과 이데올로기적 통제가 강화되면서 점차 침체기에 접어들게 되고 1년에 200편을 넘겼던 제작편수는 1970년을 기점으로 급감한다. 여기에 1964년 동양텔레비전방송주식회사(TBC-TV)의 개국에 이어 1969년 한국문화방송주식회사(MBC-TV)가 개국하면서 점차 텔레비전의 영향력이 확대되는 상황 역시 지대한 영향을 미쳤다. 이렇듯 내외적 환경의 변화에 따라 침체기가 시작된 한국영화계에서 제작비가 과다하게 지출되는 전쟁영화는 달갑지 않은 소재였으며, 한국군의 베트남 철군으로 베트남을 무대로 하는 전쟁영화는 설 자리를 잃어갔다. 이런 맥락에서 전쟁'기록/문화'영화 역시 더 이상 제작되지 않았는데, 특히 후술하게 될 〈월남전선〉과 같은 장편문화영화의 경우에는 더욱 그러했다.

마지막으로, 국립영화제작소 인력들의 이탈을 들 수 있다. 1968년 극장동시상영에서 민간문화영화를 우대하는 시행령은 하나의 계기로 작용했는데, 이에 더하여 1960년대 후반 대기업의 '광고영화(Commercial Film, CF)' 수요가 급증했던 것도 중요한 요인이 되었다. 광고영화나 애니메이션 등 다양한 종류의 영화들을 문화영화로 분류했던 당시의 행정적 기준의 모호성 탓에 수요가 밀려드는 광고영화를 찍기 위해 민간문화영화제작사들이 다수 출현했던 것이다. 또한 앞서 언급했던 TV방송국들을 비롯하여 동아방송,

---

33) 베트남전쟁을 소재로 하여 이 시기에 제작된 영화로는 〈월남전선 이상없다〉(김상봉, 1966)를 시작으로, 〈맹호작전〉(김묵, 1966), 〈얼룩무늬의 사나이〉(이만희, 1967), 〈여자 베트콩 18호〉(강범구, 1967), 〈뚝고전선〉(김묵, 1968), 〈사나이 유디티〉(남태권, 1969), 〈고보이 강의 다리〉(이만희, 1970), 〈성난 해병결사대〉(고영남, 1971), 〈뚝고혈전〉(김묵, 이강원, 1973), 〈앙케의 영웅들〉(김묵, 1973) 등이 있다. 한편, 이 시기 베트남에서 돌아온 파월장병들을 주인공으로 내세운 영화들로는 〈기러기아빠〉(권혁진, 1970), 〈월남에서 돌아온 김상사〉(이성구, 1971), 〈내 아내여〉(조문진, 1971), 〈인생우등생〉(박호태, 1972), 〈축배〉(고영남, 1973) 등을 들 수 있다.

CBS 등 민간방송국들이 개국함에 따라 국립영화제작소의 많은 인력들이 방송국으로 이동해갔다. 이와 같은 상황에서 1965년 동양방송으로 자리를 옮긴 박희준을 시작으로 민간문화영화사를 창립한 양종해와 배석인, 그밖에 김학수, 황왕수, 권순재 등 주요 인력들이 민간문화영화사로 자리를 옮겼다.[34] 이 같은 영화계 지형도의 변화는 국립영화제작소 영화의 제작을 위축시켰고, 영화의 질이나 양적인 측면에서도 1960년대와 비교할 수 없는 1970년대가 시작되었던 것이다.

2) '기록'영화로 제작되어 '전쟁'영화로 유통된 〈월남전선〉

1965년 10월 최초의 전투부대로 파병되었던 맹호부대가 베트남으로 떠나고, 민간 영화사였던 신필름에서 먼저 베트남 현지 촬영을 감행했던 〈월남전선 이상없다〉를 제작하고 있던 무렵, 국립영화제작소의 양종해 감독은 당시 프리프로덕션(preproduction) 중이었던 〈팔도강산〉을 유보하고 직접 베트남으로 가라는 지시를 받는다.[35] 〈발전은 협력에서(둑)〉(1959)로 제7회 아시아영화제 기획상, 〈한국의 불교(열반)〉(1963)으로 제3회 대종상 문화영화작품상과 제11회 아시아영화제 작품상, 〈초혼〉(1965)으로 제12회 아시아영화제 비극(非劇)부문 최우수감독상을 수상하면서 명실 공히 국립영화제작소의 대표 감독이 되었던 양종해 감독은 카메라 감독 세 명과 함께 베트남을 향해 출발[36]했다. 1964년 9월 제1이동외과병원 및 태권도 교관단 파병을 시작으로, 1965년 3월 군사원조단 비둘기부대 파병, 1965년 10월 전투부대인 맹호부대와 청룡부대 파병이 이어졌는데, 양종해 감독을 비롯한 촬영팀이 급파된 것이었다. 세 차례의 베트남행을 통해 촬영된 이 영화는 〈월남

---

34) 국립영화제작소와 민간문화영화사의 관계에 대해서는 이정아, 앞의 글, 168~171쪽 참고.
35) 공영민 구술채록, 앞의 책, 34쪽, 67~70쪽.
36) 「숨은 文化役軍(6) 國立映畵製作所의 梁宗海씨」, 『동아일보』, 1966.5.31.5면.

전선〉이라는 90분짜리의 장편문화영화로 제작, 1966년 8월 27일에 개봉되었다.

　1966년 전반기에 제작된 〈월남전선〉은 베트남전 파병의 맥락에 대한 한국정부의 입장을 충실히 반영하여 만들어진 영화이다. 영상의 시작 부분에서 "월남전은 월남만의 것도 아니고 그렇다고 미국만의 것도 아니"며, "우리의 불길이요 전 아시아의 불길이며 나아가서는 자유를 애호하는 전 세계"의 문제라는 점을 지적하는 것이나, "자유월남"의 공산침략은 곧 머지않은 장래 동남아시아 전체를 위협하게 될 것이며 나아가 대한민국의 안전도 보장할 수 없다는 이른바 '도미노 이론'을 들어 베트남 파병을 정당화하는 것, 영화 전반에 걸쳐 베트콩과 중공을 "우리의 공동의 적", 베트남, 미국을 "우리의 우방"으로 이원법적으로 명명하는 것 역시 정부의 파병 정당화 논리를 그대로 반영하고 있다.

　또한, "연간 3백만 달러", "연간 5백만 달러"로 구체적인 수치를 밝히면서 건설업의 진출 성과를 홍보하거나 베트남 파병을 통해 "우리나라 수출 진흥의 내일을 약속"한다는 내레이션, 맹호부대원들이 월급 받는 장면에서 입구에 보이는 포스터에 "돌아가서 후회말고 너도나도 송금하자! 정글에서 보낸 딸라 웃음 피는 우리가족"라고 쓰인 문구 등은 베트남전에서 얻게 될 경제적 이익이 적지 않을 것임을 암시하며, 그에 대한 기대를 노골적으로 드러낸다. 특히 이렇게 베트남전쟁으로 인한 경제적 이익을 강조하는 것은 민간제작영화나 국군영화제작소의 영화에서는 결코 찾아볼 수 없는 장면이다. 민간영화사와 국군영화제작소의 영화가 대체로 '반공'의 논리에 매진한다면, 국립영화제작소의 영화는 그밖에도 '무역', '경제', '국제관계' 등 다양한 파병의 논리를 제시한다.

〈그림 6〉 〈월남전선〉 중

　전술했듯이 이 영화는 매우 긴 시간동안 각기 다른 촬영자들에 의하여 제각기 촬영되어 다소 일관성이 결여된 것으로 보이는 지점들이 있다. 예컨대, 내레이터의 활용이나 내레이션의 어조, 내용을 전달하는 형식의 구성에 있어 편차가 존재하고 흑백과 컬러 영상이 원칙 없이 혼재되어 있는 점이나 촬영과 편집에서 개별 촬영자의 역량이 드러나는 점 등은 이 영화가 처음부터 장편으로 기획된 것은 아니라는 인상을 준다. 양종해 감독은 처음 촬영 당시에는 전쟁이 진행 중이던 상황이어서 위험을 무릅쓰고 전투 촬영을 하기도 했으나 이후에는 다소 연출이 가미된 장면들이 있었다는 것을 증언한 바 있다.[37]

　한편, 앞서 살펴본 바와 같이 1960년대 중반은 전쟁영화 장르가 활황을 이루던 시점이었다. 이때 개봉한 〈월남전선〉은 매우 적극적으로 '전쟁영화'라는 장르성을 드러낸다. "피비린내 나는 越南戰線에서 – 決死의 撮影 6個月! 血汗의 結晶!", "全篇에 灼熱하는 猛虎의 액션! 靑龍의 肉薄戰!", "全世界의 耳目을 總集中한 越南戰映畵의 決定版!", "戰爭史上 가장 絶妙한 兵法의

---

37) 공영민 구술채록, 앞의 책, 68쪽.

續出! 緊迫. 액션 분류!", "全世界의 注視속에 마침내 이루어진 越南戰의 全
貌映畫化! 戰線없는 戰爭, 越南의 쟝글에- 灼熱하는 大韓男兒의 액션! 必殺
의 肉迫戰", "戰爭映畫史上 最高의 異色決定版", "異國의 絕業속에 눈부신
韓國軍各部隊 各號作戰의 感激的인 實相映畫化", "越南의 쟝글에 펼쳐지는
地空의 大戰爭 스펙터클!"38) 등의 신문 광고 문구에서 볼 수 있듯이 〈월남
전선〉은 극장에서 자극적이고 대대적인 광고와 함께 상영되었다. 이 시기
까지 국립영화제작소에서 만든 단편 문화영화의 경우에는 별도의 배급사
가 존재하지 않는데, 이 영화는 1966년 8월 27일 세기상사주식회사가 배
급을 맡아 서울에서는 세기극장과 시민회관, 청주의 중앙극장에서 동시 개
봉되었고, 이후 부산 제일극장, 대구 아세아극장, 대전 중앙극장, 인천 키네
마극장, 전주 삼남극장 등에서 개봉되었다. 그리고 흥행을 위해 매 입장객
매 300명마다 신세기에서 발간된 레코드판을 증정하는 이색 이벤트를 벌이
기도 하는 등 '상업'적 성격으로 적극 활용되었다.

〈그림 7〉 〈월남전선〉 극장광고. 『경향신문』 1966.8.24.7면.

38) 『동아일보』, 1966.8.23; 1966.8.25; 『경향신문』, 1966.8.24; 1966.8.25.

그러나 이 영화가 '전쟁영화'라는 장르적 성격을 만족시킬 수 있는 것이 아님은 물론이다. 〈대한뉴스〉에 나오는 장면들과 유사한(일부 동일한), 이 영화에서 전쟁을 보여주는 장면은 채 10분을 넘어가지 않는다. 물론 실제 촬영된 전쟁 장면은 말할 것도 없거니와 몇몇 잘 연출된 총격전, 가옥 폭파 장면, 베트콩 생포 장면, 특히 밤의 게릴라 전투 씬에서 사운드와 조명을 활용한 스펙터클한 장면 등은 전쟁영화를 연상케 하는 지점이 분명 있다.

〈그림 8〉 〈월남전선〉 오프닝 씬 중

특히 총탄이 튀고 화염 방사기가 불을 뿜으며 헬리콥터가 날고 거센 포격 소리가 가득한 정글이 등장하는 오프닝 씬은 긴박한 편집을 통해 이 영화 속 전투 장면의 80%를 미리 보여주고 있는 셈이다. 오프닝 씬 바로 다음에 등장하는 것은 베트남전쟁 이전의 평화롭고 이국적인 베트남을 보여주는 시퀀스인데, 이 장면은 거의 8분간 지속된다. 그리고 한국군이 참전하기 전, 미군의 참전과 활약을 보여주는 긴 시퀀스가 이어진다. 이후 제1이동외과병원과 비둘기부대, 맹호부대와 청룡부대를 차례로 보여주면서, 이들의 전투 장면과 휴식 장면 등을 교차로 보여준다. 특히 부대원들의 생활을 '가족'으로 묘사하는 장면이나 어머니에게 답장 쓰는 형식을 통해 '최고의 대우'를 받는 한국군임을 자랑스럽게 생각한다는 내레이션 등은 가족-국가-자유세계로 이어지면서 한국적 가치관과 냉전의 질서를 포개는 장면이라 할 수 있을 것이다.

이렇게 전투 장면을 전쟁영화처럼 편집하여 반복적으로 보여주거나 파병의 논리를 서사화하는 과정, 또 베트남에서의 군생활을 아름답고 평화로운 것으로 묘사하는 것 등은 단신의 뉴스와 달리 문화영화를 통해서만 가능한 지점이었다. 즉, 단신의 뉴스가 포괄할 수 있는 내용들과 이를 연결지어 90분의 장편으로 만들어내기 위해 추가되어야 했던 내용들 사이의 차이, 그리고 '국립'영화제작소가 베트남전쟁을 형상화하고자 했던 부분과 '영화'가 상업적으로 유통되는 과정에서 강조되었던 지점 사이의 균열은 〈월남전선〉의 성격을 규명하는 열쇠가 된다. 〈월남전선〉은 '뉴스영화'의 일부로 촬영되어 전쟁을 '기록'한 뒤, 편집을 통해 장편'문화영화'로 재편집되면서 '재현'하는 매체로 변환되었고, '전쟁영화'로 유통되면서 산업적 질서 안에서 새롭게 자리매김 된 독특한 경우였다. 이 과정에서 〈월남전선〉은 다양한 목소리와 의도가 충돌하는 순간들을 포함할 수 있었다.

4. 국군영화제작소 전쟁영화

1) 〈정의의 진격〉부터 베트남전쟁 전까지

국군영화제작소의 전신인 정훈국 촬영대는 한국전쟁 당시 영화인들의 주도로 창설되었다. 정훈국 촬영대 창설의 주역인 한형모 감독은 1949년 육군소위가 주인공으로 등장하는 〈성벽을 뚫고〉로 데뷔한 뒤, 해군에서 의뢰받은 영화 〈사나이의 길〉을 목포에서 촬영하던 중에 한국전쟁 발발 소식을 접하게 된다. 즉시, 전쟁을 영상에 담아야겠다고 생각한 한형모 감독은 당시 대전 도청 안으로 옮겨온 국방부에서 국군참모총장 정일권을 만나 전쟁 기록의 의지를 피력한다. 이후 한형모 감독과 〈성벽을 뚫고〉의 제작자 김 관수, 영화 제작자 김보철 등은 7월 4일부터 스스로 '국방부 촬영대'라는 완 장을 만들어 달고 전쟁을 기록하기 시작했다.[39] 국방부 촬영대는 8월 대구 에서 '정훈국 촬영대'로 정식 발족하였고, 〈사나이의 길〉 스탭이었던 촬영 감독 김광희, 양보환, 심재홍 그리고 국방부 소속 한국문화연구소 기자였던 김종한 등이 각 전선에 배치되었다.[40] 정훈국(政訓局)은 "남침을 도발한 공 산군의 비인도성과 야만성을 깨닫게 하고 아울러 민주주의를 지향하는 대 한민국의 우월성과 인간 중심의 사회상을 인식시킴으로써 (…) 매스미디어 를 통한 계몽과 선무활동"[41]을 목표로 창설된 조직이었다. 본격적으로 국 군과 UN군의 활동상을 촬영할 수 있었던 이들 정훈국 촬영대는 평양에서 북한군이 촬영한 필름과 기자재 등을 입수, 활용하여 1951년 초 〈정의의 진 격〉 1부를 완성시켰다. 그 뒤 일본으로 건너가 녹음을 마친 뒤 1951년 6월 대구와 부산에서 개봉했던 〈정의의 진격〉은 국군에서 제작한 최초의 영화 였다. 정훈국 촬영대는 〈정의의 진격〉 1, 2부를 제작하는 한편 〈국방뉴스〉 를 시작하여 1952년 5월 1호를 시작으로 환도 전까지 총 49편을 제작[42]하였

39) 한형모, 「영화판권과 기자재를 바꾼 시절」, 『군영화40년사』, 위의 책, 57~62쪽 참고.
40) 이외에도 김강위, 양주남이 〈정의의 진격〉1부의 촬영에 합류했고, 〈정의의 진 격〉2부(1953)에는 이들과 함께 김학성, 이성춘이 합류했다. 한국영상자료원 한국 영화데이터베이스(www.kmdb.or.kr) 참고.
41) 이배근, 「경험은 최상의 교사-정훈촬영대에서 국군홍보관리소까지」, 『군영화40년 사』, 위의 책, 48쪽.
42) 국방홍보원 홈페이지(www.dema.mil.kr) 영상자료실은 〈국방뉴스〉 1호(1952.5.)부 터 11호(1953.3.10.)까지의 영상을 서비스하고 있다. 『군영화40년사』(위의 책, 12~13 쪽)에는 1호가 1952년 6월 22일 완성되었다고 서술되어 있는데, 1호는 대략 5월 초부터 19일까지의 사건을 다루고 있으며, 2호가 6월 초부터 말까지의 사건을 다 루고 있음을 영상으로 확인할 수 있다. 현재 국방홍보원 홈페이지는 11호 뒤에 75 호를 올려두었는데, 75호는 1967년 6월 초의 사건들을 다루고 있다. 그런데 1966 년부터 제작된 〈국방뉴스〉의 제호가 다시 1호부터 시작되므로, 이 시기의 〈국방 뉴스〉를 1950년대 〈국방뉴스〉의 지속이나 재개라기보다 제목은 이어받았으나 별

으며, 1956년 5월 18일까지 총 66편[43])을 만들었다. 1952년 정훈국 촬영대는 군사영화촬영소로 승격되었다가 1953년 국방부 개편과 함께 다시 정훈국 영화과로 개칭되었다. 이후 1955년 국방부 정훈국 군영화촬영소로 개칭된 뒤 1963년 국방부 국군영화제작소로 승격되었다.[44])

베트남전쟁 전까지 국군영화제작소는 제작소 소속 감독 양주남, 변성환, 박정수 등이 연출한 〈우리 해병대〉(양주남, 1963), 〈탈선병〉(변성환, 1963), 〈베짱이의 그후〉(박정수, 1964) 등 10분 내외의 교육영화를 1년에 3~5편 제작하는 것이 주요 활동이었으며, 1962년에는 반공극영화 공모전을 통해 당선된 신봉승 작 〈두고온 산하〉(이강천, 1962)를 제작했다. 그 밖의 활동으로는 〈우리의 힘〉 시리즈, 〈5·16 한돌〉, 〈국제군인 축구대회〉 등의 기록/홍보영화의 제작[45])과 〈와룡선생상경기〉(김용덕, 1962), 〈세종대왕〉(안현철, 1964) 등 장편상업영화를 축소하여 군에 배포하는 작업이 있었으나 후반작업에 필요한 시설 등이 현격히 부족한 형편으로, 지속적인 뉴스영화나 대민홍보영화 제작 등의 적극적인 활동을 통한 뚜렷한 성과를 남기지는 못했

도로 제작된 뉴스영화로 보아야 한다.

43) 이배근, 위의 글, 16쪽.

44) 이후 국군영화제작소는 1979년 7월 국군홍보관리소로 잠정 통합되었다가, 1981년 국군홍보관리소가 창설되면서 국군방송, 국군전우신문제작소와 통합되었다. 이 글에서는 베트남전 참전 당시를 기준으로 국군영화제작소라는 명칭을 사용한다.

45) 『군영화편람 1950~1996』(국방부 국군홍보관리소, 1997)은 이 시기 제작된 교육영화로 1년에 3~5편 정도의 목록을 제시하는 데 반해, 『군영화40년사』는 1960년 18편, 1962년 22편, 1964년 7편으로 집계한다. 『군영화40년사』의 목록에는 〈우리의 힘〉 시리즈(1958년 김수용 감독이 연출한 〈우리의 힘〉 1호와 1959년 양주남 감독이 연출한 2호, 3호는 뉴스영화로 기록되어 있으나, 1960년 4호 이후는 각 호 별로 기록영화와 극화된 문화영화 형식을 선택적으로 활용한 것으로 보인다.), 〈우리육군〉 시리즈(육군의 활동상황에 대한 기록영화), 〈두고온 산하〉와 같은 극영화가 포함되어 있다. 『군영화편람』이 교육영화와 호국극영화로 구분한 영화 외에 다른 영화들을 언급하지 않은 반면, 『군영화40년사』는 뉴스영화와 극영화도 모두 교육영화로 범주화하고 있다. 이 글에서는 『군영화편람』에 따라 교육영화와 극영화를 따로 분류하고, 그 외 『군영화40년사』에 목록화되어 있는 영화들을 기록/홍보영화로 분류한다.

다고 할 수 있다.

2) 유신으로 결론 맺는 베트남전쟁영화: 〈국방뉴스〉, 〈월남전선〉에서 〈자유의 십자군〉으로

국군영화제작소는 1965년 3월 비둘기부대의 파월 당시 파월촬영팀을 급히 구성하여 베트남으로 보냈다. 이때 촬영된 영상은 〈장도만리〉, 〈비둘기소식〉, 〈국방부장관 월남방문기록〉 등 각 10~20분의 기록/홍보 영화로 제작되었다. 〈장도만리〉와 〈비둘기소식〉이 주요 상영 대상을 '장병'으로 제시하고 있는 데 반하여, 1966년부터 제작되기 시작한 〈국방뉴스〉와 〈월남전선〉은 군인을 넘어 일반 국민을 대상으로 하고 있다는 점에서 주목할 만하다.

〈국방뉴스〉는 1966년 1월부터 1주일에 1호씩 총 52호가 제작되었다. 이후 1967년 51편, 1968년 65편, 1969년 39편, 1970년부터 베트남전에서 철수하는 1973년까지 매년 52편씩 제작되었다.[46] 1966년 1월 〈국방뉴스〉 제1호는 KBS를 통해 전국에 방송되었다. 새해 대통령과 장관 연두사와 대통령 국방부 순시, 전군 주요지휘관 회의와 더불어 파월부대 소식을 전한 제1호 〈국방뉴스〉는 이후 1년 동안 KBS를 통해 생방송[47]되었다. 〈국방뉴스〉는 주로 한 호 당 4~5개의 세부뉴스로 구성되었는데, 시기별로 차이는 있으나 대부분 국내 소식을 위주로 하되, 1966년부터 전군이 철수한 1973년까지 베트남전쟁과 파월장병들에 관련된 소식을 1~3호 당 1꼭지 정도 전했다. 그럼에도 〈국방뉴스〉는 1965년 전국방송을 시작했던 TV 매체를 통해 최초로 보도

---

46) 『군영화40년사』가 편찬된 1990년까지를 기준으로 〈국방뉴스〉는 대부분 1주일에 한 편씩(1980~1982, 1985년에 2주일에 한 편, 연간 26편 제작) 총 1218호까지 제작되었다. 국방홍보원 홈페이지(www.dema.mil.kr) 영상자료실에는 75호(1967년 6월)부터 87호(1967년 9월)까지, 1438호(1995년 2월)부터 1869호(2005년 11월 7일)까지 소장되어 있는데, 이때까지 주 단위 뉴스로 제작되었음을 확인할 수 있다. 2005년 12월 1일 국군방송TV의 개국 이후부터 일 단위 TV뉴스형식으로 바뀌었다.

47) 『군영화40년사』, 앞의 책, 19쪽 참고.

되었던 '전쟁영상'이었고, 일상성과 규칙성을 갖는 'TV 뉴스'라는 형식 속에 '베트남전쟁'을 소환했다는 점에서 극장뉴스와 변별되는 지점이 있다고 할 수 있을 것이다.

한편, 베트남 전쟁 소식을 보다 자세히 전했던 것은 극장에서 상영되었던 〈월남전선〉[48]이었다. 〈월남전선〉은 국군영화제작소 뉴스팀에서 베트남 관련 소식들로 별도의 10분 뉴스를 구성하여 극장상영용으로 기획한 뉴스영화였다. 〈월남전선〉은 1966년 41편, 1968년 8편, 1969년 24편, 1970년 10편, 1971년 9편, 1972년 14편, 1973년 8편, 1975년 13편으로 총 125편[49]이 제작되었다. 〈월남전선〉 감독으로 파월근무를 했던 이준성에 따르면 초기에는 국방뉴스 팀의 인력이 파견되었으나 1968년부터는 현역 군인으로 구성된 5~6명의 촬영병이 파견[50]되어 현지에서 촬영한 분량을 보내면, 국군영

48) 『군영화40년사』의 연혁에는 〈월남전선〉 초호 제작이 1970년으로, "3개 TV에서 토요일 오후 6시에 동시방송"되었다고 적고 있다(528쪽). 또한 「군영화40년사」에서도 1970년 4월 〈월남전선〉 초호가 제작되었다고 기록(21쪽)되어 있는 등 〈국방뉴스〉, 〈월남전선〉, 〈배달의 기수〉에 대한 기록이 명확하게 구분되지 않은 상태로 서술되어 있다. 그러나 같은 책에 수록된 「월남전선 제작기록」(511~519쪽) 및 국방홍보원 홈페이지 영상자료실 영상 등을 참고로 볼 때, 뉴스영화 〈월남전선〉은 1966~1975년까지 극장을 통해 상영되었으며, 〈배달의 기수〉는 1970년부터 TV방송을 통해, 그리고 〈국방뉴스〉는 TV를 통해 방송되었던 1966년 후에는 군에 한정적으로 배포되었다고 정리할 수 있다.

49) 현재 국방홍보원 홈페이지 영상자료실에서 〈월남전선〉 1호부터 106호까지 영상을 서비스하고 있다. 이 영상들과 『군영화40년사』의 목록을 참고로 할 때, 1967년과 1974년에는 〈월남전선〉이 제작되지 않은 것으로 보인다. 1967년 7월~1968년 1월까지 〈월남전선〉의 촬영팀으로 베트남으로 파견되었던 이준성에 따르면, 이들은 1967년도에도 16mm와 35mm 필름으로 뉴스 영화를 촬영했고, 1967년 12월에는 그간 제작했던 〈월남전선〉 뉴스영화를 받아 베트남에서 시사를 했다고 한다.(이준성, 「추억의 페이지들-종군40년」, 『군영화사40년』, 위의 책, 137~141쪽 참고.) 일련의 제호가 부과된 〈월남전선〉은 1975년 125호로 종료되는데 그 사이 누락된 호가 없는 것은 이준성 감독의 증언과 배치되는 지점이다. 실제로 1967년 촬영분이 〈국방뉴스〉에 수록되고 별도의 〈월남전선〉 뉴스로 제작되지 않았는지, 그 원인이 무엇인지에 대해서는 국방홍보원 자료 공개요청을 통해 차후 보충되어야 할 것이다.

50) 이준성, 앞의 글, 138쪽.

화제작소에서 후반 작업을 담당하는 형식으로 제작되었다고 하는데, 〈월남전선〉 제1호의 첫 부분 자막에는 국군영화제작소 소속의 군인들이 파견되어 촬영을 담당했음을 명시하고 있다.

> 이 영화는 국방부 국군영화제작소 소속 이승엽 중사, 최광태 상병, 박경삼 상병 등 세 사람이 월남전선 최전방에 종군하면서 수록한 주월 한국군 용사들의 생생한 실전 기록입니다. 앞으로 계속 제작공개될 이 영화는 월남소식을 제 때에 신속하게 국내에 전하는 구실을 하는 외에 사상 처음으로 해외에서 용맹을 떨친 주월한국군의 빛나는 전사(戰史) 자료로서 길이 보존될 것입니다.

여타 국군영화제작소 영화들과 달리 군인들을 대상으로 한 것이 아니라 애초부터 극장상영용으로 기획되었던 〈월남전선〉은 미군에게 35mm 필름을 지원받아 제작되었는데, '극장용'이라는 이유로 16mm 필름의 지급을 거절당하자 1967년부터는 16mm 필름의 상당량을 베트남 군영화제작소에서 지원받았다고 한다.[51] 〈월남전선〉은 베트남전쟁을 가능한 자세하고 생생하게 영상화하려는 목적에 충실하다. 베트남전쟁 전후방에서 활약하는 '용맹한' 한국군을 다양하게 보여주면서, 베트남인들에 대한 대민 사업이 성공적으로 진행되고 있음을 아울러 '선전'한다. "그림이 되는" 대부분의 보도사진이 연출된 것이었다는 증언[52]을 참고로 할 때, 베트남 사람들에게 "용맹하고 친절한" 한국군으로 비춰지고 있음을 강조하는 이러한 영상들은 미군의 용병으로서의 한국군, 여타 국가의 군인들에 비해서도 한층 '잔인했던' 한국군이라는 이미지를, 특히 국내의 여론을 의식하여 의도적으로 상쇄시키고자 하는 목적을 띠고 있었다고 볼 수 있을 것이다.[53]

---

51) 이준성, 앞의 글, 141쪽.
52) 〈이제는 말할 수 있다- 77회 월남에서 돌아온 새까만 김상병〉(2004.3.28.) 중 1970년 백마부대 보도병으로 종군했던 소설가 박영한의 인터뷰(MBC 이제는 말할 수 있다 공식 홈페이지(http://www.imbc.com/broad/tv/culture/cantell/vod) 참고.

이렇게 촬영되어 극장에서 뉴스영화로 상영되었던 〈월남전선〉은 1973년 국군영화제작소 박정수 감독에 의해 〈자유의 십자군〉이라는 장편 다큐멘터리의 제재로 활용된다. 〈자유의 십자군〉은 1965년 비둘기부대 파병부터 1973년 한국군 전군 철수에 이르는 9년 동안의 베트남전쟁 참전의 역사를 시간의 흐름에 따라 영상으로 재구성한 영화이다. 9년 동안의 촬영으로 축적된 필름들을 충분한 편집 시간을 두고 구성한 이 영화는 국립영화제작소의 장편 다큐멘터리 〈월남전선〉과 비교할 때, 훨씬 더 정돈되어 있다. 이 영화는 전반적으로 내레이션 톤과 화면의 질이 일정하게 유지되고 있으며, 박정희 대통령의 파월장군 환송으로 시작하여 개선장병환영회에서 대통령의 축사로 완결되는 안정적인 수미상관의 구조로 이루어진다. 영화는 국군의 활약상과 대민활동 등을 자세하게 보고하듯 나열하는데, 국립영화제작소의 〈월남전선〉이나 뉴스영화 〈월남전선〉과 비교할 때 실감나는 전쟁 장면보다는 전쟁의 진행상황을 일정한 패턴에 따라 서술하는 방식을 취한다. 즉, 포탄을 쏘는 장면, 멀리서 보이는 연기와 포탄 소리, 뛰어가는 국군, 생포되어 손을 들고 나오는 베트콩들 혹은 참혹하게 죽은 시체들, 노획한 무기의 나열, 대민사업을 벌이는 국군의 모습 등이 화면에 반복적으로 등장하는 동안, 내레이터는 각 부대의 활약과 승리의 의의, 그리고 베트남인들의 환영에 대하여 반복적으로 서술한다. 이러한 일련의 씬들의 반복은 다소 지루하게 느껴질 정도로 교과서적으로 편집되어 있다. 그리고 오프닝시

---

53) 한편, 1970년 KBS에서는 "최초의 TV영화" 〈월남전선〉을 기획, 그해 12월부터 이듬해까지 상영했다. 16mm로 촬영하여 각 에피소드당 45분 분량으로, "따이한 용사들을 주제로 평화애호정신과 휴매니티를 부각시켜 영화화"하고자 했으며 윤혁민, 이은성 등이 시나리오를 쓰고 임학송, 김성인 감독이 연출을 맡아 김석훈 등의 배우와 남진 등 청룡부대 파견 중인 연예인들, 그리고 베트남 현지배우를 기용하여 제작되었다. 그러나 "줄거리는 엉성하고 템포가 느려 전쟁물이 갖추어야 할 긴박감을 조성하지 못했으며 장면구사가 엉망"이었다는 혹평과 함께 매주 1편씩 8회로 예정되어 있던 상영은 5회로 막을 내린다. 당시 드문 '로케이션' 드라마를 표방했고 따라서 스튜디오 드라마의 5~6배의 제작비에 해당하는 천만 원(5편)이 들었지만 성과를 거두지는 못했던 것으로 보인다. 『동아일보』 1970.9.12.; 1971.3.25.

퀸스에서 박정희 대통령의 육성으로 "아시아의 평화"를 앞세운 반공주의적 환송사는 엔딩시퀸스에 이르러 동일하게 구성된 쇼트로 연결되면서 "유신의 힘찬 맥박"으로 이어져, 돌아온 장병들에게 전쟁에 임하는 태도로 유신 정국에 복무해야함을 주지시키고자 한다. 즉, 이 영화는 9년간의 참전경험을 시각화하면서 전쟁 자체에 집중하기보다는 이를 통해 유신체제가 베트남전쟁의 연속선상에 놓여 있으며 전쟁에 임하듯 일상에 임해야한다는 주제를 노골적으로 드러내는 데 방점이 있다. 이 영화가 1973년에 제작되었다는 것을 감안할 때, 베트남전쟁에 대한 기록영화를 집대성한다는 표면적 목적보다 오히려 베트남전쟁과 유신체제를 연관 짓고자 하는 심층적 목적이 더 중요했기 때문에, 이러한 구성을 통해 제작의도를 드러내고 있다고 할 수 있을 것이다.

3) "호국극영화"[54])의 충돌하는 이미지: 〈고보이 강의 다리〉를 중심으로

　다음으로 살펴볼 것은 국군영화제작소에서 제작한 "호국극영화"이다. 이 시기에 제작된 베트남전쟁 관련 극영화로는 〈밀림의 첩병〉(박정수, 1969)과 〈고보이 강의 다리(소년이 돌아온 다리)〉[55])(이만희, 1970) 두 편이 있는데 〈밀림의 첩병〉은 교육극영화로 분류되어 있다. 〈밀림의 첩병〉은 제7회 청

---

54) "호국극영화"라는 분류는 『군영화편람』에 따른 것이다. 베트남전쟁을 그린 영화가 어떤 의미에서 '호국'의 범주에 들어갈 수 있는지, 또는 〈고보이 강의 다리〉가 '호국'이라는 목적성에 어울리는 영화인지에 대한 의문이 남기 때문에 이 용어를 큰따옴표 표시로 강조했다.

55) 『군영화40년사』와 『군영화편람』에는 모두 〈소년이 돌아온 다리〉로 기록되어 있으며, 수상기록을 전한 신문기사("청룡영화상 시상식", 『동아일보』, 1971.3.8.)에도 〈소년이 돌아온 다리〉로 되어 있다. 그런데 한국영상자료원에서 소장하고 있는 포스터와 영화 필름에는 〈고보이 강의 다리〉로 개제되어 있다. 검열 서류를 검토해 봤을 때 개봉 이후 1972년 해외배급을 염두에 두고 〈고보이 강의 다리〉로 개제한 것으로 보인다. 이 글에서는 현재 남아있는 상영본을 기준으로 〈고보이 강의 다리〉로 통일하여 서술한다.

룡영화제 문화영화상과 제7회 한국 연극영화제 특별상을 수상했으며, 〈고
보이 강의 다리〉는 제8회 청룡영화제 우수기획상을 수상했다. 현재 〈밀림
의 첨병〉은 전편 시사가 불가능56)하므로, 이 글에서는 〈고보이 강의 다리〉
를 중심으로 논의를 전개하도록 한다.

　〈고보이 강의 다리〉는 국군영화제작소에서 제작한 첫 번째 베트남전쟁
관련 극영화였다. 이만희 감독은 1961년 〈주마등〉으로 데뷔한 뒤 한국전쟁
을 배경으로 한 〈돌아오지 않는 해병〉(1963)을 연출하면서 단숨에 한국영
화계의 중심인물로 급부상했다. 탄탄한 연출력과 섬세한 영화적 감수성을
바탕으로 한 이만희 감독의 영화들은 흥행과 비평 측면에서 모두 주목을
받아왔는데, 1965년 〈7인의 여포로〉의 북한군 묘사로 인해 반공법 위반으
로 구속되면서 한차 례 위기를 겪는다.57) 감옥에서 풀려난 이만희 감독은
시나리오 작가 한우정을 찾아가 "철저한 반공영화를 만들겠다"는 의지를 밝
히고58) 한우정의 시나리오로 〈군번없는 용사〉(1966)를 찍는다. 1년에 5편

---

56) 〈밀림의 첨병〉(1969)은 박정수 감독 연출로 러닝타임이 30분이다. 국방부 홍보원
　　홈페이지 영상자료에 〈배달의 기수 - 밀림의 첨병〉(1970)이 소장되어 있는데, 조
　　성현 감독 연출, 10분의 러닝타임을 갖는 영상이다. 박정수 연출의 〈밀림의 첨
　　병〉은 시사할 수 없지만, "백마공수특전대가 천연동굴을 이용하여 아군의 작전을
　　방해하던 베트콩의 진지를 분쇄한다"는 동일한 줄거리와 영화의 구성으로 미루
　　어볼 때, 〈배달의 기수-밀림의 첨병〉은 〈밀림의 첨병〉 일부분을 편집하여 내레이
　　션을 새롭게 가미한 것으로 보인다.
57) 〈7인의 여포로〉 사건은 1965년 1월 이 영화가 북괴의 국제적 지위 앙양, 반미감
　　정 고취, 군사력 취약화 책동, 북괴찬양 등으로 반공법을 위반하였다는 명목으로
　　이만희 감독을 소환, 구속 기소했던 사건이다. 이 판결에 대한 항의는 각 영화단
　　체들에서 제출되었으나 가장 문제가 된 것은 유현목 감독이 세계문화자유회 한
　　국본부 세미나에서 발표한 '은막의 자유'라는 글이었다. 정부는 1966년 2월 유현
　　목 감독을 반공법 위반 혐의로 입건했다. 이후 거의 1년을 끌었던 이 사건은 동
　　영화를 〈돌아온 여군〉으로 개칭하고 문제가 된 부분을 삭제함으로서 상영이 허
　　가 되고 12월 이만희 감독이 선고유예를 받으며 일단락되었다. 한국영화사연구
　　소,『신문기사로 본 한국영화 1965』, 한국영상자료원, 2007, 2쪽, 5쪽.
58) 한우정 편, 한국영상자료원 엮음,『한국영화를 말한다-한국영화의 르네상스1』, 이채,
　　2005, 431~432쪽.

이상의 영화를 만들면서 〈만추〉, 〈물레방아〉, 〈귀로〉, 〈싸릿골의 신화〉 등
한국영화사의 걸작을 쏟아내던 이 시기, 이만희 감독은 〈냉과 열〉(1967),
〈얼룩무늬 사나이〉(1967)와 같은 베트남전쟁을 무대로 한 영화도 두 편 만
들었다. 1970년 국군영화제작소에서 제작된 〈고보이 강의 다리〉는 이만희
감독이 만든 세 번째 베트남전쟁 영화였다.

〈그림 9〉 〈고보이 강의 다리〉 포스터

  국군영화제작소 제작영화이기는 하지만, 이 영화에는 베트남전쟁을 바라
보는 또 다른 시선이 노출된다는 점에서 주목할 만하다. 심리전 장교이자
베트남어 교관 출신인 이대위(김석훈)가 부임한 맹호부대는 고보이 강 유
역에서 베트콩과 전투 중이다. 이만희 감독 자신이 다소 독선적이기는 하
지만 용맹하면서도 인간적이고 유연한 이상적인 리더 최대위 역할로 출연
한 〈고보이 강의 다리〉는 베트콩 소탕과 폭파된 다리의 재건을 통해 부락

민들의 이해를 얻게 되는 맹호부대의 이야기를 담고 있다. 그런데 〈고보이 강의 다리〉에서 그려지는 베트남인들과 베트콩의 모습이 의미심장하다. 마을 사람들에게 매우 중요한 다리가 베트콩에 의해 폭파되자 그들은 폭파가 한국군에 의한 것이라고 오해한다. 몇 사람의 희생자가 발생하고 다리가 무너진 뒤 망연자실 앉아 있는 마을 사람들의 모습은 뉴스영화나 기록영화 속에 등장하는 베트남인들의 모습과 판이하다. 특히 아오자이를 입은 여선생은 한국군에 대한 증오가 가득한 채, 마을 사람들을 대표하여 계속해서 베트남어로 소리를 치며 한국군을 비난한다. 남미리, 문정숙, 김혜정 등을 베트남 여성 혹은 베트남인과 결혼한 중국 여성 등으로 기용했던 여타의 베트남전쟁 극영화들[59]과 달리 실제 베트남 배우를 기용한 〈고보이 강의 다리〉는 주인공 이대위를 베트남어 교관 출신으로 설정하여 베트남인들과 베트남어로 대화를 나누게 한다.[60] 이대위는 부임 첫날 "자네도 한국군의 우수성을 알고 있나?"라고 묻는 상관에게 "단점을 더 많이 알고 있습니다." 라고 대답할 만큼 익히 알려진 베트남전쟁에서의 한국군의 활약상에 대해 의문을 품고 있는 인물이다. 마을 사람들이 한국군에게 냉정한 이유 중의 하나로 그들이 대부분 베트콩의 가족이라는 점을 지적하거나 두려움이 가득한 어린이들의 표정을 두고 "저 아이들은 양쪽(필자주: 베트콩과 한국군) 모두를 두려워한다"고 이야기하는 장면 등은 한국군이 베트남인들에게 우호적으로 받아들여지지 않는 현실을 직시한다. 뉴스영화나 기록영화에서는 보이는 것과 달리 한국군에게 고마워하지 않는 냉정하고 무표정한 베트남인들의 얼굴은 마치 공포영화에서처럼 괴기스러움마저 감도는데, 각기 원쇼트로 클로즈업 되어 영화 속 많은 장면에 삽입된다.

---

59) 〈맹호작전〉(김묵, 1966)의 남미리, 〈얼룩무늬 사나이〉(이만희, 1967)의 문정숙, 〈냉과 열〉(이만희, 1967)의 김혜정과 문정숙 등이 베트남 여성으로 출연했다.
60) 〈고보이 강의 다리〉는 한국영상자료원 웹사이트에서 볼 수 있는데, 상당히 많은 대사가 베트남어로 진행되지만 상영영상에서는 이에 대한 자막이 서비스되고 있지 않다.

한편, 베트콩의 아들인 소년 남은 고아인 척 마을에 살면서 아버지를 돕다가 그를 따라 산으로 간다. 이들 부자가 만나는 장면에서 아버지 베트콩은 아들을 매우 사랑하는 평범한 아버지로 그려지며, 아들 역시 아버지와 재회할 때 그를 끌어안으며 기뻐한다. 〈7인의 여포로〉에서 인간적인 북한군의 모습을 그렸다가 반공법 위반으로 구속당했던 경험이 있었던 이만희 감독은, 그럼에도 이 영화 속에서 베트콩을 전적으로 악한, 평면적 인물로 그려내지는 않는다. 베트남인들과 베트콩들 사이에 선과 악을 구분하는 잣대로 이념을 들이대고자 하는 이들에게 "저 여선생의 임무는 아이들에게 스스로 옳은 것을 선택하도록 가르치는 것입니다"라는 대사를 통하여, 미군이나 한국군은 제3자일뿐이며 결국 선택은 베트남인들의 몫이라는 것을 강변하는 이대위 또한 군인 신분이지만 성찰적 지식인의 면모를 지닌 인물로 그려진다. 엔딩 시퀀스에서 아버지가 죽고 위험에 처하자 자신을 돌봐주던 선생님에게 돌아가겠다고 결심한 남이 한국군이 건설한 다리를 건너 다시 마을로 돌아올 때, 베트콩의 총에 맞아 죽은 한국군의 시체가 다리 아래로 강을 건너 운반되는 장면이 병치되는 것은 재건된 베트남의 주인은 베트남인이며 한국군이 아니라는 사실을 상징적으로 보여주는 듯하다. "서두를 것 없습니다. 진실은 역사가 기록합니다."라는 이대위의 대사는 베트남전쟁과 한국군의 참전에 대한 다양한 층위의 해석을 가능하게 하는 여운을 남긴다.

주월한국군사령부의 지원을 받아 촬영된 이 영화는 스펙터클하고 다양한 폭파 및 전투 장면을 통해 '전쟁영화'로서의 쾌감도 충분히 전달한다. 영화 초반 다리 폭파 장면의 스펙터클이나 최대위 역할을 맡았던 이만희 감독이 운전병과 둘이 차를 타고 가며 벌이는 총격전의 긴박감, 아름답고 고즈넉한 작은 마을의 이국적인 풍경과 이를 담아내는 독특한 카메라 앵글에 이르기까지, 〈고보이 강의 다리〉는 이만희 감독의 장르영화 연출 능력을 잘 드러낸 작품이기도 하다. 그런 한편, 이 영화는 국군영화제작소에서 제

작한 영화로서의 목적성과 이만희 감독의 냉정한 현실감각의 충돌이 빚어
낸 의외의 결과물이라고도 평가할 수 있다. 국군 제작 영화로서의 정체성보
다 감독의 자의식이 두드러지는 이 영화는 베트남전쟁에 대한 또 다른 시
선을 제시하는, 당시로서는 드문 문제의식을 노출하는 영화였다고 하겠다.

5. 맺음말

1973년, 공식적인 한국군의 철군이 완료된 이후 20년이 흐른 뒤에야, 이
전쟁이 우리에게 어떤 의미였는지를 질문하는 영화들이 제작되기 시작했
다. 정지영 감독의 〈하얀전쟁〉(1992)을 시작으로 〈미친 시간〉(이마리오,
2003), 〈알포인트〉(공수창, 2004), 그리고 〈님은 먼 곳에〉(이준익, 2008)에
이르기까지, 다큐멘터리는 물론 장르영화의 틀 안에서도 베트남전쟁이 왜
우리에게 "잊힌 전쟁"이 되었는지를 묻고자 하는 시도들이 간헐적이지만 이
루어지고 있다. 물론 '의도'와는 별개로 이 영화들이 이룬 성취는 제각각이
었지만, 〈하얀전쟁〉이 등장하기까지 한국영화에서 베트남전쟁은 누군가의
과거사이거나 도피처, 혹은 사랑을 이룰 수 없게 만드는 외적 요건으로만
존재했다. 영화 안에서 베트남전쟁을 문제적으로 가시화하는 것은 그것이
끝나고 난 뒤에도 20년 가까운 세월이 흘러서야 가능했던 것이다. 한국군
참전 40년인 2015년에도 여전히, 베트남전쟁에서 한국과 한국군이 담당했
던 혹은 자행했던 역할과 행위에 대해서 문제제기가 이루어지고 있는 것은
이 전쟁이 우리에게 '과거사'가 될 수 없음을 증명하고 있는 셈이다. 이에
대한 영화적 직면도, 여전히 요청되는 영화사의 과제일 수밖에 없다.
이 글은 지금까지 한국영화사에서 논의되지 않았던 베트남전쟁에 관한
기록/문화영화를 일괄함으로써, 전쟁과 영화가 관계 맺는 방식을 살펴보았
다. 이를 위해 특히 다음의 네 편의 영화들의 맥락에 집중하였다. 베트남전

쟁을 장편'상업'문화영화의 영역으로 끌어온 〈월남전선 이상없다〉, 뉴스영화로 촬영되어 문화영화로 편집되고 전쟁영화로 유통되었던 국립영화제작소의 〈월남전선〉, 그리고 베트남전쟁을 유신으로 결론지은 국군영화제작소의 〈자유의 십자군〉, "호국극영화"로 제작되었으나 베트남전쟁에서 한국군의 역할에 대한 심도 있는 질문을 던진 〈고보이 강의 다리〉 등을 분석함으로써, 이 글은 1966년부터 1973년까지 한국군의 베트남 파병의 당대적 의미와 이에 대해 질문했던 영화적 순간들을 포착할 수 있었다. 자료의 부족과 선행 연구의 부재로 인해, 이 글은 이 시기 제작된 다양한 영화들에 대한 개괄에 그친 측면이 있다. 이에 대해서는 차후 더 실증적인 연구들로 보충되어야 할 것이다.

참고문헌

1. 자료

『동아일보』, 『경향신문』.

『군영화40년사』, 국군홍보관리소, 1992.

『군영화편람 1950~1996』, 국방부 국군홍보관리소, 1997.

한국영화사연구소 엮음, 『신문기사로 본 한국영화 1965』, 한국영상자료원, 2007.

한국영상자료원 데이터베이스(www.kmdb.or.kr).

국방홍보원 홈페이지(www.dema.mil.kr).

〈이제는 말할 수 있다- 77회 월남에서 돌아온 새까만 김상병〉(2004.3.28.) MBC 이제는
　　　　말할 수 있다 공식 홈페이지, http://www.imbc.com/broad/tv/culture/cantell/vod.

시네마테크서울 블로그　http://cinematheque.tistory.com/93.

2. 연구서

한국영상자료원 엮음, 『한국영화를 말한다-한국영화의 르네상스1』, 이채, 2005.

공영민 구술채록, 『2006년도 원로영화인 구술채록 자료집-양종해』, 한국영상자료원,
　　　　2007.

김승경 구술채록, 『2009년 한국영화사 구술채록연구 시리즈-배석인』, 한국영상자료원,
　　　　2009.

이순진, 「국립영화제작소의 간략한 역사」, 『문화영화구술 자료집 1권』, 한국영상자료원,
　　　　2012.

3. 논문 및 단행본

이순진, 「대안영화에서 선전영화까지: 한국 문화영화의 역사와 쟁점」, 한국영상자료
　　　　원 엮음, 『지워진 한국영화사-문화영화의 안과 밖』, 현실문화사 2014.

이정아, 「민간문화영화 제작자를 통해 본 민간 문화영화 소사」, 한국영상자료원 엮
　　　　음, 『지워진 한국영화사-문화영화의 안과 밖』, 현실문화사 2014.

이효인, 「1960년대 한국영화사」, 한국영상자료원엮음, 『한국영화사공부 1960~1979』,
　　　　이채, 2004.

정종화, 「식민지기 조선의 문화영화 개념 형성에 관한 연구」, 한국영상자료원 엮음,
　　　　『지워진 한국영화사-문화영화의 안과 밖』, 현실문화사 2014.

조준형, 「문화영화의 제도화 과정」, 한국영상자료원 엮음, 『지워진 한국영화사-문화

영화의 안과 밖』, 현실문화사, 2014.

최용호,『통계로 본 베트남전쟁과 한국군』, 국방부 군사편찬연구소, 2007.

최용호,『베트남전쟁과 한국군』, 국방부 군사편찬연구소, 2004.

Kenneth Osgood, *Total Cold War - Eisenhower's Secret Propaganda Battle at Home and Abroad*, University Press of Kansas, 2006.

Paul Virilio,『전쟁과 영화-지각의 병참학』, 권혜원 옮김, 서울, 한나래, 2004.

4부

영상과 역사 – 분단과 '지체된 전후'

영상기록물에 담긴 '해방공간'과 저항의 시간들*

양 정 심

1. 들어가며

해방공간은 극적인 시대였다. 해방과 분단, 좌익과 우익, 혁명과 반혁명의 시간이 공존했다. 해방의 기쁨과 새로운 세상에 대한 열망은 벼락처럼 왔다가 한순간의 꿈처럼 사라졌다. 1980년대 민주화 투쟁과 함께 하고자 했던 소장학자들은 사회주의운동사와 한국현대사를 본격적으로 연구하기 시작했다. 고작 3년도 채 안된 시간이었지만, 현대사 연구는 그 속에서 당대의 변화를 꿈꾸었다. 한국현대사 연구는 당연히 해방공간, 즉 '해방3년사'를 주목했다. 그 주제는 변혁에 중심을 둔 사회운동사였다. 그 시대는 그것이 당연한 것이었고, 의문을 제기하는 사람도 없었다.

그러나 지금은 많은 것이 달라졌다. 주지하다시피 한국사도 1990년대 중반 이후 포스트모더니즘과 신문화사의 세례를 받았다. 해방3년사에 대한 기존의 연구는 아래부터의 혁명을 얘기하지만 정작 그들의 모습은 보이지 않는다는 비판을 받는다. 민중사를 이야기하지만 민중은 없고, 민중의식도,

---

* 이 글은 *International Journal of Korean History* Vol.19, No.2 (August 2014): 71-105에 영문으로 게재된 바 있다. 제목은 ""Liberation Space" and Times of Resistance in Visual Records"이다.

주체의 형성도 드러나지 않는다는 비판을 받았다. 보편적인 역사를 지향하는 전통적인 역사 서술을 벗어나 새로운 역사쓰기를 요구받고 있다. 오늘날의 비판적인 역사서술은 단일한 관점을 부정하려고 노력한다. 다층적인 시간이 공존하는 식민지 상황, 전통과 근대의 조우, 모더니티의 양가성, 민족/민족주의 등을 중층적으로 이야기한다.

새로운 역사방법론에 대한 관심 속에서 한국사 연구는 정치사를 벗어나 주제와 연구 시기의 폭이 한결 넓어졌다. 연구 주제의 다양성뿐만 아니라 방법론에 대한 고민도 깊어졌다. 문헌기록 중심을 넘어서 구술, 사진과 포스터 등으로 역사적 사료가 확대되고 있다. 최근에는 인터넷 시대의 영상 역사학에 주목하자는 문제 제기와 함께 한국영화를 본격적으로 분석한 저서도 출간되었다.[1]

영화를 역사의 사료로 위치 짓고 역사연구의 대상으로 삼은 마르크 페로의 저서는 한국사에서도 신선한 문제제기가 되었다. 페로는 글과 이미지의 관계가 역전되었다고 하면서 이미지의 중요성을 이야기 한다. 시청각매체가 이미지들을 생산하는 사회에서, 이미지란 역사문서이자 역사의 주체임을 확인한다는 것이다.[2] 한국영화사에서는 이미 영화와 역사 맺기가 활발하지만 한국사에서는 아직은 시작 단계라 할 수 있다.

---

1) 영상역사학은 '영상기록'과 '영상으로 구현되는 역사물'의 창출과 활용을 탐구하는 역사학이라고 정의할 수 있다. 문헌에 대한 관심이 그 어느 분과학문보다 높은 역사학에서조차 "문헌 사료만이 아니라 영상 자료를 염두에 두어야 하며, 과거와 현재의 무수한 영상 사료를 보관 활용할 수 있도록 해야 한다"는 것이다 (김기덕, 『영상역사학』, 생각의나무, 2005). 최근에는 한국사에서도 국가기관과 그 정책방향을 보여주는 생산물로서의 영상기록에 주목하는 박사논문이 출간되었다. 영화를 역사사료의 중심으로 분석한 이 연구는 영화로 대변되는 대중문화를 규정해온 정치권력의 성격을 드러내면서 해방에서 1960년대까지의 시대상을 재구성했다(이하나, 『국가와 영화: 1950~60년대 '대한민국'의 문화재건과 영화』, 혜안, 2013;『플롯으로 읽는 한국현대사: '대한민국', 재건의 시대(1948~1968)』, 푸른역사, 2013).

2) 마르크 페로, 『역사와 영화』, 주경철 옮김, 까치, 1999, 9~15쪽.

이와 같은 상황 속에서 본 연구의 목적은 두 가지라고 할 수 있다. 하나는 영상기록을 역사 사료로 주목했다는 점이다. 특히 본 연구의 주요 분석 대상은 뉴스릴(Newsreel)을 비롯한 기록영화이다. 뉴스릴은 흔히 뉴스영화라고도 하는데 우리의 '대한뉴스'도 여기에 포함된다. 기록영화는 기본적으로 사실(fact)에서 출발한다. 비록 뉴스릴이 짧은 기록으로써 역사의 파편만 보여주고 있지만, 문서자료보다 좀 더 역사 현장을 반영할 수 있는 요소를 가지고 있다.

모든 다큐멘터리는 '시점을 가진 자료'이다.[3] 한국 관련 영상물을 담고 있는 해외의 기록영화는 당대 외국이 가졌던 한국에 대한 시선을 파악할 수 있게 한다. 영상을 생산한 국가나 기관의 의도와 한국 사회를 바라보는 해외의 시각을 보여주기 때문이다. 뉴스영화를 비롯한 당대의 기록영화를 한국사의 영역으로 끌어들이려는 시도는 거의 없었다. 영상기록을 역사화하는 작업이 쉽지 않기 때문이다.

다른 하나는 영상자료에 담긴 해방공간의 저항 이미지를 드러내고자 한다. 지금은 해방공간의 변혁을 이야기하면 진부한 이야기가 되는 듯하다. 그러나 소극적이든 적극적이든 좀 더 나은 세상을 꿈꾸었던 당시 사람들의 열망은 역사 속에서 존중받아야 한다. 전통적인 역사학과 이를 비판하는 새로운 역사 쓰기의 경계에서 "역사적 실천을 어떻게 담보할 수 있는가?"라는 고민을 여전히 부여잡고 있는 연구자에게는 해방공간은 넘어야 할 벽이다.

이 글은 해방3년사를 담은 영상기록물을 살펴보고, 억압을 넘어 저항했던 사람들의 이미지를 드러내고자 한다. 또한 이 글은 새로운 역사쓰기가 아니라 전통적인 역사학에서 영상자료를 어느 정도까지 사료로 이용할 수 있을까 하는 문제의식에서 출발한다.

---

3) 프랑수아 니네, 『다큐멘터리란 무엇인가: "다큐멘터리와 그 아류들"』, 조화림 · 박희태 옮김, 예림기획, 15~16쪽.

2. 해방공간과 영상기록

1) 〈해방뉴스〉와 〈해방조선을 가다〉

본 연구의 첫걸음은 국내에서 생산한 뉴스영화(Newsreel)와 해외의 기록영화를 분석하는 것이다. 뉴스영화는 국가, 정부 및 정책 홍보에서 직접적으로 메시지를 전달하는 만큼 가장 선명하게 그 이데올로기를 파악할 수 있는 매체이다. 그래서 미군정은 뉴스영화의 상영을 독려했고, 스스로 제작주체가 되어 뉴스영화를 만들었다. 미군정기는 뉴스영화의 전성기라고 할 만큼 많은 수의 뉴스영화가 상영되었던 시기이며, 이때의 경험은 한국정부 수립 이후 〈대한뉴스〉의 제작 및 홍보에 연결되었다.[4]

미군정은 군정청 직제 안에 있던 공보국을 1946년 3월 29일 승격하여 공보부로 개편하고 공보활동을 강화한다. 군정청 공보정책의 목적 및 방향은 미군정의 활동을 홍보하고 여론을 선도하면서 미군정과 한국인간의 유대감 형성 및 반공이데올로기를 확산하는 것이었다. 공보부는 처음 미국영화나 뉴스릴을 수입·배포하면서 미국영화에 한국말을 녹음, 이중 인화하여 상영하다가 차츰 뉴스영화나 다큐멘터리를 제작, 보급했다.[5]

조선영화인들에게 허가 혹은 의뢰하는 형식이 아니라, 미군정이 공식적으로 뉴스영화를 제작한 것은 1946년 초부터 시작한 〈시보〉(時報)로 보인다. 〈시보〉 시리즈는 1947년 말까지 제작되었으며, 1948년 1월부터는 〈Progress of Korea〉라는 제명의 뉴스영화가 제작, 상영되었다. 이 시리즈는 흔히 대한전진보 혹은 전진대한보로 기록되는 작품으로, 주한미공보원이 1950년 가을부터 〈세계뉴스〉로 새로운 시리즈를 하기 전까지 제작되었다. 1945년

4) 조혜정, 「미군정기 뉴스영화의 관점과 이념적 기반 연구」, 『한국민족운동사연구』 68, 2011, 324쪽.
5) 김민환, 『미군정 공보기구의 언론활동』, 서강대언론문화연구소, 1991, 32쪽.

부터 46년 사이의 공보부가 제작한 33작품 가운데 〈시보〉시리즈가 26편일
정도로, 이 작품의 비중은 그 편수만큼이나 크다고 할 수 있다.[6]

〈해방뉴스〉는 해방 후 가장 먼저 만들어진 뉴스영화이다.[7] 미군정기의
자료를 살펴보면 〈해방뉴스〉와 〈해방뉴-쓰〉가 공존한다. 현재 시점의 표
기로 바꾸면 모두 〈해방뉴스〉이지만 당시 자료상 표기로는 〈해방뉴-스〉와
〈해방뉴-쓰〉가 모두 공존하는 형태이다.[8]

1945년 8월 16일, 조선영화사의 조선영화인들은 창고를 부수고 카메라를
꺼내 역사적 순간을 영상으로 담았다. 해방직후의 북한지역 모습 또한 카
메라에 담겼다. 해방 당시 평양에는 조선영화사의 촉탁이었던 시나리오 작
가 오영진이 있었다. 그는 조선영화사 이재명에게 연락하여 소련군의 평양
입성과 같은 역사적 순간의 기록을 위한 촬영팀의 파견을 요청했다. 그래
서 조선영화사는 촬영기사 김학성과 이용민을 평양과 함흥에 보내 소련군
의 평양입성, 일본군의 무장해제, 현준혁의 장례식과 같은 북한지역의 모습
을 담아냈다.[9]

조선영화사가 미군정의 관리 아래에 들어갔기 때문에 촬영된 영상은 바
로 공개되지 못했다. 1945년 9월 24일, 조선영화건설본부(영건)의 조직을 계

---

6) 〈시보〉(時報)는 현재 한국에서 발굴되지는 않았다. 그런데 NARA가 소장하고 있
  는 4편의 〈Korean Newsreel〉 시리즈와 동일한 것으로 파악된다. 오프닝 타이틀
  에 '時報-公報部 製作'이라 명기되어 있고, NARA 기록상의 영문제명에 근거해볼
  때 이 시리즈는 문헌기록상 주한 미군정청 산하 공보부(DPI)에서 만들었다고 기
  록되어 있는 〈Korean Newsreel〉과 동일한 작품으로 보인다(김한상,「1945-48년 주
  한미군정 및 주한미군사령부의 영화선전: 미국 국립문서기록관리청(NARA) 소장
  작품을 중심으로」,『미국사연구』제34집, 2011, 183~194쪽).
7) 〈해방뉴스〉에 대한 연구는 다음과 같다. 조혜정,「미군정기 뉴스영화의 관점과
  이념적 기반 연구」,『한국민족운동사연구』68, 2011; 한상언,「다큐멘터리 〈해방
  조선을 가다〉 연구」,『현대영화연구』Vol.4, 2007; 장슬기,〈해방뉴스〉(1946)를 통
  해 본 냉전 형성기 미군정의 통치성과 조선 인민의 주체화 과정, 중앙대학교 첨
  단영상대학원 석사학위논문, 2014.
8) 조혜정, 앞의 글, 335~340쪽.
9) 한상언,「다큐멘터리 〈해방조선을 가다〉 연구」,『현대영화연구』Vol.4, 2007, 222쪽.

기로 미군정에서는 조선영화사의 기재와 자재를 가지고 영화를 제작할 수 있도록 허가했다. 1945년 10월 21일, 한 달 가까운 작업 끝에 미군정의 검열을 마친, 〈해방뉴스〉 2편과 특보2편, 총 4편이 공개되었다. 이러한 내용의 영상은 〈해방조선을 가다〉에 압축되어 있다.[10]

〈해방조선을 가다〉는 〈해방뉴스〉를 일부 편집한 영상이다. 이 다큐멘터리는 해방 직후의 역사적 사건들을 담은 귀중한 영상으로 재일조선인들과 일본인들에게 해방된 조선의 모습을 소개할 목적으로 조선영화사가 제작한 〈해방뉴스〉를 가져와 2권 분량으로 재편집한 것이다. 총 러닝타임은 1시간이 훨씬 넘을 것으로 추정되지만, 지금 남아 있는 것은 20분 분량이다. 기존의 〈해방뉴스〉를 구성에 맞춰 간략하게 편집한 것이다.[11]

〈해방조선을 가다〉는 해방직후부터 1946년 4월까지 주요 사건과 인물들을 기록하고 있다. 이 영상은 크게 두 부분으로 나누어져 있다. 첫 부분은 해방 후부터 1945년 12월 모스크바삼상회의까지의 기간을 해방, 소련진주, 미군진주, 모스크바삼상회의 순서로 담고 있다. '조선문화의 재건'이라는 타이틀이 붙은 나머지 부분은 각종 문화행사, 정치단체와 대표자 소개, 항일기념일 행사, 민주주의민족전선과 남조선대한국민대표민주의원, 제1차미소공동위원회 개최의 순서로 구성되어 있다.[12]

---

10) 한상언, 앞의 글, 222-223쪽.
11) 2007년 8월 9일, 국가기록원에서는 그간 수집한 러시아와 미국에 산재해 있는 북한 관련 영상을 공개하면서 재일본조선인총연합회에서 보관중인 1947년 민중영화사주식회사 제작, 다큐멘터리 〈해방조선을 가다〉를 특별 상영 형태로 함께 공개했다. 제작사인 민중영화사는 재일조선인들이 1946년 4월에 만든 회사로 조선인연맹 영화반에서 만들던 〈조련뉴스〉를 이어 받아 월 1편 정도를 만들었으며 각종 다큐멘터리의 제작을 기획했다. 〈해방조선을 가다〉 역시 이러한 기획에 따라 만들어진 것이다. 〈해방조선을 가다〉는 그 스스로가 재일조선인영화인들의 영화적 활동의 성과물임과 동시에 해방직후, 민중영화사를 중심으로 일본과 조선의 진보적 영화조직인 자유영화인집단과 조선영화동맹의 교류를 보여주고 있다. 이에 대해서는 한상언, 앞의 글 참조.
12) 〈해방조선을 가다〉의 주요 내용은 한상언, 앞의 글, 225~234쪽 참조.

〈해방뉴스〉는 일본의 니혼(日本) 뉴스에서도 등장한다. '米ソ軍政下 新朝鮮の動向'이라는 자막의 이 필름은 1분 15초 정도의 분량이다. 일본어 내레이션에서는 "이것은 종전 후 조선에서 처음 들어온 뉴스영화"라면서 1946년 1차 미소회담을 전하고 있다. "서울 덕수궁에서 아놀드(A.V.Arnold) 미국 대표와 스티코프(T.E.Shtikov) 소비에트 대표가 회담하지만, 양 진영의 대립은 심하고 독립국 조선의 앞길은 다난하다"는 내레이션과 화면을 담고 있다. 니혼뉴스 카탈로깅에는 '民衆映畵 提供'으로 되어 있는 점으로 보아 〈해방뉴스〉를 그대로 가져온 것으로 보인다.[13]

현재 한국영화사에서 사료를 통해 일정 부분 언급된 뉴스영화로는 〈해방뉴스〉를 포함하여, 〈군정청뉴스〉, 〈시보〉, 〈극동영화사뉴스〉, 〈10월뉴스〉, 〈민족전선〉, 〈메-데-〉, 〈전진 대한보〉 등이 있다.[14] 〈해방뉴스〉는 조선영화사를 통해 1947년까지 총 14편이 제작되었다.[15] 그러나 현재 국내에 남아있는 뉴스영화는 〈해방뉴스〉 뿐이다. 그것도 1946년 하반기라는 기간에 한정된 4편만이 남아있다. 한 편 당 10분 내외로 짤막한 분량의 영상이다.[16]

〈해방뉴스〉의 시각과 제작 주체를 둘러싼 문제 제기는 여전히 진행 중이다. 이는 현재 남아있는 〈해방뉴스〉가 기존에 알려진 영화동맹과는 다르며 오히려 미군정의 시각을 반영한다는 것, 그리고 해방뉴스의 제작사가 다양할 수 있다는 점이 제기됨에 따라서이다. 현재 사료를 토대로 볼 때 해방뉴스의 제작 주체는 조선영화동맹, 민중영화주식회사, (신생)조선영화사로 정리되는 상황이다.[17]

---

13) '니혼(日本) 뉴스 1945-1948'은 고려대 한국사연구소가 수집하여 소장중이다.

14) 이에 대해서는 장슬기, 앞의 글, 28~29쪽 참조.

15) 한상언, 앞의 글, 224쪽.

16) 2005년 한국영상자료원이 〈해방뉴-쓰〉 4편을 발굴하여 소장중이다. 〈해방뉴-쓰〉 특보, 〈해방뉴-쓰〉 특2호, 〈해방뉴-쓰〉 특3호, 〈해방뉴-쓰〉 4호가 해당된다. 촬영 시기는 1946년 하반기이다. 이에 대해서는 조혜정, 「미군정기 뉴스영화의 관점과 이념적 기반 연구」, 『한국민족운동사연구』 68 참조.

17) 이에 대해서는 조혜정, 위의 글, 339쪽; 장슬기, 앞의 글, 7~11쪽.

 2) 미국 국립문서기록관리청(NARA) 소장 영상자료

　해방공간을 다룬 국내의 영상기록이 제대로 보존되지 못한 상황에서 해외에 소장된 기록물은 중요한 역사적 가치가 있다. 미국 국립문서기록관리청(NARA)은 문서와 마찬가지로 가장 많은 한국현대사 관련 영상물을 소장하고 있다. 그 가운데 해방공간을 담고 있는 대표적 기록영화는 미 육군과 노획 관련 그룹에 포함되어 있다. 여기에서 첫 번째 분석 대상은 미군이 생산한 영상기록물이다. 미군은 촬영부대를 동원하여 해방과 한국전쟁에 대한 수많은 영상기록을 생산했다. 특히 미 육군이 촬영한 영상은 방대한 양으로 RG 111에 들어있다.

　RG 111(Records of the Office of the Chief Signal Officer)은 미군 생산 기관 영상물 가운데 가장 많은 양을 보유한 그룹이다. 미 육군 통신참모실 소속의 영상물이다. 통신참모실은 미 육군 통신 분야 업무를 총괄했고, 1866년 조직되어서 1964년에 해체되었다. 해체되기 이전까지 육군을 비롯하여 미군이 촬영한 기록물 가운데 많은 부분이 이 그룹에 포함되어 있다. 이 그룹에서 한국 관련 많은 양을 차지하는 시리즈는 ADC(Army Depository Copy), LC(Library Copy)이다. 이 그룹군은 한국의 방송사가 많이 이용하는 기록이기도 하다.[18]

　RG 111에는 미군정과 정부 수립 등 1949년까지 130여 편, 한국전쟁은 1,000여 편이 넘는 방대한 영상물이 내레이션이 없는 푸티지(Footage) 필름으로 들어있다. 분량은 대개 10분 내외로 짧은 편이다. "일본군 항복 조인 장면, 일본군 철군, 제주4·3을 다룬 'May Day', 민주의원 개원식, 반탁시위, 미소공동위원회, 대한민국 정부 수립" 등 해방3년사의 영상들이 들어있다.

―――――――――――

18) 최근에는 영상역사학 방법론과 맞물려 미 육군통신대 촬영 한국전쟁 동영상을 주목한 연구도 진행되고 있다(노성호, 「A.S.C 영상자료를 통한 한국전쟁연구의 새로운 가능성」, 『한국사학보』 27, 2013, 101~132쪽).

전쟁 시기에는 "전쟁 장면뿐만 아니라, 군인들의 식사, 장례식, 크리스마스 행사 등도 나온다. 인천상륙작전, 전쟁포로 심문, 정전협정 조인, 포로 교환 등의 군사적 측면 이외에도 고아, 미군 원조 식품, 폐허에서도 시장을 열고 장사를 하는 사람들의 모습 등 민간인들의 생활상"이 나타나 있다.

둘째는 북한이 생산한 노획 영상물이다. RG 242(National Archives Collection of Foreign Records Seized, 1941~)에는 북한 노획 영상물이 소장되어 있다. 여기에는 북한의 정권수립과정과 소련과의 관계 등 해방 이후 북한의 정치 와 경제·사회·생활 등 각 분야와 전쟁 시기의 북한의 동향을 알 수 있는 영상기록이 있다. "해방직후 김일성 환영대회, 남북한 선거, 남북연석회의, 대의원선거, 북한의 공장들, 무상분배를 위한 농촌 모습, 소련과의 학계·의 학문화어린이 교류, 인민학교, 북한군 병사들의 일상" 등의 영상물이 있다.

북한은 공식문헌에서 "주체적 기록영화는 혁명적 본질, 영화문헌은 당의 귀중한 력사문헌이다"라고 할 만큼 기록영화의 중요성을 지적하고 있다.[19] 이 같은 관점은 이미 해방정국에도 반영되었고, 북한정권은 선전 도구로서 영상기록을 많이 만들었다. 북한은 해방과 남북한 정권 수립 과정에서 자 신들의 입장을 영상물에 투영시켰다. 이 영상물에 담긴 이미지와 서사의 구조를 분석하는 작업은 남북한 분단의 갈림길을 해명하는 작업과 깊은 관 계가 있다.

3. 영상기록으로 본 '해방3년사'

해방이 왔다. 그 날이 왔다. 심훈의 시처럼 "삼각산이 일어나 더덩실 춤 이라도 추고, 한강 물이 뒤집혀 용솟음칠 그 날"이 드디어 왔다.

---

19) 북한의 『주체의 기록영화』는 문학예술종합출판사, 1999년에 출간되었다.

1945년 8월 16일 아침부터 건국준비위원회(건준) 본부가 있는 계동을 향하여 청년, 학생, 시민들이 몰려들기 시작했다. "5천여 군중은 휘문중학교 운동장에 모여들어 건준 위원장 여운형의 연설을 들으며 독립을 환호했다. 흰 색 양복을 입고 사람들에게 둘러싸인 여운형은 사자후를 토했다. 전설적인 독립투사 여운형도, 평범한 조선인들도 해방의 감격과 다가올 새로운 사회에 대한 기대가 한껏 고무된 순간"이었다.

조선영화사의 조선영화인들은 창고를 부수고 카메라를 꺼내 이 역사적 순간을 영상으로 담았다. 해방의 감격을 카메라에 채워 넣었다. 〈해방뉴스〉의 등장이다.

영상기록 〈해방조선을 가다〉의 첫 번째 주제인 '해방'에는, "해방을 알리는 여운형의 포효하는 몸짓, (남대문에서, 종로에서) 거리에서 만세를 부르는 사람들, 해방을 알리는 수많은 벽보들, 米·中·英 共同宣言이 쓰인 전단들, 정치범이 석방되는 형무소 전경, 건국준비위원회 회의, 귀국자들이 하선하는 모습, 귀환하는 일본인들"에 대한 영상을 담고 있다.

영상은 제목 그대로 '해방 조선'의 모습이다. 정치범이 석방되고 고국으로 돌아오는 사람들의 표정은 환희에 가득 차 있다. 해방의 감격뿐만 아니라 건국준비위원회 활동을 통해 새로운 사회에 대한 기대를 가감 없이 드러낸다. 사람들의 표정은 활기차고 몸짓은 거칠 것이 없다.

해방을 준비하고 있었던 여운형은 8월 15일 저녁부터 안재홍 및 건국동맹원과 함께 건국준비위원회 조직에 들어갔다. 건준이 한 최초의 일은 정치범 석방이었다. 여운형은 총독부 정무총감에게 당일 석방을 강력히 주장하여 8월 16일부터 서대문형무소를 비롯하여 전국 각지에서 정치범이 대량 석방되었다. 독립문에서 형무소에 이르는 큰 길에는 '혁명 동지 환영'의 플래카드를 든 환영 군중의 물결이 넘쳐흘렀다. 정치범의 대량 즉시 석방은 건준의 조직을 강화하였고, 그것은 또한 좌익의 힘을 강화시켰다.[20]

이어서 8월 16일 오후 3시, 6시, 9시 등 3회에 걸쳐 건준 부위원장 안재홍

이 "海內海外의 3천만 동포에게 고함"이라는 연설을 경성방송국에서 했다.[21] 이 연설은 전국적으로 건준 지부를 만들게 하는데 큰 영향을 미쳤을 뿐만 아니라, 명백히 정권이 이제 조선인 측이 장악했다는 생각을 갖게 했다.[22] 건준 조직이 치안 유지만이 아니라 새 사회 건설을 표방한 것이다.

그러나 '해방 조선'의 환희는 오래가지 못했다. 미군과 소련군의 진주! 한반도에 어둠이 스며들기 시작했다. 〈해방조선을 가다〉, '미군의 진주'에는 "미군의 행렬, 항복 전단을 뿌리는 비행기 편대, 총독부 건물로 미군 차량 행렬, 일본군 항복 조인식, 청사 앞 일장기가 내려가고 성조기가 올라가는 장면, 10월 20일 연합군 환영대회, 환영대회에 참석한, 하지 사령관, 아놀드 군정장관, 이승만 등의 모습, 거리를 가득 메운 인파의 만세와 각종 플래카드, 깃발, 미군 시가행진"으로 화면은 이어진다.

"하지 중장과 24군단의 미군은 9월 8일 인천에 상륙했고, 9일 아침 8시 장갑차 11대를 앞세운 미군 선발 부대는 경인가도로 서울에 진주하여 총독부와 조선호텔에 들었다. 9시에는 5, 6백 명의 미군이 총독부 구내에 들어가 동쪽 광장에 캠프를 쳤다."[23] 9월 9일 일본과 항복조인식을 가졌다. 9월 9일 오후 4시를 기해 남한 지역에서 일본 국기의 게양이 금지되어 오후 4시 30분 총독부 정문 앞에 달렸던 일장기가 강하되었다. 하지만 그 자리를 대신한 것은 태극기가 아니라, 성조기였다.[24]

〈해방조선을 가다〉, 소련군 진주를 담은 영상은 "'ソ連軍 來る'라는 자막이 흐르고 소련군이 열차를 타고 평양에 진주하는, 8월 29일의 평양역에서의 소련군입성환영대회 모습이 보인다. 환영식 단상에는 당시 평안남도 인민정치위원회 위원장 조만식이 서 있고, 계속해서 조만식 등 인민정치위원

20) 서중석,『한국현대민족운동연구』, 역사비평사, 1992, 200~201쪽.
21) 송남헌,『解放三年史』I , 까치, 1985, 36~37쪽.
22) 서중석, 앞의 책, 201쪽.
23) 〈해방조선을 가다〉
24) 송남헌, 앞의 책, 96쪽.

회 회의, 조선인 치안대의 일본군 무장해제, 평남 인민위 부위원장이었던 조선공산당 현준혁 장례식"을 포함하고 있다.[25]

소련은 1945년 8월 9일 일본에 선전포고를 하고, 만주에서 일본군을 공격하기 시작했다. 소련군은 12일에는 웅기, 16일에는 청진, 22일에는 원산에 상륙하여 일본군을 무장해제하면서 남쪽으로 내려왔다. 소련군 선발부대는 탱크를 몰고 함흥에 진주했고 23일에 일본군 제34군의 무장해제가 이루어졌으며, 24일에는 북조선 진주 소련군사령관 치스챠코프 대장이 비행기로 함흥에 도착했다.

그러나 한반도에서 미국과 소련의 첫 걸음은 달랐다. "해방"이 아니라 "점령"이라는 표현을 쓴 맥아더 포고령 1호와 "해방된 조선 인민 만세!"를 외친 소련군 사령관 치스챠코프의 포고령은 달랐다. 최소한 해방직후만 하더라도 미국과 소련에 대한 조선인의 인상은 너무나 대조적이었다.

하지 미군사령관은 남한에 군정 실시를 선포한 데 이어 10월 10일 아놀드 군정장관은 "남한에는 미군정이라는 단 하나의 정부가 있을 뿐"이라고 발표했다. 이는 곧 조선인이 만든 인민공화국을 부정하는 것이었다. 반면 소련의 첫 발걸음은 미국과 달랐다. 소련군은 진주와 동시에 일본군의 항복과 행정권의 접수를 완료하고 무장 해제한 일본군 및 경찰관, 행정 수뇌부를 억류하고 일제의 잔재 세력을 철저히 제거했다. 이와 함께 토착 사회주의자들과 민족주의자들이 합작하여 각도 단위로 결성한 인민위원회를 인정했다.[26]

미군의 진주와 일본군의 항복조인식 촬영에 함께 했던 오영진은 총독부 청사의 일장기가 내려지고 성조기가 올라가는 느낌을 '실망감'으로 표현했다.

25) 〈해방조선을 가다〉
26) 송남헌, 앞의 책, 105~106쪽.

미군은 36년 동안 억눌렀다가 해방된 조선인의 심리와 심정에는 냉정하다. 해방된 민중에게는 가슴이 울렁거리는 선전이 필요하였지만 미군은 여기에 대해서는 아무 것도 준비하지 않았다. 철저한 무관심이다. 미군정에서 공포되는 공포문은 군표에 관한 것, 치안에 관한 것 등 당장 필요한 사무적인 것뿐이다. 특히 일본 관리를 당분간 그대로 등용한다는 사령부의 성명으로 말미암아 각 방면에 바야흐로 교체되려던 주인은 재빨리 해방 전의 원상으로 복귀하려는 기세까지 보인다.
함흥에 진주하는 즉시로 시민을 광장에 모아놓고 "조선과 조선에 있는 모든 시설과 재산은 이 순간부터 모두가 당신네들의 것입니다" 하고 선언한 소련군 사령관의 감동적 성명과 이 얼마나 대조적인가.27)

미 육군 남조선주둔사령관으로 임명된 하지(John R. Hodge)는 '군인 중의 군인'(a soldier's soldier)이라는 평판처럼 전형적인 야전지휘관형 무장이었다. 하지는 무뚝뚝하고 직선적 접근방식을 통해 문제를 풀어나가는 것으로 유명했다.28) 하지는 일제의 기구를 그냥 두는 말도 안 되는 행동을 이어갔다. 적이었던 두 제국주의 국가는 한반도에 진주하자마자 도리어 친밀한 관계로 돌아섰다.

미군이 촬영한 영상에는 "서울에서 철군하는 일본 군대는 일본 경찰의 호위 속에서 패전국의 군대치고는 너무나 평화로운 귀환길에 오르고, 일본인들은 서울의 거리를 유유자적하게 거닐고 있다. 도리어 미군 시가행진을 바라보는 조선인들을 일본 경찰이 총부리로 밀면서 질서를 잡는 모습"이 화면을 메운다.29) 반면 소련군이 진주한 38선 이북에서는 "조선인 치안대가 일본군을 무장해제"하고 있다.30)

해방의 감격은 오래가지 못했다. 38선을 경계로 진주한 두 개의 외부세력과 욕망의 대리자 간의 결탁은 정국을 흔들어냈다. 특히 10월 16일 귀국

---

27) 오영진, 『소군정하의 북한-하나의 증언 』, 중앙문화사, 1983, 46~51쪽.
28) 정용욱, 『해방 전후 미국의 대한정책』, 서울대학교출판문화원, 2013, 126쪽.
29) NARA, RG 111, ADC 5264.
30) 〈해방조선을 가다〉.

한 이승만은 연일 소련과 공산주의를 비판하면서 자신의 입지를 넓혀나갔다. 이 노회한 정치가는 미군정이 원하는 바를 정확히 알고 있었다. 좌익이 주도하는 정국을 뒤집어엎고 미국과 자신이 원하는 바를 얻기 위해 못할 것이 없었다. 정국을 뒤엎는 반전의 순간은 오래 걸리지 않았다. 1945년 12월 16일 전후 처리 문제를 논의하려고 미·영·소 연합국 외무장관들이 모스크바에 도착했다. 12월 27일에 미 국무장관 번스(J. F. Byrnes), 영국 외무장관 베빈(E. Bevin), 소련 외무장관 몰로토프(V. Molotov)는 삼상회의 결정안을 확정지었다. 모스크바 시간으로 12월 28일 아침 6시에 삼상회의 결정안이 발표되었다. 결정안의 핵심은 "조선을 독립국가로 만들려면 민주주의 원칙에 따라 임시정부를 건설해야 한다. 이를 돕기 위해 미소공동위원회를 설치하고, (미·영·중·소의) 신탁통치는 새로 수집될 임시정부와 협력하여 최대 5년 안에 실시한다"는 것이었다.

모스크바삼상회의 결정안을 둘러싼 신탁통치 문제는 한반도의 겨울을 강타했다. 반탁과 찬탁의 물결이 거리를 흔들었다. 이승만과 더불어 '老完固' 김구의 반탁운동은 조선인의 마음을 흔들어댔다. 이제 '반탁'을 외치면 친일파라도 애국자로 변모하고 '찬탁'을 외치면 독립운동가라 할지라도 민족반역자로 바뀌는 세상이 온 것이다. 여기에는 이성적인 비판도 논쟁도 있을 수 없었다.

모스크바 삼상회의를 전후해서 미국이 구상한 임시정부 수립 방안의 특징은 '협의대표기구'의 구성이었고, 결국 1946년 2월 14일에 남한의 협의대표기구로서 남조선대표민주의원(민주의원)을 조직했다. 그러나 민주의원은 우익세력만이 참가한 조직이었다.[31]

미군이 촬영한 민주의원 개원식 영상에는 "이승만, 김구, 김규식, 하지 등의 연설과 회의 장면"이 들어있다. 그런데 회의장 뒤쪽 자리에는 회의장을

---

31) 정용욱, 앞의 책, 210쪽.

응시하는 하지의 정치고문 굿펠로우(P. M. Goodfellow)의 모습이 눈에 띤
다.[32] 민주의원을 구상한 사람은 굿펠로우였다. 굿펠로우를 하지의 정치고
문으로 하지와 맥아더에게 소개한 것은 이승만이었다. 하지의 정치고문 가
운데 1946년 전반 국내정치에 가장 커다란 영향을 미쳤던 인물이었다.[33]
회의를 주도하는 사람은 조선인이지만, 민주의원의 이면에 있는 미국의 모
습이 굿펠로우의 시선에 녹아있는 형상이다.

　미군정은 1차 미소공동위원회가 결렬되고 좌우합작운동이 진행되는 동
안 본격적으로 좌익 세력을 탄압해 나갔다. 1946년 5월 15일 조선공산당이
위조지폐를 만들었다는 '정판사 위폐 사건'을 발표했다. 미군정의 탄압은 5
월 18일 조선공산당 본부 수색, 조공 기관지 해방일보 정간, 7월 9일 전농
사무실 습격, 8월 16일 전평 서울 본부 습격, 9월 7일 박헌영·이강국·이주
하 체포령, 같은 날 조선인민보 중앙신문, 현대일보에 대한 정간 처분 등으
로 이어졌다. 법적으로 조공을 불법화한 것은 아니었지만, 이미 조공은 그
런 것이나 다름없는 처지가 되었다.

　'조선정판사사건' 재판을 다룬 영상에는 "이관술 등 관련 인사들이 재판
정에서 수갑을 찬 채 웃으면서 재판정 밖의 사람들을 향해 손을 흔드는 모
습, 재판정 안에 들어가지 못한 수많은 사람들이 지붕이나 높은 데로 올라
가거나 복도에서 재판을 보는 모습"이 담겨 있다.[34]

　소위 정판사 사건은 "조선공산당이 재정난으로 말미암아 조선정판사에
지폐 원판이 있다는 것을 알고 공산당원인 박낙종을 내세워 정판사를 접수
했고, 여기에는 조공 중앙위원회 재정부장 이관술과 당 중앙집행위원이며
해방일보사 사장인 권오직의 지령이 있었다"면서 미군정이 조선공산당을
탄압한 사건이다.

---

32) NARA, RG 111, ADC 5766
33) 정용욱, 앞의 책, 217~218쪽.
34) NRAR, RG 242, MID 5114.

1946년 7월 6일에는 이관술을 체포했다. 10월 21일에 사건 공판이 열렸고, 10월 24일 피고인 최후 진술과 변호인단의 4시간 반에 걸친 변론이 있었다. 10월 21일 심리를 완료했는데, 박낙종 외 8명과 분리 심리해 오던 이관술에 대한 심리는 세인의 주목을 받았다.[35]

이 기록은 노획영상군에 있는 자료이지만, 〈해방뉴스〉의 일부로 보인다. 정판사사건 공판정에서는 촬영을 하던 영화동맹원 이근호가 구타, 구속되고 촬영기를 압수당하는 사건이 일어나기도 했다.

1947년의 시작도 반탁과 찬탁의 싸움이 거리를 휩쓸었다. 미군이 1947년 2월 28일에 촬영한 영상에는 우익 학생단체인 전국학생총연맹이 쓴 "WE WANT INDEPENDENCE OR DEATH (ALL KOREAN STUDENTS ASSOCIATION)"가 걸려 있고, 전국학생총연맹이라고 쓰인 건물에서는 조병옥이 연설하고 미군 장성들과 같이 경찰을 사열하고 있다.[36]

이승만과 김구의 믿음직한 청년·학생운동단체는 반탁학생연맹의 후신인 전국학생총연맹이었다. 이들 단체에 대한 지원은 '인촌의 주머니가 바로 이철승의 주머니'라고 할 정도였다. 미군정 경찰의 경무부장 조병옥과 수도경찰청장 장택상은 이들의 두터운 보호막이었다. 장택상은 '공정한 수사'를 내세워 이들을 연행 수사하는 일이 적지 않았지만 그것은 언제나 좌익을 잡기 위한 표면상의 제스처였다.[37]

영국 브리티시 파테(British Pathé) 소장 기록에도 좌우익의 소요가 들어있다. "1947년 서울에서 열린 3·1절 기념식에 여러 시민들이 현수막을 들고 참가한 모습, 집회 후 거리에 모인 시민들이 다른 무리의 시민들과 충돌하여 소요를 일으키고 경찰들이 이를 진압하는 장면, 그리고 미군 헌병과 조선인 군경들이 한 건물을 검문하여 소련 국기 등을 발견하고 시민들을

---

35) 『동아일보』 1946년 10월 22일.
36) NARA, RG 111, ADC 6432-1.
37) 서중석, 앞의 책, 330~333쪽.

연행하는 모습" 등을 보여주는 영상이다.[38) 영상 전반부는 1947년 3월 1일 서울운동장에서 열린 우익 측의 "기미독립선언전국대회", 그리고 집회 직후 남대문과 서울역 인근에서 벌어진 좌우익 시민들 간의 충돌 사건을 촬영한 것이다.

1947년 3월 1일 서울에서는 남산공원과 서울운동장 두 군데서 3·1절 기념행사가 열렸다. 좌익의 민전 주최 행사는 서울 남산공원에서 '3·1절 기념 시민대회'라 이름 붙였고, 우익이 주최한 대회는 서울운동장에서 '기미선언전국대회'라 했다. 행사가 끝나고 양 측이 해산하지 않고 행진을 하다가 남대문에서 충돌하게 되었다. 서로 투석전이 벌어졌고, 경찰의 해산 발포로 수명의 사상자가 발생했다.[39)

1947년 3월 대소봉쇄를 선언한 트루먼독트린으로 냉전은 가속화되고, 한반도에서는 삼상회의에 따른 미소공동위원회가 5월 21일 재개되었지만 9월 휴회되었다.

미소공동위원회를 다룬 영상에는 "1947년 5월 21일 제2차 미소공동위원회 개막 회의에서 연설하는 하지[40), 1947년 7월 7일 미소공위 멤버들이 서울 도착한 직후 열차에서 내리는 스티코프와 미소 관계자들의 악수, 이를 지켜보는 군중들"을 다룬 내용이 담겨 있다.[41) 제2차 미소공위 결렬은 표면적으로는 1차 때와 마찬가지로 협의 대상이 문제였지만, 이는 이별을 위한 수순에 지나지 않았다.

1947년 2주년 광복 기념행사 전경은 1년 전과는 확연히 다른 모습으로

38) 〈Korean riots〉, British Pathé, 00059536. 영국 브리티시 파테(British Pathé)는 300여 편이 넘는 한국 관련 영상물을 보유하고 있다. 대부분 한국전쟁 관련 영상들이고, 미국과 중복되는 영상들도 있다. 이 영상들은 고려대학교 한국사연구소에서 수집하여 소장중이다.
39) 김남식, 『남로당연구 I 』, 돌베개, 1984, 275~278쪽.
40) NARA, RG 111, ADC 6256.
41) NARA, RG 111, ADC 6550.

나타났다. 좌우 진영이 따로 기념식을 가졌고, 하나의 정치세력만이 화면을 장악하고 있다. "'남조선과도정부', '대한노총' 등의 수많은 플래카드와 깃발들"이 거리를 메우고 있다.[42] 우익세력의 기념식이다. 반면 북한에서는 김일성과 스탈린의 초상화를 든 사람들만이 일사불란하게 행사를 진행했다. 미국은 9월 17일 조선의 문제를 유엔에 이관했다. 미국의 영향력 아래에 있는 유엔에서 한반도 문제를 다룸으로써 자기 나라에 유리한 방향으로 이끌어 가려는 것이었다. 이로써 미소합의로 독립국가를 세우려던 삼상회의 결정안은 폐기되었다. 유엔은 1947년 11월 14일 총회에서 유엔조선임시위원단(UNTCOK)을 구성하고 인구비례에 따른 남북한 총선거를 실시한다고 결의했다.

1948년 1월 8일 유엔조위가 남한에 들어왔으나, 소련과 북한은 "미소 양군이 철수한 뒤에 자주적 임시정부를 수립해야 한다"면서 임시위원단이 북한에 들어오는 것을 거부했다. 유엔은 2월 26일 소총회를 열고 선거가 가능한 지역만이라도 선거를 실시하는 안을 통과시켰다. 선거 날짜는 5월 10일로 정해졌다.

남한만의 단독선거가 실시된다는 소식은 독립국가를 꿈꾸던 조선인에게는 날벼락이었다. 좌익, 중도파뿐만 아니라 김규식의 민족자주연맹, 김구의 한독당 우익세력들도 단독선거를 격렬히 반대했다. 전국적으로 단정단선반대 투쟁의 일어났고, 가장 조직적으로 일어났던 곳은 제주였다. 제주는 3개의 선거구 중에서 투표율 미만으로 인해 2개의 선거구가 무효화되는 성과를 거두기도 했다. 그러나 그 후폭풍은 철저한 진압작전과 학살의 시작이었다.

미군은 제주4·3항쟁에 관한 영상도 카메라에 담았다.[43] 소위 'May Day'라는 영상이다. "경찰이 불타는 마을을 향해 진격하고 마을 주민들이 방화

---

42) NARA, RG 111, ADC 6602.
43) 「Cheju Do May Day」, NARA, RG 111, ADC 7114.

에 대한 증언"을 하는 내용이다. 그리고 "미군 군용기 위에서 찍은 제주도 전경, 딘 군정장관, 안재홍 민정장관, 김익렬 국방경비대9연대장의 이륙 장면, 미군들 도열, 한라산 전경, 딘과 맨스필드 제주 군정관의 담소, 딘의 제주도 바다와 마을 시찰 장면, 딘이 제주도 바다를 응시하는 장면"이 들어 있다.

이 영상에 나오는 '오라리 사건'은 경찰이 오라리를 방화하고 마을 사람들을 죽인 사건을 산사람들에게 덮어씌운 조작 사건이다. 미군정은 국제적인 주목 속에서 이면에 숨은 채 단독선거를 성공리에 끝내야 했다. 그러기 위해서는 한국인 군대와 경찰, 우익청년단을 내세워서 항쟁을 진압해야만 했다. "미국은 제주도가 필요하지 제주도민은 필요치 않다. 제주도민을 다 죽이더라도 제주도는 확보해야 한다"는 딘의 발언처럼 학살의 뒤에는 미국이 있었다.[44]

극우세력을 뺀 거의 모든 정당과 일반 대중이 선거를 반대했음에도 5·10 선거는 강행되었다. 선거에는 좌익과 중도파뿐만 아니라 김구와 김규식도 참여하지 않았다. 경찰, 우익청년단과 군정 관리들은 선거에 참여하지 않는 사람에게 쌀 배급표를 주지 않는다거나 빨갱이로 모는 등 온갖 방법으로 협박했다. 선거날 투표소는 국방경비대, 경찰, 우익청년단 등이 지키고 서 있었다. 5월 10일 단독선거로 만들어진 제헌국회는 무소속이 85석으로 가장 많았다. 5월 31일 제헌국회가 열려 국호를 대한민국으로 정하고 7월 17일 헌법을 공포했다.

38선 이북에서도 1948년 8월 21일 해주에서 인민대표자대회를 열어 대의원을 선출했다. 결국 9월 2일 최고인민회의를 열어 헌법을 제정하고, 9월 9일 마침내 북한의 단독정권인 조선민주주의인민공화국을 수립했다.

남북한 단독 정부 수립 현장을 다룬 영상은 "1948년 8월 15일 대한민국정

---

44) 양정심, 『제주4·3항쟁-저항과 아픔의 역사』, 선인, 2008, 128~129쪽.

부수립 행사에는 'WELCOME GENERAL MACARTHUR', '피로써 國後하자' 플래카드를 든 서북청년회의 모습이 영상을 압도한다. 38선 이북에서도 "김일성과 스탈린의 대형 초상화"가 화면을 장식하고 있다.[45] 남과 북에서 절반의 정치 세력이 사라진 자리에는 경직된 표정과 권위의 이미지만이 남았다. 얼싸안고 만세를 부르던 해방의 모습이 아니라 서로를 적으로 삼는 분단의 시계가 태엽을 감았다.

4. 저항의 시간들

영상기록은 '시각적 신문(visual paper)'으로서 우리가 직접 겪지 않은 것에 대한 특정한 이미지를 제공한다. 뉴스영화와 같은 영상이미지는 목적을 가지고 촬영되었기 때문에 생산 주체의 의도가 개입될 수밖에 없다. 해방 공간을 다룬 영상기록물도 당연히 생산 주체의 의도가 당연히 들어가 있다. 남아있는 4편의 해방뉴스의 성향이나 태도는 미군정의 정책적 범위를 벗어나지 않고 있다.[46] 그러나 뉴스영화는 사실(fact)을 바탕에 두어 촬영하기 때문에 촬영자나 상영자가 의도하지 않은 이미지가 표출될 수도 있다. 해방정국은 변혁의 소용돌이 속에서 정치적 이미지들이 돌출되는 시기이기도 하다. 생산 주체가 보여주고자 하는 이미지들이 대부분이지만, 그 속에서도 보여주고 싶지 않은 이미지들이 조금씩 남아 있다.

해방공간을 다룬 영상에서도 미군정이나 북한 당국이 의도했던 프로파간다에서 벗어나는 지점들이 있다. '8·15 해방 1주년 기념식'을 다룬 10분 분량의 〈해방뉴-쓰〉 특보에는 한 컷의 지점이 있다. 대부분의 화면 내용이 해방을 기념하는 장면이지만, 기념식장에는 미군정의 정책에 항의하는 플

---

45) NARA, RG 111, ADC 7196, 7197.
46) 조혜정, 「미군정기 뉴스영화의 관점과 이념적 기반 연구」, 앞의 글, 340쪽.

래카드와 삐라들이 드러난다.

"대구 공회당에서 열린 조미연합기념식에서 사람들이 "일歯 쌀을 달라", "북조선과 같은 토지개혁", "미소공위 재개"를 주장하고 있었다. "노동조합의 깃발들과 '민주청년동맹의 깃발 아래'의 플래카드"가 펼쳐지는 현장은 미군정의 탄압 속에서도 여전히 강고한 저항 의지를 표출하는 장소였다.

〈그림 1〉〈해방뉴스〉특보

전평을 비롯한 대중 조직은 각종 시위와 행사에서 강력한 동원력을 보여줌으로서 좌익세력의 힘을 과시했다. 해방이 되자마자 노동자들은 스스로 공장을 접수하여 공장관리위원회를 조직하고 공장을 관리·운영했다. 노동자들은 공장관리운동과 노동조합 조직을 기반으로 1945년 11월 5일 산업별 체계로 이루어진 조선노동조합전국평의회(전평)를 결성했다. 농민들도 1945년 12월 8일 전국농민조합총연맹(전농)을 결성했다. 전농은 친일민족반역자가 아닌 조선인 지주의 소작료는 3·7제로 실시할 것을 주장했다. 그 밖에 청년조직인 조선청년동맹 여성조직인 조선부녀총동맹 등이 12월에 만들

어졌다. 특히 청년 조직인 조선민주청년동맹은 청년동맹을 이어받아 1946
년 4월 25일에 결성되어 민전의 주요한 행동 조직이기도 했다.

해방 직후 일반 민중의 피부에 직접 영향을 미친 최대의 문제는 식량문
제였다. 절대량이 부족한 이유도 있지만, 그만큼 식량의 고른 배분은 필수
적인 문제였다. 적어도 해방 1년 동안 미군정이 실시한 식량정책은 실패한
것이었다. 미군정이 처음 실시한 미곡자유판매정책도 식량문제를 악화시켜
굶주림의 공포를 불러일으켰다. 이는 돈과 쌀을 가지고 있던 자본가와 지
주, 그리고 중간 모리배만 살찌우는 결과를 가져왔다. 자유판매제가 오히려
쌀 파동만 가져오자 배급제로 바꿨다. 그리고 여기에 드는 미곡을 마련하
려고 미곡공출제를 실시하여 농민에게서 쌀을 강제로 징수했다. 나아가 일
제 때도 없었던 하곡공출제도를 실시하여 가난에 찌든 농민들이 '보릿고개'
를 넘기는 유일한 수단인 보리마저 거두어 갔다. 1945년 추곡 수집과 1946
년산 하곡 수집을 둘러싼 시위와 폭동은 지방에서 발생하였다. 대구에서는
10월항쟁 이전에 이미 네 번이나 시민들이 부청이나 도청에 쌀을 구하기
위해 몰려갔다.[47]

9월총파업과 10월항쟁에서 중요한 것은 생존이었다. 조선공산당의 지도
아래 일어났던 정치적인 파업과 항쟁이었지만 그 기본에는 먹고사는 절박
함 "일급제 반대, 식량 배급, 가족 수당 1인당 600원" 등 생존권의 요구가 있
었다.[48] 실질임금이 떨어지는 가운데 물가는 오르고 식량파동이 겹치면서
노동자들의 생활은 더욱 나빠졌다.

1946년 10월 1일 대구역에서는 노동자 파업을 폭력으로 탄압하는 미군정
에 맞서 가두시위가 있었는데 경찰은 시위 군중에게 총을 쏘았다. 10월 항
쟁은 경상도뿐만 아니라 전라, 충청, 제주로 계속 퍼져 나가 두 달 여 동안
계속 되었다. 부녀자는 쌀을, 노동자는 임금과 쌀 배급을 늘려 달라, 학생들

---

47) 정해구, 『10월인민항쟁 연구』, 열음사, 1988, 96쪽.
48) 정해구, 앞의 책, 107쪽.

은 경찰의 발포 금지와 애국자 석방 등을 요구했다.

38선 이남이 신탁통치 논란에 휩싸여 있을 때, 이북에서는 소위 '민주개혁'을 하나하나 실행해 나갔다. 그 가운데 핵심은 토지개혁이었다. 토지개혁에 대한 요구는 실로 오랜 것이었다. 식민지 시기 동안에도 소작쟁의의 투쟁의 역사가 있다. 해방 정국에서 인민위원회가 내놓은 '3 · 7제'도 수확량의 절반 이상을 빼앗기는 농민에게 커다란 반향을 일으켰다.

북조선임시인민위원회는 3월 5일 토지개혁에 관한 법령'을 발표하여 토지개혁을 단행했다. 토지개혁은 "토지를 밭갈이 하는 농민에게!"라는 구호를 내걸고 무상몰수 무상분배의 원칙에 따라 이루어졌다. 지주계급과 봉건적 지주 소작관계가 사라지면서 북한의 사회는 새로운 국면으로 접어들었다. 토지개혁은 대다수 소작농이었던 농민들의 지지를 받으면서 남한 사회를 압박하기 시작했다.[49]

북한의 1946년 3 · 1절 기념식 영상을 다룬 노획영상에도 토지개혁을 알리는 문구가 등장한다. 영상에는 "김일성, 최용건, 소련대표 연설과 기념시위 행진"이 이어진다. 시위 행렬이 든 '토지는 농민에게', '조선무산대중의 선봉대인 조선공산당 만세' 플래카드가 화면을 꽉 채우고 있다.[50] 토지개혁의 성공에 대한 자신감과 그 개혁의 주체가 누구인가를 명료하게 보여주고 있다.

1948년 초 유엔조선위원단이 입국하고 단독선거가 가시화되자 남로당은 단선단정반대투쟁에 나섰다. 남로당은 미소의 군대가 철수한 뒤 외세가 없는 상태에서 독립국가를 건설해야 한다고 주장했다. 남로당과 민전은 1948년 2월 7일 "남한단선을 꾀하는 유엔조위 반대, 단선단정 결사반대, 미소 양

---

49) 1946년 2월 8일 북조선임시인민위원회가 결성되었다. 이 조직은 통일정부가 수립될 때까지 임시 중앙권력기관의 역할을 했으며, 위원장은 김일성, 부위원장은 김두봉이 맡았다. 임시인민위원회는 일련의 '민주개혁'을 실시했다. 그 대표적인 것이 토지개혁과 주요 산업의 국유화였다.

50) NARA, RG 242, MID 5049.

군 철수"등을 내걸고 '2·7구국투쟁'을 벌였다. 투쟁은 시위·집회·동맹휴학·삐라·봉기로 이어졌다.

단정에 반대하는 여러 정치 세력들은 남북연석회의를 개최했다. 1948년 4월 20일 평양 모란봉 극장에서 남북 정당·사회단체 대표 연석회의가 시작되었다. 김구, 김규식, 조소앙, 홍명희, 김일성, 박헌영, 허헌 등 주요 정치 지도자들을 비롯한 남북의 56개 정당과 사회단체 659명은 미국과 소련에게 군대를 곧바로 철수할 것을 요청했다. 또 단독선거를 막으려고 투쟁할 것이며, 선거가 이루어진다고 해도 이를 인정하지 않을 것임을 분명히 했다.

노획영상에는 남북연석회의가 비교적 자세하게 들어있다.[51] 이 영상은 1948년 5월 북조선국립영화촬영소가 촬영한 것이다. 34분 내외 분량의 영상물이다. 회의장 건물과 중앙연단에는 한반도 지도와 양측에는 태극기가 배치되어 있다. 김일성과 박헌영이 연설을 하고, 그 과정에 남북한의 사회상이 삽입되어 있다. 김일성 육성연설 사이에는 북한 선전 영상들이 있다. "토지개혁, '무상몰수 무상분배' 플래카드, 농사짓는 평화로운 전경, 벼 익는 모습, 추수, 추수한 곡식물 가마니 쌓은 장면들, 초가집 잇기, 평화로운 농촌 전경, 가족 할머니와 아이를 안은 여성, 공장과 노동자들이 일하는 장면, 노동자들이 기관차 위에서 손을 흔드는 전경" 등 북한의 토지개혁의 성과와 공업의 발전상을 선전하고 있다. "로동자들은 자기 손으로 공장을 복구하고 기계를 돌렸다", "인민경제계획은 넘쳐 이루어진다"의 선전문구가 눈에 띈다.

반면 박헌영 육성연설 중간에는 남한 사회의 굶주린 비참한 광경들과 이를 비판하는 벽보들이 대부분을 차지하고 있다. 벽보에는 "쌀을 달라, 쌀을 주는 우리 정부를 속히 세우자, 쌀과 옷을 주고 우리 권리를 직혀주는 전정한 민주주의 정부가 나와야 한다, 우리는 반동분자를 물리치고 미소공동위원회를 빨리 성공식히자"가 쓰여 있다. "一日四函 食糧을 배급하라"는 플래카드를 들고 행진하는 모습이 렌즈에 담겨져 있다.

남북연석회의를 담은 이 영상에는 김일성과 박헌영의 연설 과정에 남북한을 비교함으로써 북한 체제의 우월성을 강조했다. 분단으로 가는 길목에서 비참한 남한의 사회상을 부각함으로써 북한이 정당성을 가지고 있음을 은연중에 보여주고 있다. 그런 와중에도 김일성과 박헌영으로 대변되는 남북로당의 경쟁이 누구의 승리로 귀착될 것인가가 이미 예고되는 순간이었다.

그러나 남한의 비참한 사회상을 보여주는 영상에서도 그것에 굴하지 않는 저항의 가능성은 여전히 내포하고 있다. 미군정의 탄압에서도 노동자·농민·청년의 조직은 여전히 강고함을 표출하고 있다. 그 조직의 성격이 조공의 영향 아래 있는 외곽조직이었지만 한편으로는 대중조직이기도 했다. 좌익 정당의 꼭두각시가 아니라 자신들의 삶의 처지에 기반해서 행동하는 사람들이었다.

〈해방조선을 가다〉는 전국인민위원회 결성식 때 각 단체와 대표자의 모습을 담고 있다. 단체를 대표하는 포스터와 단체 대표의 연설모습이 교차편집되었다. "공장을 노동자의 손으로"라는 표어의 조선노동조합전국평의회 포스터에 이어 이현상의 모습이, "미래는 청년의 것이다"라는 표어의 청년동맹의 포스터에 여운형의 모습이, "부인해방"이라는 부녀총동맹의 포스터에 이어 유영준의 모습이, "농민은 전농의 깃발 밑으로"라는 표어의 전국농민조합총연맹 포스터에 이어 이구훈의 모습이, "단결"이라는 표어의 전국농민조합총연맹 포스터에 홍남표의 모습이, "토지는 농민에게"라는 조선공산당의 표어가 나온 후, 박수를 치는 청중과 이어 이강국의 모습이 나온다. 이어 1945년 11월 22일에 있었던 전국인민위원회대표자회의의 식순을 담은 현수막이 보이고 중앙인민위원회 허헌의 모습이 나온다.

해방정국을 주도한 노동자·농민·청년·여성들의 외침은 그 조직의 대표자들이 사라지는 시기가 되면 마찬가지로 들리지 않는다. 해방 직후의 그들의 모습은 경쾌하고 자신감이 넘쳤다. 새로운 사회를 만들어나간다는 자부심이 함께 했다. 이제 그 모습은 38선 이남에서는 찾아보기 힘들어졌다. 북한에서는 여전히 그들의 얼굴과 목소리가 등장하지만 그 중심에는 스탈린과 김일성 초상화가 있다. 그러나 해방의 주인이었던 경쾌한 목소리가 아니라, 권위 앞에서 경직된 목소리로 바뀌어갔다. 남북협상차 북한에 갔던 김구는 평양에서 가진 기자회견에서 말한다. "─대회에서 스탈린씨 초상화를 메고 다니면서 '만세, 만세'하는 것은 남한에서 트루만씨 초상을 메고 다니는 일이 없으니 만큼 좀 안 됐소."[52]

1948년 5월 1일 부산에서 열린 May Day는 "대한노총 소속 지부들 행사, 대한노총 경상남도 해녀선원조합 깃발"이 보이는 우익 세력만의 행사였다. '전평'의 깃발은 사라졌다. 그러나 "거리를 지나가는 탱크들 옆으로 5·10선거 반대 대자보"들이 모습을 드러낸다.[53] 총칼의 무력 앞에서도 단독선거를 저지하려는 저항은 총칼의 무력 앞에서도 여기저기서 비집고 나오고 있다.

해방과 새로운 사회를 꿈꾸던 사람들은 분단을 전후한 시간 속에서 사라져갔다. 그들의 흔적을 실은 영상들도 남아있는 것이 거의 없다. 다만 그들을 억압했던 사람들이 남긴 흔적 속에서 그들이 이루고자 했던 희망을 찾을 수밖에 없다.

---

52) 김남식, 앞의 책, 325쪽.
53) RG 111, ADC 7194.

5. 나가며

이 글은 해방공간, 소위 '해방3년사'를 다룬 영상기록물을 통해 당시의 사회상을 다루고자 했다. 분석 대상은 사실(fact)에서 출발하는 영상자료인 뉴스영화를 비롯한 기록영화를 대상으로 한다. 여기에서는 영상기록을 역사사료로서 어떻게 활용할 것인가, 아니면 어느 정도 활용할 수 있을까 하는 문제의식에서 출발했다. 또한 이 글에서 특히 주목했던 것은 영상기록의 촬영과 상영 주체라 할 수 있는 미군정의 의도가 벗어나는 틈새 지점이었다. 미군정의 탄압 속에서도 생존권 투쟁과 분단을 막고자 하는 정치적 저항을 함께 하는 순간을 포착하고자 했다.

그러나 1분 혹은 여러 가지 에피소드가 담긴 10분 내외 분량의 짧막한 영상을 통해 역사를 재구성하는 것은 어려운 문제이다. 기록영화 전반에 대한 이해와 분석으로 확장되어야 방법론의 구체화가 진전될 것 같다. 영상 내용뿐만 아니라 영상의 기술적인 측면까지 고려한 분석이 필요하다. 영상과 역사의 관계 맺기, 영화와 역사의 관계 맺기라는 방법론에 대한 본질적인 고민이 계속 요구되고 있다.

참고문헌

1. 자료

NARA, RG 111(Records of the Office of the Chief Signal Officer), ADC.

NARA, RG 242(National Archives Collection of Foreign Records Seized, 1941~).

〈Korean riots〉, British Pathé, 00059536, 고려대 한국사연구소 소장.

〈니혼(日本) 뉴스 1945-1948〉, 고려대 한국사연구소 소장.

〈해방뉴-쓰〉, 한국영상자료원 소장.

〈해방조선을 가다〉, 국가기록원 소장.

2. 논문 및 단행본

김남식,『남로당연구Ⅰ』, 돌베개, 1984.

김민환,『미군정 공보기구의 언론활동』, 서강대 언론문화연구소, 1991.

김기덕,『영상역사학』, 생각의나무, 2005.

김한상,「1945-48년 주한미군정 및 주한미군사령부의 영화선전: 미국 국립문서기록관
　　　리청(NARA) 소장 작품을 중심으로」,『미국사연구』제34집, 2011.

노성호,「A.S.C 영상자료를 통한 한국전쟁연구의 새로운 가능성」,『한국사학보』27,
　　　2013.

마르크 페로,『역사와 영화』, 주경철 옮김, 까치, 1999.

서중석,『한국현대민족운동연구』, 역사비평사, 1992.

송남헌,『解放三年史』Ⅰ, 까치, 1985.

양정심,『제주4·3항쟁-저항과 아픔의 역사』, 선인, 2008.

오영진,『소군정하의 북한-하나의 증언』, 중앙문화사, 1983.

이하나,『국가와 영화: 1950~60년대 '대한민국'의 문화재건과 영화』, 혜안, 2013.

　　　　,『플롯으로 읽는 한국현대사: '대한민국', 재건의 시대(1948~1968)』, 푸른역사,
　　　2013.

장슬기,「〈해방뉴스〉(1946)를 통해 본 냉전 형성기 미군정의 통치성과 조선 인민의
　　　주체화 과정」, 중앙대학교 첨단영상대학원 석사학위논문, 2014.

정해구,『10월인민항쟁 연구』, 열음사, 1988.

정용욱,『해방 전후 미국의 대한정책』, 서울대학교출판문화원, 2013.

조혜정,「미군정기 뉴스영화의 관점과 이념적 기반 연구」,『한국민족운동사연구』68,
　　　2011.

프랑수아 니네,『다큐멘터리란 무엇인가: "다큐멘터리와 그 아류들"』, 조화림·박희태 옮김, 예림기획, 2012.

한상언,「다큐멘터리〈해방조선을 가다〉연구」,『현대영화연구』Vol.4, 2007.

내셔널 히스토리 사이에서*

: 전후 일본 텔레비전이 그린 한국인 BC급 전범 문제

정 지 혜

1. 머리말

　전후 반세기간 냉전 구조의 보호막 아래에서 아시아태평양전쟁 피해자의 목소리는 일본인에게는 닿지 않았고, 전쟁 가해의 기억은 망각되어왔다. 강상중(姜尙中)에 의하면, 과거 "지나친 (식민지) 제국의 건망증"에 의하여 망각된 기억은 냉전 속에 얼어붙은 채, 전후 50년에 걸쳐서 무시당해왔다. 전후체제는 1억 명에 가까운 '제국 신민'의 30%를 차지하는 식민지 이민족의 동원 없이는 한시도 유지할 수 없었던 것이었고, 이러한 의미에서 전후 일본의 내셔널 히스토리는 이 이민족을 배제하고, 또한 그 배제에 이르는 역사를 망각하는 것으로 겨우 성립될 수 있었던 것이다.[1]

　이 상황에 변화가 일어나기 시작한 것은 1990년 전후의 일이다. 1989년에

　* 본 연구 성과는 NHK 방송문화연구소 및 동경대학 대학원 정보학환(情報學環), 니와 요시유키(丹羽美之) 연구실의 공동연구로 이루어짐. 본 연구 성과는 한국학중앙연구원 한국학해외중핵사업의 지원을 받았음.
　1) 姜尙中, 1998, 「國民の心象地理と脱－國民的語り」, 小森陽一・高橋哲哉 編,『ナショナル・ヒストリーを超えて』, 東京大學出版社, 150쪽.

쇼와(昭和) 천황이 사거하였고, 같은 해 베를린 장벽이 붕괴, 그 후 냉전이
종결되었다. 냉전구조 하에서 오랫동안 독재 정권하에 있던 아시아 국가들
이 민주화되었고, 전쟁에 의한 개인 피해의 추궁이 시작되고 있었다. 1991
년에는 한국인으로서 전 일본군 위안부였던 김학순이 위안부 실체를 토로
하면서 아시아 기타 지역의 피해자의 존재가 잇따라 확인되었다. 이 시기,
일본 언론에서는 "잊어버린"이라는 키워드와 함께 많은 보도 및 특집이 만
들어졌다.

전후 일본 언론 중에서 텔레비전이라는, 20세기에 등장한 영상 미디어가
대중에게 주는 영향력은 절대적인 것이었다. 텔레비전은 전쟁에 관한 수많
은 집합적 기억2)을 형성하였고, 일본인의 기억 추이를 거슬러 올라가는데
매우 중요한 미디어라고 할 수 있다.

그러나 현재까지 텔레비전 아카이브를 이용한 연구는 적다. 아카이브가
정비되지 않은 상태이거나, 학술 이용에 대해서 비공개되어있는 경우가 있
기 때문이다. 그러나 사람들의 '버너큘러(vernacular) 기억3)은 텔레비전 및
영화를 비롯한 대중 미디어에서 형성되는 부분이 많고, 텔레비전을 역사적
으로 거슬러 올라가 분석하는 연구는 사람들의 전쟁에 대한 집합적 기억을
고찰하는데 도움이 될 것이라 생각된다. TV와 영화를 비롯한 대중 매체에
서 형성되는 기억은 글럭(Gluck, C)이 지적했던 것처럼 '버너큘러 기억'에
큰 영향을 미친다. 이것은 예를 들어 독일 나치에 의한 유대인 학살을 떠올
릴 때, 영화 '쉰들러 리스트'(1993) 등의 시각 매체가 이 역사적 사실을 둘러
싼 사람들의 견해에 영향을 주는 것을 말한다. '버너큘러 기억'은 매우 넓은
영역에서 드러나는 전쟁에 대한 견해에 제한되지 않으며, 일정한 형태를

---

2) Halbwachs, M., 1950, *La Mémoire Collective*, Paris : Presses Universitaires de France, 1989, 小關藤一郞 譯, 『集合的記憶』, 行路社.
3) 근대 일본사, 사상사의 연구자 글럭은 '기억의 영역'에 대해서 '공적(公的)인 기억', '버너큘러 기억', '사적인 기억', '메타(meta) 기억' 등 4가지를 제시하였다. Gluck, C., 梅崎透 譯, 『歷史で考える』, 岩波書店, 2007, 356~363쪽.

가지지 않기 때문에, 국가에 의한 공식 견해보다 훨씬 추적하기 어렵다. 미디어를 통해 기억을 더듬는 연구는 사람들의 전쟁에 대한 공동 기억을 찾는 데 도움이 될 것으로 생각된다. 요즈음 NHK 아카이브의 기초 연구[4] 및 방송 라이브러리의 연구 이용[5] 등을 통하여 이러한 시도는 점차 증가하고, 나아가서 제작자의 생애를 포함한 연구[6] 등도 진행되고 있지만, 이러한 시도는 아직 시작 단계에 있다.

　본고의 목적은 전후 일본의 텔레비전을 비롯한 언론을 통해 '국가의 기억'에서 배제되어온 아시아태평양전쟁의 피해자인 한국인이 어떻게 표상되었는가를 묻고자 하는 것에 있다. 특히 이 글에서는 전후 반세기 가까운 기간 '침묵의 시대'를 거쳐 냉전의 종언 및 민주화와 함께 재조명을 받게 된 한국인 BC급 전범의 문제가 일본 텔레비전 속에서 어떻게 표상되어왔는가, 혹은 표상되지 않았는가를 중점적으로 고찰한다.

2. 한국인 BC급 전범 문제

　일본은 1941년에 아시아태평양전쟁에 돌입하였고, 노무동원계획에 의하여 조선인의 강제동원을 시작했다. 일본 국내의 탄광, 댐 공장, 군용 공사를 비롯하여 북쪽은 사할린, 남쪽은 라바울(Rabaul)이나 태평양상의 고도에까

---

4) NHK 아카이브 학술 이용의 기초 연구는 2009년 11월에 시작되었고, 제1기 5건, 제2기 11건, 제3기 7건, 또한 2012년에 시작된 기초 연구 II에서는 제1기 9건을 채용하였다. 또한 간사이(關西) 기초 연구에서도 합계 12건을 채용하여 학술 연구 이용을 계속하고 있다.
5) 텔레비전 아카이브를 이용한 최근의 연구 성과는 다음과 같다. 日本放送協會放送文化研究所, 『放送メディア研究 8 特集 始動するアーカイブ研究: テレビ・ドキュメンタリーは何を描いてきたか』, 丸善出版, 2011.
6) 텔레비전 제작자에 대해서는 다음과 같은 연구가 있다. 七澤潔・東野眞, 「「テレビ制作者研究」の方法と方向: ディレクター・片島紀男の場合」, 『放送研究と調査』, 2009년 8月號, 74~89쪽.

지 동원된 조선인들은 위험도가 높은 노동에 종사하였다. 남쪽 고도에서는
옥쇄(玉碎) 작전으로 희생된 자도 많았다. 한편 많은 조선인 여성은 '여자정
신대'라는 명목으로 동원 당하고, 군 위안소에 들어가 일본군 '위안부'가 되
었다.

전쟁 중, 동남아시아에 있던 일본 포로수용소에는 연합국 포로로서 미국
인, 영국인, 호주인, 네덜란드인 등이 수용되어 있었다. 그 수는 1942년 싱
가포르가 함락한 후에 25~30만 명으로 늘어났다. 일본군은 포로 취급을 결
정한 제네바 조약을 무시하고, 백인 포로를 "생산 확충 및 군사상 노무에
이용"하려고 하였다. 그러나 일본의 병력 부족은 심각한 문제였고, 징병제
가 아직 실시되어 있지 않는 조선 및 대만의 청년들을 그 대신으로 충족시
키려고 하였다. 1942년 5월에는 수용소의 경계 단속을 위하여 조선인 및 대
만인으로 편성된 특수부대를 투입할 것이 결정되었다. 그러나 전쟁터에서
일본군 포로가 된 미국, 영국 연합 병사 13만 2,134인 중 3만 5,756명이 사망
하였고, 사망률은 27%라는 높은 수치를 기록하였다.[7]

종전 후, 연합국에 의한 BC급 전범 재판에서는 수용소에서 포로 감시를
하고 있었던 조선인 감시원들이 포로 학대 죄로 추궁 받았고, 조선인 148명
이 유죄를 선고받았으며, 23명이 사형을 당하였다.[8] 전범이라고 지목된 조
선인들은 전쟁 중 일본군의 명령을 따를 수밖에 없었지만, 재판에서는 개
인 책임이 엄격히 추구된 것이었다.

전후 1950년 경 전범들은 남방 형무소에서 미국 통치하에 있는 일본으로
이동하였고, 스가모 구치소(Sugamo Prison; 巢鴨)에 수용되었다. 1952년 4월
28일에는 샌프란시스코 강화 조약에 의하여 일본이 독립되었고, 스가모 구
치소는 스가모 형무소로 명칭이 바뀌어 일본정부가 관리하게 되었다. 이

---

7) 內海愛子, 『キムはなぜ裁かれたのか 朝鮮人BC級戰犯の軌跡』, 朝日新聞出版,
   2008, 9쪽.
8) 內海愛子, 앞의 책, 쪽.

날을 계기로 재일한국인은 일본국적을 강제적으로 '상실'하게 되었다. 한국인 전범들은 옥중에서 석방청구 재판을 일으켰으나, 3개월 후 최고재판소는 이 청구를 기각하였다. 그 이유는 "형벌을 받았을 때는 일본인이었기 때문"이라는 것이었다.

그 후 많은 한국인 전범이 가석방, 만기 석방되었다. 그러나 그들은 일본국적을 갖지 않았기 때문에 보상 및 원조 대상에서 배제되었다. 그들이 가질 수 있었던 것은 도쿄 내를 이동할 수 있을 정도의 교통비와 군복뿐이었으며, 가족도 의지할 사람도 없는 일본에서 매우 곤란한 상황에 처하게 되었다. 게다가 그들은 해방 후 한국에서 '대일협력자', '친일파'로 취급당하였기 때문에, 조국에 돌아가지 못하는 경우도 있었다.

이러한 어찌할 수 없는 상황에 직면하자 2명이 자살하였고, 여러 명이 정신병으로 시설에 들어가게 되었다. 이러한 상황을 타개하여 서로 협력하자는 뜻으로 1955년에 한국인 전범과 그 유족 및 가족이 '한국출신전범자동진회(同進會)'를 결성하여, 당시 총리대신인 하토야마 이치로(鳩山一郎)에게 국가보상을 요구하는 요청서를 제출하였으나, 받아들여지지 않았다.

한국인 BC급 전범 문제뿐 아니라, 전후 일본에서는 자신이 식민지 지배한 아시아 국가에 대한 책임 의식이 매우 희박하였다. 수십 년에 걸쳐 식민지 지배를 받은 조선 및 대만, 그리고 침략·점령을 당하고 막대한 피해를 입은 아시아 국가에 대한 일본의 책임은 전혀 추궁되는 일이 없었다. 오누마 사스아키(大沼保昭)는 일본 전쟁 책임 문제와 식민지 지배에 대해서 다음과 같이 말하고 있다.

"(구미 식민지 체제의 종언에 견주어) 일본은 제2차 세계대전에서 식민지 국가 간의 권력 투쟁에 패하였다. 그래서 조선, 대만 등 식민지 지배는 패전에 의한 해외영토 포기라는 형태로 일단 끝을 보았다. 그러나 식민지 지배의 종언이 제2차 세계대전의 전후 처리라는 형태로 이루어진 것은 소위 인식상의 식민주의를 해체하는 데 걸림돌이 되었다. 패전에 의한 허탈감이 너무나 컸기 때문에 식민지 포기라는 사실은 거의 인식되지 않았고, 더욱이 그 뜻을 생각할 일은 없었다."(강조 필자)[9]

즉 전후 일본은 '사고양식상 식민지주의 해체'가 이루어지지 않았고, 많은 조선인 및 대만인이 일본제국주의에 희생당하였다고 하는 것에 대해서 대부분의 일본인들은 돌아보지 않은 채, '신생일본'을 시작하게 된 것이었다.

GHQ 점령 종료 후, 통제하에서 침묵을 강요당하고 있던 전사자 유족 및 생환자들이 말을 하기 시작하였으나, 그 언설은 국제군사법정의 결론에 의하여 규정되었다. 일본인 병사들의 증언은 전쟁터에서 굶주림 체험이나 군대 내부에서 폭력 지배 등, 스스로를 피해자 입장으로 취급하기 십상이었고, 자신의 가해자 행위 및 많은 아시아인 희생자들을 잊어버린 채, 언제나 일본군측만 통하는 독백이 되어버렸다.[10]

그리하여 아시아에 대한 일본의 식민지주의 및 점령의 피해는 전후 오랫동안 일본인 의식 밖에 두어졌고, 그 피해의 전체상은 보이지 않는 상황이었다. 전쟁에 동원된 한국인들의 피해, 전범이 된 그들의 상황에 대해서 관심을 가진 자는 거의 없었다. 한국인 BC급 전범 문제는 오랫동안 한국, 일본 양국에서 침묵될 수밖에 없었고, 당사자들은 해방 후 여러 가지 편견과 차별, 몰이해 때문에 행동을 일으킬 수 없는 상태에 있었다. 그리하여 그 존재 자체가 망각되고 있었다.

---

9) 大沼保昭, 『東京裁判から戰後責任の思想へ』, 有信堂, 1985, 86쪽.
10) 櫻井均, 『テレビは戰爭をどう描いてきたか: 映像と記憶のアーカイブス』, 岩波書店, 2005, 6쪽.

3. '피해자' 만들기: 일본인 전범의 기억

일본인 전범의 문제에 대해서는 1950년대부터 여러 번 제작, 방송되었는데, 그 과반수는 일본인의 피해자 의식에서 나온 것이다. 이와 관련한 유명한 작품으로 하시모토 시노부(橋本忍) 작, 오카모토 요시히코(岡本愛彦) 연출에 의한 드라마 〈나는 조개가 되고 싶다(サンヨーテレビ劇場 私は貝になりたい)〉(TBS: 1958)가 있다. 이것은 예술제상(藝術祭賞)도 수상하였고, 그 후 반세기간 몇 번이나 리메이크되어 영화 혹은 드라마로 일본인의 전쟁에 대한 집합적 기억에 큰 영향을 주었다.11) 이 작품은 스가모 형무소에 BC급 전범으로서 수감 중이었던 가토 데쓰타로(加藤哲太郎)가 쓴 『미친 전범 사형수(狂える戰犯死刑囚)』를 바탕으로 하고 있다고 한다.12)

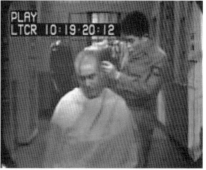

〈그림 1〉 〈나는 조개가 되고 싶다(サンヨーテレビ劇場 私は貝になりたい)〉(TBS: 1958)

이 드라마 원작의 부제는 '민중이 가진 가장 슬픈 큰 노여움(庶民のもついちばん悲しい大きな怒り)'이고, 이 작품이 '민중'의 이야기인 것을 강조한

---

11) 드라마는 1958년 및 1994년에 TBS에서 방송되었고, 영화는 1959년 및 2008년에 제작, 상영되었다.
12) 가토는 하시모토가 작품을 도작하였다고 호소하였는데, 양자 작품은 거의 다른 것이라 할 수 있다. 다만, "나는 조개가 되고 싶다"고 하는 대사만이 공통적으로 나온다.

다. 스토리는, 한 장의 징병통지(赤紙)에 의하여 소집된 평범한 이발소의
주인, 시미즈(淸水)가 상관의 명령으로 포로가 된 미군 폭격기 탑승원을 처
형하는 것으로 시작한다. 전후, 그는 군사재판에 걸려 사형을 선고받았다.
드라마 중에서 이하 주인공의 대사는 유명하다.

"다시 태어나도, 다시는 인간이 되고 싶지 않습니다. (중략) 어쩔 수 없이
다시 태어나야 한다면, ……나는 조개가 되고 싶다……"

여기서 주인공 시미즈는 수동적인 자세로 전쟁에 참가하여 죄를 저지를
수밖에 없었던 하나의 민중으로 그려져 있다. 이 작품의 붐은 BC급 전범 재
판 그 자체가 승리자에 의한 부당한 행위였다고 하는 통설을 유포하게 한
다는 부산물을 낳았고, 재판 결과를 부정하려는 나머지 전쟁 중 모든 전쟁
범죄를 망각해버리는 위험성도 내포되어 있었다.[13]

그리고 이 각본은 후에 몇 번이나 리메이크되어 드라마 및 영화로 방영
되었다.[14] 전범이 된 평범한 일본인이 비극적으로 그려진 이 작품은 반세
기간에 걸쳐 폭넓은 일본인 관객의 지지를 받아 수용되었다.

TV 다큐멘터리에서도 〈문틴루파의 추억(日本の素顔 モンテンルパへの
追憶)〉(NHK: 1959) 등이 방송되었다. 문틴루파 문제는 1951년 1월 19일 14
명의 사형수가 돌연히 처형된 것으로 시작된다. 그 중 13명은 종전 직전 세
부 섬에서 겔리라 소토 작전으로 마을 주민을 학살한 용의로 체포 수감되
었다. 그러나 적어도 6명이 현장에 없었다는 이유로 재심을 청구하고 있었
던 때에 벌어진 처형이었다. 이후 관계자가 다음 처형시일도 가까워져 왔
다는 것을 일본에 전하자, 사형수 가족을 중심으로 구명을 탄원하는 운동
이 일어났고, 국민적인 움직임으로 발전해나갔다. 가수 와타나베 하마코(渡

---

13) 櫻井均, 앞의 책, 49~50쪽.
14) 영화『나는 조개가 되고 싶다』(하시모토 시노부 감독: 1959); 드라마『나는 조개
가 되고 싶다』(TBS: 1994); 영화『나는 조개가 되고 싶다』(후쿠자와 가쓰오(福澤
克雄) 감독: 2008) 등.

邊はま子)는 사형수가 만든 곡 "아아, 문틴루파의 밤은 깊어가며"(ああ, モンテンルパの夜は更けて)를 부르고 전범 구출 활동에 나섰다. 프로그램 중에서는 생환한 사람들의 6년 후의 생활이 그려져 있다. 그러나 거기서는 필리핀에서 그들이 일으킨 가해행동에 대해서 전혀 언급이 없었고, 전범이 되어버렸다고 하는 일본인의 '피해자' 측면에 초점이 맞추어져 있다.

1970년대에 들어가서는 〈머나먼 문틴루파(ある人生 遙かなるモンテンルパ)〉(NHK: 1971)라는 프로그램 중에서, 사형수의 한 명이자 '아아, 문틴루파의 밤은 깊어가며'의 작사자인 시로타 긴타로(代田銀太郎)의 18년 후가 그려져 있다. 시로타는 만주, 필리핀에서 특고헌병으로서 활동하였고, 현지인에 대해서 간첩활동 및 정치사상범을 단속하고 있었지만, 1945년 미군이 마닐라에 들어갔을 때에 투항하였고, 고문이나 학대를 했다고 해서 전범의 죄를 추궁 당하였다. 이 프로그램에서는 전쟁에 참가할 수밖에 없었던 시로타의 비극적인 측면이 강조되었고, 반전 메시지도 함께 말하였으나, 현지인들에게 행했던 가해행위 및 그것에 대한 죄 의식에 대해서는 거의 언급되지 않았다.

〈그림 2〉 〈머나먼 문틴루파(ある人生 遙かなるモンテンルパ)〉(NHK: 1971)

위와 같이 전범에 초점을 맞춘 프로그램은 모두 일본인 전범의 이야기가 중심이었다. 이 프로그램들은 도쿄 재판에서 전범 재판이 부당한 것이고 일본인 전범도 피해자라는 하나의 내셔널 히스토리를 만들었고, 이는 국민에게 수용되어갔다. 하지만 조선인 BC급 전범에 대해서는 오랫동안 일본인의 기억 속에서 망각되어 관심 밖에 있었다.

4. 양쪽의 억압을 넘어가며: 한국인 BC급 전범의 기억

1952년에 GHQ 점령이 끝나자, 일본은 '독립'되었다. 검열의 구속이 없어지고 점령 정책을 비판하는 출판물들이 쏟아져 나왔다. 이 시기, '대동아전쟁'도 포함하여 일본을 긍정적으로 취급하는 논조가 확대되었다.[15]

그 후도 일본인 BC급 전범 문제는 〈나는 조개가 되고 싶다〉에 상징되듯이 승리자인 연합국에 의한 전범 재판의 결론을 부정하고 일본인 전범을 '피해자'로써 그린 경우가 많았다.

이러한 상황 속에서 전쟁에 동원된 한국인의 존재는 일본인의 전쟁담 속에 매몰되었고 오랫동안 주목을 받지 못했다. 그러나 극소수이지만 이와 같이 국가와 국가 사이에 우왕좌왕하는 존재에 대해서 일찍부터 날카로운 시선을 두었던 제작자가 있었다. 오시마 나기사(大島渚)이다.

오시마는 식민지시기에 전쟁에 징병·징용된 한국인에 대한 프로그램, 〈잊혀진 황군(ノンフィクション劇場 忘れられた皇軍)〉(일본텔레비전: 1963)을 만들었다.

---

15) 福間良明, 『「反戦」のメディア史: 戦後日本における世論と輿論の拮抗』, 世界思想社, 2006, 294쪽.

〈그림 3〉〈잊혀진 황군(ノンフィクション劇場 忘れられた皇軍)〉(일본텔레비전: 1963)

　이 프로그램은, 전후 일본에서 생활하고 있던 한국인 상이군인들이 보상 요구를 해나가는 모습을 전하고 있다. 주인공 서낙원(徐洛源)은 전시 중 트루크 섬에서 군속으로 기지 건설에 종사하고 있었다. 그는 1945년 6월, 함포 사격의 폭격을 맞아 전신에 상처를 입었다. 양쪽 눈은 실명하였고, 오른 팔은 절단하였다. 그는 한반도 북측 출신이지만, 한일기본조약의 타협으로 보상금을 받을 수 있는 줄로 믿고 1년 전에 한국 국적으로 바꾸었다. 그러나 총리대신 관저에서도 외무성에서도 무시당한 그들은, 조국에 호소를 들어달라며 한국 대표부로 향하였다. 그때는 아직 한일국교정상화가 이루어져 있지 않았기 때문에 대사관이 아니라 대표부가 있었을 뿐이었다. 조국 대표자는 "당신들의 상처는 일본 때문에 받은 것이다. 한국에 책임은 없다. 일본정부에게 요구해야 한다"고 냉대하였다. 이 작품은 일본과 한국 양측에서 버림받은 그들의 고통을 전하였다.

　한국인 BC급 전범에 대해서 언급한 영상 미디어로써는 고바야시 마사키(小林正樹) 감독 영화 〈벽 두터운 방(壁あつき部屋)〉(1956)이 있는데, 이 영상은 홍기성(洪起聖)이라는 한국인 전범이 등장하고 있다.

〈그림 4〉 〈벽 두터운 방(壁あつき部屋)〉(1956)

　이 원작은 연합국의 재판에 대해서 비판적인 시각을 갖고 있는데, 한편으로 침략전쟁, 천황을 포함한 전쟁 지도자의 책임을 엄히 추궁한 수기를 바탕으로 만들어졌다. 그 중에서 홍기성이라는 말레이 포로수용소 감시원이었던 조선인 BC급 전범이 일본을 위하여 진력하였는데도 전범이 되었으며, 뿐만 아니라 일본인에게는 차별을 받고 조국 사람들에게는 이해받지 못하는 절망을 전하고 있다.16)

　또한 앞에서 언급한 1958년 드라마 〈나는 조개가 되고 싶다〉를 연출한 오카모토 요시히코17)가 한국인 전범 문제를 알게 되어 제작한 프로그램, 〈한 고발(20世紀アワー アる告發)〉(일본텔레비전: 1969)이 있다.

---

16) 金起聖, 「朝鮮人なるがゆえに」, 理論編集部 編, 『壁あつき部屋』, 1953, 理論社 (金起聖은 洪起聖의 필명).

17) 오카모토는 그 후도 한국 문제에 관심을 기울였고 한국 독재정권 아래에서 재일 한국인의 정치범 문제에 대해서 『고발 재일한국인 정치범 리포트』(1975) 및 『세계인민에게 고하다!』(1977)를 제작하였다.

〈그림 5〉 〈한 고발(20世紀アワー ある告發)〉(일본텔레비전: 1969)

이 프로그램이 제작되기 4년 전의 1965년에는 박경식(朴慶植)의 『조선인 강제연행의 기록』이 간행되었다. 전시 중 한국인의 동원에 대해서 조사가 진행되었고, 일본사회에서 그 피해 실태가 조금씩 알려지기 시작하여 프로 그램에서도 언급되고 있었다. 여기서는 한국인 BC급 전범들이 호조조직(互助組織)을 만들고 일본정부에게 보상을 요구하여 행동하는 모습이 그려져 있다. 스가모 구치소에서 가출소한 그들은 보호관찰 대상이 되었고, 승인을 받지 않으면 멋대로 여행하거나 주소를 옮길 수 없었으며, 한국에 돌아가 는 것도 거의 불가능한 상황이었다. 거기서 그들은 1955년에 '한국출신전범 자동진회'를 발족하여 일본에 친족도 경제기반도 없는 한국인 전범들을 모 았다. 이미 스가모를 출소한 자 중에서 자살자도 나왔고, 또한 정신병원에 입원한 자도 있었다. 프로그램 중에서는 자살자인 양월성(梁月星)의 사진 이나, 정신병원으로 전범이었던 사람을 방문하는 장면도 나온다. 내레이션 에서는 한결같이 엄한 어조로 일본의 식민지 지배에 대해 문제제기하였고, 그 이외에 남경대학살, 간토대지진 때의 조선인대학살에 대해서도 언급하 였다.

그러나 이 작품 중에서는 한국 내에서의 한국인 BC급 전범의 취급에 대 해서는 언급이 없었고, 출소한 그들이 일본 사회 속에서 모여서 생활하고 있는 모습이 주로 그려져 있다. 한국에 있는 가족 및 유족에 대한 취재는 행해지지 않았다. 또한, 모두 일본국내에서 촬영한 영상만으로 구성되어 있고, 일본에 있는 한국인 전범만이 등장한다. 1965년에 한일기본조약이 체결되어 국교정상화가 이루어진 후 언론이 취재를 위해 한국으로 가는 것이 가능해졌지만, 당시 군사독재정권 하에 있던 한국에서 취재는 매우 제약이 많았다. 게다가 전범이 된 한국인은 '친일파', '매국노'라고 불렸기 때문에 그 가족 및 유족에 대한 취재는 매우 곤란했을 것이라고 짐작된다.

그 후 〈아시아와 함께 살다. 한국에서 본 일본(11PM シリーズ アジアと共に生きる 韓國から見た日本)〉(일본텔레비전: 1982) 중에서도 한국인 BC급 전범 문제가 다루어졌다.

〈그림 6〉 〈아시아와 함께 살다. 한국에서 본 일본(11PM シリーズ アジアと共に生きる 韓國から見た日本)〉(일본텔레비전: 1982)

그 중에서 한국 국내에 사는 전범 유족인 아들을 찾아가는 장면이 있는데, 아들은 "유골을 돌려 달라"고 절실하게 카메라 앞에서 호소하고 있다. 그러나 이 영상에서도 한국 국내에서 그들의 입장까지는 언급되지 않았다. 한국에서는 해방 후 오랫동안 일본군에 협력하여 전범이 된 자들이 '대일협력자'로서 매우 가혹한 취급을 당하였고, 전 전범, 전 포로감시원들은 일본군을 위하여 일하였다는 과거를 수치스럽게 여겨, 그것을 숨기고 살았다.

한국인 BC급 전범에 대해서 연구해온 우쓰미 아이코(內海愛子)는 "한국에서는 포로감시원이었다는 것이 알려지면 일본에 협력했다고 비난을 받는다. 그것 때문에 과거를 숨기고 싶은 전 군속들은 고향에 돌아가지 않았거나, 이력서에서 포로감시원의 경력을 지우기도 했다. 그러나 전범은 과거를 지울 수도 없고 도망가거나 숨을 수도 없다. 그 비판 및 비난은 남겨진 부모나 친척에게까지 미쳤다. 그것은 왕따 정도의 일이 아니었다"[18]고 한다.

언론의 특징이란 무엇인가 주목할 만한 사건이 없으면 취재를 하지 않는다는 것이다. 타크맨(Gaye Tuchman)이 지적하였듯이, 뉴스 취재망에는 처음부터 공간적인 한계가 있기 때문에, 관료적인 기관이 중심이 되어 뉴스가 모여지고, 거기에 닿지 않는 정보는 애초부터 배제 당한다.[19] 1990년대에 들어가서 냉전의 붕괴와 아시아의 민주화가 진행되면서 전 일본군 위안부인 김학순의 고발 및 여러 전쟁 피해에 대한 보상을 요구하는 행동이 전개되었다. BC급 전범에 대해서도 국가보상을 요구하는 여러 소송 및 항의 활동이 적극적으로 전개되었고, 행정, 재판소, 국회 등에서 언론의 취재망에 걸리게 되었다. 그리하여 한국인의 전후 보상 문제가 사람들 앞에 현재화되기 시작하였다.

1991년에는 한국인 전범들이 중심이 되어 '일본의 전쟁 책임을 대신 받게 된 한국·조선인 BC급 전범을 돕는 모임(日本の戰爭責任を肩代わりさせられた韓國·朝鮮人BC級戰犯を支える會)'이 정식으로 발족하였고, '한국·조선인 전범의 국가보상 등 청구 소송'이 도쿄 지방재판소에 제소되었다. 이해에 만들어지고 방송된 것이 〈조문상의 유서: 싱가포르 BC급 전범 재판

---

18) 內海愛子, 앞의 책, 344쪽.
19) Tuchman, Gaye, *Making News: A Study in the Construction of Reality*, Free Press, 1978(鶴木眞·櫻內篤子 譯, 『ニュース社會學』, 1951, 三嶺書房).

〈NHKスペシャル　アジアと太平洋戦争(4)　チョウ・ムンサンの遺書　シンガポールBC級戦犯裁判〉〈NHK: 1991〉이다. 이 프로그램은 태평양전쟁이 시작한지 50주년의 종전기념일 특집이고, 시리즈 〈아시아와 태평양전쟁〉 제4회로 만들어졌으며, 태국-미얀마 철도 건설에 동원된 영국인이나 호주인의 포로수용소에서 감시원을 하고 있었던 조선인 청년 조문상(趙文相)에게 초점이 맞추어져 있다.

〈그림 7〉 〈조문상의 유서: 싱가포르 BC급 전범 재판(NHKスペシャル
アジアと太平洋戦争(4) チョウ・ムンサンの遺書 シンガポールBC級戦犯裁判)〉〈NHK: 1991〉

그는 포로의 얼굴을 때린 것을 추궁받아, 사형 판결을 받았다. 이 프로그램은 그가 처형 2분 전까지 썼던 유서를 소개하면서 전개하고 있다. 여기서도 한국인 전 전범들의 호조조직 '동진회'의 활동이 소개되어 있는데, 그 멤버는 태국-미얀마 철도 건설 공사의 현장을 탐방해서 태국 내지의 삼림에 들어간다. 일행은 수용소 터를 찾으려고 걸어 다니지만, 숲 속에는 반세기 전의 선로의 침목이 썩은 채 남아 있을 뿐이었다. 결국 수용소 건물은 숲 속에 매몰되어버렸고, 찾아낼 수 없었다.

이 프로그램의 특징은 민주화된 한국 국내에 취재하러 갔으며, 서울에 있는 전 포로 감시원에게 인터뷰를 시도하고 있다는 것이다. 그들은 일본군에게 협력한 죄책감에 일본정부에게 보상을 요구하지 않았다고 한다. 그들은 해방 후 한국 사회에서 겪은 힘겨운 경험에 대해서 무거운 입을 점차 열어간다.

"친구와 논의하고 있을 때, '이 놈, 친일파인 주제에 말이야'고 욕먹을 때
가 있습니다."

"저는 공무원인데, 이력서에 포로감시원이었다고 쓰지 못합니다. '치욕'이
라고 생각하고 있습니다."

"농촌은 좁기 때문에 모두 제 과거를 압니다. 그래서 아무도 모르는 도시
로 나왔습니다."

모두 자신이 포로감시원으로서 일본군을 위하여 일한 과거에 죄의식을
가지고, 그것을 숨기며 살아왔다. '대일협력자'에 대한 시선은 매우 신랄했
는데, 전범으로 수용된 박윤상의 아내는 종전 후 남편이 전범이 되었다는
소식을 듣고, 주변의 냉대에 이기지 못하여 연못에서 투신자살하였다.

〈그림 8〉 〈조문상의 유서: 싱가포르 BC급 전범 재판(NHKスペシャル アジアと太平洋戦争(4)
チョウ・ムンサンの遺書 シンガポールBC級戦犯裁判)〉(NHK: 1991)

한국과 일본 양쪽에서 한국인 BC급 전범 문제는 오랫동안 금기시되어왔
다. 그리고 당사자들은 한국사회가 민주화된 이후에서야 겨우 자신의 힘겨
운 과거에 대해 카메라 앞에서 말하기 시작하였다. 해방 후 40년 이상의 공
백을 거쳐 내뱉은 고백에서, 그들에 대한 몰이해로 인한 차별 및 현재도 계
속되는 고통이 전해져온다.

그러나 1996년, 도쿄 지방재판소에서 한국·조선인 BC급 전범자의 청구
는 전적으로 기각되었다. 같은 해 공소장을 제출하였으나, 동진회 회장이자

보상청구재판의 원고단장으로서 오랫동안 운동 및 재판을 인솔해온 문태복(文泰福)이 사거하였다. 그 후 재판은 계속되었는데, 원고들은 한 사람, 한 사람씩 이 세상을 떠나갔다.

2006년 한국정부는 "한국인 BC급 전범자도 전쟁 희생자"라고 인정하였다. 그들의 명예는 회복되었고, 2007년에는 '한국인 전 BC급 전범자 유족회'가 결성되었다. 그 다음 해에는 〈BC급 전범 한국·조선인 전범의 비극(ETV特集 シリーズBC級戰犯 韓國朝鮮人戰犯の悲劇)〉(NHK: 2008)이 방송되었다. 그 전까지 한국인 BC급 전범을 취급한 프로그램에 비하여 한국 국내에 있는 많은 유족들이 카메라 앞에 얼굴과 실명을 노출하였다. 이 시기에 이르기까지 한국 국내에서 '대일협력자', '친일파'로써 모욕을 당하고 차별을 받았던 전 전범들의 명예가 회복된 것을 계기로, 유족들이 일어나서 보상을 요구하는 활동에 적극적으로 관여하게 되었고, 미디어를 통해서 자신들의 경험을 알리고자 하는 움직임으로 이어졌던 것이다.

〈그림 9〉 〈BC급 전범 한국·조선인 전범의 비극(ETV特集 シリーズBC級戰犯 韓國朝鮮人戰犯の悲劇)〉(NHK: 2008)

4. 맺음말

한국인 BC급 전범 문제는 일본인 전범 문제의 그늘에 가려져 있어 그 실태가 전후 오랫동안 밝혀지지 않았다. 1960년대 오시마 나기사가 한국인 상이군인을 취급한 〈잊혀진 황군〉(1963)이나, 그 후 오카모토 요시히코의 〈한 고발〉(1969) 등의 다큐멘터리에 의하여 전쟁에 동원된 한국인의 문제가 조금씩 알려져 갔다. 그러나 전후 보상 문제는 1990년대 전까지는 활발하지 않았다. 냉전의 붕괴와 아시아 민주화가 이루어지기 전까지 보상을 요구하는 그들의 활동도 일본 국내의 일부에 그쳤고, 미디어에서도 주목하는 일은 거의 없었다. 이와 함께 1960년대부터 1970년대에 이르기까지 미일안보조약 개정 및 베트남전쟁을 둘러싼 격동의 시기에 텔레비전이 언론의 기능을 강화해가는 것에 대한 체제 측에서의 견제·압력도 있었다. 그리고 일본 사회의 고도성장기(1955~1973년)가 진행되어 밝고 약동적인 분위기 속에서 전쟁이나 식민지 지배를 돌이키는 듯한 심각한 주제의 다큐멘터리는 꺼리게 되었고, 그 대신 토크 프로그램, 연예 프로그램 등이 주류가 되어간 것도 요인으로 들 수 있다.

1990년대에 들어가서 그 전까지 한국과 일본의 '국가의 기억'에서 배제, 망각되어온 존재가 현재화됨으로써, 아시아태평양전쟁 및 식민지 지배라는 역사에 대해서 다면적으로 포착하려는 시도가 이루어지기 시작하였다. 그 전까지 냉전 속에 숨겨져 추궁을 받지 않았던 아시아에 대한 일본의 여러 가해 사실이 이 시기에 한꺼번에 분출하였고, 일본정부 등에 대해서 보상을 요구하는 운동이 일어났다. 언론이 그것을 크게 다루면서, 과거 전쟁에 대한 새로운 인식이 이루어지게 되었다. 1991년에 전 한국인 전범들이 일본정부에 대해서 국가보상을 요구하는 소송을 일으켰다. 그 해 이 문제를 대대적으로 취급한 〈조문상의 유서: 싱가포르 BC급 전범 재판〉(1991)이 방송되어, 해방 후 한국에도 그들의 고통에 대해서도 알려졌다. 그러나 전 전범

336 영상과 아카이빙 그리고 새로운 역사쓰기

들 및 그 가족, 유족들의 입장은 여전히 힘겨운 것이었고, '대일협력자', '친일파'로써 취급당하였다. 2006년, 한국정부는 한국인 BC급 전범도 또한 전쟁 희생자였다고 인정하였고, 그들의 명예는 회복되었다. 그 후, 유족회가 발족되었고, 2008년에 방송된 〈BC급 전범 한국·조선인 전범의 비극〉에서는 그 전까지 등장하지 않았던 한국 국내의 많은 유족들이 명예 회복이 될 때까지 60여 년의 불우한 역사에 대해서 말할 수 있게 되었다.

이와 같이 전후 반세기 이상의 시간을 거친 후에야 겨우 한국인 BC급 전범의 당사자 및 가족, 유족들은 양국의 정부 및 세간에서 그 존재를 인정받게 되었고, 오랜 침묵에서 해방되어 자신들이 겪은 힘겨운 입장과 보상 요구에 대해서 목소리를 높이게 되었다. 어쩌면 그들은 조국의 독립 후에도 탈식민지국가의 엘리트 권위주의, 민족주의에 의하여 새로운 지배와 압박을 받아, 공적인 역사에서 배제당한 존재였다고 할 수 있다. 이러한 서발턴 집단의 역사는 그때그때의 지배 권력이나 중핵을 이루는 계급의 사정 및 관심에 의하여 형성되어왔다. 스피박(Spivak)이 『서발턴은 말할 수 있는가?』[20]에서 강조하였듯이, 엘리트 지식인 등이 무력한 서발턴들을 대변=표상(represent)하면, 오히려 서발턴 집단에게 침묵을 강요하는 것이 된다. 그들의 존재는 오랫동안 일본인 전범, 일본·한국·미국 등의 정치가, 역사가, 언론 등에 의하여 대변되어온 것이다.

현재까지 서발턴의 목소리를 대변해온 언론 중에서 텔레비전이라는 20세기 가장 영향력이 컸던 매체의 역사를 돌아보는 것은 매우 중요하다고 생각된다. 그러나 텔레비전 연구는 선행 연구가 매우 희박한 미개척 분야라고도 할 수 있다. 앞으로 이 분야의 연구를 진전시키기 위해서는 아카이브 구축의 발전이 시급하다. 현재 일본에서는 NHK 및 민간방송국의 아카

---

20) Spivak, C.G, *Can the Subaltern speak? : in marxism and the interpretation of culture*, Urbana : University of Illinois Press, 1988, 上村忠男 譯, 『サバルタンは語ることができるか』, 1999, みすず書房.

이브가 학술 이용을 위하여 시스템화 되면서 조금씩 보급되고 있다. 이러한 영상 아카이브는 과거 일본인이 전쟁, 식민지, 아시아의 '타자'를 어떻게 그리고 있는지를 담고 있기에 중요한 보물상자와도 같다고 할 수 있다. 그 보석은 공공 지식의 발전을 위하여 이용되는 것이 중요하고, 앞으로 목록을 정비하면서 각 방면의 전문가들이 협력해서 논의를 계속해야 할 것이다.

사이드(Said)는 저서 『이슬람 보도』에서 이와 같이 말하였다.

> "지식이란 기본적으로는 적극적으로 추구하고 논쟁해야 할 것이고, 단순히 사실이나 '일반적으로 받아들여지고 있는' 시각을 수동적으로 되풀이하는 것이 아니다. 그리고 지식은 특정한 인종, 국가, 계급, 혹은 종교를 위한 것이 아니라, 공존과 공동체 전체를 위하여 취득되어야 한다."[21]

아시아의 미래에서 상호이해와 공생에 필요한 커뮤니케이션의 위상을 모색하기 위해서, 지금까지 미디어 속에 그려진 '타자'의 표상을 비판적으로 돌이켜보는 작업이 필요하다.

(번역: 마스타니 유이치(桝谷祐一))

---

21) Said, W. Edward, *Covering Islam : How the Media and the Experts Determine How We See the Rest of the World*, New York : Pantheon Books, 1981, 淺井信雄・佐藤成文 共譯, 『イスラム報道』, みすず書房, 1986, 189쪽.

참고문헌

1. 자료

〈나는 조개가 되고 싶다(サンヨーテレビ劇場 私は貝になりたい)〉(TBS: 1958).

〈문틴루파의 추억(日本の素顔 モンテンルパへの追憶)〉(NHK: 1959).

〈머나먼 문틴루파(ある人生 遙かなるモンテンルパ)〉(NHK: 1971).

〈잊혀진 황군(ノンフィクション劇場 忘れられた皇軍)〉(일본텔레비전: 1963).

〈벽 두터운 방(壁あつき部屋)〉(1956).

〈한 고발(20世紀アワー ある告發)〉(일본텔레비전: 1969).

〈아시아와 함께 살다. 한국에서 본 일본(11PM シリーズ アジアと共に生きる 韓國か
　　ら見た日本)〉(일본텔레비전: 1982).

〈조문상의 유서: 싱가포르 BC급 전범 재판(NHKスペシャル アジアと太平洋戦争(4)
　　チョウ・ムンサンの遺書 シンガポールBC級戰犯裁判)〉(NHK: 1991).

〈BC 급 전범 한국·조선인 전범의 비극(ETV特集 シリーズBC級戰犯 韓國朝鮮人戰犯
　　の悲劇)〉(NHK: 2008).

2. 논문 및 단행본

金起聖, 「朝鮮人なるがゆえに」, 理論編集部 編, 『壁あつき部屋』, 理論社, 1953.

大沼保昭, 『東京裁判から戰後責任の思想へ』, 有信堂, 1985.

姜尙中, 「國民の心象地理と脱－國民的語り」, 小森陽一・高橋哲哉 編, 『ナショナル・
　　ヒストリーを超えて』, 東京大學出版社, 1998.

櫻井均, 『テレビは戦争をどう描いてきたか: 映像と記憶のアーカイブス』, 岩波書店, 2005.

福間良明, 『「反戰」のメディア史: 戰後日本における世論と輿論の拮抗』世界思想社, 2006.

內海愛子, 『キムはなぜ裁かれたのか 朝鮮人BC級戰犯の軌跡』, 朝日新聞出版, 2008

七澤潔・東野眞, 「「テレビ制作者研究」の方法と方向: ディレクター・片島紀男の場合」,
　　『放送研究と調査』, 2009年 8月號, 2009.

日本放送協會放送文化研究所, 『放送メディア研究 8 特集 始動するアーカイブ研究:
　　テレビ・ドキュメンタリーは何を描いてきたか』, 丸善出版, 2011.

Gluck, C. 『歷史で考える』, 梅﨑透 譯, 岩波書店, 2007.

Halbwachs, M., La Mémoire Collective, Paris : Presses Universitaires de France, 1950,
　　小關藤一郎 譯, 『集合的記憶』, 行路社, 1989.

Said, W. Edward, Covering Islam : How the Media and the Experts Determine How We

See the Rest of the World, New York : Pantheon Books, 1981, 淺井信雄·佐藤成文 共譯,『イスラム報道』, みすず書房, 1986.

Spivak, C.G, 1988, *Can the Subaltern speak? : in marxism and the interpretation of culture*, Urbana : University of Illinois Press, 上村忠男 譯,『サバルタンは語ることができるか』みすず書房, 1999.

Tuchman, Gaye, *Making News: A Study in the Construction of Reality*, Free Press, 1978, 鶴木眞·櫻內篤子 譯,『ニュース社會學』, 三嶺書房, 1991.

찾아보기

인명

영화/영상제목

「잡후린과 애활가 -조선극장가의 찰리 채플린 수용과 그 의미: 1920-30년대 경성 조선인 극장을 중심으로」 등이 있다. 현재 1950~60년대 문화영화와 뉴스영화에 대한 연구를 진행 중이다.

양정심 : 대진대 인문학연구소 학술연구교수. 한국현대사 전공. 『제주4·3항쟁 연구』로 박사학위를 받았고 한국전쟁 전후 민간인학살 문제를 공부하고 있다. 최근 해방과 한국전쟁 관련 영상자료에 대한 글쓰기를 하고 있다.

정지혜 : 교토대학교 총합인간학부에서 공부하고 서울대학교 사회과학대학에 교환학생으로 유학한 후, 도쿄대학교 대학원 학제정보학부 박사과정에 재학중에 있다. 재일동포3세이며 일본학술진흥회(JSPS) 특별연구원, 호주국립대학교 객원연구원 등을 역임했다. 저서로 『한국·조선이라는 '타자' 이미지: 1970년-1980년대의 '전환기'』(韓国·朝鮮という〈他者〉イメージ—1970年~80年代の『転換期』—)('방송미디어연구 제8권', 일본방송협회문화연구소, 2011) 등이 있다.

〈번역자〉

강귀영 - 한양대학교 에리카캠퍼스 중국어과 강사

금보운 - 고려대학교 한국사학과 박사과정

여금미 - 강원대학교 영상문화학과 강사

마스타니 유이치(桝谷祐一) - 고려대학교 한국사학과 박사수료

박진희 - 중앙대학교 첨단영상대학원 박사수료

방지현 - 고려대학교 한국사학과 석사수료